MODERNE ELEMENTÆR LOGIK

$$(v, \mathbf{p}) \longmapsto \varphi(v, \mathbf{p}) \in \{\top, \bot\}$$

Andre bøger fra Automatic Press ♦ $\frac{V}{I}$P

Formal Philosophy
redigeret af Vincent F. Hendricks & John Symons
November 2005

Masses of Formal Philosophy
redigeret af Vincent F. Hendricks & John Symons
Oktober 2006

Political Questions: 5 Questions for Political Philosophers
redigeret af Morten Ebbe Juul Nielsen
December 2006

Philosophy of Technology: 5 Questions
redigeret af Jan-Kyrre Berg Olsen & Evan Selinger
Februar 2007

Game Theory: 5 Questions
redigeret af Vincent F. Hendricks & Pelle Guldborg Hansen
April 2007

Philosophy of Mathematics: 5 Questions
redigeret af Vincent F. Hendricks & Hannes Leitgeb
Januar 2008

Philosophy of Computing and Information: 5 Questions
redigeret af Luciano Floridi
September 2008

Epistemology: 5 Questions
redigeret af Vincent F. Hendricks & Duncan Pritchard
September 2008

Mind and Consciousness: 5 Questions
redigeret af Patrick Grim
Januar 2009

Epistemic Logic: 5 Questions
redigeret af Vincent F. Hendricks & Olivier Roy
August 2010

Se alle titler fra forlaget på
www.vince-inc.com/automatic.html

MODERNE ELEMENTÆR LOGIK

Vincent F. Hendricks

Stig Andur Pedersen

Automatic Press ♦ $\frac{V}{I}$P

Automatic Press ♦ $\frac{V}{I}$P

Information om denne titel på: www.vince-inc.com/automatic.html

© Automatic Press / VIP 2011

Kopiering fra denne bog må kun finde sted på institutioner,
der har indgået aftale med Copy-Dan, og kun inden for
de i aftalen nævnte rammer.

1. udgave, 2002
2. reviderede udgave, 2011

Printed in the United States of America
and the United Kingdom

ISBN-10   87-92130-38-0   paperback
ISBN-13   978-87-92130-38-9   paperback

The publisher has no responsibilities for
the persistence or accuracy of URLs for external or
third party Internet Web sites referred to in this publication
and does not guarantee that any content on such
Web sites is, or will remain, accurate or appropriate.

Bogen er sat i $\LaTeX 2_\varepsilon$
Forsidefoto og omslag af Vincent F. Hendricks

Forord til 2. reviderede udgave

Det er nu næsten 10 år siden *Moderne elementær logik* udkom på Høst & Søns Forlag. Det blev aldrig en Danielle Steel, men det var heller ikke forventet— alligevel blev den udsolgt fra forlaget efter små 5 år i handlen. Siden har vi, fra tid til anden, modtaget forespørgsler på en genudgivelse. Her er den så, logikken eviggrøn og indbydende, med de værste ligtorne og slåfejl rettet. Vi vil gerne takke Henrik Boensvang og Rasmus Rendsvig for deres omhu og ihærdighed i forbindelse med tilblivelsen af denne 2. reviderede udgave af *Moderne elementær logik*.

Vincent F. Hendricks
Stig Andur Pedersen
København / marts 2011

Vincent F. Hendricks er professor i formel filosofi på Købehavns Universitet og Columbia University i New York.

Stig Andur Pedersen er professor i naturvidenskabernes teori på Roskilde Universitet.

Indhold

Forord

1 Logisk gyldighed   **1**
    1.1 Introduktion 1
    1.2 Organisering 14

I Klassisk logik   **19**

2 Formelle sprog   **21**
    2.1 Syntaks 22
    2.2 Semantik 23
    2.3 (†) Adækvate mængder af konnektiver 32
    2.4 Logisk form og formalisering 33

3 Udsagnslogik   **39**
    3.1 Modeksempler 44
    3.2 Sandhedstabeller 44
    3.3 Konnektiver, forgreninger og træer 50
        3.3.1 Negation 50
        3.3.2 Konjunktion 50
        3.3.3 Disjunktion 51
        3.3.4 Materiel implikation 51
        3.3.5 Biimplikation 52
    3.4 Semantiske tableauer 53
        3.4.1 Heuristik 60
    3.5 Gentzens sekventkalkule 60
        3.5.1 Konjunktion 63
        3.5.2 Disjunktion 64
        3.5.3 Materiel implikation 64
        3.5.4 Biimplikation 64
        3.5.5 Negation 65

　　　　3.5.6　Aksiomer og beviser 65
　　3.6　Naturlig deduktion 70
　　　　3.6.1　Naturlig deduktion med kontekst 71
　　　　　　　Negation og dobbelt-negation 72
　　　　　　　Konjunktion 73
　　　　　　　Disjunktion 73
　　　　　　　Materiel implikation 74
　　　　　　　Biimplikation 75
　　　　3.6.2　Aksiomer og beviser 75
　　　　3.6.3　Teorem- og følgeintroduktion 96
　　　　3.6.4　Heuristik 100
　　　　3.6.5　Naturlig deduktion uden kontekst 104
　　3.7　Hilbert-stil bevisteori 108
　　3.8　Anbefaling 112
　　3.9　Metateori 113
　　　　3.9.1　Deduktion 114
　　　　3.9.2　Sundhed og fuldstændighed 115

4　Strukturer og sprog　123
　　4.1　Fra $\mathcal{L}$ til $\mathcal{L}_{FOL}$ 124
　　4.2　Objekter og egenskaber og relationer og domæner i sprog . 125
　　4.3　Syntaks 131
　　　　4.3.1　(†) Substitution og prenex normalform 134
　　4.4　Semantik 136
　　　　4.4.1　Fortolkninger og modeller 140
　　　　4.4.2　(†) Modeller – endelige og uendelige 143
　　4.5　Logisk form og formalisering 144
　　　　4.5.1　Tal og identitet 148
　　　　4.5.2　Bestemte beskrivelser 150
　　　　4.5.3　Heuristik 153
　　4.6　(†) Formelle strukturer 156
　　4.7　(†) Første ordens modeller 175
　　4.8　(†) Logik og algebra 179
　　　　4.8.1　Gitterteori 180
　　　　4.8.2　Boole-algebra 182

5　Første ordens prædikatslogik　191
　　5.1　Semantiske tableauer 192
　　　　5.1.1　Universalkvantor 192
　　　　5.1.2　Eksistenskvantor 193
　　　　5.1.3　Identitet 193
　　　　5.1.4　Eksempler 194
　　　　5.1.5　Heuristik 200
　　5.2　Gentzens sekventkalkule 202

	5.2.1	Universalkvantor 203
	5.2.2	Eksistenskvantor 204
	5.2.3	Identitet 205
	5.2.4	Formel definition af den fulde Gentzen-kalkule ... 205

5.3 Naturlig deduktion 208
    5.3.1 Naturlig deduktion med kontekst 208
          Universalkvantor 208
          Eksistenskvantor 210
    5.3.2 Eksempler 215
    5.3.3 Identitet 217
    5.3.4 Heuristik 219
    5.3.5 Naturlig deduktion uden kontekst 221

5.4 Hilbert-stil bevisteori 223
5.5 Syllogismelæren 224
    5.5.1 Venn-diagrammer 229
5.6 (†) Metateori 233

    5.6.1 Logiske paradokser 234
          Russells og Cantors paradokser 234
          Selvreference og imprædikative definitioner 238
          Løgnerparadokset 239
          Richards paradoks 240
    5.6.2 Kompakthed 242
    5.6.3 Tarskis sætning 246
    5.6.4 Gödels ufuldstændighedssætninger 251
    5.6.5 Löwenheim-Skolems sætning 254
          Kategorisitet 256
    5.6.6 Lindströms sætning 257

II   Andre logikker   265

6 Aletisk logik   267

    6.1 Syntaks 271
    6.2 Semantik 271
    6.3 Mulig verdens semantik 275
    6.4 Modale tableauer 278
    6.5 Eksempler 285
    6.6 Nogle vigtige modallogikker 287
    6.7 Bevisteori for modallogik 291
    6.8 (†) Metateori: Kanoniske modeller og fuldstændighed 295
    6.9 Kvantifikation og aletiske modaliteter 301

Indhold

7 Temporal og epistemisk logik   **305**
7.1 Temporal logik 306
7.2 Epistemisk logik 317

A Sandhedstabeller for de logiske konnektiver   **327**

B Forgreningsregler for semantiske tableauer   **329**
B.1 Klassisk logik 329
B.2 Aletisk logik 330

C Bevissystemer og slutningsregler   **333**
C.1 Klassisk logik 333
     C.1.1 Gentzens sekventkalkule 333
     C.1.2 Naturlig deduktion med kontekst 334
     C.1.3 Naturlig deduktion uden kontekst 335
C.2 Aletisk logik 336
     C.2.1 Hilbert-stil 336

D Formalisering   **337**
D.1 Udsagnslogik 337
D.2 Første ordens prædikatslogik 338
D.3 Det græske alfabet 339

E Aksiomer   **341**

F Logik på www   **343**

G Logikprogrammer   **345**

H Atter andre logikker   **347**

Litteratur   **357**

Stikord   **361**

Forord

Det er forunderligt at se, at det i vore dage er kommet så vidt, at filosofi selv for folk med forstand er et intetsigende og kunstigt ord, noget, der er uden værdi ... og ikke kan bruges til noget hverken i teori eller i praksis. Jeg tror, grunden hertil er den disputeresyge, som spærrer for adgangen til den. Det er meget forkert at udmale den for børn som noget utilgængeligt, noget, der ser gnavent og strengt og frygtindgydende ud. Hvem er det dog, der har skjult den bag denne falske, blege og hæslige maske ... Den forkynder kun fest og glade dage. Ser man triste og sure miner, kan man være sikker på, den ikke har til huse her. —Michel de Montaigne

Logik er læren om gyldige slutninger. Det er en disciplin, der ofte anses for at være et appendiks til filosofien eller liggende i et grænseområde mellem filosofi og matematik. Disse to discipliner er selvsagt ganske teoretiske discipliner, men det forholder sig imidlertid således, at logikken spiller en væsentlig rolle, ikke blot i filosofi, matematik og andre teoretiske videnskaber, men lige såvel i mange praktiske videnskaber og discipliner som datalogi, computerlingvistik, kognitionspsykologi, argumentationsteori og retorik. Logikken ser hverken gnaven, streng eller frygtindgydende ud – faktisk er logikken i sig selv ganske ligeglad med sådanne betegnelser, idet den vedrører vort sprogs form snarere end dets indhold, og den måde hvorpå vi ræsonnererer, frem for hvad vi ræsonnerer om.

Denne bog er tænkt som en generel introduktion til moderne elementær logik for filosoffer, matematikere, dataloger, retorikere, psykologer og andre med interesse i vort sprog, vore ræsonneringsmåder og rationalitet, og ligesom filosofien burde gøre det, så forkynder denne bog forhåbentlig, at logikken indbyder til fest og glade dage i mange forskelligartede videnskaber af såvel teoretisk som praktisk observans – og i hverdagen.

Vi vil gerne takke Klaus Frovin Jørgensen, Anders Tversted Silber, Martin Haulrich, Peter Øhrstrøm, Per Hasle, Stig Alstrup Rasmussen, Thomas Bolander, Cynthia Grund, Lars Bo Gundersen, Finn Guldman, Jan Riis Flor, Jesper Ryberg, Lise Mariane Jeppesen, Klaus Kvorning og Torsten Jepsen for deres råd og kommentarer, der på værdifuld vis

Forord

har forbedret manuskriptet. I forbindelse med korrekturlæsning og konstruktive kommentarer i øvrigt vil vi gerne takke Annette Møller og i særdeleshed Lars P. Houmøller for deres grundige gennemlæsning af manuskriptet. Vi vil atter gerne takke Klaus Frovin Jørgensen og Jørgen Larsen for deres behjælpelighed med at sætte teksten i $\LaTeX 2_\epsilon$. Vi ønsker også at takke tidligere direktør Morten Hesseldahl og forlagsredaktør Hans Kristian Harbo ved Høst & Søns Forlag; førstnævnte, der i sin tid tog initiativet og stillede os denne opgave, og sidstnævnte, der har været meget behjælpelig i forbindelse med selve udgivelsen. Afslutningsvis vil Vincent gerne takke Tone Thoresen for forsideillustrationerne, og Milton W. Hendricks for at have givet lejlighed til at arbejde med denne bog på de mest absurde steder til de mest obskure tider.

Vincent F. Hendricks
Stig Andur Pedersen

Roskilde, 2002

†

9 o 11 —Tilegnet NYC på den ulykkelige dag, d. 11. september 2001.

1 Logisk gyldighed

1.1 Introduktion

Logik er læren om de grundlæggende principper og regler for **korrekte (logiske) slutninger** og **gyldige argumenter**. Som videnskab blev logikken allerede grundlagt i oldtiden; i dag er den en omfattende videnskab, som ligger på grænseområdet mellem filosofi og matematik, og som har mange praktiske anvendelser, specielt i moderne datalogi, computerlingvistik, kognitionspsykologi, kunstig intelligens-studier etc.

Alle sprogbrugere er i stand til at udføre korrekte logiske slutninger og identificere sådanne. For eksempel vil vi umiddelbart anerkende følgende argument som værende en gyldig eller korrekt slutning:

1. Hvis det fryser, så er der is på vandet.

2. Der er ikke is på vandet.

3. Altså: Det fryser ikke.

Sådanne simple slutninger foretager vi til stadighed i dagligdagen, og vi har en god fornemmelse for, hvornår de er korrekte. I logikken studerer man sådanne slutninger, forsøger at finde ud af, hvad det er, der gør dem korrekte, og i den udstrækning, det er muligt, at reducere dem til visse simple basale slutninger.

Udsagnene (1) og (2) betegnes argumentets **præmisser**, mens (3) betegnes argumentets **konklusion**. Det tvingende forhold, der består mellem præmisser og konklusion, er grundstenen i definitionen af logisk gyldighed. Udtrykket 'altså', som vi fremover vil skrive som '∴', i konklusionen indikerer, at der består et forhold mellem præmisser og konklusion på en sådan måde, at accepterer man præmisserne, er man tvunget til også at acceptere konklusionen. Argumentet er således tvingende nødvendigt eller logisk gyldigt. Man kan ikke uden at modsige sig selv hævde sandheden af (1) og (2) og benægte sandheden af (3). Endvidere afhænger gyldigheden udelukkende af de småord, som er understreget. Udskifter man udsagnene med nogle andre med et andet indhold, men bevarer småordene, så vil man igen have en korrekt slutning. For eksempel er følgende også en korrekt logisk slutning:

1. Hvis det brænder, så starter alarmen.

2. Alarmen starter ikke.

3. ∴ Det brænder ikke.

De to slutninger har samme **logiske form**, men indholdet af udsagnene i de to tilfælde er meget forskelligt. Man ser således, at den logiske korrekthed af slutningerne udelukkende afhænger af den logiske form og ikke af indholdet i de i argumentet indgående udsagn. Det er småordene eller udsagnsformerne "hvis ..., så ..." og "ikke ...", der bestemmer den logiske form. For at gøre dette tydeligere indfører vi betegnelser for de indgående udsagn. Dette giver os følgende generelle **slutningsskema**:

1. Hvis A, så B.

2. Ikke B.

3. ∴ Ikke A.

Ved passende valg af A og B kan man nemt komme frem til de to slutninger ovenfor. Med andre ord kan vi definere et *vilkårligt gyldigt argument ved at sige, at det er instans af et logisk korrekt slutningsskema*.

Her er et andet argument, som vi umiddelbart vil anerkende som værende instans af en logisk korrekt slutning:

1. Hvis det fryser, så er der is på vandet.

2. Det fryser.

3. ∴ Der er is på vandet.

Argumentet er instans af det generelle slutningsskema:

1. Hvis A, så B.

2. A.

3. ∴ B.

En vigtig opgave for logikken er at identificere de småord og udsagnsformer, som er bestemmende for den logiske form af en slutning. Vi har allerede set, at ordene "ikke", "hvis ..., så ..." spiller en afgørende rolle. Tilsvarende gælder for "og" og "eller". For eksempel er følgende også et gyldigt argument:

1. Enten er der indbrud, eller alarmen er defekt.

2. Alarmen er ikke defekt.

1.1 Introduktion

3. ∴ Der er indbrud.

Det er en instans af følgende slutningsskema:

1. Enten A eller B.
2. Ikke B.
3. ∴ A.

På tilsvarende vis gælder slutningen:

1. Det er ikke tilfældet, at der er indbrud, og alarmen er defekt.
2. Der er indbrud.
3. ∴ Alarmen er ikke defekt.

Denne slutning kan gengives som:

1. Ikke $(A$ og $B)$.
2. A.
3. ∴ Ikke B.

Udsagn opbygget ved hjælp af "hvis ..., så ..." kaldes **implikationer** eller rettere **materielle** implikationer, eftersom der findes andre implikationsformer end den materielle implikation. En anden udsagnsform opnås, hvis man lader den materielle implikation gå begge veje, altså $A \to B$ og $B \to A$, hvilket også skrives som $A \leftrightarrow B$ og læses "A, hvis, og kun hvis, B." Udsagn, der opbygges ved hjælp af "... , hvis, og kun hvis, ..." kaldes **bikonditionelle implikationer** eller blot **biimplikationer**. Opbygges de af "ikke", "og" og "eller", kaldes de henholdsvis **negationer**, **konjunktioner** og **disjunktioner**. De fremhævede småord kaldes **logiske konnektiver**, og i moderne logik har man indført symboler for dem:

$\to$ for "hvis ..., så ..." (implikation)

$\leftrightarrow$ for "..., hvis, og kun hvis, ..." (biimplikation)

$\neg$ for "ikke" (negation)

$\wedge$ for "og" (konjunktion)

$\vee$ for "eller" (disjunktion)

Udsagn, der ikke indeholder disse ord, kaldes *atomiske udsagn*. Udsagnene A og B ovenfor er eksempler på atomiske udsagn. Således kan vi bygge en omfattende klasse af *sammensatte* eller *komplekse* udsagn op ved at tage udgangspunkt i de atomiske udsagn og, på passende vis, sammenføje dem ved anvendelse af materiel implikation, biimplikation, negation, konjunktion og disjunktion. Sagt på en anden måde, kan man *identificere* den logiske form af udsagn ved at **formalisere** dem i overensstemmelse med de logiske konnektiver.

Dette system af udsagn kaldes det **udsagnslogiske** (eller til tider sætningslogiske) **sprog**, forkortet $\mathcal{L}$, med en bestemt **syntaks** baseret på de atomiske udsagn, de logiske konnektiver og de "grammatiske" regler, der gør sig gældende for dannelsen af velformede formler eller udsagn i det udsagnslogiske sprog. Man kan derefter undersøge, hvilke regler der gælder for slutninger udelukkende formuleret i dette simple sprog.

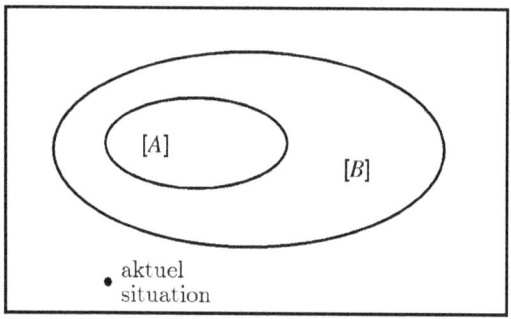

Figur 1.1 Modus (Tollendo) Tollens.

Med de nye symboler kan vi udtrykke de fire skemaer, som blev diskuteret ovenfor, på en kompakt måde. Det første skema

1. Hvis A, så B.

2. Ikke B.

3. ∴ Ikke A.

kommer til at se således ud:

1. $A \to B$
2. $\neg B$ (Modus Tollens)
3. ∴ $\neg A$

Dette slutningsskema betegnes generelt **Modus (Tollendo) Tollens**, og vi kan indse, at dette skema altid er udtryk for en logisk gyldig slutning,

1.1 Introduktion

uafhængigt af hvilke udsagn A og B i øvrigt måtte referere til. Lad nemlig $[A]$ betegne alle de **situationer** (eller omstændigheder), hvori A er sand, og lad tilsvarende $[B]$ betegne de situationer, hvori B er sand. A implicerer B betyder netop, at hvis A er sand, så er B også sand. I dette tilfælde vil alle de situationer, som gør A sand, også gøre B sand. Altså vil mængden $[A]$ være indeholdt i mængden $[B]$. Med andre ord kan vi sige, at der givet præmis 1 gælder

$$[A] \subseteq [B],$$

hvilket betyder, at $[A]$ er en *delmængde* af $[B]$. På den anden side siger præmis 2, at $\neg B$ er tilfældet, men hvis $[A]$ er indeholdt i $[B]$, som præmis 1 siger, kan den aktuelle situation (markeret med '•' i figur 1.1) beskrevet i præmis 2 ikke ligge i $[B]$. Dermed kan den aktuelle situation heller ikke ligge i $[A]$, hvilket just er, hvad konklusionen 3 siger, og hvad der fremgår af figur 1.1.

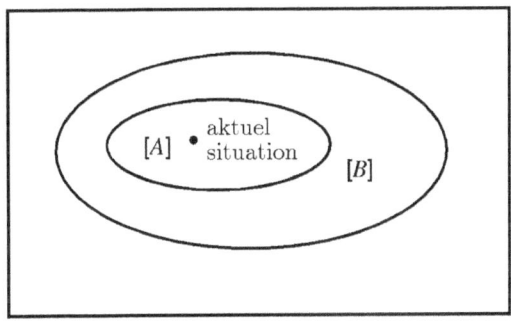

Figur 1.2 Modus (Ponendo) Ponens.

På tilsvarende vis kan vi formalisere det andet slutningsskema

1. Hvis A, så B.
2. A.
3. $\therefore B$.

som:

1. $A \rightarrow B$
2. A (Modus Ponens)
3. $\therefore B$

Dette slutningsskema kaldes **Modus (Ponendo) Ponens**. Lad igen $[A]$ betegne alle de situationer, hvori A er sand, og lad tilsvarende $[B]$ betegne de situationer, hvori B er sand. I den første præmis betyder $A \rightarrow B$ atter, at hvis A er sand, så er B også sand, eller $[A] \subseteq [B]$. Eftersom den anden præmis fortæller, at A er tilfældet, eller sagt på en anden måde, at den aktuelle situation '•' ligger i $[A]$, hvilket vi kan skrive $• \in [A]$, så må den også ligge i $[B]$, som konklusionen hævder, og som det også fremgår af figur 1.2.

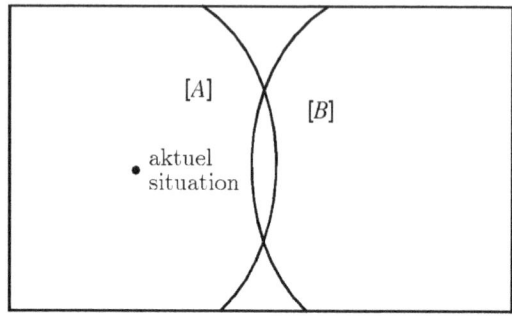

Figur 1.3 Modus Tollendo Ponens.

Det tredje slutningsskema

1. Enten A eller B.

2. Ikke B.

3. $\therefore A$.

kan gengives som:

1. $A \vee B$
2. $\neg B$ \hspace{2em} (Modus Tollendo Ponens)
3. $\therefore A$

og betegnes generelt **Modus Tollendo Ponens**. Den første præmis siger, at $A \vee B$ gælder, det vil sige, at enhver situation ligger enten i A eller i B. Der er ingen situationer uden for $[A]$ eller $[B]$. Derfor indeholder *foreningsmængden*

$$[A] \cup [B] = V$$

hvor V er hele universet, den aktuelle situation. På den anden side siger den anden præmis, at $\neg B$ er tilfældet, altså at den aktuelle situation ikke ligger i $[B]$, i.e. $• \notin [B]$, hvilket må betyde, at den aktuelle situation ligger i $[A]$, eller $• \in [A]$, præcis som konklusionen foreskriver, og som gengivet i figur 1.3.

Slutteligt kan vi formalisere slutningsskemaet

1. Ikke (A og B).

1.1 Introduktion

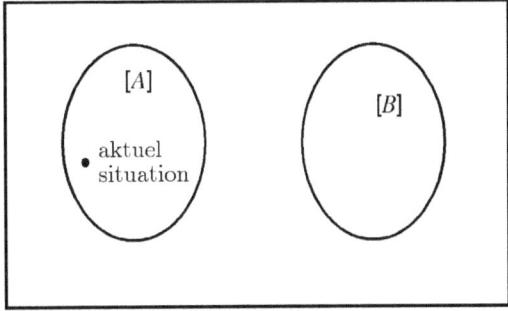

Figur 1.4 Modus Ponendo Tollens.

2. A.

3. $\therefore$ Ikke B.

som

1. $\neg(A \land B)$
2. A (Modus Ponendo Tollens)
3. $\therefore \neg B$

Dette slutningsskema kaldes **Modus Ponendo Tollens**. Den første præmis siger, at der ikke er nogen situation, som gør både A og B sand, hvilket vil sige, at

$$[A] \cap [B] = \emptyset.$$

Det betyder, at *fællesmængden* af alle de situationer, der både gør A og B sande, er tom, hvilket symbolet '$\emptyset$' fortæller os. Med andre ord er mængderne $[A]$ og $[B]$ disjunkte og deler ingen situationer. Det må betyde, at når præmis 2 siger, at den aktuelle situation ligger i $[A]$, ligger den ikke i $[B]$, hvilket fremgår af konklusionen og figur 1.4.

Generelt er man i logikken interesseret i at undersøge, om det er logisk korrekt at slutte fra et antal præmisser $A_1, \ldots, A_n$ til en konklussion K, hvor A-erne og K er udsagn formuleret i eksempelvis det udsagnslogiske sprog. Korrekt logisk følge eller gyldig slutning udgør grundstenen i forståelsen af moderne elementær logik og kan defineres således:

Definition 1
K følger af præmisserne $A_1, \ldots, A_n$ betyder, at K's sandhed er en konsekvens af præmissernes sandhed. Sagt på en anden måde: Det er umuligt at have en situation, hvor alle præmisserne er sande, men konklusionen falsk.

Logisk gyldighed

Slutningsskemaerne ovenfor er eksempler på logisk gyldige slutningsskemaer. Man skriver

$$A_1, \ldots, A_n \models K \quad (1.1)$$

hvis K *følger logisk* af præmisserne $A_1, \ldots, A_n$ i den i definition 1 angivne betydning. Symbolet '$\models$' betegnes den **semantiske følgerelation** og (1.1) kaldes en *semantisk følge*. Vi skriver '$\not\models$', hvis K ikke følger logisk af præmisserne $A_1, \ldots, A_n$.

Hvis man skal vise, at K følger af præmisserne, skal man i princippet vise, at ligegyldigt, hvordan sandheden af de indgående udsagn varieres, vil konklusionen altid blive sand, når alle præmisserne er sande. Tilsvarende kan man også vise, at et slutningsskema er *logisk ugyldigt ved at angive en situation, hvor alle præmisserne er sande, men konklusionen falsk*. Enhver korrekt slutning eller ethvert gyldigt argument er betinget af en mængde af situationer, hvorunder de udsagn, der indgår i det givne argument, er sande henholdsvis falske. At specificere de situationer, hvorunder givne udsagn er sande eller falske, og hermed give en **model** for tilordningen af sandhedsværdier er at bidrage med en **semantik**. De procedurer, der senere vil blive indført for at undersøge slutningers gyldighed baseret på definition 1 for udsagnslogikken, kaldes henholdsvis **sandhedstabeller** og **semantiske tableauer**.

En anden måde at argumentere for, at konklusionen K følger af præmisserne $A_1, \ldots, A_n$, er at vise, at man kan udlede konklusionen fra præmisserne ved at anvende allerede accepterede gyldige slutningsskemaer på præmisserne igen og igen, og således til sidst komme frem til konklusionen. Hvis dette er muligt, skriver vi

$$A_1, \ldots, A_n \vdash K \quad (1.2)$$

og siger, at K kan *bevises* ud fra præmisserne $A_1, \ldots, A_n$ ved anvendelse af bestemte slutningsskemaer eller slutningsregler. Symbolet '$\vdash$' betegner den **bevisteoretiske følgerelation**. Vi kalder (1.2) en *bevisteoretisk følge*.[1] Vi skriver '$\not\vdash$', hvis K ikke kan bevises ud fra præmisserne $A_1, \ldots, A_n$.

De to metoder, bevisprocedurer, der senere vil blive indført, kaldes henholdsvis **sekventkalkulen** og **naturlig deduktion**. Vi vil ydermere stifte bekendtskab med nok en bevisprocedure baseret på en Hilbert-stil **aksiomatik**, hvor man på baggrund af et endeligt antal ubetvivlelige grundsætninger, kaldet aksiomer eller aksiomsskemaer, og nogle dertil hørende slutningsregler, kan udlede alle logisk gyldige udsagn.

Det er muligt at vise, at man for udsagnslogikken kan finde et lille antal logisk gyldige slutningsskemaer, ud fra hvilke det er muligt at bevise alle logisk gyldige slutninger. Med andre ord:

$$\text{Hvis } A_1, \ldots, A_n \vdash K, \text{ så } A_1, \ldots, A_n \models K. \quad (1.3)$$

---

[1] Hvor det ikke skaber forvirring, vil vi blot tale om en *følge*; konteksten vil gøre det klar om der er tale om semantisk eller bevisteoretisk følge.

1.1 Introduktion

Denne egenskab ved udsagnslogikken betegnes udsagnslogikkens **sundhed**. Det er også muligt at vise den omvendte relation for udsagnslogikken:

$$\text{Hvis } A_1, \ldots, A_n \models K, \text{ så } A_1, \ldots, A_n \vdash K. \quad (1.4)$$

Denne egenskab betegnes udsagnslogikkens **fuldstændighed**. Der gælder således, at en konklusion følger fra et sæt af præmisser, hvis, og kun hvis, konklusionen kan bevises ud fra de samme præmisser, hvilket under ét kan udtrykkes som:

$$A_1, \ldots, A_n \models K, \text{ hvis, og kun hvis, } A_1, \ldots, A_n \vdash K. \quad (1.5)$$

Der er således fuldstændig overensstemmelse mellem logisk gyldighed og beviselighed i udsagnslogikken.

I nogle tilfælde kan et udsagn K vises at være sandt betingelsesløst, det vil sige uden at forudsætte præmisser. I dette tilfælde siger vi, at K er et logisk sandt udsagn. For eksempel er alle udsagn af formerne

$$A \lor \neg A \quad \text{og} \quad (A \to B) \to (\neg A \to \neg B)$$

logisk sande i udsagnslogikken – det vil sige *udsagn, der er sande i alle mulige situationer*. Sådanne udsagnsformer kaldes *tautologier* eller nødvendige logiske sandheder. Man skriver

$$\models A \quad (1.6)$$

for, at A er en tautologi. Det vil sige, at vi med denne betegnelse har $\models A \lor \neg A$ og $\models (A \to B) \to (\neg A \to \neg B)$. Da (1.5) gælder for udsagnslogikken, kan man også skrive

$$\vdash A \quad (1.7)$$

og dermed angive, at A er en tautologi.

Ud over tautologier findes der af udsagnstyper kontradiktioner og kontingente udsagn. *Kontradiktioner* er udsagn, der i alle situationer er falske, som eksempelvis alle instanser af

$$A \land \neg A \quad \text{og} \quad (A \leftrightarrow B) \land (A \land \neg B).$$

Symbolet

$$\curlywedge \quad (1.8)$$

indføres som betegnelse for en vilkårlig kontradiktion.[2] Slutteligt er der udsagn, der i visse situationer er sande og i andre situationer er falske, som eksempelvis alle instanser af

$$A \to \neg A \quad \text{og} \quad (A \leftrightarrow B) \lor (A \land \neg B).$$

---

[2] Begreberne 'modsigelse', 'selvmodsigelse', 'kontradiktion' og 'modstrid' opfattes som synonymer.

Sådanne udsagn kaldes *kontingente* udsagn.

Der gælder generelt i udsagnslogikken, at K følger af præmisserne $A_1, \ldots, A_n$, hvis, og kun hvis, $A_1 \wedge \ldots \wedge A_n \to K$ er en tautologi. Altså

$$A_1, \ldots, A_n \models K, \text{ hvis, og kun hvis, } \models A_1 \wedge \ldots \wedge A_n \to K. \quad (1.9)$$

Da den logiske gyldighed af slutningsskemaerne fra Modus (Tollendo) Tollens til Modus Ponendo Tollens blev forklaret ovenfor, blev det gjort ved at opfatte udsagn som de mængder af situationer, i hvilke de var sande, og derfra afgøre, hvor den aktuelle situation måtte ligge, for at slutningen var korrekt. Det viste sig således, at de logiske konnektiver havde hver deres mængdeteoretiske korrelat – disjunktionen kunne repræsenteres med foreningsmængde-operationen, den materielle implikation med delmængde-relationen etc. I det hele taget består der en interessant forbindelse mellem udsagnslogik og mængdealgebra. Især er den såkaldte **Boole-algebra** og udsagnslogikken nært forbundne, hvilket faktisk i sidste instans betyder, at udsagnslogikken kan fortolkes som en Boole-algebra.

Der er mange logiske slutningsformer, som går ud over det, der lader sig formulere i udsagnslogikken. Betragt for eksempel følgende slutning:

1. For alle mennesker gælder, at hvis de spiser giftpræparatet arsenik, så dør de.

2. Søren spiser arsenik.

3. ∴ Søren dør.

Overordnet set er dette argument en instans af Modus (Ponendo) Ponens. På den anden side hviler gyldigheden af slutningen også på, at Søren er et menneske, og eftersom det for *alle* mennesker gælder, at hvis de spiser giftpræparatet arsenik, så dør de, så dør Søren også, når han spiser arsenik. Med andre ord er gyldigheden af slutningen betinget af, at Søren falder ind under mængden af objekter, hvorom det gælder, at disse objekter er mennesker, og der er herefter konsekvenser for sådanne objekter, når de indtager arsenik. Et argument af typen:

1. Der findes et menneske, hvorom det gælder, at dette menneske spiser arsenik og dør.

2. Søren spiser arsenik.

3. ∴ Søren dør.

1.1 Introduktion

er omvendt ugyldigt, idet Søren ikke behøver at være dét menneske, der spiser arsenik og dør af det. Uafhængigt af, om argumenterne ovenfor er gyldige eller ugyldige, er vi slet ikke i stand til at formulere disse eksempler i udsagnslogikken, for i udsagnslogikken betragter vi hele udsagn og ikke de egenskaber og relationer, der måtte bestå mellem givne objekter i det valgte *objektdomæne*.

Udtrykkene "for alle ..." og tilsvarende "der findes ..." er vigtige **logiske konnektiver**. De kaldes henholdsvis for **universalkvantor** og **eksistenskvantor** og betegnes $\forall$ og $\exists$. Udvides udsagnslogikkens sprog og syntaks på tilbørlig vis med disse nye konnektiver, får vi **første ordens prædikatslogikken**, forkortet $\mathcal{L}_{FOL}$, som har langt større udtrykskraft end udsagnslogikken. Den logiske form af de prædikatslogiske udsagn er herefter betinget af såvel de logiske konnektiver som af betegnelserne for de indgående objekter, herunder de egenskaber, de måtte have, og de relationer, der består mellem objekterne. I prædikatslogikken udvides ikke blot syntaksen, men også semantikken og den måde, hvorpå prædikatslogiske udsagn tilskrives sandhedsværdier.

Som vi allerede er blevet bekendt med, er gyldigheden af ovenfor nævnte slutning baseret på et slutningsskema samt de egenskaber og relationer, der består mellem objekter i et givent domæne; i dette tilfælde domænet af mennesker og giftpræparater, herunder arsenik og den relation, at mennesker spiser dette præparat. Derfor indføres såkaldte **strukturer** for det system af objekter, relationer og egenskaber, som et givent argument omhandler, og herfra defineres den prædikatslogiske semantiks modeller.

Disse to logiske systemer, det vil sige udsagnslogikken og første ordens prædikatslogikken, udgør i dag de vigtigste og mest grundlæggende systemer i moderne logik og betegnes under ét den **klassiske logik**. Første ordens prædikatslogikken er på linie med udsagnslogikken også semantisk fuldstændig i betydningen (1.5), hvilket igen betyder, at alle gyldige prædikatslogiske slutninger kan bevises ud fra en lille mængde simple slutningsskemaer. Dette blev vist af Kurt Gödel (1906-1978) i 1930. Selv om det altså er muligt at bevise alle logisk sande udsagn i prædikatslogikken, er prædikatslogikken imidlertid ikke *afgørbar*, som udsagnslogikken er det. Der findes nemlig ingen effektiv procedure (eksempelvis et computerprogram), som til et hvilket som helst prædikatslogisk udsagn afgør, om det er logisk sandt eller ej. Denne principielle uafgørbarhed af første ordens prædikatslogikken blev bevist af Alonzo Church (1903-1993) i 1936.

Egenskaberne "sundhed" og "fuldstændighed" er **metateoretiske egenskaber** ved henholdsvis udsagnslogik og første ordens prædikatslogik. Med metateoretiske egenskaber mener vi egenskaber, der udtaler sig om overordnede og generelle træk ved hele den logik og hele det formelle sprog, der arbejdes med. Således kan vi sondre mellem et **objektsprog**, lad det være udsagnslogik eller første ordens prædikatslogik eller et hvilket som helst andet sprog, og det **metasprog**, i hvilket man taler om objektsproget, dets symboler, formationsregler og dets semantik. I metasproget formuleres også de generelle eller overordnede egenskaber, der gør sig gældende for det givne objektsprog. Der er også andre slags metateoretiske resultater, vi skal se på for såvel udsagnslogik som første ordens prædikatslogik. Ud over sundhed og fuldstændighed vil også den såkaldte **deduktionssætning**, **kompakthedssætning, Tarskis sætning, Lövenheim-Skolems sætning, Lindströms sætning** og **Gödels ufuldstændighedssætninger** blive diskuteret.

De klassiske logikker og herunder udsagns- og prædikatslogikken er det, som betegnes for **ekstensionelle** og **kompositionelle logikker**. At de er ekstensionelle logikker vil sige, at de udelukkende forholder sig til den *aktuelle* situation i tilskrivningen af sandhedsværdier. At de er kompositionelle vil sige, at de sammensatte udsagns sandhedsværdi direkte er betinget af deludsagnenes sandhedsværdi. Som vi så det for udsagnslogikken, kan vi på baggrund af de atomiske udsagn opbygge en mængde sammensatte udsagn, hvis sandhedsværdi er betinget af de atomiske udsagns sandhedsværdi og de logiske konnektivers sandhedsfunktionelle egenskaber. Tilsvarende for første ordens prædikatslogik.

Såvel udsagns- som første ordens prædikatslogik kan udvides til mere udtryksfulde logiske systemer, der ikke er ekstensionelle, selv om de dog er kompositionelle. Alle disse logikker betegnes under ét **modallogikker**, idet de vedrører måderne hvorpå, eller *modaliteterne* hvormed, givne udsagn er sande eller falske. Således kan man tilføje logiske konnektiver eller operatorer, som udtrykker *nødvendighed* og *mulighed*, hvilket fører til **aletisk logik**. Indførelsen af muligheds- og nødvendighedsoperatorer ændrer ikke på, at modallogikken er kompositionel, forstået således, at de komplekse udsagns sandhedsværdi er betinget af de simple udsagns sandhedsværdi. Problemet er blot det, at selv om de er kompositionelle, så er bestemmelsen af sandhedsværdier ikke ekstensionel. I den aletiske logik viser det sig, at for at afgøre sandhedsværdien af udsagn, hvori de aletiske operatorer indgår, er det nødvendigt at overveje andre *mulige* situationer end den aktuelle situation, hvorunder udsagnene er sande eller falske.

Man kan også på baggrund af den klassiske logik tilføje konnektiver eller operatorer vedrørende tid, hvilket fører til **temporal logik**; her bliver situationer til tidspunkter, der specificerer, *hvornår* nærmere end hvor (altså i hvilke situationer) givne udsagn er sande eller falske. Ydermere kan man tilføje operatorer vedrørende vurderinger og påbud, hvorved man får **deontisk logik**, og her bliver det semantisk set af interesse, i hvilke andre mulige situationer noget er påkrævet eller tilladeligt. I denne bog vil deontisk logik dog ikke blive diskuteret – se dog bilaget om *Atter andre logikker* for relevant litteratur. Endelig kan man tilføje konnektiver eller operatorer vedrørende viden og overbevisning, hvilket giver **epistemisk logik**, som semantisk set kræver, at man overvejer, hvilke mulige andre

1.1 Introduktion

videnstilstande, også kaldet *epistemiske alternativer*, der er til en given situation, og som en given agent eller person kan være i. Det er også muligt at kombinere aletisk, temporal og epistemisk logik, hvorved man opnår det, vi har kaldt *modal operatorteori* [Hendricks & Pedersen 00d], [Hendricks 01] og [Hendricks & Pedersen 01]. Disse forskellige logiske systemer er **intensionelle logikker** og er karakteriseret derved, at sammensatte udsagns sandhedsværdier i givne situationer ikke udelukkende er afhængige af deludsagnenes sandhedsværdier i disse situationer, men også af sandhedsværdier i andre mulige situationer, tider, påbud/forpligtelser eller epistemiske alternativer.

Det er muligt at komme frem til andre typer logikker ved, på passende vis, at variere definitionen af logisk følge. I definition 1 ovenfor taler vi om sandhed og forudsætter stiltiende, at alle udsagn enten er sande eller falske. Dette kaldes **bivalensprincippet**. Men når man kvantoriserer over uendelige områder, for eksempel over de naturlige tal $1, 2, 3, \ldots$, kan det være vanskeligt at forstå, hvad det vil sige, at et kvantoriseret udsagn er sandt. For eksempel ved man ikke i dag, om alle lige naturlige tal kan skrives som summen af to primtal. Man ved altså ikke, om dette udsagn er sandt eller falskt, og man kan heller ikke være sikker på, om man overhovedet vil få viden om det. Mange vil derfor sige, at denne type udsagn ikke har nogen sandhedsværdi, før man rent faktisk kan afgøre, om de er sande eller falske. Dette fører til den meget vigtige konstruktive eller intuitionistiske logik, som vi dog ikke nærmere skal redegøre for i denne bog. Se dog bilaget om *Atter andre logikker* for relevant litteratur om konstruktiv eller intuitionistisk logik og om andre logikker i øvrigt.

Udviklingen af moderne logik har ført til mange betydningsfulde resultater. I begyndelsen af dette århundrede var udviklingen af logikken drevet af filosofiske og erkendelsesteoretiske problemer, især i forbindelse med matematikkens grundlag. I dag er logikken blevet et væsentligt værktøj i alle disciplinerne nævnt ovenfor og flere endnu. Den er således blevet en praktisk anvendelig videnskab.

1.2 Organisering

På side 16 findes en fortegnelse over alle de begreber, der undervejs i dette første kapitel er blevet fremhævet i **fed skrift**. Disse begreber er nøglebegreber i forståelsen af den moderne elementære logik – har man forstået disse centrale begreber, har man forstået moderne elementær logik. Rettere sagt, alle de pågældende begreber indgår i et *system*, og det er dette system, man skal sætte sig for at forstå. Systemet er gengivet på side 17 og udgør måden, hvorpå denne bog er organiseret. Systemet følger læseren hele vejen – på ethvert givent tidspunkt i teksten er det muligt at bevæge sig frem og tilbage i det, der udgør systemets træstruktur.

For at kunne undersøge argumenter for gyldighed skal vi først have specificeret et formelt sprog. Det grundlæggende formelle sprog, kaldet det udsagnslogiske sprog, $\mathcal{L}$, defineres i kapitel 2, der ud over kapitel 1 udgør systemets rod, eftersom alle andre formelle sprog, der sidenhen vil blive behandlet, hviler på $\mathcal{L}$. Sproget $\mathcal{L}$ er i sig selv syntaktisk og semantisk ydedygtigt nok til at undersøge en del forskelligartede argumenter for gyldighed, såfremt at gyldigheden er baseret på den logiske form af hele udsagn. I kapitel 3 findes redskaberne til undersøgelse af sådanne argumenters gyldighed og en behandling af vigtige metateoretiske resultater for udsagnslogikken. Det udsagnslogiske sprog $\mathcal{L}$ kan udvides på passende vis med universal- og eksistenskvantoren, hvorved vi opnår det fulde første ordens prædikatslogiske sprog $\mathcal{L}_{FOL}$.

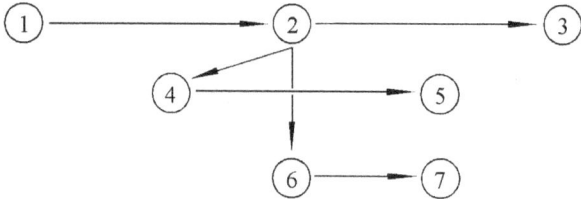

Semantikken for $\mathcal{L}_{FOL}$ kræver et vist indblik i de såkaldte strukturer, der udgør et vigtigt matematisk begreb, og som er genstand for videre undersøgelse, eftersom eksempelvis Boole-algebraer er bestemte slags matematiske strukturer, der spiller en stor rolle for udsagnslogikken og i øvrigt for matematisk logik generelt. Syntaksen og semantikken for $\mathcal{L}_{FOL}$ er genstand for diskussion i kapitel 4. De semantiske og bevisteoretiske procedurer til undersøgelse af argumenters gyldighed formuleret i $\mathcal{L}_{FOL}$ gives i kapitel 5 sammen med de vigtige metateoretiske resultater for første ordens prædikatslogik.

Kapitel 2 til og med kapitel 5 udgør således del 1 af det overordnede system, der omhandler den klassiske "forgrening" af logikken.

1.2 Organisering

I del 2 behandles logikker, der ikke er klassiske, hvilket betyder, at systemets træstruktur opdeles yderligere i en forgrening bestående af "Andre logikker". Aletisk logik er genstand for undersøgelse i kapitel 6, mens temporal og epistemisk logik behandles i kapitel 7.

Moderne elementær logik er skrevet med henblik både på dem, der ønsker et overordnet billede af systemet, og dem, der ønsker et mere dybtgående indblik i de matematiske aspekter af den moderne logik. Derfor er visse afsnit, definitioner, sætninger og beviser markeret med symbolet '†', hvilket henviser til mere avancerede og tekniske elementer, som kan springes over, hvis man ønsker det.

Moderne elementær logik er skrevet som både en lærebog og som et opslagsværk eller en håndbog. Derfor er der, ud over et utal af opgaver, et ganske fyldigt indeks, litteraturhenvisninger, bilag med henvisninger til logik på www, bilag med henvisninger til computer-logikprogrammer samt et bilag med korte beskrivelser af, og henvisninger til, atter andre former for logikker, også særskilte litteraturhenvisninger til mange af kapitlerne med mere specialiseret litteratur.

Logisk gyldighed

1. **Korrekt slutning / Gyldigt argument**
2. **Præmisser, konklusion**
3. **Slutningsskema**
   (a) Modus (Ponendo) Ponens
   (b) Modus (Tollendo) Tollens
   (c) Modus Ponendo Tollens
   (d) Modus Tollendo Ponens
4. **Logiske konnektiver**
   (a) Negation
   (b) Konjunktion
   (c) Disjunktion
   (d) Materiel implikation
   (e) Biimplikation
   (f) Universalkvantor
   (g) Eksistenskvantor
5. **Logisk form**
6. **Formalisering**
7. **Syntaks**
8. **Situationer**
9. **Semantik**

   (a) Strukturer
   (b) Modeller

10. **Bivalensprincippet**
11. **Semantisk følgerelation**

    (a) Sandhedstabeller
    (b) Semantiske tableauer

12. **Bevisteoretisk følgerelation**

    (a) Sekventkalkulen
    (b) Naturlig deduktion
    (c) Hilbert-stil aksiomatik

13. **Kompositionalitet**
14. **Ekstensionel logik**
15. **Udsagnslogik**
16. **Udsagnslogik og Boole-algebra**
17. **Første ordens prædikatslogik**
18. **Objekt- og metasprog**
19. **Metateoretiske resultater**

    (a) Sundhed
    (b) Fuldstændighed
    (c) Deduktionssætning
    (d) Kompakthed
    (e) Tarskis sætning
    (f) Gödels ufuldstændighedssætninger
    (g) Lövenheim-Skolems sætning
    (h) Lindströms sætning

20. **Intensionel logik**
21. **Modallogik**

    (a) Aletisk logik
    (b) Temporal logik
    (c) Epistemisk logik

1.2 Organisering

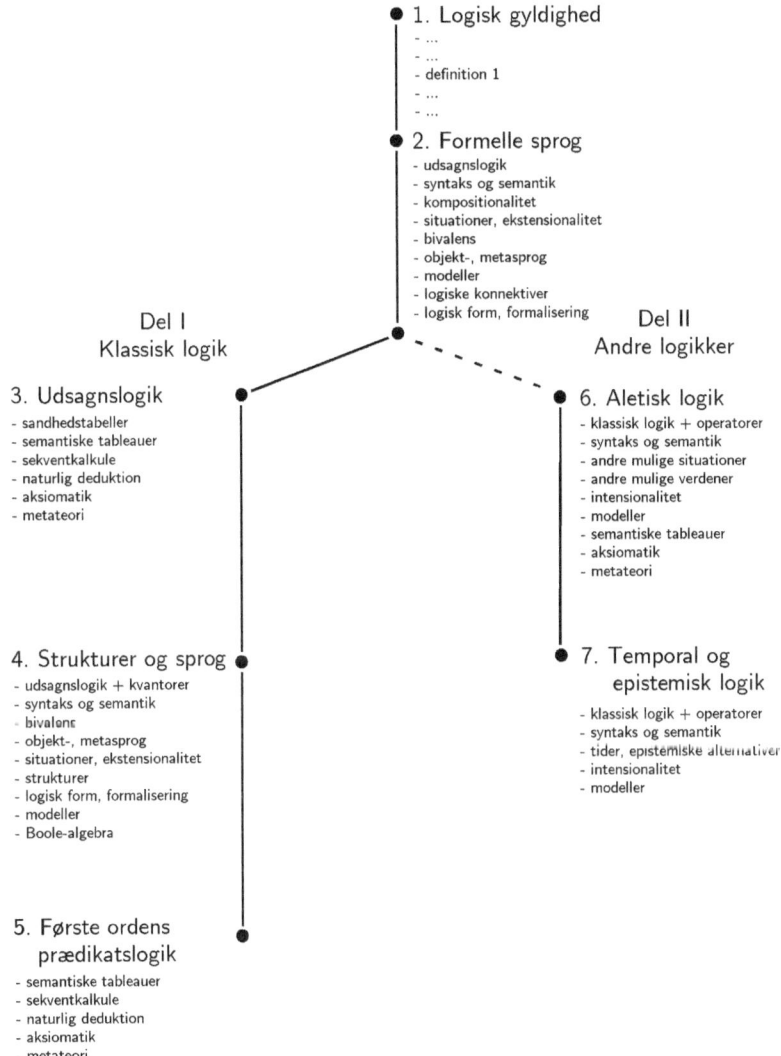

● 1. Logisk gyldighed
- ...
- ...
- definition 1
- ...
- ...

● 2. Formelle sprog
- udsagnslogik
- syntaks og semantik
- kompositionalitet
- situationer, ekstensionalitet
- bivalens
- objekt-, metasprog
- modeller
- logiske konnektiver
- logisk form, formalisering

Del I
Klassisk logik

Del II
Andre logikker

3. Udsagnslogik
- sandhedstabeller
- semantiske tableauer
- sekventkalkule
- naturlig deduktion
- aksiomatik
- metateori

6. Aletisk logik
- klassisk logik + operatorer
- syntaks og semantik
- andre mulige situationer
- andre mulige verdener
- intensionalitet
- modeller
- semantiske tableauer
- aksiomatik
- metateori

4. Strukturer og sprog
- udsagnslogik + kvantorer
- syntaks og semantik
- bivalens
- objekt-, metasprog
- situationer, ekstensionalitet
- strukturer
- logisk form, formalisering
- modeller
- Boole-algebra

7. Temporal og
   epistemisk logik
- klassisk logik + operatorer
- syntaks og semantik
- tider, epistemiske alternativer
- intensionalitet
- modeller

5. Første ordens
   prædikatslogik
- semantiske tableauer
- sekventkalkule
- naturlig deduktion
- aksiomatik
- metateori

Del I
Klassisk logik

2 Formelle sprog

- 1. Logisk gyldighed
- 2. Formelle sprog
  - udsagnslogik
  - syntaks og semantik
  - kompositionalitet
  - situationer, ekstensionalitet
  - bivalens
  - objekt-metasprog
  - modeller
  - logiske konnektiver
  - logisk form, formalisering

Alle de formelle sprog, der er genstand for undersøgelse i denne bog, hviler på det simple udsagnslogiske sprog kaldet $\mathcal{L}$. I dette kapitel introduceres $\mathcal{L}$ med dets syntaks og semantik. Syntaksen specificerer måden, hvorpå velformede formler (udsagn) konstrueres i udsagnslogikken, mens semantikken bidrager med tildelingen af sandhedsværdier til de velformede formler ud fra situationer. Når syntaksen og semantikken er fikseret, er det muligt at identificere den logiske form af de natursproglige udsagn, der kan formaliseres i udsagnslogikken.

I kapitel 1 blev vi bekendt med simple natursproglige, gyldige argumenter og de logisk korrekte slutningsskemaer fra Modus (Tollendo) Tollens til Modus Ponendo Tollens, som de var instanser af. De pågældende slutningsskemaer kunne alle formaliseres, givet en mængde atomiske udsagn samt de logiske konnektiver. I dette kapitel udvikles det udsagnslogiske sprog, i hvilket natursproglige sætninger kan formaliseres som enten (1) atomiske udsagn eller som (2) komplekse udsagn bestående af de atomiske udsagn sammenføjet med de logiske konnektiver. Det udsagnslogiske sprog kaldes $\mathcal{L}$. $\mathcal{L}$ kan så senere videreudvikles til det fulde første ordens prædikatslogiske sprog, de modallogiske sprog etc.

2.1 Syntaks

Lad os indledningsvis specificere de elementer, som det udsagnslogiske sprog $\mathcal{L}$ er opbygget af; med andre ord, $\mathcal{L}$'s *alfabet* eller *grundsymboler*:

Definition 2
$\mathcal{L}$'s *alfabet:*

1. *En samling* propositionssymboler $\mathbf{p}_1, \mathbf{p}_2, \mathbf{p}_3, \ldots$ *Vi indfører mængden* $\mathbf{P}$ *for at betegne samlingen af alle propositionssymboler, således at* $\mathbf{P} = \{\mathbf{p}_1, \mathbf{p}_2, \mathbf{p}_3, \ldots\}$.[1]

2. Parenteser '(', ')'.

3. *De* logiske konnektiver $\neg, \wedge, \vee, \rightarrow, \leftrightarrow$.

Propositionssymbolerne $\mathbf{p}_1, \mathbf{p}_2, \mathbf{p}_3, \ldots$ står for usammensatte og dermed atomiske udsagn. Et vilkårligt atomisk udsagn fra $\mathbf{P}$ betegnes blot $\mathbf{p}$.

En ting er at have fikseret de elementer, der udgør det formelle sprog $\mathcal{L}$'s grundsymboler. En anden ting er at formulere reglerne for, hvorledes disse elementer kan benyttes til at danne udsagn eller mængden af *velformede formler*. Mængden af velformede formler betegnes også *PROP*. Den indføres ved følgende definition:

Definition 3
Mængden, PROP, af velformede formler i $\mathcal{L}$ *består af netop de symbolstrenge, som genereres af reglerne:*

1. *Hvis A er et propositionssymbol, er A en velformet formel.*

2. *Hvis A er en velformet formel, så er* $\neg A$ *en velformet formel.*

3. *Hvis A og B er velformede formler, så er* $(A \wedge B), (A \vee B), (A \rightarrow B)$ *og* $(A \leftrightarrow B)$ *velformede formler.*

Således er $((A \wedge B) \rightarrow A) \leftrightarrow B$ en velformet formel i $\mathcal{L}$, mens eksempelvis $(\wedge AB \rightarrow \leftrightarrow B)$ ikke er en velformet formel.

Vi kan nu definere *delformler*:

Definition 4
Lad A være en velformet formel fra $\mathcal{L}$. *Klassen af delformler af A defineres ved følgende regler:*

1. *A er en delformel af A.*

---
[1] Strengt taget er $\mathbf{P}$ en nummereret følge af propositionssymboler. $\mathbf{P}$ kan være såvel endelig som uendelig.

2. Hvis B er en delformel af A, og B har formen $\neg C$, så er C en delformel af A.

3. Hvis B er en delformel af A, og B har formen $(C_1 \wedge C_2)$, $(C_1 \vee C_2)$, $(C_1 \to C_2)$ eller $(C_1 \leftrightarrow C_2)$, så er C_1 og C_2 delformler af A.

Vi kalder et atomisk udsagn eller negationen af et atomisk udsagn for et *literal*. Således er eksempelvis $\mathbf{p}_2$ og $\neg \mathbf{p}_5$ literaler.

Denne syntaktiske fremstilling af $\mathcal{L}$ hviler på den stiltiende forudsætning, at vi sondrer mellem objektsproget $\mathcal{L}$ bestående af de velformede formler beskrevet i definition 3 og det metasprog, i hvilket vi eksempelvis har formuleret formationsreglerne for velformede formler, jvf. definition 3. I denne definition har vi eksempelvis en formationsregel af typen "Hvis A og B er velformede formler, så er $(A \to B)$ en velformet formel", der har form af en materiel implikation om den objektsproglige materielle implikation '$\to$'. Formationsreglen er dog en meta-materiel implikation, og til tider vil vi anvende '$\Rightarrow$' og '$\Leftrightarrow$' som forkortelser for meta-implikationelle forhold. Således kunne "Hvis A og B er velformede formler, så er $(A \to B)$ en velformet formel" skrives som

"A og B er velformede formler $\Rightarrow (A \to B)$ er en velformet formel."

Tilsvarende gælder for de store bogstaver $A, B, C, \ldots$, som er meta-variable over objektsproglige velformede formler. I det følgende vil vi ofte også anvende små bogstaver fra den nederste del af alfabetet $p, q, r, \ldots$ som meta-variable for udsagn i udsagnslogikken.

2.2 Semantik

Der findes udsagn, som direkte har en sandhedsværdi, stort set uafhængig af den situation, de hævdes i. For eksempel er udsagnet

Alle mennesker har både en far og en mor

under normale omstændigheder sandt, mens udsagnet

Der findes mennesker med flere biologiske fædre

under normale omstændigheder vil betragtes som falsk. Der eksisterer dog ganske mange udsagn, hvis sandhedsværdi afhænger af den situation, hvori de hævdes. Eksempelvis er udsagnet

Der findes indbrudstyve her i omegnen

både afhængig af, hvor det fremsættes og af tidspunktet. Der findes tillige udsagn, hvis sandhedsværdi både afhænger af den situation, de hævdes i, og af deres sandhedsværdi i andre mulige situationer. Følgende udsagn er af denne type:

> Det er muligt for intelligente væsener at eksistere andre steder i verdensrummet

Det vil være sandt, hvis det er muligt at argumentere for, at en situation, hvor der er intelligente væsener uden for Jorden, kan findes. Udsagnet

> Mennesker vil nødvendigvis dø

er sandt, hvis der ikke kan findes en situation, hvor et menneske er udødeligt; det vil sige mennesker er dødelige i alle tænkelige situationer. Tilsvarende med udsagnet

> Jorden vil fordampe en gang i fremtiden.

Dette udsagn vil kun være sandt, hvis der i fremtiden vil opstå en situation, hvor Jorden fordamper.

Der er også udsagn, hvis sandhed eller falskhed afhænger af en persons viden eller overbevisning:

> Peter ved, at jorden vil fordampe.

Dette udsagn vil kun være sandt, hvis det relativt til alt, hvad Peter måtte vide – eller relativt til alle de situationer, som Peter kunne forestille sig udgjorde den aktuelle situation – er tilfældet, at jorden vil fordampe. De situationer, som Peter kan forestille sig, kaldes igen *epistemiske alternativer* til den aktuelle situation.

Disse forskellige eksempler viser, at vi er nødt til at definere sandhedsværdien af et udsagn relativt til den situation, det hævdes i, og i nogle tilfælde også relativt til andre mulige situationer og andre mulige tider; fortid, nutid eller fremtid. Det er selvfølgelig også muligt at kombinere situationer, tider og personer som i

> Peter ved, at Jorden nødvendigvis vil fordampe en gang i fremtiden.

Kompleksiteten af såvel semantik som logik forøges drastisk ved sådanne kombinationer og vil ikke blive behandlet indgående i denne bog, men dog kort blive nævnt i kapitel 7.

Generelt har vi ikke desto mindre, at sandhed kan betragtes som en *funktion*, der til en given situation og et udsagn giver en af værdierne sand eller falsk. Vi indfører følgende *metasproglige* betegnelser, der således ikke er en del af objektsproget $\mathcal{L}$

2.2 Semantik

⊤ for sand

⊥ for falsk

og lader v betegne en vilkårlig situation, der omfatter både tider, steder, epistemiske alternativer etc.

Et udsagn A vil så være enten sandt eller falsk i situationen v. Vi skriver

$$\models_v A$$

hvis A er sand i situationen v og

$$\not\models_v A$$

hvis A er falsk i v. Symbolet $\models$ tilhører metasproget.

De logikker, der vil blive diskuteret i denne bog, vil alle opfylde *kompositionalitetsprincippet*, som kan formuleres på følgende måde:

Definition 5
Kompositionalitetsprincippet. *Sandhedsværdien af et udsagn A i en situation v afhænger entydigt af sandhedsværdierne af A's delformler i forskellige situationer.*

Kompositionalitetsprincippet betyder, at et udsagns sandhedsværdi i en given situation v kan bestemmes entydigt, når sandhedsværdierne af de indgående delformler i alle forskellige situationer kendes. Det betyder, at så snart sandhedsværdierne af udsagnets atomiske delformler er fastlagt i de forskellige situationer, vil alle udsagnets delformler, og dermed udsagnet selv, få fastlagt entydige sandhedsværdier i alle tænkelige situationer.

Formelt kan dette udtrykkes på følgende måde:

Definition 6
Antag en mængde, $\mathcal{W}$, af mulige situationer. Vi definerer en funktion φ, som til en vilkårlig situation $v \in \mathcal{W}$ og en vilkårlig atomisk formel $\mathbf{p} \in \mathbf{P}$ tilordner en sandhedsværdi

$$(v, \mathbf{p}) \longmapsto \varphi(v, \mathbf{p}) \in \{\top, \bot\}.$$

φ *kaldes en* sandhedstilskrivning.

Symbolet '$\longmapsto$' er et funktionssymbol, der fortæller, at $(v, \mathbf{p})$ afbildes over i $\varphi(v, \mathbf{p})$.
Når φ er fastlagt, kan $\models_v A$ defineres for vilkårlige $v \in \mathcal{W}$ og $A \in \mathcal{L}$. Det vil sige, når både mængden af situationer, $\mathcal{W}$, og sandhedstilskrivningen φ er fastlagt, vil alle udsagn i $\mathcal{L}$ få tildelt bestemte sandhedsværdier i alle situationer fra $\mathcal{W}$. $\mathcal{W}$ og φ giver således en entydig bestemt *semantisk interpretation* af sproget $\mathcal{L}$. Disse entydige interpretationer af sproget kaldes *modeller*. Vi kan derfor generelt definere en model for $\mathcal{L}$ på følgende måde.

Definition 7
En model $\mathbb{M} = \langle \mathcal{W}, \varphi \rangle$ *består af:*

1. *En ikke-tom mængde af situationer* $\mathcal{W}$.

2. *En sandhedstilskrivning,* φ, *der tildeler sandhedsværdier til atomiske udsagn i de forskellige situationer fra* $\mathcal{W}$.

De forskellige udsagnslogikker adskiller sig efter, hvordan man nærmere specificerer definitionen af sandhedsværdierne for sammensatte udsagn ud fra kompositionalitetsprincippet, og hvilke yderligere krav man stiller til $\mathcal{W}$ og φ.

For det første kunne man kræve, at situationerne i $\mathcal{W}$ står i forskellige relationelle forhold til hinanden, hvilket er tilfældet i blandt andet aletisk logik. For det andet kunne man kræve, at situationerne i $\mathcal{W}$ repræsenterer tidsindekser, og at disse indekser i øvrigt er ordnede på bestemte måder, hvorved man opnår temporal logik. For det tredje kunne man kræve, at situationerne i $\mathcal{W}$ refererer til mulige epistemiske alternativer, der står i bestemte relationelle forhold til hverandre, hvorved man opnår epistemisk logik.

På tilsvarende vis kan man tillige variere kravene til sandhedstilskrivningen φ. I den klassiske logik hersker bivalensprincippet, hvilket betyder, at φ er total, således at *alle* udsagn får tilordnet en sandhedsværdi og dermed enten er sande eller falske. Man kan dog også argumentere for at der ofte er "sandhedshuller" i sandhedstilskrivningerne. Det betyder, at φ er partiel. Eksempelvis ville intuitionismen kræve, at φ er konstruktiv, forstået på den måde, at man ikke blot kan forudsætte, at alle udsagn simpelthen enten er sande eller falske, som man gør det i klassisk logik, men at man bliver nødt til at have en procedure for at konstruere sig frem til udsagns sandhedsværdier. Der findes også andre logiske systemer, i hvilke φ er partiel.

Afslutningsvis kan man stille yderligere krav til mængden af sandhedsværdier. I den klassiske logik afbildes udsagn over i mængden $\{\top, \bot\}$. Der findes dog også *trivalente* logikker, der herefter har tre *valenser* – eller sagt på en anden måde, hvor mængden af sandhedsværdier består af $\{\top, \frac{1}{2}, \bot\}$ hvor '$\frac{1}{2}$' betyder "halv-sand", "halv-falsk" eller "måske". Man kunne også forestille sig en logik med fire eller eksempelvis fem valenser $\{\top, \frac{3}{4}, \frac{1}{2}, \frac{1}{4}, \bot\}$. Mange induktive logikker baseret på sandsynlighedsteori er *multivalente*, således at sandhedstilskrivningen afbilder udsagn over i det lukkede interval $[0, 1]$, hvor 0 betegner fuldstændig falskhed svarende til $\bot$, mens 1 betegner fuldstændig sandhed svarende til $\top$.[2] Ind imellem disse er der multiple sandhedsværdier, således at et udsagn eksempelvis kan være 0.956 korrekt eller 95.6% sandt. Som vi skal se senere, er mængden

---

[2] En tilsvarende idé er baggrunden for de såkaldte *fuzzy logikke*r, der også er multivalente. Se ydermere bilaget om *Atter andre logikker*.

2.2 Semantik

$\{\top, \bot\}$ den simplest tænkelige Boole-algebra. Man kan derfor også betragte logikker, hvor mængden af sandhedsværdier udgør en vilkårlig Boolealgebra. Denne type logikker spiller en stor rolle i moderne mængdelære. Der findes udsagn, som kun afhænger af den aktuelle situation, eller som helt er situationsuafhængige. Klassisk udsagnslogik giver simpelthen en formalisering af sådanne udsagn. Logikker, hvor sandhedstilskrivning udelukkende afhænger af den aktuelle situation, kaldet w, siges at tilfredsstille *ekstensionalitetsprincippet*:

Definition 8
Ekstensionalitetsprincippet. *Sandhedsværdien af et udsagn A afhænger udelukkende af den aktuelle situation w.*

For klassisk udsagnslogik består $\mathcal{W}$ kun af én situation, nemlig den aktuelle w. Det vil sige

$$\mathcal{W} = \{w\}$$

og

$$(w, \mathbf{p}) \longmapsto \varphi(w, \mathbf{p}) \in \{\top, \bot\}.$$

Men da w ikke varierer, vil vi helt udelade w, så φ tilskriver sandhedsværdier til atomiske formler uden angivelse af situationer

$$\mathbf{p} \longmapsto \varphi(\mathbf{p}).$$

En model for klassisk udsagnslogik består derfor udelukkende af en sandhedstilskrivning φ til atomiske udsagn, $\mathbb{M} = \langle \varphi \rangle$. I mange tilfælde skriver vi kun $\mathbb{M}$ og underforstår φ. Vi indfører betegnelserne

$\mathbb{M} \models A$ betyder, at A er sand i modellen $\mathbb{M}$.

$\models A$ betyder, at A er sand i alle modeller.

$\mathbb{M} \not\models A$ betyder, at A er falsk i modellen $\mathbb{M}$.

$\not\models A$ betyder, at A er falsk i mindst en model.

$\mathbb{M} \models A$ kan nu angives på en sådan måde, at de komplekse udsagns sandhedsbetingelser defineres ud fra de simple udsagns sandhedsbetingelser:

Definition 9
Lad $\mathbb{M} = \langle \varphi \rangle$ og lad A være en velformet formel fra $\mathcal{L}$. Sandhedsbetingelserne defineres efter følgende regler:

1. $\mathbb{M} \models A$, hvis, og kun hvis, $\varphi(A) = \top$, hvor A er et atomisk udsagn.

2. $\mathbb{M} \models \neg A$, hvis, og kun hvis, $\mathbb{M} \not\models A$.

3. $\mathbb{M} \models A \wedge B$, hvis, og kun hvis, $\mathbb{M} \models A$ og $\mathbb{M} \models B$.

4. $\mathbb{M} \models A \lor B$, hvis, og kun hvis, $\mathbb{M} \models A$ eller $\mathbb{M} \models B$.

5. $\mathbb{M} \models A \rightarrow B$, hvis, og kun hvis, $\mathbb{M} \not\models A$ eller $\mathbb{M} \models B$.

6. $\mathbb{M} \models A \leftrightarrow B$, hvis, og kun hvis, $\mathbb{M} \models A$ netop når $\mathbb{M} \models B$.

De sandhedsbetingelser for de logiske konnektiver, som er defineret ovenfor, kan herefter opskrives i *sandhedstabellerne* nedenfor. Lad os starte med negationen:

Negation

A	$\neg A$
⊤	⊥
⊥	⊤

Negationen, $\neg A$, af et vilkårligt udsagn A er således sandt, når A er falsk, og falsk, når A er sand.

Konjunktionen og disjunktionen har følgende sandhedstabeller:

Konjunktion

A	B	$A \land B$
⊤	⊤	⊤
⊤	⊥	⊥
⊥	⊤	⊥
⊥	⊥	⊥

Disjunktion

A	B	$A \lor B$
⊤	⊤	⊤
⊤	⊥	⊤
⊥	⊤	⊤
⊥	⊥	⊥

Konjunktionen er kun sand i det tilfælde, hvor begge konjunkter er sande, ellers er den falsk.

Disjunktionen som vist ovenfor er *inklusiv*. Det vil sige, at den er sand i alle tilfælde med undtagelse af det tilfælde, hvor begge disjunkter er falske. Vores natursproglige brug af 'eller' kan ofte opfattes på denne måde. Spørger vi eksempelvis et barn (eller for den sags skyld en voksen), om det vil have is eller lagkage, så vil svaret efter alt at dømme blot være "ja". Som 'eller' opfattes her, giver det nemlig mulighed for at få både is og lagkage. Omvendt kunne man også opfatte spørgsmålet, som om der er tale om enten is eller lagkage og ikke både og. Opfattes disjunktionen på denne måde, kaldes den *eksklusiv*, idet den nemlig udelukker det tilfælde, at disjunktionen er sand, når begge disjunkter er sande. Det eksklusive 'eller', også til tider skrevet som '$\veebar$' i den logiske notation, har således andre sandhedsfunktionelle egenskaber og dermed en anden sandhedstabel end det inklusive 'eller'. Vi behøver dog ikke at indføre den eksklusive disjunktion i $\mathcal{L}$, eftersom man kan definere sig frem til den ved hjælp af de konnektiver, vi allerede har indført, hvilket vi skal vende tilbage til nedenfor og specielt i †-afsnit 2.3.

2.2 Semantik

Vi kan nu opstille sandhedstabellen for den materielle implikation.

Materiel implikation

A	B	$A \to B$
$\top$	$\top$	$\top$
$\top$	$\bot$	$\bot$
$\bot$	$\top$	$\top$
$\bot$	$\bot$	$\top$

Det eneste tilfælde, hvor den materielle implikation er falsk, er det tilfælde, hvor *antecedenten* A er sand, mens *konsekventen* B er falsk. Det giver god mening, for

Hvis Bjarke spiser arsenik, så dør han

er oplagt falsk, hvis Bjarke faktisk spiser arsenik, men ikke dør af det. Så det at spise arsenik er en *tilstrækkelig* betingelse for at dø. På den anden side er det ikke oplagt, at

Hvis Bjarke er en amøbe, så har han en IQ på 250

er sand, for det er falsk, at Bjarke er en amøbe, og han har ikke en IQ på 250, så konsekventen er også falsk, og selv om han har en IQ på 250, men stadig ikke er en amøbe, så er den materielle implikation sand alligevel.

Man kan spørge sig selv, om de to sidste rækker i sandhedstabellen udgør en tro repræsentation af den natursproglige implikation. For det første er den materielle implikation ikke helt natursproglig, og derfor betegnes den også *materiel*. Dertil kommer, at den i visse, men indrømmet langt fra alle, tilfælde viser sig at udgøre en tro repræsentation i formaliseringen af natursproglige sætninger, der indeholder implikationelle forhold. Ydermere er der en ren formel årsag til, at den materielle implikation har den sandhedsfunktionelle opførsel, som den har, hvilket vil blive diskuteret i næste kapitel, først i forbindelse med de såkaldte paradokser vedrørende den materielle implikation og dernæst i forbindelse med den såkaldte deduktionssætning.

Biimplikationen er sand i de tilfælde, hvor både A og B er sande, og hvor A og B er falske:

Biimplikation

A	B	$A \leftrightarrow B$
$\top$	$\top$	$\top$
$\top$	$\bot$	$\bot$
$\bot$	$\top$	$\bot$
$\bot$	$\bot$	$\top$

Ovenfor blev det nævnt, at vi kan definere os frem til den eksklusive disjunktion, '$\underline{\vee}$', ved hjælp af de konnektiver, vi allerede har indført. Det kan vi også, idet udsagnet $A \underline{\vee} B$ henholdsvis $\neg(A \leftrightarrow B)$ har samme sandhedstabel:

A	B	$A \leftrightarrow B$	$\neg(A \leftrightarrow B)$	$A \underline{\vee} B$
$\top$	$\top$	$\top$	$\bot$	$\bot$
$\top$	$\bot$	$\bot$	$\top$	$\top$
$\bot$	$\top$	$\bot$	$\top$	$\top$
$\bot$	$\bot$	$\top$	$\bot$	$\bot$

Negationen af biimplikationen giver os præcis den eksklusive disjunktion, idet den kun er sand, når én af disjunkterne er sande, præcis som $\underline{\vee}$ siger. Vi siger, at to udsagn A og B er *logisk ækvivalente*, når de har samme sandhedstabel eller sandhedsfunktionelle opførsel, og skriver

$$A \equiv B. \tag{2.1}$$

Bemærk, at $\equiv$ er et meta-symbol. To andre udsagn, der også er logisk ækvivalente, er den materielle implikation $A \to B$ og dens *kontraposition*

$$\neg B \to \neg A$$

hvilket tillige fremgår af følgende sandhedstabel:

A	B	$\neg A$	$\neg B$	$\neg B \to \neg A$
$\top$	$\top$	$\bot$	$\bot$	$\top$
$\top$	$\bot$	$\bot$	$\top$	$\bot$
$\bot$	$\top$	$\top$	$\bot$	$\top$
$\bot$	$\bot$	$\top$	$\top$	$\top$

Vort naturlige sprog er rigt på konnektiver. Dels er der de konnektiver, som vi har set på ovenfor, dels er der et utal af andre konnektiver:

'_ medmindre _'

'_ men _'

2.2 Semantik

'_ givet _'

'_ for så vidt _'

'_ under hensyntagen til _'

'_ på betingelse af _'

'_ når som helst _'

etc.

Et udsnit af disse natursproglige konnektiver kan gengives med de logiske konnektiver, da den natursproglige semantik for disse konnektiver tilnærmelsesvist er sammenfaldende med den formelle semantik. I tabel 2.1, side 32, er opstillet en tabel over ofte anvendte natursproglige konnektiver, der mere eller mindre har et formelt semantisk korrelat.

I tabel 2.1 har vi markeret nogle af de natursproglige konnektiver med ∗. Det kommer sig af, at det er diskutabelt, om den formelle repræsentation af det natursproglige konnektiv er passende. Argumentet for eksempelvis at formalisere "A på trods af B" som

$$B \rightarrow A$$

er, at selv om B er tilfældet, er A også tilfældet. Det vil sige, givet, at B er fikseret sand i udgangspunktet, som "på trods af" synes at indikere. Det vil nemlig betyde, at den eneste situation, hvor implikationen er falsk, er det tilfælde, hvor B er sand, men A ikke er det, mens implikationen vil vedblive med at være sand også i det tilfælde, hvor B måtte gå hen og blive falsk. På den anden side kunne man også argumentere for, at de to udsagn følger hinanden "tættere", og således formalisere den selvsamme sætning som $A \wedge B$, hvis B ikke er fikseret sand. Tilsvarende kunne man også argumetere for, at "A for så vidt B" er stærkere end implikationen, og således formalisere den som $A \leftrightarrow B$ (det vil man eksempelvis ofte gøre på engelsk med det tilsvarende konnektiv "insofar"). Det betyder med andre ord, at mange natursproglige konnektivers mening er kontekstsensitiv, og således vil den udsagnslogiske formalisering af det pågældende konnektiv også blive påvirket af denne kontekstsensitivitet. Dertil kommer, at de logiske konnektiver ofte kun kan ramme overfladen af det, der egentlig menes med et givent natursprogligt konnektiv, hvilket vi allerede har set på i forbindelse med diskussionen af den materielle implikations sandhedsfunktionelle opførsel. Dette forhold vil i sagens natur have en afsmittende effekt på afdækningen og formaliseringen af natursproglige sætninger i $\mathcal{L}$.

Natursprogligt	Formelt
A men B A dog B	$A \wedge B$ $A \wedge B$
A medmindre B	$\neg B \to A$
B kun hvis A givet B så A A i fald B A forudsat B A er nødvendig for B	$B \to A$ $B \to A$ $B \to A$ $B \to A$ $B \to A$
A er tilstrækkelig for B A når som helst B	$A \to B$ $A \leftrightarrow B$
A på trods af B * A for så vidt B *	$B \to A$ $B \to A$

Tabel 2.1 Natursproglige konnektiver og formelle konnektiver.

2.3 (†) Adækvate mængder af konnektiver

Hvis alle konnektiver, der forefindes i det givne sprog, kan defineres ud fra en mindre mængde konnektiver i det samme sprog, så betegner man denne mindre mængde som en *adækvat mængde* konnektiver. Eksempelvis er '¬' og '→' nok til at generere de øvrige konnektiver i det udsagnslogiske sprog. Tilsvarende gælder for '¬' og '∧' samt '¬' og '∨', men også andre kombinationer. Omvendt er '∧','∨' eller '∧','→' respektivt ikke adækvate mængder konnektiver, idet vi ikke med disse kombinationer kan formulere alle de negerede udsagn og derfor kun får "positive" sprog. Vi skal således altid have negationen med i den adækvate mængde i én eller anden form.

I bund og grund findes der ét konnektiv, som er nok til at generere de øvrige. Dette konnektiv kaldes *gensidig afvisning* ("joint denial" på engelsk). Konnektivet symboliseres ved '↓' og har følgende sandhedsfunktionelle egenskaber:

A	B	$A \downarrow B$
T	T	⊥
T	⊥	⊥
⊥	T	⊥
⊥	⊥	T

Gensidig afvisning har den egenskab, at den kun er sand i tilfælde, hvor begge udsagn er falske, som eksempelvis i sætningen

> Der er hverken suppe eller steg på menuen i aften

hvor A ville stå for 'Der er ikke suppe på menuen i aften', mens B ville stå for 'Der er ikke steg på menuen i aften'. Det fremgår i øvrigt af ovenstående sandhedstabel, at

$$A \downarrow B \equiv \neg A \wedge \neg B. \qquad (2.2)$$

Med dette konnektiv kan vi eksempelvis udtrykke biimplikation således

$$A \leftrightarrow B$$
$$\equiv$$
$$(A \rightarrow B) \wedge (B \rightarrow A)$$
$$\equiv$$
$$\neg(A \wedge \neg B) \wedge \neg(\neg A \wedge B)$$
$$\equiv$$
$$[(A \downarrow B) \downarrow ((A \downarrow A) \downarrow (B \downarrow B))] \downarrow [(A \downarrow B) \downarrow ((A \downarrow A) \downarrow (B \downarrow B))]$$

og tilsvarende for de øvrige konnektiver. Et andet konnektiv, som har samme adækvate karakter som gensidig afvisning, kaldes *alternativ afvisning* ("alternative denial" på engelsk) eller Sheffers streg, som vi, for at undgå senere notationsforvirring, vælger at skrive som '$\wr$':

A	B	$A \wr B$
T	T	⊥
T	⊥	T
⊥	T	T
⊥	⊥	T

Med andre ord siger $A \wr B$, at enten er A falsk, eller også er B falsk, i.e. enten ikke A eller ikke B, $\neg A \vee \neg B$, hvorfor

$$A \wr B \equiv \neg A \vee \neg B. \qquad (2.3)$$

2.4 Logisk form og formalisering

Identifikationen af den logiske form og formaliseringen af natursproglige sætninger og argumenter i $\mathcal{L}$ kan nu, givet fastlæggelsen af syntaksen og semantikken, påbegyndes. Lad os indledningsvist betragte den natursproglige sætning

> Hvis Bjarke kommer til koncerten, så kommer Karina og Mette også til koncerten.

Det første skridt i enhver formalisering består i at identificere sætningens logiske form, hvilket i sagens natur betyder at identificere de atomiske udsagn forbundet med de logiske konnektiver, der indgår i sætningen. Vi indfører en *oversættelsesnøgle* for de atomiske udsagn:

p: Bjarke kommer til koncerten.

q: Karina kommer til koncerten.

r: Mette kommer til koncerten.

p, q og r står således for de specifikke sætninger om henholdsvis Bjarkes, Karinas og Mettes tur til koncerten. Udsagnene p, q, r er blevet identificeret som resultat af, at de udgør det, som de logiske konnektiver sammenbinder. I dette tilfælde er der tale om "hvis ..., så ..." samt "og", altså $\rightarrow$ og $\wedge$. Det forholder sig i denne sammenhæng således, at hvis Bjarke kommer, så kommer Karina og Mette også, hvorfor den materielle implikation er *hovedkonnektivet* med den største *rækkevidde*. Hvis antecedenten p er opfyldt, så vil konsekventen følge, og den vil igen være en konjunktion bestående af q og r. Alt i alt kan vi formalisere sætningen som

$$p \rightarrow (q \wedge r). \tag{2.4}$$

Et vanskeligere eksempel er

Bjarke og Karina eller Mette kommer til koncerten, men hvis Torsten kommer, så kommer Mette ikke.

Holder vi fast i den oversættelsesnøgle, vi allerede har, tilføjer vi et nyt atomisk udsagn

s: Torsten kommer til koncerten.

Hovedkonnektivet er lidt sværere at identificere i denne sætning. På den anden side, siger sætningen vel, at

1. Bjarke og Karina kommer til koncerten, *eller*

2. Mette kommer til koncerten

og

3. *hvis* Torsten kommer til koncerten, *så*

4. *ikke*: Mette kommer til koncerten.

2.4 Logisk form og formalisering 35

Det betyder, at $\wedge$ er hovedkonnektivet og svarer til det natursproglige "men" med underkonnektiverne $\vee$ og $\rightarrow$, hvorefter formaliseringen samlet kommer til at tage sig ud på følgende måde:

$$((p \wedge q) \vee r) \wedge (s \rightarrow \neg r). \qquad (2.5)$$

Lad os nu betragte følgende natursproglige argument:

> Hvis der findes intelligente livsformer andetsteds i universet, så ville vi have fundet disse livsformer nu, hvis de har en karakter, vi kan forholde os til. Hvis disse livsformers intelligens har en sådan karakter, at vi ikke kan forholde os til dem, så må det være fordi, de er meget anderledes end os selv. Siden vi faktisk ikke har fundet intelligente livsformer andetsteds i universet, ser det således ud som om, at der enten ikke er andre intelligente livsformer i universet, eller, at der er intelligente livsformer, men de er blot meget anderledes end os selv.

For at formalisere dette argument er det hensigtsmæssigt at gå frem efter en bestemt procedure:

Procedure

1. *Identificér præmisser og konklusion*: Konklusionen er typisk indikeret med et 'siden', 'derfor', 'altså' eller et andet ord, der vidner om, at noget følger af noget andet.

    (a) I dette tilfælde er konklusionen det, der kommer efter "... ser det således ud som om ...".

2. *Identificér de atomiske udsagn, der indgår i argumentet, og opstil en oversættelsesnøgle, hvor de forskellige atomiske udsagn får tildelt en udsagnslogisk konstant*:

    (a) p: Der findes intelligente livsfomer andetsteds i universet.

    (b) q: Intelligente livsformer har en karakter, vi kan forholde os til.

    (c) r: Vi ville have fundet disse livsformer nu.

    (d) s: Intelligente livsformer andetsteds i universet er meget anderledes end os selv.

3. *Identificér de hovedkonnektiver, der optræder i præmisserne og konklusionen, og afdæk hermed udsagnenes logiske form*:

    (a) der findes intelligente livsformer andetsteds i universet $\rightarrow$ (intelligente livsformer har en karakter, vi kan forholde os til $\rightarrow$ vi ville have fundet disse livsformer nu).

(b) ¬ (intelligente livsformer har en karakter, vi kan forholde os til) → intelligente livsformer andetsteds i universet er meget anderledes end os selv.

(c) ¬ (vi ville have fundet disse livsformer nu).

(d) Altså: ¬ (der findes intelligente livsfomer andetsteds i universet) ∨ (der findes intelligente livsfomer andetsteds i universet ∧ intelligente livsformer andetsteds i universet er meget anderledes end os selv).

4. *Formalisér*:

(a) $p \to (q \to r)$

(b) $\neg q \to s$

(c) $\neg r$

(d) $\therefore \neg p \lor (p \land s)$

Det er vigtigt at bemærke anvendelsen af parenteser. Disse parenteser bestemmer rækkevidden af de i udsagnene forekommende konnektiver og gør udsagnene entydige. Konklusionen i eksemplet er ikke entydig uden parenteser, idet $\neg p \lor p \land s$ både kan fortolkes som

$$\neg (p \lor p) \land s \qquad (2.6)$$

og som konklusionen

$$\neg p \lor (p \land s). \qquad (2.7)$$

I (2.6) har negationen rækkevidde over udsagnet $(p \lor p)$, mens negationen i (2.7) kun har rækkevidde over p. Ydermere skal man være opmærksom på, at mens hovedkonnektivet i (2.6) er konjunktionen, så er hovedkonnektivet i (2.7) disjunktionen. Hovedkonnektivet har i sagens natur altid den største rækkevidde, og det er derfor vigtigt altid at identificere hovedkonnektivet først for derefter at idenficere underkonnektiverne, der måtte indgå i det komplekse udsagn.

Parenteserne anvender vi således til at indikere de respektive konnektivers rækkevidde. For at undgå for mange parenteser kunne man vælge at introducere en "styrkerelation", således at ¬ binder svagere end ∧, ∨, der binder lige stærkt, som igen binder svagere end →, og som sluttelig binder svagere end ↔. Det vil betyde, at negationen har den mindste rækkevidde, mens biimplikationen altid har den største rækkevidde, medmindre selvfølgelig de indgående parenteser siger noget andet. Betragt herefter udsagnet

$$p \leftrightarrow [((q \lor r) \to (\neg s \to t)) \lor \neg t]. \qquad (2.8)$$

2.4 Logisk form og formalisering

Med konventionen kunne vi vælge at droppe samtlige parentessæt, eftersom '↔' binder stærkere end '→', som igen binder stærkere end '∨', der slutteligt binder stærkere end '¬'

$$p \leftrightarrow q \lor r \to \neg s \to t \lor \neg t. \tag{2.9}$$

En sidste bemærkning vedrørende formaliseringen af natursproglige sætninger i $\mathcal{L}$. Der er ikke en entydig facitliste til, hvordan de natursproglige sætninger skal formaliseres, idet de natursproglige konnektivers og udtryks mening kan være kontekstsensitiv, og de logiske konnektiver til tider kun på overfladisk vis kan gengive det natursproglige indhold af et givent konnektiv. Eksempelvis ville man kunne forsvare at formalisere den anden præmis "Hvis disse livsformers intelligens har en sådan karakter, at vi ikke kan forholde os til dem, så må det være fordi, de er meget anderledes end os selv" som $\neg q \leftrightarrow s$ i stedet for $\neg q \to s$.

Det kræver omtanke at formalisere, men rettesnoren er den at formalisere på en sådan måde, at man får et meningsfuldt udsagn ud af det med den størst mulige grad af natursproglig-tro gengivelse og detaljer. En omhyggelig formalisering giver anledning til en formel repræsentation af et argument, som kan undersøges for logisk gyldighed. Procedurer for undersøgelse af logisk gyldighed er temaet i næste kapitel.

Opgaver

Oversæt følgende natursproglige sætninger til $\mathcal{L}$-udsagn:

1. *Carsten kommer til koncerten, hvis Torsten kommer.*

2. *Hvis Torsten kommer, kommer Bjarke ikke, medmindre Teit også kommer til koncerten.*

3. *På trods af, at Bjarke kommer, hvis Teit kommer, kommer Nina og Jakob nødvendigvis, hvis Torsten også kommer til koncerten.*

4. *Når som helst Karina kommer, kommer Andrea, men kun hvis musikken til koncerten ikke er for høj.*

5. *Givet, at Andrea kommer, kommer Nena og Julie, men det er forudsat, at Kim kan passe Cecilie, for Cecilie kan slet ikke lide musik.*

Oversæt følgende citater i $\mathcal{L}$:

1. *"Jeg har skåret et mærke i min stolpe, så der må være gået en dag. Bare jeg vidste, om det var søndag, for så ville jeg gå i kirke. Hvis der altså var nogen kirker i nærheden, men det kan også være det samme, hvis det ikke er søndag."* [Kidde 98], p. 19.

2. *"Jeg har skåret fire mærker i min stolpe, så hvis det var den 20. december i mandags, og mandagen falder på en mandag i år, så er det juleaften i dag. Jeg har ikke nogen julekort."* [Kidde 98], p. 20.

Oversæt følgende argumenter i $\mathcal{L}$:

1. *René vil kun flytte sit tårn, hvis Per flytter sin dronning. Men hvis Per flytter sin løber, vil René smadre skakbrættet. Det er ikke tilfældet, at Per vil flytte sin dronning og ikke vil flytte sin løber. Derfor, hvis Per flytter sin dronning, vil René flytte sit tårn og smadre skakbrættet.*

2. *Hvis jeg ved, jeg eksisterer, eksisterer jeg. Jeg ved, jeg eksisterer, hvis jeg ved, jeg tænker, og jeg ved, jeg tænker, hvis jeg tænker. Jeg tænker. Altså eksisterer jeg.*

3. *Hvis Gud i dag ved, hvad jeg vil foretage mig i morgen, så er det forudbestemt, hvad jeg vil foretage mig i morgen. Men hvis det er forudbestemt, så har jeg enten ikke nogen frihed til at vælge, eller også vil jeg frivilligt vælge at foretage mig det, der er forudbestemt. På den anden side er sidstnævnte umuligt. Derfor har jeg ikke nogen frihed til at vælge, medmindre Gud ikke ved i dag, hvad jeg vil foretage mig i morgen.*

3 Udsagnslogik

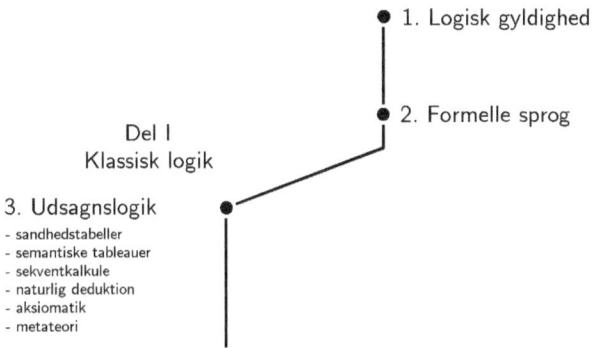

Dette kapitel bidrager med såvel semantiske som bevisteoretiske procodurcr, hvormed udsagnslogiske argumenters gyldighed kan undersøges. De semantiske procedurer består af sandhedstabeller, semantiske tableauer og blok-tableauer, mens de bevisteoretiske består af sekventkalkulen, naturlig deduktion samt en kort beskrivelse af Hilbert-stil bevisprocedure. Herefter bevises væsentlige metateoretiske resultater vedrørende den klassiske udsagnslogik: (1) deduktionssætningen, (2) sundhedssætningen og (3) fuldstændighedssætningen.

Lad $A_1, \ldots, A_n, K$ være udsagn fra $\mathcal{L}$. Vi skal opstille regler for, hvordan det er muligt at argumentere for gyldigheden af den logiske følge

$$A_1, \ldots, A_n \models K, \qquad (3.1)$$

altså argumentere for, at K er sand i alle de tilfælde, hvor præmisserne $A_1, \ldots, A_n$ er sande. Som illustration vil vi indledningsvist anvende en reduktionsmetode, der består i et systematisk forsøg på at refutere eller falsificere relationen (3.1). Vi antager altså, at (3.1) er falsk, og forsøger at vise, hvordan (3.1) systematisk kan reduceres til simplere og simplere udsagn. Simpel betyder i denne sammenhæng, at der i de nye reducerede udsagn indgår færre logiske konnektiver. Fortsættes reduktionerne, vil man til sidst ende med udsagn, som er atomiske. Gyldigheden af atomiske udsagn kan umiddelbart indses.

Antag nu, at (3.1) ikke gælder. Det betyder, at der eksisterer en sandhedstilskrivning, i hvilken alle præmisserne $A_1, \ldots, A_n$ er sande, men konklusionen K falsk. Det betyder, at (3.1) er vist ugyldig, når vi har fundet en sådan sandhedstilskrivning. Vi starter således med at forlange, at præmisserne skal være sande og konklusionen falsk, og undersøger derefter, hvad der skal til for at finde en sådan sandhedstilskrivning.

Sandhedsværdierne af både præmisserne og konklusionen afhænger af de indgående atomiske udsagns sandhedsværdier. Vi skal derfor ud fra kravet om, at $A_1, \ldots, A_n$ skal være sande og K falsk, finde sandhedstilskrivninger til de indgående atomiske udsagn, som stemmer med dette. Hvis dette kan lade sig gøre, vil (3.1) være refuteret. Hvis det ikke kan lade sig gøre, det vil sige, at enhver sandhedstilskrivning til de indgående atomiske udsagn er inkonsistent med, at præmisserne er sande og konklusionen falsk, så kan (3.1) ikke refuteres og er derfor logisk gyldig.

Kravet om, at $A_1, \ldots, A_n$ skal være sande og K falsk, er det samme som at forlange, at alle udsagnene

$$A_1, \ldots, A_n, \neg K \qquad (3.2)$$

skal være sande. I den første linie af nedenstående *figur* skriver vi udsagnene $A_1, \ldots, A_n, \neg K$. Derefter ser vi på disse udsagn ét efter ét og nedbryder dem ved anvendelse af sandhedstabellerne for de logiske konnektiver beskrevet i kapitel 2.

Som eksempel vil vi således undersøge, om udsagnet $s \land q$ følger af udsagnene $p \land q, p \to r, (r \land s) \to s$:

$$p \land q, p \to r, (r \land s) \to s \models s \land q. \qquad (3.3)$$

At præmisserne skal være sande og konklusionen falsk, opskrives i følgende figur:

	Sande udsagn
1	$p \land q, p \to r, (r \land s) \to s, \neg(s \land q)$

Figur 1

Herefter begynder vi på en systematisk nedbrydning af de enkelte udsagn ved anvendelse af sandhedstabellerne. Lad os først se på negationen af konklusionen $s \land q$. Hvis den skal være sand, må enten $\neg s$ eller $\neg q$ være sande. Der er altså to muligheder, hvilket betyder, at figur 1 kan splittes op i to nye figurer:

	Sande udsagn
1	$p \wedge q, p \to r, (r \wedge s) \to s, \neg(s \wedge q)$
2	$p \wedge q, p \to r, (r \wedge s) \to s, \neg s$

Figur 1.1

	Sande udsagn
1	$p \wedge q, p \to r, r \wedge s \to s, \neg(s \wedge q)$
2	$p \wedge q, p \to r, (r \wedge s) \to s, \neg q$

Figur 1.2

Formlerne i linie 2 i disse figurer er simplere end formlerne i linie 1, idet formlen $\neg(s \wedge q)$ ikke længere findes. Problemet med at finde en refutation er derfor reduceret til at finde en refutation enten i figur 1.1 eller i 1.2. Vi siger, at figur 1 forgrener sig i to *delfigurer*.

Vi kan ikke gøre mere ved konklusionen og ser derfor på præmisserne én for én. Lad os starte med figur 1.1 og præmissen $p \wedge q$. Præmissen $p \wedge q$ skal være sand. Det kan den kun være, hvis både p og q er sande. Derfor får vi følgende nye delfigur:

	Sande udsagn
1	$p \wedge q, p \to r, (r \wedge s) \to s, \neg(s \wedge q)$
2	$p \wedge q, p \to r, (r \wedge s) \to s, \neg s$
3	$p, q, p \to r, (r \wedge s) \to s, \neg s$

Figur 1.1.1

Tilsvarende får vi en figur 1.2.1:

	Sande udsagn
1	$p \wedge q, p \to r, (r \wedge s) \to s, \neg(s \wedge q)$
2	$p \wedge q, p \to r, (r \wedge s) \to s, \neg q$
3	$p, q^{\maltese}, p \to r, (r \wedge s) \to s, \neg q^{\maltese}$

Figur 1.2.1

I figur 1.2.1 forekommer både det atomiske udsagn q og dets negation $\neg q$. Det betyder, at q både skal være sand og falsk, hvilket er umuligt. Figur 1.2.1 fører således ikke til en konsistent sandhedstilskrivning.[1] Vi siger, at denne delfigur lukker og angiver dette ved at mærke q og $\neg q$ med '$\maltese$' og afslutte med en dobbelt linie.

---

[1] Yderligere om konsistens, se side 57.

Den eneste mulighed for at finde en konsistent sandhedstilskrivning ligger i figur 1.1.1. Vi går derfor videre i denne figur med den næste præmis $p \to r$, som er sand, hvis, og kun hvis, enten r er sand, eller p er falsk. Dette fører til to nye delfigurer, figur 1.1.1.1 og 1.1.1.2:

	Sande udsagn
1	$p \wedge q, p \to r, (r \wedge s) \to s, \neg(s \wedge q)$
2	$p \wedge q, p \to r, (r \wedge s) \to s, \neg s$
3	$p, q, p \to r, (r \wedge s) \to s, \neg s$
4	$p, q, r, (r \wedge s) \to s, \neg s$

Figur 1.1.1.1

	Sande udsagn
1	$p \wedge q, p \to r, (r \wedge s) \to s, \neg(s \wedge q)$
2	$p \wedge q, p \to r, (r \wedge s) \to s, \neg q$
3	$p, q, p \to r, (r \wedge s) \to s, \neg q$
4	$p^{\star}, q, \neg p^{\star}, (r \wedge s) \to s, \neg s,$

Figur 1.1.1.2

Delfigur 1.1.1.2 lukker, idet både p og $\neg p$ skal være sande. Den eneste mulighed for at opnå en refutation er derfor at fortsætte med figur 1.1.1.1. Vi ser på præmissen $r \wedge s \to s$. Dette udsagn vil være sandt, hvis enten s er sand, eller $r \wedge s$ er falsk. Det fører til følgende to figurer:

	Sande udsagn
1	$p \wedge q, p \to r, (r \wedge s) \to s, \neg(s \wedge q)$
2	$p \wedge q, p \to r, (r \wedge s) \to s, \neg s$
3	$p, q, p \to r, (r \wedge s) \to s, \neg s$
4	$p, q, r, (r \wedge s) \to s, \neg s$
5	$p, q, r, \neg(r \wedge s), \neg s$

Figur 1.1.1.1.1

	Sande udsagn
1	$p \wedge q, p \rightarrow r, (r \wedge s) \rightarrow s, \neg(s \wedge q)$
2	$p \wedge q, p \rightarrow r, (r \wedge s) \rightarrow s, \neg s$
3	$p, q, p \rightarrow r, (r \wedge s) \rightarrow s, \neg s$
4	$p, q, r, (r \wedge s) \rightarrow s, \neg s$
5	$p, q, r, s^{\bowtie}, \neg s^{\bowtie}$

Figur 1.1.1.1.2

Figuren 1.1.1.1.2 lukker, idet både s og $\neg s$ skal være sande. Tilbage er derfor kun figur 1.1.1.1.1, hvor udsagnet $\neg(r \wedge s)$ kan dekomponeres. Det giver yderligere delfigurerne:

	Sande udsagn
1	$p \wedge q, p \rightarrow r, (r \wedge s) \rightarrow s, \neg(s \wedge q)$
2	$p \wedge q, p \rightarrow r, (r \wedge s) \rightarrow s, \neg s$
3	$p, q, p \rightarrow r, (r \wedge s) \rightarrow s, \neg s$
4	$p, q, r, (r \wedge s) \rightarrow s, \neg s$
5	$p, q, r, \neg(r \wedge s), \neg s$
6	$p, q, r^{\bowtie}, \neg r^{\bowtie}, \neg s$

Figur 1.1.1.1.1.1

og

	Sande udsagn
1	$p \wedge q, p \rightarrow r, (r \wedge s) \rightarrow s, \neg(s \wedge q)$
2	$p \wedge q, p \rightarrow r, (r \wedge s) \rightarrow s, \neg s$
3	$p, q, p \rightarrow r, (r \wedge s) \rightarrow s, \neg s$
4	$p, q, r, (r \wedge s) \rightarrow s, \neg s$
5	$p, q, r, \neg(r \wedge s), \neg s$
6	$p, q, r, \neg s, \neg s$

Figur 1.1.1.1.1.2

Figur 1.1.1.1.1.1 lukker. Derimod lukker figur 1.1.1.1.1.2 ikke, og det er heller ikke muligt at reducere den yderligere. Af linie 6 fremgår det derfor, at en sandhedstilskrivning, som gør p, q, r sande og s falsk, refuterer (3.3). Med andre ord en vilkårlig sandhedstilskrivning φ, som tildeler sandhed, $\top$, til p, q og r og falskhed, $\bot$, til s

$$
\begin{array}{ccccccc}
 & p & q & r & s & t & u & \ldots \\
\varphi & \downarrow & \downarrow & \downarrow & \downarrow & \downarrow & \downarrow & \ldots \\
 & \top & \top & \top & \bot & \ldots & \ldots & \ldots
\end{array}
$$

refuterer (3.3). Derfor er $p \wedge q, p \rightarrow r, (r \wedge s) \rightarrow s \models s \wedge q$ en ugyldig følge.

Opgaver

Undersøg ved hjælp af reduktionsproceduren, om følgerne givet nedenfor er gyldige.

1. $q, p \leftrightarrow q \models p$.
2. $q \to r \models p \vee q \to p \vee r$.
3. $p \to q, r \to s, p \vee r \models q \wedge s$.
4. $(s \to p) \wedge (t \to r), s \vee t, s \to \neg r, t \to \neg p \models r \leftrightarrow \neg p$.
5. $s \vee t, q \to \neg(p \vee u), r \to \neg(k \wedge l), \neg l \wedge t \wedge p \models q$.

3.1 Modeksempler

Reduktionsproceduren ovenfor er baseret på idéen om at beskrive en situation (eller sandhedstilskrivning), hvorunder $A_1, \ldots, A_n$ er sande og K falsk, hvilket som bekendt er det samme som at forlange, at alle udsagnene $A_1, \ldots, A_n, \neg K$ skal være sande. At finde en sådan situation ville konstituere et *modeksempel* til den grundlæggende definition af logisk gyldighed beskrevet i kapitel 1. Derfor kaldes $A_1, \ldots, A_n, \neg K$ for *modeksempelsmængden*.

Definitionen af logisk gyldighed har samme struktur som påstanden "Alle ravne er sorte", idet der er tale om en universel påstand over et givent domæne, hvad enten det er ravne eller udsagn. At refutere denne universelle påstand vil være at finde mindst én ravn, der ikke er sort. Overført på logisk gyldighed, at finde mindst en situation, hvor præmisserne er sande, men konklusionen er falsk. Der er to andre semantiske undersøgelsesprocedurer, der benytter sig af denne modeksempelstrategi: Sandhedstabeller og semantiske tableauer.

3.2 Sandhedstabeller

Betragt først følgende udsagn og deres sandhedstilskrivninger, givet sandhedstabellerne for de logiske konnektiver $\to$ og $\neg$:

$p \to p$ $\qquad$ $\neg(p \to p)$ $\qquad$ $p \to \neg p$

p	$p \to p$
T	T
⊥	T

p	$\neg(p \to p)$
T	⊥
⊥	⊥

p	$p \to \neg p$
T	⊥
⊥	T

1 $\qquad\qquad\qquad$ 2 $\qquad\qquad\qquad$ 3

3.2 Sandhedstabeller

Udsagnet

1. $p \to p$ er *aldrig* falsk

2. $\neg(p \to p)$ er *altid* falsk, mens

3. $p \to \neg p$ *nogen gange* er sandt og *nogen gange* falsk.

Definition 10

1. *Et udsagn er en* tautologi, *hvis dets sandhedstabels sidste kolonne kun indeholder* $\top$.

2. *Et udsagn er en* kontradiktion, *hvis dets sandhedstabels sidste kolonne kun indeholder* $\bot$.

3. *Et udsagn er et* kontingent udsagn, *hvis dets sandhedstabels sidste kolonne indeholder både* $\top$ *og* $\bot$.

En tautologi blev tidligere omtalt som et udsagn, der var sandt på tomme præmisser, så faktisk er sandhedstabel 1 ovenfor en semantisk demonstration af

$$\models p \to p. \tag{3.4}$$

Således har vi allerede en procedure baseret på sandhedstabellerne til at undersøge følger for deres gyldighed. Kompleksiteten af følgerne med hensyn til antallet af indgående udsagnslogiske variable, der undersøges, er ofte højere end i (3.4). Generelt vil længden af sandhedstabellen vil være 2^n, hvor n er antallet af atomiske udsagn, der indgår i argumentet.

Lad os betragte følgen

$$p \lor q, q \to \neg s, \neg t \to s \models t \lor p. \tag{3.5}$$

Det kan nu undersøges, hvorvidt denne følge er gyldig ved konstruktion af en sandhedstabel:

p	q	s	t	$p \vee q$	$q \to \neg s$	$\neg t \to s$	$t \vee p$
T	T	T	T	T	⊥	T	T
T	T	T	⊥	T	⊥	T	T
T	T	⊥	T	T	T	T	T
T	T	⊥	⊥	T	T	⊥	T
T	⊥	T	T	T	T	T	T
T	⊥	T	⊥	T	T	T	T
T	⊥	⊥	T	T	T	T	T
T	⊥	⊥	⊥	T	T	⊥	T
⊥	T	T	T	T	⊥	T	T
⊥	T	T	⊥	T	⊥	T	⊥
⊥	T	⊥	T	T	T	T	T
⊥	T	⊥	⊥	T	T	⊥	⊥
⊥	⊥	T	T	⊥	T	T	T
⊥	⊥	T	⊥	⊥	T	T	⊥
⊥	⊥	⊥	T	⊥	T	T	T
⊥	⊥	⊥	⊥	⊥	T	⊥	⊥

— I overensstemmelse med definition 1 af gyldighed må vi undersøge, om der findes nogle situationer, hvori alle præmisserne er sande, men konklusionen falsk.

— Det gør der imidlertid ikke, for i de situationer, hvor konklusionen er falsk, er også mindst én af præmisserne falske.

— Sekventen er således gyldig.

Fra kapitel 1 har vi yderligere, at konklusionen K følger af præmisserne $A_1, \ldots, A_n$, hvis, og kun hvis, $A_1 \wedge \ldots \wedge A_n \to K$ er en tautologi. Altså

$$A_1, \ldots, A_n \models K, \text{ hvis, og kun hvis, } \models A_1 \wedge \ldots \wedge A_n \to K.$$

På baggrund heraf kan det undersøges, om (3.5) er en tautologi, ved at konstruere sandhedstabellen for

$$(((p \vee q) \wedge (q \to \neg s)) \wedge (\neg t \to s)) \to t \vee p \qquad (3.6)$$

hvilket giver følgende:

3.2 Sandhedstabeller

p	q	s	t	$p \lor q$	$\land \quad q \to \neg s$	$\land \quad \neg t \to s$	$\to \quad t \lor p$
⊤	⊤	⊤	⊤	⊤	⊥	⊥	⊤
⊤	⊤	⊤	⊥	⊤	⊥	⊥	⊤
⊤	⊤	⊥	⊤	⊤	⊤	⊤	⊤
⊤	⊤	⊥	⊥	⊤	⊤	⊥	⊤
⊤	⊥	⊤	⊤	⊤	⊤	⊤	⊤
⊤	⊥	⊤	⊥	⊤	⊤	⊤	⊤
⊤	⊥	⊥	⊤	⊤	⊤	⊤	⊤
⊤	⊥	⊥	⊥	⊤	⊤	⊥	⊤
⊥	⊤	⊤	⊤	⊤	⊥	⊥	⊤
⊥	⊤	⊤	⊥	⊤	⊥	⊥	⊤
⊥	⊤	⊥	⊤	⊤	⊤	⊤	⊤
⊥	⊤	⊥	⊥	⊤	⊤	⊥	⊤
⊥	⊥	⊤	⊤	⊥	⊥	⊥	⊤
⊥	⊥	⊤	⊥	⊥	⊥	⊥	⊤
⊥	⊥	⊥	⊤	⊥	⊥	⊥	⊤
⊥	⊥	⊥	⊥	⊥	⊥	⊥	⊤

Der findes således ingen situationer, hvor (3.6) er falsk, hvorfor, givet definition 10,

$$\models ((p \lor q) \land (q \to \neg s)) \land (\neg t \to s)) \to t \lor p.$$

Betragter vi atter den oprindelige følge, er der det påfaldende ved $p \lor q, q \to \neg s, \neg t \to s \models t \lor p$, at konklusionen kun kan være falsk på én bestemt måde: Givet sandhedstabellen for den inklusive disjunktion kan konklusionen kun være falsk i det tilfælde, hvor begge disjunkter t og p er falske. Dette betyder, at vi direkte kan gå efter et modeksempel i stedet for den ganske langsommelige procedure med udtømmende at opskrive samtlige kombinatoriske muligheder i sandhedstabellen. Hvad man kunne betegne den "korte" sandhedstabel etableres ved at følge den nedenfor beskrevne metode:

Metode

1. *Konklusionen tvinges falsk (1):*

$$p \lor q \, , \, q \to \neg s \, , \, \neg t \to s \models \underset{\underset{1}{\bot}}{t \lor p}$$

2. *I overensstemmelse med disjunktionens sandhedstabel betyder dette, at t er falsk (2).*

3. Det betyder ydermere, at p er falsk af samme årsag (3).

4. Herefter kan sandhedsværdierne fra konklusionen på højre side så distribueres til præmisserne på venstre side, først med hensyn til p (4).

5. På samme måde kan sandhedsværdierne fra konklusionen på højre side distribueres til præmisserne på venstre side med hensyn til t (5).

6. Det giver os imidlertid ikke meget, idet kun p og t er tilskrevet sandhedsværdier i konklusionen. Omvendt skal præmisserne, for så vidt det er muligt, tvinges sande, hvilket for første præmis' vedkommende $p \vee q$ betyder, at disjunktionen skal være sand (6).

7. Eftersom p er falsk, men $p \vee q$ skal være sand, må q være sand (7).

8. På tilsvarende vis skal den anden præmis $q \rightarrow \neg s$ også tvinges sand (8).

$$
\begin{array}{ccc|ccc|ccc|c|ccc}
p & \vee & q & , & q & \rightarrow & \neg s & , & \neg t & \rightarrow & s & \models & t & \vee & p \\
\bot & \top & \top & & & \top & & & & \bot & & & \bot & \bot & \bot \\
4 & 6 & 7 & & & 8 & & & & 5 & & & 2 & 1 & 3
\end{array}
$$

9. Men vi ved fra punkt 7, at q er sand (9).

10. Hvis antecedenten q er sand, og hele den materielle implikation $q \rightarrow \neg s$ skal være sand, så må $\neg s$ være sand (10).

11. Da $\neg s$ er sand, må s være falsk (11).

12. Nu kan vi se på den sidste præmis $\neg t \rightarrow s$. Den skal igen tvinges sand, men vi ved fra punkt 5, at t er falsk (12).

13. Fra punkt 11 ved vi, at s er falsk (13).

14. Da t er falsk, må $\neg t$ være sand. Derfor er præmissen $\neg t \rightarrow s$ sand og konsekventen falsk, hvilket gør det umuligt at gøre $\neg t \rightarrow s$ sand (14):

$$
\begin{array}{ccccccccccccccc}
p & \vee & q & , & q & \rightarrow & \neg & s & , & \neg & t & \rightarrow & s & \models & t & \vee & p \\
\bot & \top & \top & & \top & \top & \top & \bot & & & \bot & \top & \bot & & \bot & \bot & \bot \\
4 & 6 & 7 & & 9 & 8 & 10 & 11 & & & 14 & 5 & 12 & 13 & & 2 & 1 & 3 \\
& & & & & & & & & & \uparrow & & & & & & &
\end{array}
$$

Det er således ikke muligt at fremtvinge en situation, hvorunder præmisserne er sande, samtidig med at konklusionen er falsk, hvorfor følgen er gyldig.

3.2 Sandhedstabeller

Lad os afslutningsvist betragte den tautologiske følge fra kapitel 1:

$$\models (p \to q) \to (\neg q \to \neg p) \tag{3.7}$$

Eftersom hovedkonnektivet er $\to$, kan vi anvende en kort sandhedstabel:

$$\models \;(\; p \;\underset{\underset{9}{\top}}{\to}\; q \;) \;\underset{\underset{2}{\bot}}{\to}\; (\; \neg \;\underset{\underset{1}{\bot}}{\;}\; q \;\underset{\underset{4}{\top}}{\to}\; \neg \;\underset{\underset{5}{\bot}}{\;}\; \underset{\underset{3}{\bot}}{\;} \underset{\underset{6}{\bot}}{\;} p \underset{\underset{7}{\top}}{\;})$$

9   2   8   1   4   5   3   6   7
↑

Heller ikke her er det muligt at fremtvinge en falsificerende situation. For hvis antecedenten skal være sand, mens konsekventen er falsk, for at gøre hele implikationen falsk, skal p i 9 være falsk. Men p er blevet fundet sand i 7 for at gøre konsekventen falsk i 3. Eftersom p i 9 ikke både kan være sand og falsk uden en modstrid, er der ingen falsificerende situation overhovedet. Dette bevidner en fuld sandhedstabel tillige:

p	q	$\neg p$	$\neg q$	$p \to q$	$\neg q \to \neg p$	$(p \to q) \to (\neg q \to \neg p)$
$\top$	$\top$	$\bot$	$\bot$	$\top$	$\top$	$\top$
$\top$	$\bot$	$\bot$	$\top$	$\bot$	$\bot$	$\top$
$\bot$	$\top$	$\top$	$\bot$	$\top$	$\top$	$\top$
$\bot$	$\bot$	$\top$	$\top$	$\top$	$\top$	$\top$

Opgaver

Undersøg ved konstruktion af sandhedstabeller, om følgerne nedenfor er gyldige:

1. $\models (p \land \neg(p \land q)) \to \neg q$.

2. $p \to (q \lor r), \neg q, \neg r \models \neg p$.

3. $\models \neg\left[\left[\neg(p \land q) \land \neg(p \land \neg q)\right] \land \left[\neg(\neg p \land q) \land \neg(\neg p \land \neg q)\right]\right]$.

4. $\models p \lor \neg p$ (*tertium non datur*).
   (*eller det udelukkede tredjes princip*)

5. $\models (p \land \neg p) \to q$ (*ex falso quodlibet*).
   (*eller af en kontradiktion følger alt*)

3.3 Konnektiver, forgreninger og træer

Sandhedstabellerne for de logiske konnektiver kan også repræsenteres grafisk i en slags *træ-strukturer*. Betragt eksempelvis udsagnet $A \wedge B$. Dette udsagn vil være sandt, hvis både A og B er sande. Derfor kan man således placere A og B på den *forgrening*, som leder fra $A \wedge B$ (figur 3.1).

Figur 3.1 Forgreningen af $A \wedge B$.

Betragt omvendt udsagnet $A \vee B$. Dette udsagn er sandt, hvis enten A er sand, eller B er sand. Der er således to muligheder for at gøre $A \vee B$ sand. Derfor placeres A og B under $A \vee B$ på hver deres forgrening i overensstemmelse med figur 3.2.

Figur 3.2 Forgreningen af $A \vee B$.

Tilsvarende gælder for de øvrige konnektiver. *Disse forgreningsregler kan benyttes til at konstruere "korte sandhedstabeller"*. Vi opstiller herefter forgreningsregler for alle konnektiverne.

3.3.1 Negation

Negationen har blot én forgreningsregel. Efter at forgreningen er foretaget, placeres et '✓', der viser, at forgreningen af den pågældende velformede formel er udført.

Negation

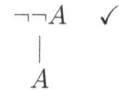

3.3.2 Konjunktion

De øvrige logiske konnektiver har to forgreningsregler: Én forgreningsregel for konnektivet som sådan og én for konnektivets negation. Sidstnævnte

3.3 Konnektiver, forgreninger og træer

regel er det samme som at sige, at formlen, hvori konjunktionen indgår som hovedkonnektiv, er falsk, eller, at den negerede formel, hvori konjunktionen er hovedkonnektiv, er sand præcis som beskrevet i de kombinerede figurer ovenfor. Tilsvarende for de øvrige konnektiver. Konjunktionen har herefter følgende to forgreningsregler:

Konjunktion

∧-regel

$A \land B$ ✓
|
A
B

¬∧-regel

$\neg(A \land B)$ ✓

$\neg A \quad \neg B$

En konjunktion er sand, netop når begge konjunkter er sande. Omvendt er konjunktionen falsk, og negationen af konjunktionen sand, hvis enten den ene eller den anden eller begge konjunkter er falske. Derfor deler ¬∧-reglen sig i to separate forgreninger.

3.3.3 Disjunktion

Disjunktionen er sand, når enten den ene eller den anden eller begge disjunkter er sande. Omvendt er disjunktionen kun falsk, når både den ene og den anden disjunkt er falske. Denne observation giver følgende to forgreningsregler:

Disjunktion

∨-regel

$A \lor B$ ✓

$A \quad B$

¬∨-regel

$\neg(A \lor B)$ ✓
|
$\neg A$
$\neg B$

3.3.4 Materiel implikation

Den materielle implikation er sand, enten når konsekventen er sand, eller når antecedenten er falsk. Dette giver →-reglen. Den materielle implikation er falsk, netop når antecedenten er sand, og konsekventen er falsk, hvilket giver ¬ →-reglen:

Materiel implikation

→-regel

$A \to B$ ✓
$\neg A \quad B$

¬→-regel

$\neg(A \to B)$ ✓
A
$\neg B$

3.3.5 Biimplikation

Biimplikationen er sand, når både antecedenten og konsekventen er sande, eller når både antecedenten og konsekventen er falske. Omvendt er biimplikationen kun falsk i de tilfælde, hvor antecedenten er sand, men konsekventen er falsk, eller når antecedenten er falsk, og konsekventen er sand:

Biimplikation

↔-regel

$A \leftrightarrow B$ ✓
$A \quad \neg A$
$B \quad \neg B$

¬↔-regel

$\neg(A \leftrightarrow B)$ ✓
$A \quad \neg A$
$\neg B \quad B$

Sammenhængen mellem forgreningsreglerne og sandhedstabellerne for konnektiverne kan gengives på følgende måde:

$(\top \neg) \quad \begin{array}{c} \neg A \\ \top \\ | \\ A \\ \bot \end{array} \qquad \begin{array}{c} \neg A \\ \bot \\ | \\ A \\ \top \end{array} \quad (\bot \neg)$

$(\top \wedge) \quad \begin{array}{c} A \wedge B \\ \top \\ | \\ A, \ B \\ \top \quad \top \end{array} \qquad \begin{array}{c} A \wedge B \\ \bot \\ A \quad B \\ \bot \quad \bot \end{array} \quad (\bot \wedge)$

$(\top \vee) \quad \begin{array}{c} A \vee B \\ \top \\ A \quad B \\ \top \quad \top \end{array} \qquad \begin{array}{c} A \vee B \\ \bot \\ | \\ A, \ B \\ \bot \quad \bot \end{array} \quad (\bot \vee)$

3.4 Semantiske tableauer

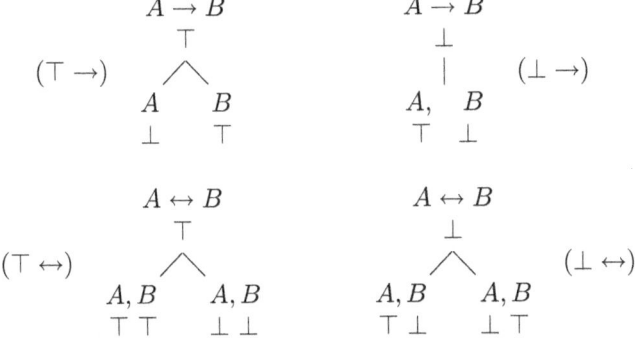

3.4 Semantiske tableauer

Betragt igen udsagnet

$$((p \land q) \lor r) \land (s \to \neg r) \qquad (3.8)$$

fra afsnit 2.4, kapitel 2. Lad os undersøge de betingelser, under hvilke dette udsagn er sandt, ved hjælp af et træ. Først forgrenes hovedkonnektivet, hvilket på grund af parentessætningen er $\land$. Her anvendes $\land$-reglen.

$$((p \land q) \lor r) \land (s \to \neg r) \quad \checkmark$$
$$|$$
$$(p \land q) \lor r$$
$$s \to \neg r$$

Dernæst anvendes $\to$-reglen på $s \to \neg r$, hvilket giver:

$$((p \land q) \lor r) \land (s \to \neg r) \quad \checkmark$$
$$|$$
$$(p \land q) \lor r$$
$$s \to \neg r \qquad \checkmark$$
$$\diagup \quad \diagdown$$
$$\neg s \qquad \neg r$$

Nu anvendes $\lor$-reglen på $(p \land q) \lor r$, hvilket giver:

$$((p \land q) \lor r) \land (s \to \neg r) \qquad \checkmark$$
$$|$$
$$(p \land q) \lor r \qquad \checkmark$$
$$s \to \neg r \qquad \checkmark$$
$$\diagup \quad \diagdown$$
$$\neg s \qquad \neg r$$
$$\diagup \diagdown \quad \diagup \diagdown$$
$$p \land q \quad r \quad p \land q \quad r$$

54 Udsagnslogik

Forgreningen, som ∨-reglen giver anledning til, skal naturligvis placeres både under $\neg s$ og $\neg r$. Nu anvender vi ∧-reglen på $p \wedge q$ begge steder, hvor $p \wedge q$ optræder, hvilket giver træet:

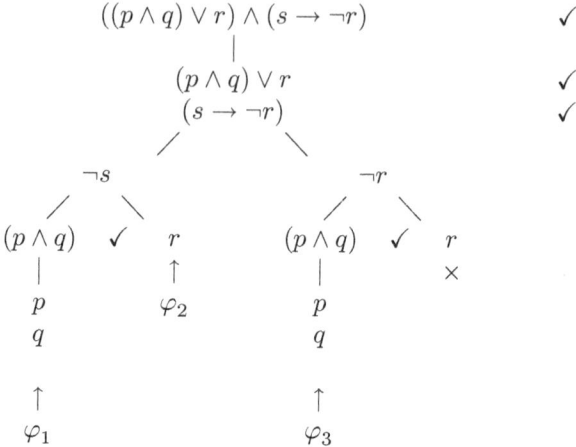

Der er ikke flere formler at nedbryde. Ethvert sammensat udsagn er blevet nedbrudt til atomiske udsagn eller negationer af atomiske udsagn. Vi har opbygget et træ T med *grene*[2] og *knudepunkter*, som det fremgår af figur 3.3.

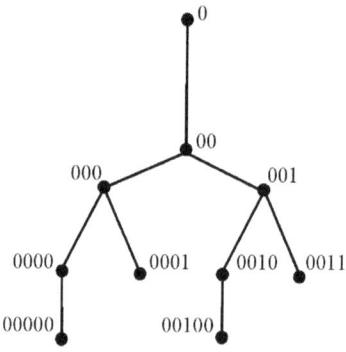

Figur 3.3 T.

Vi kan indføre en nummerering af knudepunkter, som identificerer dem entydigt:

0 betegner roden.

---
[2]En 'gren' kaldes også undertiden for en 'kant'.

3.4 Semantiske tableauer

00 betegner det første knudepunkt efter roden.

Hvis 01 ikke forekommer, går der kun en gren fra 0.

000 betegner første knudepunkt efter 00.

001 betegner andet knudepunkt efter 00 etc.

Metoden er klar. Man nummererer altid første knudepunkt efter θ med $\theta 0$ og det andet med $\theta 1$. På den måde får man en entydig følge af tal, som identificerer et givent binært træ. Vort træ T har således grenene:

g_1 $0, 00, 000, 0000, 00000$

g_2 $0, 00, 000, 0001$

g_3 $0, 00, 001, 0010, 00100$

g_4 $0, 00, 001, 0011$

Det ses, at g_4 indeholder både r og $\neg r$. Altså er det ikke muligt at gøre alle udsagn i g_4 sande samtidigt. Vi siger, at grenen *lukker*, og markerer dette med '×'. De øvrige grene indeholder ikke både et atomisk udsagn og dettes negation, hvilket betyder, at alle udsagnene i hver af disse grene alle kan gøres sande samtidigt. De kaldes *åbne* grene.

Hver åben gren giver anledning til en partiel sandhedstilskrivning.[3] Grenen g_1 giver den partielle sandhedstilskrivning φ_1. Den fremkommer ved at gøre alle atomiske udsagn i g_1 sande og alle udsagn, hvis negation er i g_1, falske. Altså

$$\varphi_1 \quad \begin{array}{ccc} p & q & s \\ \downarrow & \downarrow & \downarrow \\ \top & \top & \bot \end{array}$$

Tilsvarende konstrueres φ_2 og φ_3:

$$\varphi_2 \quad \begin{array}{cc} r & s \\ \downarrow & \downarrow \\ \top & \bot \end{array} \qquad \varphi_3 \quad \begin{array}{ccc} p & q & r \\ \downarrow & \downarrow & \downarrow \\ \top & \top & \bot \end{array}$$

Lad os nu betragte et andet eksempel, hvor den velformede formel har formen

$$(p \leftrightarrow (q \vee r)) \rightarrow (\neg r \rightarrow \neg p). \tag{3.9}$$

---

[3] Alle åbne grene i et givet træ giver således anledning til en fuldstændig sandhedstilskrivning, da atomiske udsagn, som ikke forekommer i grenen, kan tildeles vilkårlige sandhedstilskrivninger.

Først forgrenes hovedkonnektivet i $(p \leftrightarrow (q \vee r)) \rightarrow (\neg r \rightarrow \neg p)$ hvilket er $\rightarrow$. På $\neg(p \leftrightarrow (q \vee r))$ anvendes $\neg \leftrightarrow$-reglen, og på $\neg r \rightarrow \neg p$ anvendes $\rightarrow$-reglen. Derefter nedbrydes $\neg(q \vee r), q \vee r$ og $\neg\neg r$. Dette giver følgende træ:

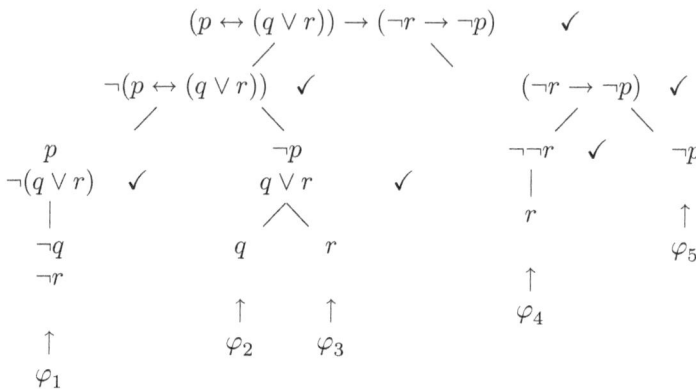

Alle forgreninger i træet er åbne, hvilket igen er markeret med '↑'. Hver af de åbne forgreninger specificerer partielle sandhedstilskrivninger $\varphi_1, \ldots, \varphi_5$, hvorunder $(p \leftrightarrow (q \vee r)) \rightarrow (\neg r \rightarrow \neg p)$ er sand. Således svarer hver af de åbne forgreninger til en eller flere rækker i den tilsvarende sandhedstabel. De pågældende partielle sandhedstilskrivninger, der gør (3.9) sand, kan igen aflæses ved at bevæge sig tilbage gennem tableaustrukturen:

$$
\begin{array}{ccc}
& r & q & p \\
\varphi_1 & \downarrow & \downarrow & \downarrow \\
& \bot & \bot & \top
\end{array}
\qquad
\begin{array}{ccc}
& q & p \\
\varphi_2 & \downarrow & \downarrow \\
& \top & \bot
\end{array}
\qquad
\begin{array}{ccc}
& r & p \\
\varphi_3 & \downarrow & \downarrow \\
& \top & \bot
\end{array}
$$

$$
\begin{array}{cc}
& r \\
\varphi_4 & \downarrow \\
& \top
\end{array}
\qquad
\begin{array}{cc}
& p \\
\varphi_5 & \downarrow \\
& \bot
\end{array}
$$

3.4 Semantiske tableauer

De pågældende træer kaldes også *semantiske tableauer*. Vi er nu i stand til at anvende de semantiske tableauer til at undersøge følgers gyldighed. I overensstemmelse med definitionen af logisk gyldighed er en følge gyldig, hvis det er umuligt at beskrive en situation, hvor præmisserne er sande, mens konklusionen er falsk. Ud fra denne definition forsøger vi at finde netop en sådan situation. Det gør vi ved at danne modeksempelsmængden bestående af de sande præmisser sammen med negationen af konklusionen (figur 3.4).

Figur 3.4 Konstruktion af modeksempelsmængden i semantiske tableauer.

Herefter anvender vi forgreningsreglerne for de logiske konnektiver på præmisserne og den negerede konklusion og afkrydser dem med '✓', efterhånden som vi går igennem udsagnene med henblik på at se, hvorvidt modeksempelsmængden er konsistent eller inkonsistent. Modeksempelsmængden er konsistent, hvis det er muligt at beskrive en situation, hvor præmisserne er sande, men konklusionen falsk – det vil sige, hvis der findes én eller flere åbne forgreninger i tableauet.

Den givne følge vil være ugyldig, hvis modeksempelsmængden er konsistent.

Omvendt er modeksempelsmængden inkonsistent, hvis det ikke er muligt at finde sådanne åbne forgreninger, og i så fald er følgen gyldig, og vi kan atter skrive $A_1, \ldots, A_n \models K$.[4]

Den givne følge vil være gyldig, hvis modeksempelsmængden er inkonsistent.

Betragt nu følgen

$$p \land q, \neg(\neg q \lor r), \neg r \to \neg p \models (p \to \neg q) \tag{3.10}$$

---

[4] Konsistens er også en syntaktisk egenskab, hvorfor man til tider også finder semantiske tableauer omtalt som *konsistenstræer*.

og konstruér det semantiske tableau ved at danne modeksempelsmængden og undersøge denne udsagnsmængde for konsistens:

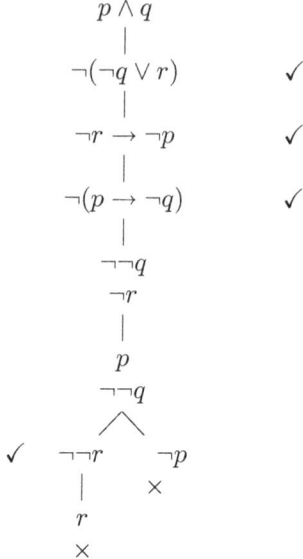

Det fremgår af det semantiske tableau, at der ingen åbne forgreninger findes. Det betyder, at det ikke har været muligt at finde én eller flere situationer, hvorunder præmisserne er sande, mens konklusionen er falsk. *Modeksempelsmængden, under hvilken præmisserne er sande, mens konklusionen er falsk, er inkonsistent og følgen derfor gyldig.*

Bemærk, at den første præmis $p \land q$ ikke er ✓-krydset. Det kommer sig af, at det er muligt at lukke forgreningerne i tableauet på modsigelser mellem de øvrige udsagn, der indgår i følgen, før vi overhovedet er kommet til at forgrene $p \land q$. Det gør imidlertid ingen forskel – jo hurtigere vi kan afslutte jo bedre, og selv hvis vi havde valgt at forgrene $p \land q$, ville modeksempelsmængden forblive inkonsistent, da træet allerede er lukket. Dertil kommer, at havde vi valgt at sætte endnu flere andre udsagn ind, ville modeksempelsmængden stadig forblive inkonsistent. Havde følgen nu omvendt været gyldig, som den anden følge ovenfor, så ville følgen forblive gyldig, selv hvis vi tilføjede yderligere præmisser. Denne egenskab, at gyldige følger forbliver gyldige, selv hvis andre præmisser tilføjes, kaldes for den klassiske logiks *monotoni-egenskab*, eller man kan også vælge at sige, at den klassiske logik er *monoton*.[5]

Her er et andet eksempel. Betragt følgen

---

[5] Der findes også logikker, der er ikke-monotone, dvs. hvor en given sekvent ikke nødvendigivis er gyldig længere, hvis der tilføjes yderligere præmisser. Se ydermere side 349.

3.4 Semantiske tableauer

$$s \to (q \land \neg r), \neg(p \leftrightarrow s), q \land \neg r, r \lor p \models \neg p. \quad (3.11)$$

Vi har de samme overvejelser og anvender den samme procedure som ovenfor beskrevet til at undersøge følgens gyldighed ved hjælp af et semantisk tableau.

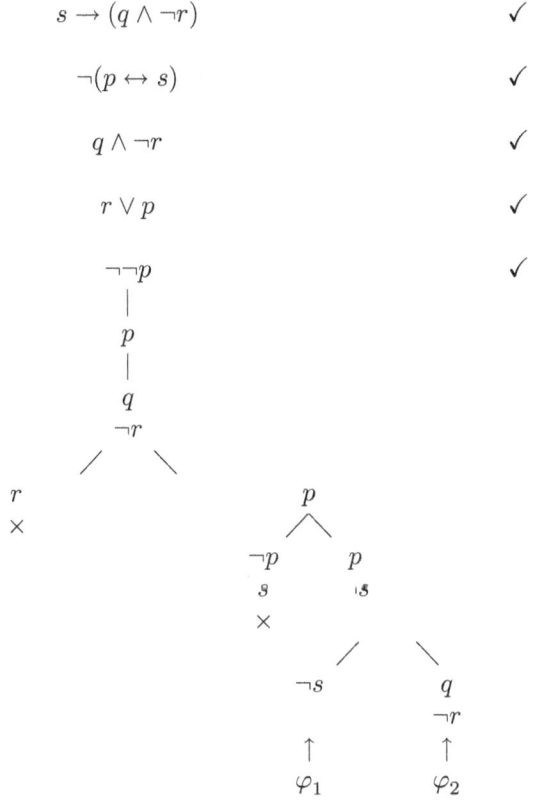

Selv om vi har forgrenet samtlige udsagn, der indgår i modeksempelsmængden, lukker tableauet ikke. Forgreningerne markeret med '↑' lukker ikke. Det betyder, at vi har beskrevet situationer, eller givet partielle sandhedstilskrivninger, hvor præmisserne er sande, mens konklusionen er falsk. Disse sandhedstilskrivninger, φ_1 og φ_2, kan vi igen direkte aflæse ved at bevæge os tilbage igennem træstrukturen:

	s	p	r	q			r	q	s	p
φ_1	↓	↓	↓	↓		φ_2	↓	↓	↓	↓
	⊥	⊤	⊥	⊤			⊥	⊤	⊥	⊤

I dette tilfælde er φ_1 den samme sandhedstilskrivning som φ_2. Modeksempelsmængden er således konsistent, og følgen dermed ugyldig, idet følgen forbryder sig mod den grundlæggende definition 1 af logisk gyldighed.

Det skal bemærkes, at tableau-metoden inden for udsagnslogikken altid giver et endeligt binært træ.

3.4.1 Heuristik

Konstruktionen af semantiske tableauer for udsagnslogikken er som undersøgelse af følgers gyldighed ved anvendelse af sandhedstabeller fuldstændig mekanisk. Det er blot et spørgsmål om at kende forgreningsreglerne for konnektiverne og at kombinere systematisk. På den anden side kan semantiske tableauer blive ganske store, hvis der er mange udsagn involveret baseret på konnektiver, der forgrener sig. Tænk blot på en følge, som indeholder udsagnet $(p \land q) \rightarrow [(r \rightarrow ((p \lor s) \leftrightarrow r))]$, der i sig selv vil give anledning til 6 forgreninger! Derfor kan det være fordelagtigt at udvikle de semantiske tableauer i overensstemmelse med følgende heuristik:

1. *Forgren først de udsagn, der baserer sig på reglerne for* $\land, \neg\lor$ *samt* $\neg\rightarrow$, *idet disse regler kun giver anledning til én gren.*

2. *Forgren derefter de udsagn, der baserer sig på reglerne for* $\neg\land, \lor, \rightarrow$, $\leftrightarrow, \neg\leftrightarrow$, *som giver anledning til to grene.*

Opgaver

Undersøg ved konstruktion af semantiske tableauer, om følgerne nedenfor er gyldige:

1. $p, p \leftrightarrow q \models q$

2. $\neg\neg p \rightarrow q, \neg q \models \neg\neg\neg p$.

3. $\neg p \lor (q \rightarrow r), s \rightarrow (q \land r), r \rightarrow s \models r \leftrightarrow p$.

4. $p \lor (q \land r), r \lor (s \land t), (p \lor r) \rightarrow (\neg q \lor \neg s) \models q \land s$.

5. $p \rightarrow (q \rightarrow (r \rightarrow s)), p \land r, r \rightarrow q \models \neg q \leftrightarrow (s \land \neg s)$.

3.5 Gentzens sekventkalkule

Såvel sandhedstabellerne som de semantiske tableauer er baseret på idéen om, at hvis man skal vise, at K følger af præmisserne $A_1, \ldots, A_n$, skal man i princippet vise, at ligegyldigt hvordan sandhedsværdierne af de indgående udsagn varierer, vil konklusionen altid blive sand, når alle præmisserne er sande. Tilsvarende kan man vise, at et slutningsskema er logisk ugyldigt, ved at angive en situation, hvor alle præmisserne er sande, men hvor konklusionen samtidig er falsk. Lad os igen betragte følgen

$$p \land q, \neg(\neg q \lor r), \neg r \rightarrow \neg p \models (p \rightarrow \neg q) \tag{3.12}$$

3.5 Gentzens sekventkalkule

og udvikle et andet træ, som kaldes et *blok-tableau*. Et blok-tableau er et semantisk tableau, hvori vi opskriver hele modeksempelsmængden i en blok og systematisk reducerer denne blok til literaler, dvs. atomiske udsagn eller deres negationer, givet sandhedstabellerne for de logiske konnektiver. Disse blok-tableauer er på en gang kombinationer af reduktionsproceduren beskrevet indledningsvist i dette kapitel og de semantiske tableauer beskrevet ovenfor. Blok-tableauet for (3.12) kommer til at se således ud:

$$p \wedge q, \neg(\neg q \vee r), \neg r \to \neg p, \neg(p \to \neg q)$$
$$|$$
$$p \wedge q, \neg\neg q, \neg r, \neg r \to \neg p, \neg(p \to \neg q)$$
$$|$$
$$p \wedge q, \neg\neg q, \neg r, \neg r \to \neg p, p, \neg\neg q$$

$$\diagup \qquad \diagdown$$

$$p \wedge q, \neg\neg q, \neg r, \qquad p \wedge q, \neg\neg q, \neg r,$$
$$\neg\neg r, p, \neg\neg q \qquad \neg p^{\maltese}, p^{\maltese}, \neg\neg q$$

$$|$$
$$p \wedge q, q, \neg r^{\maltese},$$
$$r^{\maltese}, p, q$$

Forskellen på dette tableau og det på side 57 er kun, at de første fire linier på side 57 er skrevet på en linie, og at de udsagn i en linie, der ikke berøres af en regel, flyttes med ned på næste linie.

Lad nu

$$A_1, \ldots, A_n, \neg B_1, \ldots, \neg B_m \qquad (3.13)$$

være en linie i et blok-tableau (dvs. formlerne i et bestemt knudepunkt), hvor

$$\neg B_1, \ldots, \neg B_m$$

er blandt udsagnene i linier, der har $\neg$ som hovedkonnektiv, men ikke nødvendigvis dem alle. En sådan linie kan fortolkes på den måde, at alle udsagnene på den skal gøres sande. Det betyder, at alle udsagnene

$$A_1, \ldots, A_n$$

skal gøres sande, hvorimod alle udsagnene

$$B_1, \ldots, B_m$$

skal gøres falske. Tableau-reglerne fra afsnit 3.3 udgør de regler, man kan benytte sig af, hvis man vil forsøge at konstruere et tableau, som gør alle udsagnene i knudepunktet sande. Hvis tableauet for denne knude lukker, det vil sige, hvis alle grene i dette tableau lukker, så er det ikke muligt at angive en sandhedstilskrivning, som gør alle udsagn i knudepunktet sande.

Det betyder, at der ikke findes en sandhedstilskrivning, som gør alle A-erne sande og alle B-erne falske, hvilket er ensbetydende med, at det ikke er muligt at gøre konjunktionen

$$A_1 \wedge \ldots \wedge A_n$$

sand og disjunktionen

$$B_1 \vee \ldots \vee B_m$$

falsk samtidig. Men dette betyder, at udsagnet

$$A_1 \wedge \ldots \wedge A_n \rightarrow B_1 \vee \ldots \vee B_m \qquad (3.14)$$

er en tautologi.[6]
Vi indfører betegnelsen

$$A_1, \ldots, A_n \rightsquigarrow B_1, \ldots, B_m \qquad (3.15)$$

for udsagnene i (3.14) og kalder (3.15) for en *sekvent*. Symbolet $\rightsquigarrow$ tilhører, som $\vdash$, også metasproget. Denne sekvent kan fortolkes som udsagnet (3.14) eller som kravet om, at A-erne skal gøres sande og B-erne falske. Nedenfor vil vi formulere slutningsregler for sådanne sekventer, som svarer til tableau-reglerne.

I kapitel 1 blev det kort beskrevet, at en anden måde at argumentere for, at konklusionen K følger af præmisserne $A_1, \ldots, A_n$, er at vise, at man kan udlede konklusionen fra præmisserne ved at anvende allerede accepterede gyldige slutningsskemaer på præmisserne igen og igen. Konklusionen K kan således *bevises* ud fra præmisserne $A_1, \ldots, A_n$ ved anvendelse af bestemte slutningsregler. Tableau-reglerne fra afsnit 3.3 udgør et sådant system af slutningsregler. Vi skal nu formulere disse regler i overensstemmelse med vor nye terminologi.

Lad $\Gamma, \Delta, \ldots$ være endelige sekvenser af formler, i.e.

$$\Gamma = A_1, \ldots, A_n$$

og tilsvarende for $\Delta, \ldots$. Strengt taget er Γ en multimængde af udsagn, hvilket vil sige en mængde

$$\{A_1, \ldots, A_n\}$$

af udsagn, hvor de forskellige udsagn godt kan forekomme flere gange. Men vi vælger at skrive Γ på sekvensform. Udtrykket Γ, A betyder, at A er tilføjet til Γ på følgende måde

$$\Gamma, A = A_1, \ldots, A_n, A.$$

---

[6]Parenteserne er undladt i $A_1 \wedge \ldots \wedge A_n \rightarrow B_1 \vee \ldots \vee B_m$. Der gælder, at $A_1 \wedge \ldots \wedge A_n \equiv A_1 \wedge (A_2 \wedge (\ldots \wedge A_n) \ldots)$. Som det fremgår af beviset for sekvent (3.22) side 68, er parenteserne ligegyldige.

3.5 Gentzens sekventkalkule

Da sekvenserne er mængder, er rækkefølgen af A-erne uden betydning. Med denne notation kan sekventer skrives på formen

$$\Gamma \leadsto \Delta.$$

Γ kaldes *antecedensen*, og Δ *succedensen*.
Da sekventen $\Gamma \leadsto \Delta$ svarer til formlerne i en knude i et blok-tableau, kan vi som omtalt fortolke den som udsagnet $A_1 \wedge \ldots \wedge A_n \to B_1 \vee \ldots \vee B_m$. Derfor svarer gyldigheden af sekventen $\Gamma \leadsto \Delta$ til, at udsagnet

$$A_1 \wedge \ldots \wedge A_n \to B_1 \vee \ldots \vee B_m$$

er en tautologi, eller at

$$A_1, \ldots, A_n \models B_1 \vee \ldots \vee B_m$$

er logisk gyldig.
Vi tillader også, at enten venstre eller højre side af en sekvent er tom. Således er sekventerne

$$\leadsto \Delta$$

og

$$\Gamma \leadsto$$

velformede. Hvis sekventen

$$\leadsto B_1, \ldots, B_m$$

er gyldig (dvs. den vil have et blok-tableau, som lukker), så svarer det til, at $B_1 \vee \ldots \vee B_m$ er en tautologi. Tilsvarende, hvis sekventen

$$A_1, \ldots, A_n \leadsto$$

er gyldig, så svarer det til, at $A_1 \wedge \ldots \wedge A_n$ er en kontradiktion.

3.5.1 Konjunktion

Betragt nu den fjerde linie i blok-tableauet på side 61. Her går vi fra det komplekse udsagn $p \wedge q$ til de atomiske udsagn p og q. Dette kan vi generalisere i følgende skema:

$$\frac{\Gamma, A \wedge B \leadsto \Delta}{\Gamma, A, B \leadsto \Delta} \quad (\wedge \leadsto)$$

Skemaet siger, at hvis $\Gamma, A \wedge B$ skal være sande, og Δ falsk, så kan vi også udskille A og B som sande og stadig gøre Δ falsk. Men dette er jo en slutningsregel! Tilsvarende gælder, hvis vi starter med $\Gamma \leadsto \Delta, A \wedge B$, som det fremgår af nedenstående regel:

$$\frac{\Gamma \leadsto \Delta, A \land B}{\Gamma \leadsto \Delta, A \quad | \quad \Gamma \leadsto \Delta, B} \qquad (\leadsto \land)$$

Denne regel siger, at hvis Γ skal være sand og $\Delta, A \land B$ falske, så er det enten fordi Γ er sand og Δ, A falsk, eller fordi Γ er sand, og Δ, B falsk.

3.5.2 Disjunktion

Generelt kan vi således aflæse slutningsreglerne for de logiske konnektiver direkte af blok-tablauer. Her er den første af de to regler for disjunktionen:

$$\frac{\Gamma, A \lor B \leadsto \Delta}{\Gamma, A \leadsto \Delta \quad | \quad \Gamma, B \leadsto \Delta} \qquad (\lor \leadsto)$$

$(\lor \leadsto)$-reglen fortæller, at hvis $\Gamma, A \lor B$ skal være sande og Δ falsk, så er det enten fordi Γ, A eller Γ, B er sande, mens Δ er falsk. Tilsvarende siger $(\leadsto \lor)$-reglen, at hvis Γ skal være sand, mens $\Delta, A \lor B$ skal være falske, så er det fordi Δ, A og B er falske (qua sandhedstabellen for disjunktionen ved vi, at disjunktionen kun er falsk, når begge disjunkter er falske):

$$\frac{\Gamma \leadsto \Delta, A \lor B}{\Gamma \leadsto \Delta, A, B} \qquad (\leadsto \lor)$$

3.5.3 Materiel implikation

Den materielle implikation har følgende to regler, hvor sidstnævnte regel igen direkte kan aflæses af blok-tableauet (fra blokken $p, q, q, \neg r, \neg r \rightarrow \neg p, p, q$) ovenfor:

$$\frac{\Gamma \leadsto \Delta, A \rightarrow B}{\Gamma, A \leadsto \Delta, B} \quad (\leadsto \rightarrow) \qquad \frac{\Gamma, A \rightarrow B \leadsto \Delta}{\Gamma, B \leadsto \Delta \quad | \quad \Gamma \leadsto \Delta, A} \quad (\rightarrow \leadsto)$$

$(\leadsto \rightarrow)$-reglen fortæller, at hvis Γ er sand og $\Delta, A \rightarrow B$ falske, så betyder det, givet sandhedstabellen for den materielle implikation, at Γ, A er sande, mens Δ, B er falske, eftersom det eneste tilfælde, hvor implikationen er falsk, er det tilfælde, hvor antecedenten er sand, og konsekventen er falsk. På samme måde siger $(\rightarrow \leadsto)$-reglen, at hvis $\Gamma, A \rightarrow B$ er sande og Δ falske, så er det enten fordi Γ, B er sande og Δ falsk, eller fordi Γ er sand og Δ, A er falske.

3.5.4 Biimplikation

Vi kunne undlade regler for biimplikationen, da den blot er definitorisk over den materielle implikation sammen med konjunktionen, men for at gøre fremstillingen komplet har vi valgt at indføre dem:

3.5 Gentzens sekventkalkule

$$\frac{\Gamma \leadsto \Delta, A \leftrightarrow B}{\Gamma, A, \neg B \leadsto \Delta \mid \Gamma, \neg A, B \leadsto \Delta} \quad (\leadsto \leftrightarrow)$$

$$\frac{\Gamma, A \leftrightarrow B \leadsto \Delta}{\Gamma, A, B \leadsto \Delta \mid \Gamma, \neg A, \neg B \leadsto \Delta} \quad (\leftrightarrow \leadsto)$$

3.5.5 Negation

Negationen har følgende to regler, der er oplagte:

$$\frac{\Gamma, \neg A \leadsto \Delta}{\Gamma \leadsto \Delta, A} \quad (\neg \leadsto) \qquad \frac{\Gamma \leadsto \Delta, \neg A}{\Gamma, A \leadsto \Delta} \quad (\leadsto \neg)$$

3.5.6 Aksiomer og beviser

Bevisstrukturen i Gentzens sekventkalkule består af en mængde sekventer, som udgør grundlæggende antagelser også kaldet *aksiomer*. Med den givne fortolkning af sekventer er det indlysende, at disse aksiomer kan fortolkes som tautologier (se (3.16)). Derudover er der en mængde af slutningsregler, som kan anvendes til at opbygge nye sekventer. Der er som bekendt to slutningsregler for hvert udsagnslogisk konnektiv: En regel, som viser hvordan konnektivet skal behandles, når det forekommer til venstre for ⤳, og en regel, som behandler konnektivet, når det optræder til højre for ⤳. Det er således den bevisteoretiske følgerelation, der aksiomatiseres i Gentzens sekventkalkule.

En sekvent vil være *logisk gyldig*, hvis den kan udledes fra aksiomerne ved anvendelse af de ovenfor indførte slutningsregler. I modsat fald er den ugyldig. En udledning i sekventkalkulen svarer til et blok-tableau, der læses nedefra og op.

Som aksiomer vælger vi alle sekventer af formen

$$\Gamma, A \leadsto \Delta, A \tag{3.16}$$

hvor Γ, Δ eller begge kan være tomme, og A er et vilkårligt udsagn. Lad os indføre betegnelsen

$$\bigwedge \Gamma$$

for konjunktionen af alle udsagnene i Γ, dvs.

$$\bigwedge \Gamma = A_1 \wedge \ldots \wedge A_n$$

og tilsvarende

$$\bigvee \Delta$$

for disjunktionen af alle udsagnene i Δ

$$\bigvee \Delta = B_1 \vee \ldots \vee B_m.$$

Med disse betegnelser og fortolkningen ovenfor af sekventer svarer aksiomet (3.16) til udsagnet

$$\bigwedge \Gamma \wedge A \to \bigvee \Delta \vee A,$$

som er en tautologi. Med andre ord svarer alle aksiomerne i sekventkalkulen til tautologier.

Det er nu muligt at give en formel definition af logisk gyldighed i Gentzen-kalkulen:

Definition 11
Et bevis er et endeligt træ af sekventer, hvor sekventerne i de nederste knudepunkter er aksiomer, og hver forgrening sker i overensstemmelse med en slutningsregel. Beviset er et bevis for sekventen i roden.

Definition 12
En sekvent $\Gamma \leadsto \Delta$ *er logisk gyldig i Gentzens sekventkalkule, såfremt der findes et bevis for* $\Gamma \leadsto \Delta$.

Den bevisteoretiske følgerelation $\vdash$ mellem præmissen Γ og konklusionen A defineres ved

$\Gamma \vdash A$, *hvis, og kun hvis,* $\Gamma \leadsto A$ *har et Gentzen-bevis.*

Når det skal fremhæves, at $\vdash$ defineres ud fra Gentzen-kalkulen, skrives $\vdash_G$.

Det bemærkes, at vi skriver beviserne op i omvendt orden, forstået på den måde, at den beviste sekvent er rod i træet, og aksiomerne er de yderste knudepunkter. Man starter således med den sekvent, man vil søge at vise den logiske gyldighed af, og anvender slutningsreglerne på formlerne i sekventen. Hver gang, man har anvendt en slutningsregel, er en formel blevet simplere, idet hovedkonnektivet er blevet fjernet. Når man har gjort det tilpas mange gange, vil der ikke være andet end atomiske udsagn tilbage i sekventen. Træet kan ikke forlænges yderligere. Hvis alle sekventerne i de yderste knudepunkter er aksiomer, vil sekventen i roden være logisk gyldig. Bemærk, at der godt må forekomme redundante formler i aksiomerne i slutknuderne – mere præcist, der må gerne forekomme redundante formler på højresiden af $\leadsto$ i aksiomerne på slutknuderne. Omvendt, findes der blot én slutknude med en sekvent i, som ikke er et aksiom, er sekventen ikke logisk gyldig. Da vi har indført aksiomer, hvor formlen A, som findes på begge sider af $\leadsto$, ikke behøver at være atomisk, kan man i mange tilfælde slutte træet, før man er kommet ned til udelukkende atomiske formler. Men under alle omstændigheder vil beviskonstruktionen altid ende efter endeligt mange anvendelser af slutningsreglerne. Bevisproceduren vil med sikkerhed stoppe efter endeligt mange trin. Den er helt algoritmisk.

Sekventkalkulen blev formuleret af Gerhard Gentzen (1909-1945) i 1930'erne [Gentzen 69]. Gentzen udviklede også en anden kalkule, som

3.5 Gentzens sekventkalkule

kaldes *naturlig deduktion*, og som har samme bevismæssige ydedygtighed som sekventkalkulen. Naturlig deduktion skal vi se på i afsnit 3.6 nedenfor.

I Gentzens sekventkalkule behøver man ikke en regel for dobbeltnegationen, som vi så det i forbindelse med de semantiske tableauer. Det kommer sig af, at reglerne for negationen blot tillader én at bevæge sig frem og tilbage hen over $\leadsto$, eller nærmere, at man kan have flere formler på højre-siden. Betragt således sekventen

$$\leadsto p \to \neg\neg p. \qquad (3.17)$$

I Gentzens sekventkalkule ser et bevis for denne sekvent ud på følgende måde:

$$\begin{array}{c} \leadsto p \to \neg\neg p \\ | \quad (\leadsto \to) \\ p \leadsto \neg\neg p \\ | \quad (\leadsto \neg) \\ p, \neg p \leadsto \\ | \quad (\neg \leadsto) \\ p \leadsto p \end{array}$$

Udtrykket $p, \neg p \leadsto$ betyder, at $p, \neg p$ medfører en selvmodsigelse. Alle udsagn er dekomponeret til literaler og alle forgreningerne lukker. Det sidste knudepunkt på forgreningen er et aksiom, så sekventen er gyldig.

Lad os nu i Gentzens sekventkalkule bevise

$$p, q \to \neg p, p \to r, r \to q \leadsto \neg p. \qquad (3.18)$$

Vi citerer igen anvendelsen af reglerne ved forgreningspunkterne:

$$\begin{array}{c} p, q \to \neg p, p \to r, r \to q \leadsto \neg p \\ / \quad (\to \leadsto) \quad \backslash \end{array}$$

$p, q \to \neg p, r \to q \leadsto \neg p, p \qquad\qquad p, q \to \neg p, r \to q, r \leadsto \neg p$
$\qquad\qquad\qquad\qquad / \qquad\qquad\qquad\qquad\qquad | \quad (\to \leadsto)$
$\qquad p, q \to \neg p, r \leadsto \neg p, r \qquad\qquad p, q \to \neg p, r, q \leadsto \neg p$
$\qquad\qquad\qquad\qquad / \qquad\qquad\qquad\qquad\qquad | \quad (\to \leadsto)$
$\qquad\qquad p, r, q \leadsto \neg p, q \qquad\qquad\qquad p, r, q, \neg p \leadsto \neg p$

Alle udsagn er dekomponeret til literaler, og alle forgreningerne lukker. De sidste knudepunkter på forgreningerne er alle aksiomer, så sekventen er gyldig.

Nu beviser vi sekventen *tertium non datur* eller det udelukkede tredjes princip (sammenlign med sandhedstabellen i **opgave 3**, side 49)

$$\leadsto p \lor \neg p \qquad (3.19)$$

hvor den tomme venstreside af $\leadsto$ igen betyder, at sekventen er en tautologi.

$$\leadsto p \vee \neg p$$
$$| \quad (\leadsto \vee)$$
$$\leadsto p, \neg p$$
$$| \quad (\leadsto \neg)$$
$$p \leadsto p$$

Igen er sekventen gyldig.
Herefter beviser vi sekventen

$$\neg(p \vee q) \leadsto \neg p \wedge \neg q \qquad (3.20)$$

ved hjælp af Gentzen-reglerne:

$$\neg(p \vee q) \leadsto \neg p \wedge \neg q$$
$$| \quad (\neg \leadsto)$$
$$\leadsto \neg p \wedge \neg q, p \vee q$$
$$| \quad (\leadsto \vee)$$
$$\leadsto \neg p \wedge \neg q, p, q$$
$$\diagup \quad (\leadsto \wedge) \quad \diagdown$$

$$\leadsto \neg p, p, q \qquad\qquad \leadsto \neg q, p, q$$
$$(\leadsto \neg) \quad | \qquad\qquad\qquad\qquad | \quad (\leadsto \neg)$$
$$p \leadsto p, q \qquad\qquad\qquad q \leadsto p, q$$

Det er også muligt at vise den omvendte relation af (3.20)

$$\neg p \wedge \neg q \leadsto \neg(p \vee q) \qquad (3.21)$$

ved følgende konstruktion:

$$\neg p \wedge \neg q \leadsto \neg(p \vee q)$$
$$| \quad (\wedge \leadsto)$$
$$\neg p, \neg q \leadsto \neg(p \vee q)$$
$$| \quad (\leadsto \neg)$$
$$\neg p, \neg q, p \vee q \leadsto$$
$$\diagup \quad (\vee \leadsto) \quad \diagdown$$

$$\neg p, \neg q, p \leadsto \qquad\qquad \neg p, \neg q, q \leadsto$$
$$(\neg \leadsto) \quad | \qquad\qquad\qquad\qquad | \quad (\neg \leadsto)$$
$$\neg q, p \leadsto p \qquad\qquad\qquad \neg p, q \leadsto q$$

Sekventen er igen gyldig. Vi noterer os atter, at $\neg p, \neg q, p \vee q \leadsto$ betyder, at $\neg p, \neg q, p \vee q$ fører til en selvmodsigelse.
Nu beviser vi

$$(p \vee q) \vee r \leadsto p \vee (q \vee r) \qquad (3.22)$$

ved følgende konstruktion:

3.5 Gentzens sekventkalkule

$$(p \lor q) \lor r \rightsquigarrow p \lor (q \lor r)$$
$$|\quad (\rightsquigarrow \lor)$$
$$(p \lor q) \lor r \rightsquigarrow p, (q \lor r)$$
$$|\quad (\rightsquigarrow \lor)$$
$$(p \lor q) \lor r \rightsquigarrow p, q, r$$
$$\diagup \quad (\lor \rightsquigarrow) \quad \diagdown$$
$$r \rightsquigarrow p, q, r \qquad\qquad p \lor q \rightsquigarrow p, q, r$$
$$\diagup \quad | \quad (\lor \rightsquigarrow)$$
$$p \rightsquigarrow p, q, r \qquad q \rightsquigarrow p, q, r$$

Beviset for

$$\neg(p \land q), p \rightsquigarrow \neg q \qquad (3.23)$$

tager sig således ud:

$$\neg(p \land q), p \rightsquigarrow \neg q$$
$$|\quad (\neg \rightsquigarrow)$$
$$p \rightsquigarrow \neg q, p \land q$$
$$|\quad (\rightsquigarrow \neg)$$
$$p, q \rightsquigarrow p \land q$$
$$\diagup \quad (\rightsquigarrow \land) \quad \diagdown$$
$$p, q \rightsquigarrow p \qquad p, q \rightsquigarrow q$$

Sekventen

$$\neg(p \land q) \rightsquigarrow \neg p \lor \neg q \qquad (3.24)$$

kan bevises ved følgende konstruktion:

$$\neg(p \land q) \rightsquigarrow \neg p \lor \neg q$$
$$|\quad (\rightsquigarrow \lor)$$
$$\neg(p \land q) \rightsquigarrow \neg p, \neg q$$
$$|\quad (\rightsquigarrow \neg)$$
$$p, \neg(p \land q) \rightsquigarrow \neg q$$
$$|\quad (\rightsquigarrow \neg)$$
$$p, q, \neg(p \land q) \rightsquigarrow$$
$$|\quad (\neg \rightsquigarrow)$$
$$p, q, \rightsquigarrow p \land q$$
$$\diagup \quad (\rightsquigarrow \land) \quad \diagdown$$
$$p, q \rightsquigarrow p \qquad p, q \rightsquigarrow q$$

Igen er sekventen gyldig.
   Et bevis for sekventen

$$\neg p \rightsquigarrow p \rightarrow q \qquad (3.25)$$

kunne tage sig således ud:

70 Udsagnslogik

$$\neg p \rightsquigarrow p \rightarrow q$$
$$| \quad (\rightsquigarrow \rightarrow)$$
$$\neg p, p \rightsquigarrow q$$
$$| \quad (\neg \rightsquigarrow)$$
$$p \rightsquigarrow p, q$$

Afslutningsvis beviser vi sekventen

$$\neg(p \lor (q \land r)) \rightsquigarrow \neg(p \lor q) \lor \neg(p \lor r) \quad (3.26)$$

i Gentzen-kalkulen:

$$\neg(p \lor (q \land r)) \rightsquigarrow \neg(p \lor q) \lor \neg(p \lor r)$$
$$| \quad (\rightsquigarrow \lor)$$
$$\neg(p \lor (q \land r)) \rightsquigarrow \neg(p \lor q), \neg(p \lor r)$$
$$| \quad (\neg \rightsquigarrow)$$
$$\rightsquigarrow p \lor (q \land r), \neg(p \lor q), \neg(p \lor r)$$
$$| \quad (\rightsquigarrow \neg)$$
$$p \lor q \rightsquigarrow p \lor (q \land r), \neg(p \lor r)$$
$$| \quad (\rightsquigarrow \neg)$$
$$p \lor q, p \lor r \rightsquigarrow p \lor (q \land r)$$
$$| \quad (\rightsquigarrow \lor)$$
$$p \lor q, p \lor r \rightsquigarrow p, q \land r$$

$$\diagup \quad (\rightsquigarrow \land) \quad \diagdown$$

$$p \lor q, p \lor r \rightsquigarrow p, q \qquad\qquad p \lor q, p \lor r \rightsquigarrow p, r$$
$$| \quad \diagdown \qquad (\lor \rightsquigarrow) \qquad \diagup \quad |$$
$$p, p \lor r \rightsquigarrow \quad q, p \lor r \rightsquigarrow p, q \qquad p \lor q, p \rightsquigarrow p, r \qquad p \lor q, r \rightsquigarrow p, r$$
$$p, q$$

Opgaver

Vi har ikke defineret højre- og venstre-regler for $\curlywedge$ i Gentzen-kalkulen. Lad samlingen $\mathbf{P}$ af propositionssymboler være forskellig fra $\emptyset$. Således er $\mathbf{P} = \{\mathbf{p}_1, \mathbf{p}_2, \mathbf{p}_3, \ldots\}$. Definér herefter $\curlywedge$ som $\mathbf{p}_1 \land \neg \mathbf{p}_1$.

1. Vis at $\mathbf{p}_1 \land \neg \mathbf{p}_1$ er ækvivalent med $A \land \neg A$.

2. Bevis sekventerne i opgaverne på side 82, 90 og 104 i Gentzen-kalkulen.

3.6 Naturlig deduktion

Gentzen udviklede to kalkuler – sekventkalkulen og den naturlige deduktion. De adskiller sig hverken i bevismæssig styrke eller i metateorien, men til gengæld i formuleringen af slutningsreglerne for de logiske konnektiver, i bevisstrukturen og i bevisstrategien. De pågældende slutningsregler

3.6 Naturlig deduktion

udgør skemaer, der minder om den måde, hvorpå de ganske simple slutningsskemaer i kapitel 1 blev opstillet. Skemaerne er opstillet på en sådan måde, at konnektivernes intuitive mening afspejles i selve formuleringen af introduktions- og eliminationsskemaerne. Derfor kaldte Gentzen denne deduktive kalkule for *naturlig*.

Den naturlige deduktion kan være med eller uden *kontekst*. Naturlig deduktion med kontekst er genstand for undersøgelse i følgende afsnit 3.6.1, mens naturlig deduktion uden kontekst vil blive diskuteret i afsnit 3.6.5.

3.6.1 Naturlig deduktion med kontekst

Den naturlige deduktion med kontekst består af en række slutningsregler for bevistræer, hvor forskellige hovedkonnektiver nedbrydes. Den aksiomatiserer som Gentzens sekventkalkule også den bevisteoretiske følgerelation. Naturlig deduktion med kontekst er velegnet, hvis man vil bruge programmer som MacLogic[7], Gateway[8] eller HyperProof[9], der er computerprogrammer til henholdsvis Apple Mac og online, i hvilke følger i naturlig deduktion kan bevises. Den naturlige deduktion med kontekst blev oprindeligt udviklet af logikeren E.J. Lemmon [Lemmon 78] og har nydt stor udbredelse i særdeleshed blandt filosoffer og filosofisk orienterede logikere – se eksempelvis [Forbes 94] og [Read & Wright 96]. Dette er ejendommeligt, eftersom naturlig deduktion med kontekst er svær at anvende.[10]

Inden for naturlig deduktion med kontekst findes der igen forskellige bevisformater – nogle mere komplicerede end andre. Vi har valgt at anvende det såkaldte "indryks"-format, der findes hos for eksempel [Leblanc & Wisdom 76] (hvilket HyperProof er opbygget omkring), og som er betragteligt simplere end "linie"-formatet som anvendt af eksempelvis [Forbes 94] og [Read & Wright 96] (hvilket MacLogic er opbygget omkring, mens man i Gateway kan anvende begge bevisformater).

Naturlig deduktion med kontekst tager udgangspunkt i den idé, at der er følger, som umiddelbart kan ses at gælde. Der indføres så slutningsregler for at udlede nye gyldige følger fra disse. Typisk er der to slutningsregler for hvert konnektiv. Den ene regel siger, hvordan man kan bevise et udsagn,

---

[7] MacLogic:
http://www-theory.dcs.st-and.ac.uk/~rd/logic/mac/.
[8] Christian Gottschall's Gateway to Logic:
http://logik.phl.univie.ac.at/%7Echris/formular%2Duk.html.
[9] HyperProof:
http://www-csli.stanford.edu/hp/Logic-software.html.
HyperProof findes indtil videre kun til Mac. Imidlertid arbejdes der også på en platformsuafhængig version kaldet OpenProof, der kan anvendes på både Mac, PC og Linux (optimeret til RedHat Linux). Desværre er OpenProof blevet forsinket, idet en af hovedpersonerne bag projektet og i øvrigt en stor logiker, Jon Barwise, for nylig døde.
[10] Hvor det ikke skaber forvirring, vil vi blot omtale "naturlig deduktion med kontekst" som *naturlig deduktion* i dette afsnit. Hvor det er underordnet, om det drejer sig om naturlig deduktion med eller uden kontekst, vil vi tillige anvende *naturlig deduktion*.

der har et givent konnektiv som hovedkonnektiv. Det kaldes en *introduktionsregel*. Den anden regel siger, hvordan man kan anvende et udsagn, med det givne konnektiv som hovedkonnektiv, som præmis i en følge. Det er en *eliminationsregel*. Disse regler kaldes under ét for *"intelim"*-regler. Til illustration af dette lad os se på reglerne for den materielle implikation. Hvis man ønsker at bevise

$$A \to B$$

da kan man antage A og forsøge ud fra A og eventuelt andre præmisser at bevise B. Altså, har man bevist følgen

$$\Gamma, A \vdash B \qquad (3.27)$$

så følger heraf, at følgen

$$\Gamma \vdash A \to B \qquad (3.28)$$

gælder. Dette giver introduktionsreglen for $\to$:

$$\frac{\Gamma, A \vdash B}{\Gamma \vdash A \to B} \qquad (3.29)$$

Omvendt, hvis man har bevist $A \to B$ ud fra præmissen Γ, dvs. $\Gamma \vdash A \to B$, og samtidig bevist A ud fra præmissen Δ, dvs. $\Delta \vdash A$, da kan man ud fra Γ, A vise B. Dette er slutningsreglen Modus Ponens, der således giver eliminationsreglen for $\to$:

$$\frac{\Gamma \vdash A \to B \quad \Delta \vdash A}{\Gamma, \Delta \vdash B} \qquad (3.30)$$

Inden vi formulerer alle reglerne i naturlig deduktion med kontekst, vil vi minde om, at vi tidligere har indført symbolet $\curlywedge$ for en vilkårlig kontradiktion. Formelt kan vi antage, at $\curlywedge$ er identisk med $p_1 \wedge \neg p_1$, hvor p_1 er det første propositionssymbol. Som vi allerede har set det i **opgave 1** på side 70, er $\curlywedge$ logisk ækvivalent med $A \wedge \neg A$ for vilkårligt A; $\curlywedge \leftrightarrow A \wedge \neg A$ er en tautologi. Vi giver nu alle reglerne.

Negation og dobbelt-negation

Introduktionsregel $(\neg I)$

Hvis man ud fra en mængde af udsagn Γ vil vise $\neg A$, kan det ske ved at vise, at Γ sammen med A fører en kontradiktion $\curlywedge$. Dette giver reglen:

$$\frac{\Gamma, A \vdash \curlywedge}{\Gamma \vdash \neg A} \qquad (\neg I)$$

Eliminationsregel $(\neg E)$

3.6 Naturlig deduktion

Hvis man fra en given mængde Γ kan udlede A og fra en anden mængde Δ kan udlede $\neg A$, kan man udlede en kontradiktion, hvis man sammenføjer Γ med Δ, hvilket vil sige at eliminere en negation, da den ikke optræder i den følge man slutter til.

$$\frac{\Gamma \vdash A \quad \Delta \vdash \neg A}{\Gamma, \Delta \vdash \curlywedge} \quad (\neg E)$$

Dobbelt-negationsregel (DN)

Dobbelt-negationsreglen er en eliminationsregel, der siger, at hvis man fra en mængde Γ kan udlede $\neg\neg A$, kan man fra Γ udlede A:

$$\frac{\Gamma \vdash \neg\neg A}{\Gamma \vdash A} \quad (DN)$$

Konjunktion

Konjunktionen har som negationen en introduktionsregel og en eliminationsregel:

Introduktionsregel $(\wedge I)$

Introduktionsreglen siger blot, at givet to følger, $\Gamma \vdash A$ og $\Delta \vdash B$, som præmisser er det tilladeligt at slutte til en ny følge, hvis mængde af præmisser består af de to følgers mængder af præmisser sammenføjet, og hvis konklusion består af konjunktionen af de to følgers konklusioner:

$$\frac{\Gamma \vdash A \quad \Delta \vdash B}{\Gamma, \Delta \vdash A \wedge B} \quad (\wedge I)$$

Eliminationsregel $(\wedge E)$

Eliminationsreglen for konjunktionen har to tilfælde. Lad der være givet en følge med Γ som præmisser, og $A \wedge B$ som konklusion. Man kan da slutte til A fra Γ og til B fra Γ.

$$\frac{\Gamma \vdash A \wedge B}{\Gamma \vdash A} \qquad \frac{\Gamma \vdash A \wedge B}{\Gamma \vdash B} \quad (\wedge E)$$

Disjunktion

Disjunktionens introduktionsregel er igen ganske oplagt, mens dens eliminationsregel kræver mere omtanke.

Introduktionsregel $(\vee I)$

Introduktionsreglen for disjunktionen har også to tilfælde. Lad der være givet en vilkårlig følge $\Gamma \vdash A$. Da kan vi slutte til en ny følge med samme mængde af præmisser Γ, men hvis konklusion består af disjunktionen af den oprindelige konklusion A med en vilkårlig formel B. Tilsvarende hvis B var den oprindelige konklusion i præmissen.

$$\frac{\Gamma \vdash A}{\Gamma \vdash A \lor B} \qquad \frac{\Gamma \vdash B}{\Gamma \vdash A \lor B} \qquad (\lor I)$$

Intuitivt set er denne regel også oplagt, givet disjunktionens sandhedsfunktionelle opførsel: Hvis man kan slutte til A fra Γ, så kan man også slutte til $A \lor B$ fra Γ, for selv hvis B var falsk, ville disjunktionen forblive sand, idet A er sand, og tilsvarende for B.

Eliminationsregel $(\lor E)$

Antag, at man ønsker at bevise C fra $A \lor B$. Man ved, at $A \lor B$ følger af Γ, i.e. $\Gamma \vdash A \lor B$, men man har intet bevis for A eller B. Antag nu, at det er muligt at vise C ud fra A sammen med visse yderligere antagelser Δ, i.e. $\Delta, A \vdash C$, samt det er muligt at vise C ud fra B sammen med visse andre antagelser Θ, i.e. $\Theta, B \vdash C$.

$$\begin{array}{c} \Gamma \vdash A \lor B \\ \diagup \qquad \diagdown \\ \Delta, A \vdash C \qquad \Theta, B \vdash C \\ \diagdown \qquad \diagup \\ \Gamma, \Delta, \Theta \vdash C \end{array}$$

Figur 3.5 Eliminationsreglen for disjunktionen

I dette tilfælde vil det så være muligt at vise C ud fra $\Gamma, \Delta, \Theta \vdash C$, som det fremgår af figur 3.5. Dette giver slutningsreglen:

$$\frac{\Gamma \vdash A \lor B \quad \Delta, A \vdash C \quad \Theta, B \vdash C}{\Gamma, \Delta, \Theta \vdash C} \qquad (\lor E)$$

Materiel implikation

Den materielle implikation har som de øvrige logiske konnektiver også en introduktionsregel og en eliminationsregel, som vi allerede har set det:

Introduktionsregel $(\to I)$

Introduktionsreglen for den materielle implikation siger blot, at der er en overensstemmelse mellem den materielle implikation og den bevisteoretiske følgerelation:

$$\frac{\Gamma, A \vdash B}{\Gamma \vdash A \to B} \qquad (\to I)$$

3.6 Naturlig deduktion

Denne overensstemmelse vil senere blive diskuteret mere indgående, da det er indholdet af den vigtige deduktionssætning (afsnit 3.9).

Eliminationsregel $(\to E)$

Eliminationsreglen for den materielle implikation er Modus (Ponendo) Ponens:

$$\frac{\Gamma \vdash A \to B \quad \Delta \vdash A}{\Gamma, \Delta \vdash B} \qquad (\to E)$$

Biimplikation

Biimplikationen kræver ikke introduktions- og eliminationsregler, eftersom den kan defineres ud fra $\to$ og $\land$:

$$A \leftrightarrow B =_{def} (A \to B) \land (B \to A) \qquad (def. \leftrightarrow)$$

3.6.2 Aksiomer og beviser

Der findes en klasse af følger, som umiddelbart ses at gælde, nemlig

$$\Gamma, A \vdash A \qquad (Ax)$$

thi her er A både præmis og konklusion for vilkårlige A. Disse følger udgør aksiomerne i naturlig deduktion med kontekst. Vi definerer hernæst, hvad vi mener med et bevis i naturlig deduktion:

Definition 13
Et bevis er et endeligt træ, hvor de øverste noder er aksiomer eller antagelser, hvor de mellemliggende noder fremkommer ved at anvende intelim-reglerne, og hvor slutnoden udgør konklusionen.

Definition 14
$\Gamma \vdash A$ *betyder, at der findes et bevis for A, hvor alle antagelser i beviset tilhører Γ.*

Lad os indledningsvis betragte følgen, der beskriver transitiviteten af den materielle implikation

$$p \to q, q \to r \vdash p \to r. \qquad (3.31)$$

Figur 3.6 giver et bevistræ for (3.31).
Dette bevis fremkommer på følgende måde:

1. Ved sidste trin i beviset introduceres $p \to r$ ved $\to I$:

$$\frac{p, p \to q, q \to r \vdash r}{p \to q, q \to r \vdash p \to r} \qquad (\to I)$$

$$\frac{\dfrac{p \to q \vdash p \to q \ (Ax) \quad p \vdash p \ (Ax)}{p, p \to q \vdash q} \quad \dfrac{q \to r \vdash q \to r \ (Ax)}{p, p \to q, q \to r \vdash r} (\to E)}{\dfrac{p \to q, q \to r \vdash p \to r}{} (\to I)} (\to E)$$

Figur 3.6 Et bevis i naturlig deduktion i overensstemmelse med intelimreglernes formulering.

2. Følgen over stregen i 1 fremkommer ved at anvende $\to E$-reglen på aksiomet $q \to r \vdash q \to r$ og $p, p \to q \vdash q$.

3. $p, p \to q \vdash q$ bevises ved at anvende $\to E$ på aksiomerne $p \to q \vdash p \to q$ og $p \vdash p$.

Beviset, som det tager sig ud i figur 3.6, er en naturlig måde at opskrive det på, når man tænker på den måde, hvorpå intelim-reglerne er givet i naturlig deduktion. Visse filosoffer og filosofisk orienterede logikere har imidlertid valgt en lidt anden måde at opskrive beviser på.

Følgen (3.31) består således af de to præmisser $p \to q$ og $q \to r$ samt konklusionen $p \to r$. Først opskrives præmisserne under hinanden med fortløbende nummerering. I kolonnen yderst til højre anføres den operation, der udføres på de givne formler.

Der må kun optræde én operation pr. linie.

Eftersom operationen indtil videre blot består i at opskrive præmisserne, anføres intet i operationskolonnen. Den lodrette streg kaldes for bevisets 'kant' (figur 3.7).

Linienummer	Formel	Operation
↓	↓	↓
(1)	$p \to q$	
(2)	$q \to r$	

Figur 3.7 Strukturen af beviser i naturlig deduktion med kontekst I.

Vi skal nå konklusionen $p \to r$ fra præmisserne $p \to q$ og $q \to r$ ved hjælp af intelim-reglerne for de logiske konnektiver. På den anden side, er der ingen af de pågældende regler, der i sig selv fortæller noget om,

3.6 Naturlig deduktion

hvorledes dette skal foregå. Eksempelvis fortæller hverken → *I*-reglen eller → *E*-reglen noget om, hvad der følger af to materielle implikationer. Men → *E*-reglen giver os mulighed for at anvende Modus Ponens, hvis vi kan fremskaffe p:

— Det p, vi søger efter, er faktisk givet som antecedent i den materielle implikation, der udgør konklusionen.

— Med andre ord, hvis vi introducerer en antagelse af p, da kan vi slutte til q givet $p \to q$. At introducere p svarer til at antage aksiomet $p \vdash p$.

— Når vi kan slutte til q, kan vi slutte til r givet den anden præmis $q \to r$ og → *E*-reglen.

Strukturen af beviset er den samme som i figur 3.6, men vi skriver det hele på linieform på en sådan måde, at alle antagelser vi gør os indrykkes – således betegnelsen "indryks"-format. I operationskolonnen anføres heller ikke noget, når der foretages antagelser, idet antagelser er indikeret ved indrykket (figur 3.8).

I naturlig deduktion med kontekst indfører vi i øvrigt følgende vigtige heuristiske gentagelsesregel G:

G: *Enhver præmis eller antagelse må gentages på en hvilken som helst linie i beviset.*

G-reglen er *ikke* en intelim-regel. Alle intelim-regler kræver, at visse betingelser er opfyldt, før de må tages i brug. Sådanne krav stilles der ikke til anvendelsen af G-reglen.

G-reglen siger blot, at enhver formel, hvad enten denne er en præmis eller en antagelse, og kun præmis eller antagelse, må gentages hvor som helst i et bevis.

Således er gentagelsesreglen ikke påkrævet i naturlig deduktion med kontekst, men blot indført for at lette læseligheden af beviserne. Hver gang G-reglen anvendes anføres den pågældende linie, der gentages, og dertil operationen 'G'.

I linie (4) anvendes gentagelsesregel, G, første gang for at gentage linie (1) med citationen $1, G$. Gentagelsesreglen er således blot en regel, der tillader, at en given præmis eller antagelse rykkes ind til det niveau, hvor den skal bruges undervejs i udledningen. I eksemplet givet ovenfor er vi rykket ét niveau ud fra bevisets kant givet antagelsen af p i linie (3). Der er ikke noget i vejen for, at man i et eller andet bevis skal foretage mange antagelser, og idet enhver antagelse kræver et indryk som eksempelvis i

Linienummer   Formel   Operation

$\downarrow$ $\quad\quad\quad\quad\downarrow$ $\quad\quad\quad\quad\downarrow$

(1) $\quad\quad p \to q$
(2) $\quad\quad q \to r$
(3) $\quad\quad p$
(4) $\quad\quad p \to q \quad 1, G$
(5) $\quad\quad q \quad\quad 3, 4, \to E$
(6) $\quad\quad q \to r \quad 2, G$
(7) $\quad\quad r \quad\quad 5, 6, \to E$

Figur 3.8 Strukturen af beviser i naturlig deduktion med kontekst II.

(1) $\quad\quad D \to A \quad\quad$ (præmis)
$\vdots$
$(n) \quad\quad B \quad\quad\quad$ (1. indryk)
$(n_1) \quad\quad C \quad\quad\quad$ (2. indryk)
$(n_2) \quad\quad D \quad\quad\quad$ (3. indryk)
$(n_3) \quad\quad D \to A \quad 1, G$
$(n_4) \quad\quad A \quad\quad\quad n_3, n_4, \to E$
$(n_5) \quad\quad E \quad\quad\quad$ (4. indryk)
$\vdots$
$(n+k) \quad\quad F \quad\quad\quad$ (5. indryk)
$\vdots$

kan det blive ganske uoverskueligt at referere tilbage til et andet niveau i det øjeblik, en intelim-regel skal anvendes mellem et indryks-niveau og et andet. Med G-reglen er dette problem løst, for med reglen kan vi blot gentage præmisser eller antagelser på passende indryks-niveauer og herefter anvende intelim-reglerne, så der ikke hersker nogen forvirring om, hvilke formler intelim-reglerne anvendes på.

Vender vi tilbage til beviset i figur 3.8, udledes q i linie (5) baseret på linie (3) og linie (4) med anvendelsen af $\to E$-reglen, hvilket i operationskolonnen citeres som $3, 4, \to E$. På tilsvarende vis udledes r i linie (7), der igen er resultat af den operation, hvor $\to E$-reglen anvendes på linie 5, 6 (anført som $5, 6, \to E$ i operationskolonnen); linie (6) er atter resultat af G-reglen.

Hvad vi har bevist nu er, at givet præmisserne $p \to q$ og $q \to r$ samt en ekstra antagelse af p er vi i stand til at slutte r. Det vi imidlertid skal vise er, at $p \to r$, og til dette formål anvendes $\to I$-reglen på linie (3) og (7) således, at det endelige bevis ser ud i overensstemmelse med figur 3.9.

3.6 Naturlig deduktion

```
Linienummer      Formel       Operation
     ↓             ↓              ↓

    (1)         p → q
    (2)         q → r
    (3)         p
    (4)         p → q          1, G
    (5)         q              3, 4, → E
    (6)         q → r          2, G
    (7)         r              6, 7, → E
    (8)         p → r          3, 7, → I
```

Figur 3.9 Strukturen af beviser i naturlig deduktion med kontekst III.

Det, som er yderst vigtigt at notere sig, er, at den ekstra antagelse af p, vi blev tvunget til at indføre i linie (3) for overhovedet at komme i gang med beviset, nu er *bortfaldet* eller *annulleret*, givet anvendelsen af $\to I$-reglen: Det markerer vi ved, at det indryk, vi foretog i forbindelse med antagelsen, nu er fjernet, og vi er atter tilbage i bevisets kant. Introduktionsreglen for den materielle implikation sagde som bekendt, at hvis man fra en given mængde Γ sammen med A kan slutte B, så er det tilladeligt at bevæge sig til en følge, hvor man bibeholder Γ, men med konklusionen $A \to B$, hvorfor A er bortfaldet fra den oprindelige præmis $\Gamma, A \vdash B$. I ovenstående eksempel er det som bekendt p, der bortfalder. Det fremgår også af, at konklusionen $p \to r$ nu er rykket ud igen, og antagelsen af p i linie 3 er hermed bortfaldet. Linie 1 og 2 er som bekendt præmisser, der ikke skal bortfalde, og som i udgangspunktet er placeret ved bevisets kant. Således har vi tilfredsstillet kravet om, at de antagelser, der måtte figurere i et bevis ud over præmisserne, skal bortfalde, for ellers ville vi have bevist følgen på mere, end hvad der er til rådighed.

Den bevisførelse, der overordnet set gør sig gældende i beviset for følgen (3.31), er direkte bevisførelse:

Direkte bevisførelse

Et direkte bevis for $A_1, \ldots, A_n \vdash K$ betyder at udlede K ved anvendelse af intelim-reglerne for de logiske konnektiver på præmisserne $A_1, \ldots, A_n$ eventuelt med ekstra antagelser, der så sidenhen skal bortfalde.

I modsætning til sandhedstabeller, semantiske tableauer og Gentzens sekventkalkule er naturlig deduktion ikke en mekanisk bevisprocedure – det kræver *strategiske overvejelser* at konstruere beviser i naturlig deduktion. Strategien må man selv tænke sig til:

Ofte vil følgen selv, eller delvist selv, fortælle, hvorledes et bevis skal tage sig ud, givet de logiske konnektiver, der indgår i følgen. Som i Gentzen-kalkulen kan det betale sig at opbygge beviserne bagfra ved at se på, hvilken regel der kan bruges til at tilvejebringe konklusionen. Et bevis vil ofte begynde med eliminationsregler og slutte med introduktionsregler.

Med andre ord vil følgen diktere, i hvilken rækkefølge intelim-reglerne skal anvendes for at opnå nye brugbare formler med henblik på at etablere konklusionen. Beviset for transitiviteten af den materielle implikation er et eksempel herpå. Når en konklusion består af en materiel implikation, er strategien typisk den at bruge antecedenten som antagelse og således udlede konsekventen for derefter at lade antecedenten bortfalde som antagelse. Mere præcist, hvis $\rightarrow I$-reglen skal anvendes korrekt til at bevise en følge $\Gamma \vdash A \rightarrow B$, betyder det, at man først antager A og herefter udleder B sammen med de velformede formler, der måtte optræde i Γ for derefter at lade A bortfalde igennem anvendelsen af $\rightarrow I$-reglen.

Her er et andet bevis baseret på direkte bevisførelse. I beviset for følge (3.31) skulle vi blot have en antagelse. Som omtalt tidligere kan man ofte blive tvunget til at foretage flere antagelser for at gennemføre et bevis. Det betyder flere indryk, som det fremgår af beviset for følgen

$$(p \rightarrow q) \rightarrow (p \rightarrow r) \vdash p \rightarrow (q \rightarrow r). \tag{3.32}$$

Idéen er igen den samme som ovenfor, idet antecedenter af de materielle implikationer, der optræder i præmissen og konklusionen antages. Herefter opbygges konklusionen, og antagelserne bortfalder igennem $\rightarrow I$-reglen:

(1)	$(p \rightarrow q) \rightarrow (p \rightarrow r)$	
(2)	p	
(3)	q	
(4)	p	
(5)	$p \rightarrow q$	$3, 4, \rightarrow I$
(6)	$(p \rightarrow q) \rightarrow (p \rightarrow r)$	$1, G$
(7)	$p \rightarrow r$	$5, 6, \rightarrow E$
(8)	p	$2, G$
(8)	r	$7, 8, \rightarrow E$
(9)	$q \rightarrow r$	$3, 8, \rightarrow I$
(10)	$p \rightarrow (q \rightarrow r)$	$2, 9, \rightarrow I$

Den direkte strategi er oplagt: Vi antager:

1. Antecedensen p fra den første implikation i præmissen i linie (2) (første indryk).

2. Antecedensen q fra den anden implikation i konklusionen i linie (3) (andet indryk).

3.6 Naturlig deduktion

3. Antecedensen p fra den første implikation i konklusionen i linie (4) (tredje indryk).

Fra linie (4) og (3) konstruerer vi, via $\rightarrow$ I-reglen, den første implikation i præmissen, hvorefter antagelsen af p i linie (4) bortfalder (første udryk). I linie (7) anvendes Modus Ponens ($\rightarrow$ E-reglen) på linie (5) og (6), via G-reglen, for at opnå $p \rightarrow r$. Herefter gentages p i linie (8), og vi anvender Modus Ponens på linie (7) og (8) for at opnå konsekventen r i den anden implikation $q \rightarrow r$, der udgør konklusionen. Herfra konstrueres $q \rightarrow r$, igen via $\rightarrow$ I-reglen, hvorfor antagelsen af q i linie (3) bortfalder (andet udryk). Slutteligt konstrueres konklusionen $p \rightarrow (q \rightarrow r)$, tillige via $\rightarrow$ I-reglen, hvorfor antagelsen af p i linie (2) bortfalder (tredje udryk), og vi er tilbage ved bevisets kant. Beviset er afsluttet. *Bemærk, at indrykkene således indikerer mellemregninger eller rettere mellemudledninger. Vi skal altid være tilbage ved kanten, når et bevis er afsluttet.*

Her er et andet eksempel – men i dette eksempel behøver vi ingen særskilte antagelser, der inden bevisets afslutning skal bortfalde; følgens præmisser alene er tilstrækkelige til at gennemføre beviset:

$$p, q \rightarrow \neg p, p \rightarrow r, r \rightarrow q \vdash \neg p \qquad (3.33)$$

Igen er der tale om en direkte konstruktion af konklusionen fra præmisserne givet blot én eliminationsregel, således at strategien bliver:

1. Fra p og $p \rightarrow r$ kan vi få r, givet $\rightarrow$ E-reglen.

2. Fra r og $r \rightarrow q$ kan vi få q, givet $\rightarrow$ E-reglen.

3. Fra q og $q \rightarrow \neg p$ kan vi få $\neg p$, givet $\rightarrow$ E-reglen, hvilket udgør konklusionen.

Beviset ser herefter således ud:

$$p, q \rightarrow \neg p, p \rightarrow r, r \rightarrow q \vdash \neg p$$

(1)	p	
(2)	$q \rightarrow \neg p$	
(3)	$p \rightarrow r$	
(4)	$r \rightarrow q$	
(5)	r	$1, 3, \rightarrow E$
(6)	q	$4, 5, \rightarrow E$
(7)	$\neg p$	$2, 6, \rightarrow E$

At der ikke er blevet gjort ekstra antagelser fremgår også af, at vi hele tiden har bevæget os langs bevisets kant. Til sammenligning, se beviset for selvsamme følge i Gentzens sekventkalkule, (3.18), side 67.

Der er også andre intelim-regler end dem, vi har set på indtil videre, der giver anledning til direkte bevisførelse. Betragt eksempelvis følgen

$$p \to q \vdash (p \wedge r) \to (q \wedge r). \tag{3.34}$$

Eftersom hovedkonnektivet i konklusionen er en implikation, kan vi antage antecedenten med henblik på senere bortfald.

På baggrund af præmissen $p \to q$ samt antagelsen af $p \wedge r$ skal konklusionen etableres. Dette beløber sig til en konstruktionsopgave, for ved anvendelse af $\wedge E$-reglen på $p \wedge r$ kan vi få isoleret p, hvorefter p sammen med $p \to q$ med anvendelse af $\to E$-reglen giver os q.

Har vi q, kan vi ved $\wedge E$-reglen atter anvendt på $p \wedge r$ få isoleret r.

Herfra kan vi konstruere konsekventen ved anvendelse af $\wedge I$-reglen på q og r og således danne $q \wedge r$.

Til sidst bygger vi hele konklusionen sammen ved at anvende $\to I$-reglen på antagelsen af $p \wedge r$ sammen med $q \wedge r$, hvorefter antagelsen af $p \wedge r$ bortfalder.

Beviset ser herefter således ud:

(1)	$p \to q$	
(2)	$p \wedge r$	
(3)	p	$2, \wedge E$
(4)	$p \to q$	$1, G$
(5)	q	$3, 4, \to E$
(6)	r	$2, \wedge E$
(7)	$q \wedge r$	$5, 6 \wedge I$
(8)	$(p \wedge r) \to (q \wedge r)$	$2, 7, \to I$

De følgende 6 **opgaver** kræver direkte bevisførelse – primært med anvendelse af $\to E$- samt $\to E$-reglen – men de to sidste opgaver kræver også $\wedge E$- samt $\wedge I$-reglen.

Opgaver

Bevis følgerne nedenfor i naturlig deduktion med kontekst baseret på direkte bevisførelse:

1. $\vdash (p \to q) \to (p \to q)$.

2. $\vdash ((p \to p) \to q) \to q$.

3. $p \to (q \to r), s \to q \vdash p \to (s \to r)$.

3.6 Naturlig deduktion

4. $\vdash (p \land q) \to (q \land p)$.

5. $p \land (p \to (p \land q)) \vdash q$.

6. $(p \land q) \to (r \land s) \vdash ((p \land q) \to r) \land ((p \land q) \to s)$.

Lad os vende blikket mod den anden form for overordnet bevisførelse, inden vi fortsætter med flere beviser:

Indirekte bevisførelse

Et indirekte bevis for $A_1, \ldots, A_n \vdash K$ betyder at antage negationen af K. Negationen af K sammen med $A_1, \ldots, A_n$ fører således til en kontradiktion. $\neg I$-reglen giver derfor, at $\neg\neg K$ må gælde. Til slut viser DN-reglen, at K gælder.

Idéen er kort sagt den, at for at vise, at noget holder, antag, at det ikke holder, og udled en selvmodsigelse. Selvmodsigelsen sammen med det som oprindeligt blev negeret og en anvendelse af $\neg I$-reglen giver en dobbeltnegation, der herefter kan fjernes ved DN-reglen.

Som et første eksempel på indirekte bevisførelse demonstrerer vi atter *tertium non datur* eller det udelukkede tredjes princip $\vdash p \lor \neg p$, der tidligere har været genstand for undersøgelse såvel semantisk som for Gentzens sekventkalkule side 67.

(1)	$\neg(p \lor \neg p)$	
(2)	p	
(3)	$p \lor \neg p$	$2, \lor I$
(4)	$\neg(p \lor \neg p)$	$1, G$
(5)	$\bot$	$1, 4, \neg E$
(6)	$\neg p$	$2, 5, \neg I$
(7)	$p \lor \neg p$	$5, \lor I$
(8)	$\neg(p \lor \neg p)$	$1, G$
(9)	$\bot$	$7, 8, \neg E$
(10)	$\neg\neg(p \lor \neg p)$	$1, 9, \neg I$
(11)	$p \lor \neg p$	$10, DN$

Beviser baseret på denne indirekte strategi kaldes også *reductio*-beviser, eftersom man benytter sig af *reductio ad absurdum* på antagelsen af den negerede formel.

Beviser baseret på reductio-strategien afsluttes altid med anvendelsen af DN-reglen.

Reductio-beviser må altså ikke forveksles med beviser, hvor man fremtvinger en selvmodsigelse for derefter at give en antagelse, man har gjort sig, skylden for selvmodsigelsen, hvorved antagelsen bortfalder, givet $\neg I$-reglen.

Beviskonstruktioner af denne type er også ofte forekommende. Sådanne beviser er instanser af direkte bevisførelse. Betragt atter (3.33), side 81. Denne følge blev bevist ved en simpel direkte konstruktion, hvor $\to E$-reglen blev anvendt gentagne gange. (3.33) kan også bevises ved at fremtvinge en selvmodsigelse og så give en antagelse, man har gjort sig, skylden:

$$p, q \to \neg p, p \to r, r \to q \vdash \neg p$$

(1)	p	
(2)	$q \to \neg p$	
(3)	$p \to r$	
(4)	$r \to q$	
(5)	p	
(6)	$p \to r$	$3, G$
(7)	r	$5, 6, \to E$
(8)	$r \to q$	$4, G$
(9)	q	$7, 8, \to E$
(10)	$q \to \neg p$	$2, G$
(11)	$\neg p$	$9, 10, \to E$
(12)	p	$1, G$
(13)	$\curlywedge$	$11, 12, \neg E$
(14)	$\neg p$	$5, 13, \neg I$

Selv om dette er et bevis for (3.33), så er det unægteligt at gå over åen efter vand at anvende den direkte strategi, hvor vi fremtvinger en selvmodsigelse – beviset er dobbelt så langt som det oprindelige bevis! Det styrende konnektiv i konklusionen $\neg p$ er negationen, så vi antager p med henblik på at fremtvinge en selvmodsigelse og herefter give p skylden for selvmodsigelsen. Herefter er $\neg p$ tilfældet under anvendelse af $\neg I$-reglen (linie (14)). Undervejs skal vi foretage alle mellemudledningerne ved gentagne anvendelser af $\to E$-reglen, som vi gjorde det i det oprindelige bevis, men nu skal vi gøre det under antagelsen af p. Det betyder, at vi skal anvende gentagelsesreglen igen og igen, hvilket forlænger beviset ganske betragteligt. Med andre ord, inden man påbegynder et bevis, *betragt følgen* – den fortæller ofte ikke blot, hvordan et bevis skal konstrueres, men også hvordan man undgår at gå over åen efter vand.

Efter samme opskrift beviser vi nu slutningen, der i kapitel 1 blev omtalt som Modus Ponendo Tollens forkortet (MPT):

$$\neg(p \wedge q), p \vdash \neg q. \qquad (MPT)$$

Her er det ikke muligt at lave en konstruktion som i det oprindelige bevis for eksempelvis (3.33), så her skal vi gå efter en selvmodsigelse på en antagelse vi gør os. Et bevis for MPT ser ud som følger:

3.6 Naturlig deduktion

$$
\begin{array}{r|ll}
(1) & \neg(p \wedge q) & \\
(2) & p & \\
(3) & q & \\
(4) & p & 2, G \\
(5) & p \wedge q & 3, 4, \wedge I \\
(6) & \neg(p \wedge q) & 1, G \\
(7) & \curlywedge & 5, 6, \neg E \\
(8) & \neg q & 3, 7, \neg I \\
\end{array}
$$

Under antagelse af q konstrueres først sammen med p en formel på baggrund af $\wedge I$-reglen, der giver anledning til en modstrid med den første præmis, hvorefter skylden for denne kontradiktion placeres på q, og dermed må $\neg q$ være tilfældet, givet anvendelse af $\neg I$-reglen, hvorfor q bortfalder og beviset er tilendebragt. Til sammenligning, se beviset for selvsamme følge i Gentzen-kalkulen, (3.23), side 69.

Lad os se på et par yderligere eksempler, hvor den direkte strategi er baseret på idéen om at fremtvinge en kontradiktion, og herefter placere skylden på en given antagelse, der herefter bortfalder. Betragt således *dobbelt*-følgen

$$\neg(p \vee q) \dashv\vdash \neg p \wedge \neg q, \qquad (DEM)$$

der blot er en forkortelse for

(1) $\neg(p \vee q) \vdash \neg p \wedge \neg q$ og   (2) $\neg p \wedge \neg q \vdash \neg(p \vee q)$,

og som er grundlaget for at definere konjunktionen ud fra $\neg$ og $\vee$. Disse regler kaldes De Morgan-reglerne (forkortes DEM) efter den engelske logiker Augustus De Morgan (1806-1871). En anden De Morgan-regel kan udtrykkes i dobbelt-følgen

$$\neg(p \wedge q) \dashv\vdash \neg p \vee \neg q, \qquad (DEM)$$

som igen er det samme som

(3) $\neg(p \wedge q) \vdash \neg p \vee \neg q$ og   (4) $\neg p \vee \neg q \vdash \neg(p \wedge q)$.

Reglerne fører til følgende mulige definitioner af $\vee$ og $\wedge$:

$$p \vee q \dashv\vdash \neg(\neg p \wedge \neg q) \qquad (DEM)$$

og

$$p \wedge q \dashv\vdash \neg(\neg p \vee \neg q), \qquad (DEM)$$

der er stillet som **opgaver** på side 104.

Lad os nu vende os mod den første DEM-regel

$$\neg(p \vee q) \vdash \neg p \wedge \neg q.$$

Hvis man skulle forsøge sig med en decideret konstruktion, skulle man forsøge at konstruere sig frem til $\neg p \land \neg q$ givet præmissen $\neg(p \lor q)$. Blot er problemet det, at der er ingen af intelim-reglerne, som direkte fortæller noget om, hvad der følger af en negeret disjunktion. På den anden side er der en regel, der siger noget om, hvordan et bevis skal tage sig ud, når konklusionen er styret af negationen. Det er igen reglen for negationens introduktion ($\neg I$). Hvis man således skal bevise en følge af typen $\Gamma \vdash \neg A$, er strategien at udlede en følge af typen $\Gamma, A \vdash \curlywedge$ for derefter at give A skylden for kontradiktionen. I (1), $\neg(p \lor q) \vdash \neg p \land \neg q$, skal denne strategi anvendes to gange: Hovedkonnektivet for konklusionen er konjunktionen, men negationerne strækker sig kun over konjunkterne hver for sig, og dem er der jo to af. Strategien er herefter:

1. Antag p og anvend $\lor I$-reglen til at danne $p \lor q$.

2. Præmissen $\neg(p \lor q)$ vil sammen med $p \lor q$ give anledning til en kontradiktion, givet $\neg E$-reglen.

3. Skylden for kontradiktionen placeres på p ved anvendelsen af $\neg I$-reglen, således at p bortfalder, og $\neg p$ er tilfældet.

4. Punkterne 1 til 3 gennemføres igen på en antagelse af q.

5. Afslutningsvis konstrueres konklusionen direkte ved at anvende $\land I$-reglen på $\neg p$ og $\neg q$ til at danne $\neg p \land \neg q$.

Beviset for DEM (1) tager sig herefter således ud:

$$\neg(p \lor q) \vdash \neg p \land \neg q$$

(1)	$\neg(p \lor q)$	
(2)	p	
(3)	$p \lor q$	$2, \lor I$
(4)	$\neg(p \lor q)$	$1, G$
(5)	$\curlywedge$	$3, 4, \neg E$
(6)	$\neg p$	$2, 5, \neg I$
(7)	q	
(8)	$p \lor q$	$7, \lor I$
(9)	$\neg(p \lor q)$	$1, G$
(10)	$\curlywedge$	$8, 9, \neg E$
(11)	$\neg q$	$7, 10, \neg I$
(12)	$\neg p \land \neg q$	$6, 11, \land I$

Til sammenligning, se beviset for selvsamme følge i Gentzen-kalkulen, (3.20), side 68.

Beviset for DEM (2) $\neg p \land \neg q \vdash \neg(p \lor q)$ følger atter strategien for at udlede kontradiktioner. Forskellen er imidlertid, at en anden regel, der

3.6 Naturlig deduktion

giver anledning til, at ekstra antagelser bortfalder, tages i anvendelse. Det er $\vee E$-reglen, der ud over at være den regel, som er sværest at formulere i naturlig deduktion med kontekst, også er den regel, der er sværest at anvende.

$$\neg p \wedge \neg q \vdash \neg (p \vee q)$$

(1)	$\neg p \wedge \neg q$	
(2)	$p \vee q$	
(3)	$\neg p$	$1, \wedge E$
(4)	$\neg q$	$1, \wedge E$
(5)	p	
(6)	$\neg p$	$3, G$
(7)	$\curlywedge$	$5, 6, \neg E$
(8)	q	
(9)	$\neg q$	$4, G$
(10)	$\curlywedge$	$8, 9, \neg E$
(11)	$\curlywedge$	$2, 5, 7, 8, 10, \vee E$
(12)	$\neg (p \vee q)$	$2, 11, \neg I$

Vi antager $p \vee q$ og går i sidste instans efter at anvende $\neg I$-reglen for at etablere konklusionen $\neg (p \vee q)$. Problemet er, at hovedkonnektivet i antagelsen er en disjunktion, og det er således via disjunktionen, at kontradiktionen skal etableres. Kontradiktionen kan bringes tilveje, hvis vi på passende vis kan få $\neg p$ og p til at optræde, eller hvis vi kan få $\neg q$ og q til at optræde, givet intelim-reglerne. $\neg p$ respektivt $\neg q$ udgør ikke noget problem, for dem kan vi få fra præmissen $\neg p \wedge \neg q$ ved anvendelse af $\wedge E$-reglen. p og q kan vi få fra *disjunktionen, men på den anden side ved vi ikke, hvilken af de to disjunkter der holder, så de må prøves begge to.* Antager vi den første disjunkt p i linie (5), får vi en kontradiktion i linie (7), og antager vi den anden disjunkt q i linie (8), får vi en kontradiktion i linie (10). Det vil sige, at uafhængigt af om det er p eller q der holder, får vi en kontradiktion i linie (11), givet

1. den oprindelige disjunktion i linie (2),

2. antagelsen af den første disjunkt i linie (5),

3. kontradiktionen i linie (7), der i dette tilfælde er vores *målformel*,[11]

4. antagelsen af den anden disjunkt i linie (8), og

---

[11] Begrebet 'målformel' anvendes i denne bog i tre betydninger. Enten (1) som betegnelse for den formel, man skal nå til i forbindelse med en disjunktionselimination, eller (2) den formel, man skal nå til i forbindelse med en eksistenselimininination (se yderligere kapitel 5), eller (3) som betegnelse for den formel, man skal nå til undervejs i et bevis, der er baseret på en direkte eller indirekte bevisførelse.

5. kontradiktionen i linie (10), der ligeledes i dette tilfælde er vores målformel.

Der er således altid *fem* citationer for anvendelsen af eliminationsreglen for disjunktionen ($\vee E$) i operationskolonnen på højre side. Bemærk, hvorledes indryksnotationen fungerer for $\vee E$-reglen:

Disjunktionen $p \vee q$ er i sig selv en antagelse, der kræver et indryk (linie (2)).

Antagelsen af den første disjunkt p kræver atter et indryk (linie (5)).

Antagelsen af den anden disjunkt q kræver tillige et indryk (linie (8)), men bemærk, at dette indryk er på samme niveau som indrykket for den første disjunkt p, eftersom begge disjunkter, i overensstemmelse med $\vee E$-reglen, begge skal afprøves.

Antagelserne p i linie (5) og q i linie (8) *bortfalder* i linie (11), for her bliver det netop demonstreret, at uafhængig af, hvilken af de to disjunkter der holder, når vi den ønskede målformel – i dette tilfælde kontradiktionen. Det fremgår tillige af udrykket, at p og q er bortfaldet.

Herfra afsluttes beviset ved at skyde skylden for kontradiktionen på antagelsen $p \vee q$ i linie (2) igennem anvendelse af $\neg I$-reglen, således at konklusionen $\neg(p \vee q)$ er etableret. Til sammenligning, se beviset for selvsamme følge i Gentzens sekventkalkule, (3.21), side 68.

Inden vi fortsætter med beviserne for De Morgan-reglerne, er det instruktivt at se på yderligere et eksempel, hvor reglen for disjunktionseliminationen tages i anvendelse. Vi beviser associativitet af disjunktionen

$$(p \vee q) \vee r \vdash p \vee (q \vee r). \quad (3.35)$$

Her skal vi lægge ud med disjunktionseliminationen, idet konklusionen, enten følger af $(p \vee q)$ eller r. Problemet er imidlertid det, at $p \vee q$ igen er en disjunktion, så vi har med to disjunktionseliminationer at gøre. Med andre ord skal vi vise, at

p medfører konklusionen, eller q medfører konklusionen, eller

r medfører konklusionen.

Det er dog ikke svært at vise, at p, q, r respektivt medfører konklusionen, for givet $\vee I$-reglen kan vi blot direkte konstruere os frem til konklusionen. Idéen i dette bevis er således at *indlejre* den ene disjunktionselimination i den anden og hertil gennemføre begge eliminationer *sideløbende*:

3.6 Naturlig deduktion

1. Antag $(p \lor q), r, p, q$.

2. Vis, at p respektivt q medfører konklusionen gennem gentagne anvendelser af $\lor I$-reglen.

3. Foretag en disjunktionselimination på p, q, der godtgør, at konklusionen følger, uafhængigt af hvilken af de to disjunkter der holder.

4. Vis, at r medfører konklusionen gennem gentagne anvendelser af $\lor I$-reglen.

5. Foretag en disjunktionselimination på $(p \lor q)$, r, der godtgør, at konklusionen følger, uafhængigt af hvilken af de to disjunkter der holder.

Beviset tager sig herefter således ud:

(1)	$(p \lor q) \lor r$	
(2)	$p \lor q$	
(3)	r	
(4)	p	
(5)	q	
(6)	$q \lor r$	$5, \lor I$
(7)	$p \lor (q \lor r)$	$6, \lor I$
(8)	$p \lor (q \lor r)$	$4, \lor I$
(9)	$p \lor (q \lor r)$	$2, 4, 8, 5, 7, \lor E$
(10)	$q \lor r$	$3, \lor I$
(11)	$p \lor (q \lor r)$	$10, \lor I$
(12)	$p \lor (q \lor r)$	$1, 2, 9, 3, 11, \lor E$

Af beviset fremgår, at hvis den ene disjunktionselimination ikke bliver indlejret i den anden, og de to eliminationer ikke gennemføres sideløbende, vil beviset gå i stå. Rækkefølgen af operationerne spiller selvsagt en rolle for bevisers gennemførsel. Til sammenligning, se beviset for selvsamme følge i Gentzens sekventkalkule, (3.22), side 68.

Lad os nu se på den tredje De Morgan-regel

$$\neg(p \land q) \vdash \neg p \lor \neg q$$

og efterlade den fjerde som en opgave, side 104. Beviset for denne følge involverer såvel direkte som indirekte bevisførelse, selvom den overordnede strategi er en reductio-strategi. Igen er det ikke muligt blot at gå efter et direkte bevis, for der er ingen af de pågældende intelim-regler, der muliggør at nå frem til konklusionen alene på baggrund af præmissen direkte ved konstruktion. Omvendt, hvis man antager den negerede konklusion, så skal vi kunne nå en kontradiktion. At nå frem til kontradiktionen sker alene på baggrund af konstruktion af en formel, der er i modstrid med den oprindelige præmis. På den anden side vil skylden for denne kontradiktion placeres på præcis den negerede konklusion, der herved bortfalder. Det vil være en fordelagtig disposition, for idet skylden for kontradiktionen placeres på den negerede konklusion via $\neg I$-reglen, opnår vi $\neg\neg(\neg p \vee \neg q)$, og ved anvendelse af DN-reglen når vi konklusionen $\neg p \vee \neg q$. Beviset for DEM (3) ser herefter således ud:

$$\neg(p \wedge q) \vdash \neg p \vee \neg q$$

(1)	$\neg(p \wedge q)$	
(2)	$\neg(\neg p \vee \neg q)$	
(3)	p	
(4)	q	
(5)	$p \wedge q$	$3, 4, \wedge I$
(6)	$\neg(p \wedge q)$	$1, G$
(7)	$\curlywedge$	$5, 6, \neg E$
(8)	$\neg p$	$3, 7, \neg I$
(9)	$\neg p \vee \neg q$	$8, \vee I$
(10)	$\neg(\neg p \vee \neg q)$	$2, G$
(11)	$\curlywedge$	$9, 10, \neg E$
(12)	$\neg q$	$4, 11, \neg I$
(13)	$\neg p \vee \neg q$	$12, \vee I$
(14)	$\neg(\neg p \vee \neg q)$	$2, G$
(15)	$\curlywedge$	$13, 14, \neg E$
(16)	$\neg\neg(\neg p \vee \neg q)$	$2, 15, \neg I$
(17)	$\neg p \vee \neg q$	$16, DN$

Til sammenligning, se beviset for selvsamme følge i Gentzen-kalkulen, (3.24), side 69.

Opgaver

Bevis følgerne nedenfor i naturlig deduktion med kontekst baseret på etablering af kontadiktion eller *reductio ad absurdum*:

1. $p \to q \vdash \neg(p \wedge \neg q)$.

2. $\neg(p \wedge q), p \vdash \neg q$.

3. $p \vdash \neg(q \wedge \neg(p \wedge q))$.

4. $p \to q, p \to \neg q \vdash \neg p$.

5. $p \to \neg(q \wedge r), q \to r \vdash p \to \neg q$.

3.6 Naturlig deduktion

Følger, der er gyldige på tomme præmisser, blev tidligere omtalt som tautologier. I bevisteori kaldes tautologier også for *teoremer*. Et bevis for følgen nedenfor, der udgør teoremet *ex falso quidlibet* – af en selvmodsigelse følger hvad som helst[12] – (og som i øvrigt tidligere var genstand for en semantisk tableau-undersøgelse i opgave 5, side 49), kræver såvel en strategi dikteret af → *I*-reglen, idet hovedkonnektivet i følgen er en materiel implikation, som en reductio-strategi:

$$\vdash (p \land \neg p) \to q. \quad (3.36)$$

Med andre ord antages først antecedenten. Det er imidlertid ikke tilstrækkeligt, for på baggrund af denne antagelse er det ikke muligt at nå frem til konsekventen q. Måden hvorpå dette opnås er at antage den negerede konsekvent $\neg q$ for derefter at gøre denne ansvarlig for kontradiktionen, der opstår på baggrund af $\land E$-reglen anvendt på antecedenten $(p \land \neg p)$. Det betyder, at vi må sikre os, at kontradiktionen består, selv om kontradiktionen konjugeres med én af de oprindelige konjunkter i $(p \land \neg p)$ – i dette tilfælde $\neg p$. Sagt på en anden måde, må vi gøre kontradiktionen *afhængig*. Hvis kontradiktionen består, kan den atter udledes med $\land E$-reglen. Herfra kan skylden for kontradiktionen, eller kontradiktionens afhængighed, placeres på $\neg q$, hvilket får $\neg q$ til at bortfalde og dermed $\neg\neg q$ til at bestå. Hvis $\neg\neg q$ består, består q også, givet DN-reglen. Til sidst bortfalder antecedentantagelsen ved anvendelsen af → *I*-reglen på $(p \land \neg p)$ og q, hvilket alt i alt giver følgende bevis:

(1)	$p \land \neg p$	
(2)	$\neg q$	
(3)	p	$1, \land E$
(4)	$\neg p$	$1, \land E$
(5)	$\bot$	$3, 4, \neg E$
(6)	$\bot \land \neg q$	$2, 5, \land I$
(7)	$\bot$	$6, \land E$
(8)	$\neg\neg q$	$2, 7, \neg I$
(9)	q	$8, DN$
(10)	$(p \land \neg p) \to q$	$1, 9, \to I$

Det interessante at notere sig er, at alle antagelser er bortfaldet, hvilket vil sige, at $(p \land \neg p) \to q$ kan bevises på tomme præmisser. Med andre ord er $(p \land \neg p) \to q$ et teorem, hvilket præcis var, hvad der skulle bevises.

Her er to andre eksempler: I det første af disse eksempler spiller kontradiktionsafhængigheden en væsentlig rolle. Disse to følger kaldes også

---

[12] De såkaldte *para-konsistente logikker* afviser *ex falso quidlibet*. I para-konsistente logikker kan eksempelvis kontradiktoriske udsagn være både sande og falske i modsætning til udelukkende falske, som det gælder i den klassiske logik. Se ydermere bilaget om *Atter andre logikker*.

Udsagnslogik

paradokserne omkring den materielle implikation og forkortes PMI:

$$(1) \quad \neg p \vdash p \to q \qquad \text{og} \qquad (2) \quad q \vdash p \to q. \qquad (PMI)$$

Beviserne for PMI 1-2 tager sig således ud:

$\neg p \vdash p \to q$ $\qquad\qquad\qquad\qquad$ $q \vdash p \to q$

(1)	$\neg p$		(1)	q	
(2)	p		(2)	p	
(3)	$\neg q$		(3)	q	$1, G$
(4)	p		(4)	$p \wedge q$	$2, 3, \wedge I$
(5)	$p \wedge \neg q$	$3, 4, \wedge I$	(5)	q	$4, \wedge E$
(6)	p	$5, \wedge E$	(6)	$p \to q$	$2, 5, \to I$
(7)	$\neg p$	$1, G$			
(8)	$\bot$	$6, 7, \neg E$			
(9)	$\neg \neg q$	$3, 8, \neg I$			
(10)	q	$9, DN$			
(11)	$p \to q$	$2, 10, \to I$			

Til sammenligning, se beviset for selvsamme følge PMI (1) i Gentzens sekventkalkule, (3.25), side 69.

Et gyldigt argument, som er instans af PMI (1), tager sig således ud

1. Der er ikke is på vandet i august.

2. $\therefore$ Hvis der er is på vandet i august, så er Bjarke en amøbe.

Et gyldigt argument, der er instans af PMI (2), tager sig således ud:

1. Bjarke er en amøbe.

2. $\therefore$ Hvis der er is på vandet i august, så er Bjarke en amøbe.

Det paradoksale består i, at et argument kan være gyldigt, selv om der ikke består nogen oplagt forbindelse mellem dets komponenter. Det faktum, at der er, eller ikke er, is på vandet på en given årstid, er næppe forbundet med Bjarkes status som en en-cellet organisme. Vi har allerede tidligere set på de problemer, der knytter sig til den materielle implikation i forbindelse med formaliseringen af natursproglige sætninger i udsagnslogikken. Det problem, der opstår her, består dog snarere i, at begrebet om implikation anvendes både som navn for relationer mellem udsagn og for udsagn, der har en konditional form. Et konditionalt udsagn kan således være sandt uafhængigt af, om der består en relation mellem dets komponenter. Man kunne indføje den konvention at kalde et konditionalt udsagn, der er sandt, så længe det ikke har en sand hvis-bisætning og en falsk hovedsætning for et *materielt konditionale* i stedet en materiel implikation.

3.6 Naturlig deduktion

Selv hvis man indfører denne konvention, består PMI til stadighed som gyldige følger i den klassiske logik.[13] Men hellere det end at give afkald på en af de grundlæggende meta-teoretiske egenskaber ved udsagnslogikken, *deduktionssætningen*, hvilket man vil gøre, såfremt man ikke kan acceptere PMI. Det skal vi se i afsnit 3.9 nedenfor.

Et sidste eksempel, hvor kontradiktionsafhængighed opstår, er i forbindelse med beviset for Modus Tollendo Ponens – forkortet MTP

$$p \vee q, \neg q \vdash p \qquad (MTP)$$

men her er der det særegne, at kontradiktionen konjugeres med det, som senere skal have skylden for kontradiktionen!

(1)	$p \vee q$	
(2)	$\neg q$	
(3)	$\neg p$	
(4)	q	
(5)	$\neg q$	$2, G$
(6)	$\curlywedge$	$4, 5, \neg E$
(7)	$\curlywedge \wedge \neg p$	$3, 6, \wedge I$
(8)	$\curlywedge$	$6, \wedge E$
(9)	$\neg \neg p$	$3, 8, \neg I$
(10)	p	$9, DN$
(11)	p	
(12)	p	$1, 4, 10, 11, 11, \vee E$

En anden ting at notere sig er måden, hvorpå disjunktionselimitionen fungerer i dette bevis som led i den overordnede indirekte bevisførelse:

1. I linie (4) antages disjunkten q, der sammen med præmissen $\neg q$ i linie (2) giver anledning til en selvmodsigelse i linie (6).

2. Selvmodsigelsen skal imidlertid ikke gøres afhængig heraf, hvorfor den konjugeres med $\neg p$ fra linie (3), der er antaget med henblik på at fremtvinge en selvmodsigelse.

3. Selvmodsigelsen udledes herefter med $\wedge E$-reglen, og skylden for den placeres nu på $\neg p$ i linie (9).

4. Herefter kan p så udledes, givet DN-reglen i linie (10).

5. På den ene side har vi kun antaget den ene af de to disjunkter, q, i disjunktionseliminationen, påbegyndt i linie (4).

---

[13] Man har i de såkaldte *relevans logikker* forsøgt at undgå PMI ved hjælp af forskellige relevansklausuler, således, at A implicerer B, kun hvis A er relevant for B. Se ydermere bilaget om *Atter andre logikker*.

6. På den anden side ved vi allerede, at antagelsen af $\neg p$ leder til en kontradiktion, hvorigennem p kan udledes, så hvis vi blot antager p igen, er det faktisk et trivielt bevis for, at den anden disjunkt p demonstrerer p, hvorfor vi i disjunktionseliminationen i linie (12) skal citere linie (11), hvor p antages, to gange.

Vi kan også skrive beviset, som det fremgår af figur 3.10, der igen er mere tro mod reglerne, hvormed intelim-reglerne oprindeligt blev formuleret i naturlig deduktion med kontekst, hvor vi har undladt (Ax).

$$\cfrac{p \vdash p \quad \cfrac{\cfrac{\cfrac{\cfrac{\cfrac{\neg q \vdash \neg q \quad q \vdash q}{\neg q, q \vdash \bot}(\neg E) \quad \neg p \vdash \neg p}{\neg q, q, \neg p \vdash \bot \wedge \neg p}(\wedge I)}{\neg q, q, \neg p \vdash \bot}(\wedge E)}{\neg q, q \vdash \neg \neg p}(\neg I)}{\neg q, q \vdash p}(DN)}{p \vee q, \neg q \vdash p}(\vee E)$$

Figur 3.10 Et bevis i naturlig deduktion i overensstemmelse med intelim-reglernes formulering.

Betragt følgen

$$\neg(p \vee (q \wedge r)) \vdash \neg(p \vee q) \vee \neg(p \vee r). \tag{3.37}$$

Hvorledes et bevis skal konstrueres for denne følge, er ikke oplagt. Følgen dikterer ikke strategien på åbenlys vis. Præmissen er styret af negationen, og der er ikke nogen måde, hvorpå vi kan konstruere os frem til konklusionen ved direkte bevisførelse, givet præmissen og intelim-reglerne. Konklusionens hovedkonnektiv er en disjunktion, men det er negationerne over disjunkterne, der giver mulighed for en reductio-strategi. Idéen er, at hvis vi antager den negerede konklusion som helhed og samtidig viser, at præmissen sammen med den negerede konklusion leder til en kontradiktion, da kan vi få fremskaffet konklusionen ved DN-reglen. Konklusionen er en disjunktion, hvorom det gælder, at de to disjunkter igen er disjunktioner, hvorfor der bliver tale om to disjunktionseliminationer over $p \vee q$ og $p \vee r$ respektivt for så vidt, at præmissen skal anvendes med henblik på en kontradiktion med den negerede konklusion. I alt må det betyde, at vi går efter:

1. En dobbelt og samtidig indlejret $(\vee E)$ baseret på antagelsen af $p \vee q$ og $p \vee r$.

3.6 Naturlig deduktion

2. En samtidig tredobbelt strategi, der går til at vise,

   (a) at antagelsen af $p \lor q$ leder til en kontradiktion
   (b) at antagelsen af $p \lor r$ leder til en kontradiktion
   (c) at antagelsen af $\neg\,[\neg(p \lor q) \lor \neg(p \lor r)]$ leder til en kontradiktion, hvorfor $\neg(p \lor q) \lor \neg(p \lor r)$ må følge givet anvendelse af DN-reglen.

Beviset tager sig herefter således ud.

(1)	$\neg(p \lor (q \land r))$	
(2)	$\neg\,[\neg(p \lor q) \lor \neg(p \lor r)]$	
(3)	$p \lor q$	
(4)	$p \lor r$	
(5)	p	
(6)	q	
(7)	r	
(8)	$p \lor (q \land r)$	$5, \lor I$
(9)	r	$7, G$
(10)	$q \land r$	$6, 9, \land I$
(11)	$p \lor (q \land r)$	$10, \lor I$
(12)	$p \lor (q \land r)$	$3, 5, 8, 6, 11, \lor E$
(13)	$p \lor (q \land r)$	$4, 5, 8, 7, 12, \lor E$
(14)	$\neg(p \lor (q \land r))$	$1, G$
(15)	λ	$13, 14, \neg E$
(16)	$(p \lor q)$	$3, 15, \neg I$
(17)	$\neg(p \lor q) \lor \neg(p \lor r)$	$15, \lor I$
(18)	λ	$2, 17, \neg E$
(19)	λ	$18, G$
(20)	$p \lor r$	$4, G$
(21)	$\neg(p \lor r)$	$19, 20, \neg I$
(22)	$\neg(p \lor q) \lor \neg(p \lor r)$	$21, \lor I$
(23)	$\neg\,[\neg(p \lor q) \lor \neg(p \lor r)]$	$2, G$
(23)	λ	$22, 23, \neg E$
(24)	$\neg\neg\,[\neg(p \lor q) \lor \neg(p \lor r)]$	$2, 23, \neg I$
(25)	$\neg(p \lor q) \lor \neg(p \lor r)$	$24, DN$

Til sammenligning, se beviset for selvsamme følge i Gentzen-kalkulen, (3.26), side 70.

Sluttelig mangler vi et bevis, hvori biimplikationen indgår.

$$p \leftrightarrow q \vdash \neg p \leftrightarrow \neg q \tag{3.38}$$

Standardstrategien, når biimplikationen optræder, er at bevise hver af biimplikationens konstituenter og herefter anvende definitionsreglen for biimplikationen, hvilket giver anledning til følgende bevis.

(1)	$p \leftrightarrow q$	
(2)	$(p \to q) \land (q \to p)$	$1, \leftrightarrow def.$
(3)	$q \to p$	$3, \land E$
(4)	$\neg p$	
(5)	q	
(6)	$q \to p$	$3, G$
(7)	p	$5, 6, \to E$
(8)	$\neg p$	$4, G$
(9)	$\curlywedge$	$7, 8, \neg E$
(10)	$\neg q$	$5, 9, \neg I$
(11)	$\neg p \to \neg q$	$4, 10, \to I$
(12)	$\neg q$	
(13)	p	
(14)	$(p \to q) \land (q \to p)$	$2, G$
(15)	$p \to q$	$14, \land E$
(16)	q	$13, 15, \to E$
(17)	$\neg q$	$10, G$
(18)	$\curlywedge$	$16, 17, \neg E$
(19)	$\neg p$	$13, 18, \neg I$
(20)	$\neg q \to \neg p$	$12, 19, \to I$
(21)	$(\neg p \to \neg q) \land (\neg q \to \neg p)$	$11, 20, \land I$
(22)	$\neg p \leftrightarrow \neg q$	$21, \leftrightarrow def.$

3.6.3 Teorem- og følgeintroduktion

Ofte kan beviser i naturlig deduktion forkortes ganske betragteligt ved i et givent bevis at anvende teoremer og/eller følger og/eller substitutionsinstanser af teoremer eller følger, der i forvejen er bevist. Først defineres, hvad det vil sige at være substitutionsinstans af en velformet formel henholdsvis en følge.

Definition 15
En velformet formel A^* er substitutionsinstans af en velformet formel A, hvis, og kun hvis, A^* er resultat af A ved ensartet erstatning af en eller flere af de udsagnslogiske variable i A med velformede formler.

Den komplekse velformede formel

$$[(s \lor r) \leftrightarrow ((t \lor \neg(p \to s)) \land \neg(s \leftrightarrow (p \lor r)))]$$
$$\lor$$
$$[\neg(t \lor \neg(p \to s)) \to ((s \leftrightarrow (p \lor r)) \land (r \to q) \lor (t \land \neg p))]$$

er substitutionsinstans af den velformede formel

$$(A \leftrightarrow (C \land \neg B)) \lor (\neg C \to (B \land D)) \tag{3.39}$$

3.6 Naturlig deduktion

med substitutionsnøglen

$$\underbrace{s \vee r}_{A} \quad \underbrace{s \leftrightarrow (p \vee r)}_{B} \quad \underbrace{t \vee \neg(p \to s)}_{C} \quad \underbrace{(r \to q) \vee (t \wedge \neg p)}_{D}$$

Substitutionsnøglen kan kortere skrives som $s \vee r : A, s \leftrightarrow (p \vee r) : B, t \vee \neg(p \to s) : C$ og $(r \to q) \vee (t \wedge \neg p) : D$.

Definition 16

Følgen $A_1^*, \ldots, A_n^* \vdash K^*$ *er substitutionsinstans af følgen* $A_1, \ldots, A_n \vdash K$, *hvis, og kun hvis,* A_1^* *er resultat af* A_1, A_2^* *er resultat af* $A_2, \ldots, A_n^*$ *er resultat af* A_n *og* K^* *er resultat af* K *ved en ensartet erstatning af de udsagnslogiske variable i* $A_1, \ldots, A_n \vdash K$.

Den komplekse følge

$$\begin{array}{c} [(r \to q) \vee (t \wedge \neg p)] \\ \leftrightarrow \neg[t \vee \neg(p \to s)] \end{array} \vdash \neg[(r \to q) \vee (t \wedge \neg p)] \leftrightarrow [t \vee \neg(p \to s)]$$

er substitutionsinstans af følgen

$$B \leftrightarrow \neg C \vdash \neg B \leftrightarrow C \tag{3.40}$$

med den samme substitutionsnøgle $t \vee \neg(p \to s) : C$ og $(r \to q) \vee (t \wedge \neg p) : B$ som givet ovenfor.

Nu kan vi formulere betingelserne, under hvilke det er tilladeligt at indføre teoremer eller substitutionsinstanser heraf i et givent bevis i naturlig deduktion:

Teoremintroduktion, TI

Det er tilladeligt at introducere en linie i et bevis, der består af et allerede bevist teorem. Ingen antagelser anføres, og citationen i operationskolonnen beløber sig til: TI, navn eller nummer på teoremet.

Teoremintroduktion med substitution, TI(S)

Det er tilladeligt at introducere en linie i et bevis, der består af en substitutionsinstans af et allerede bevist teorem. Ingen antagelser anføres, og citationen i operationskolonnen beløber sig til: TI, navn eller nummer på teoremet, substitutionsnøglen.

I tabel 3.1, side 98 er en oversigt over nyttige navngivne teoremer, som med fordel kan anvendes i forbindelse med teoremintroduktion.

Identitet	$\vdash A \to A$
Det udelukkede tredje	$\vdash A \vee \neg A$
Non-kontradiktion	$\vdash \neg(A \wedge \neg A)$
Ex falso quidlibet	$\vdash \bot \to A$
Kontraposition	$\vdash (A \to B) \to (\neg B \to \neg A)$
Transposition	$\vdash (A \to B) \leftrightarrow (\neg B \to \neg A)$
Idempotens	$\vdash (A \vee A) \leftrightarrow A$
	$\vdash (A \wedge A) \leftrightarrow A$
Komposition	$\vdash (A \to B) \to ((A \to C) \to (A \to (B \wedge C)))$
Adjunktion	$\vdash A \to (B \to (A \wedge B))$
Transitivitet	$\vdash (A \to B) \to ((B \to C) \to (A \to C))$
Eksportation	$\vdash (A \to (B \to C)) \to ((A \wedge B) \to C)$
Associativitet	$\vdash (A \vee B) \vee C \leftrightarrow A \vee (B \vee C)$
	$\vdash (A \wedge B) \wedge C \leftrightarrow A \wedge (B \wedge C)$
Kommutativitet	$\vdash (A \vee B) \leftrightarrow (B \vee A)$
	$\vdash (A \wedge B) \leftrightarrow (B \wedge A)$
Distributivitet	$\vdash A \vee (B \wedge C) \leftrightarrow (A \vee B) \wedge (A \vee C)$
	$\vdash A \wedge (B \vee C) \leftrightarrow (A \wedge B) \vee (A \wedge C)$
De Morgans regler	$\vdash \neg(A \vee B) \leftrightarrow \neg A \wedge \neg B$
	$\vdash \neg(A \wedge B) \leftrightarrow \neg A \vee \neg B$
Dobbelt-negations-loven	$\vdash \neg\neg A \leftrightarrow A$
	$\vdash (A \wedge B) \to A$
	$\vdash (A \wedge B) \to B$
	$\vdash (A \to B) \to (B \to A) \to (A \leftrightarrow B))$
	$\vdash (A \to B) \to ((C \to B) \to ((A \vee C) \to B))$
	$\vdash (A \to B) \to [(B \to (C \to D)) \to ((A \wedge C) \to D)]$
	$\vdash \neg A \to (A \to B)$

Tabel 3.1 Nyttige navngivne teoremer.

3.6 Naturlig deduktion

Vi kan ydermere formulere betingelserne, under hvilke det er tilladeligt at indføre følger eller substitutionsinstanser heraf i et givent bevis i naturlig deduktion:

Følgeintroduktion, SI

Lad $A_1, \ldots, A_n \vdash K$ være et bevis for en følge. Antag, at $A_1, \ldots, A_n$ optræder undervejs i et bevis for en anden følge som konklusionen på en linie i dette bevis. Da er det tilladeligt at udlede en linie i det nye bevis, hvis konklusion er K, og hvis antagelser består af alle antagelser i de linier, hvor $A_1, \ldots, A_n$ optræder.

Følgeintroduktion med substitution, SI(S)

Det tilladeligt at udlede en linie i et bevis, hvis konklusion er en substitutionsinstans af K baseret på følgeintroduktion SI.

Der er i sidste instans ikke den store forskel på TI-TI(S) og SI-SI(S). Eksempelvis kan *ex falso quidlibet* både formuleres som teoremet

$$\vdash \curlywedge \to B \qquad (3.41)$$

eller som følgen

$$A, \neg A \vdash B. \qquad (3.42)$$

I tabel 3.2, side 99 er en kort fortegnelse over navngivne følger, som med fordel kan anvendes i forbindelse med følgeintroduktion.

De Morgans regler	$\neg(A \lor B) \dashv\vdash \neg A \land \neg B$	DEM
	$\neg(A \land B) \dashv\vdash \neg A \lor \neg B$	DEM
	$A \lor B \dashv\vdash \neg(\neg A \land \neg B)$	DEM
	$A \land B \dashv\vdash \neg(\neg A \lor \neg B)$	DEM
Paradokserne om materiel implikation	$\neg A \vdash A \to B$	PMI
	$B \vdash A \to B$	
Modus (Tollendo) Tollens	$A \to B, \neg B \vdash A$	MTT
Modus Tollendo Ponens	$A \lor B, \neg B \vdash A$	MTP
Modus Ponendo Tollens	$\neg(A \land B), A \vdash \neg B$	MPT

Tabel 3.2 Nyttige navngivne følger.

Lad os afslutningsvis betragte et eksempel, der involverer såvel teorem- som følgeintroduktion:

$$p \to (q \lor \neg r), \neg p \to (q \lor \neg r), \neg q \vdash \neg r \qquad (3.43)$$

Et bevis for denne følge kunne tage sig således ud:

(1)	$p \to (q \lor \neg r)$	
(2)	$\neg p \to (q \lor \neg r)$	
(3)	$\neg q$	
(4)	$p \lor \neg p$	$TI : T_2$
(5)	p	
(6)	$p \to (q \lor \neg r)$	$1, G$
(7)	$q \lor \neg r$	$5, 6, \to E$
(8)	$\neg r$	$7, 3, SI : MTP$
(9)	$\neg p$	
(10)	$\neg p \to (q \lor \neg r)$	$2, G$
(11)	$q \lor \neg r$	$9, 10, \to E$
(12)	$\neg r$	$11, 3, SI : MTP$
(13)	$\neg r$	$4, 5, 8, 9, 12, \lor E$

Teorem- og følgeintroduktion med og uden substitution kan selvfølgelig også anvendes i Gentzens sekventkalkule og i naturlig deduktion uden kontekst.

Der findes i øvrigt en slutningsregel, som man til tider kan forkorte beviser ganske betragteligt med. Denne regel kaldes 'snit'-reglen oversat fra det engelske 'cut-rule'. Idéen er følgende: Hvis man fra Γ kan slutte B, C, og fra C sammen med Γ kan slutte B, så kan vi tillige slutte, at Γ giver B:

$$\frac{\Gamma \vdash B}{\Gamma \vdash B, C \quad \Gamma, C \vdash B} \qquad (snit)$$

Reglen kaldes snit-reglen, eftersom den midterste formel C er snittet ud.

Gentzen har blandt andet vist i sekventkalkulen, at snit-reglen kan elimineres – det såkaldte *snit-eliminationsteorem*: Hvad der kan bevises med snit-reglen, kan bevises uden snit-reglen. En af de vigtige konsekvenser af dette teorem er, at hvis en formel A er mulig at bevise, så er der et bevis for A, som udelukkende består af delformler af A. Dette faktum har simplificeret studiet af bevisbarhed. Snit-eliminationsteoremet gælder også ikke-klassiske logikker som eksempelvis intuitionistisk logik.

3.6.4 Heuristik

Vi har nu været igennem samtlige intelim-regler for de logiske konnektiver i naturlig deduktion med kontekst. Her følger først deres citationskonventioner for linier i operationskolonnen:

3.6 Naturlig deduktion

Citationskonventioner

1. $\neg I$: 2 citationer:
    (a) formel
    (b) kontradiktion.

2. $\neg E$: 2 citationer:
    (a) formel
    (b) kontradiktion.

3. DN : 1 citation:
    (a) dobbeltnegeret formel, der elimineres.

4. $\wedge I$: 2 citationer:
    (a) første konjunkt, der introduceres.
    (b) anden konjunkt, der introduceres.

5. $\wedge E$: 1 citation:
    (a) konjunktionen, hvorfra der elimineres.

6. $\vee I$: 1 citation:
    (a) formel, hvortil der introduceres disjunkt.

7. $\vee E$: 5 citationer:
    (a) den oprindelige disjunktion
    (b) antagelsen af den første disjunkt
    (c) den udledede målformel baseret på (b)
    (d) antagelsen af den anden disjunkt
    (e) den udledede målformel baseret på (d).

8. $\to I$: 2 citationer:
    (a) antecedent
    (b) konsekvent.

9. $\to E$: 2 citationer:
    (a) antecedent

(b) implikation.

10. ↔ def : 1 citation:

(a) formel, over hvilken biimplikationen er definitorisk.

Selv om naturlig deduktion ikke er en mekanisk bevisform, er vi undervejs blevet præsenteret for visse strategier, som igen og igen er blevet anvendt ved konstruktionen af beviser:

1. Betragt følgen indgående: Dikterer de i følgen forekommende konnektiver en strategi baseret på:

    (a) direkte bevisførelse

    i. i form af konstruktion, eller

    ii. i form af at fremtvinge en selvmodsigelse givet en antagelse man har gjort sig, for herefter at lade antagelsen bortfalde.

    (b) indirekte bevisførelse

    (c) blandet bevisførelse

    (d) hverken (a), (b) eller (c)?

2. Hvis man er i tvivl om følgen overhovedet kan bevises eller er i tvivl om strategien, kan man checke følgen for gyldighed ved et semantisk tableau. Hvis følgen viser sig at være gyldig ved tableauundersøgelsen, så kan den tillige bevises (dette bevis i Gentzens sekventkalkule findes direkte ud fra tableauet). Hvis følgen viser sig at være ugyldig ved den semantiske tableau-undersøgelse, kan den heller ikke bevises.

3. Hvis (1a) er opfyldt, skal konklusionen konstrueres, givet præmisserne og eventuelle ekstra antagelser:

    (a) Konstruktionsreglerne består typisk af $\neg E$-, $\wedge I$-, $\wedge E$-, $\vee I$-, $\rightarrow I$-, $\rightarrow E$-, DN-reglerne samt def ↔, men det kan blive nødvendigt at overveje, i hvilken rækkefølge operationerne skal foretages.

    (b) Undersøg, om der skal indføres yderligere antagelser:

    i. A. Hvis konklusionen er en materiel implikation, antag da antecedenten med henblik på senere bortfald, givet → I-reglen.

    B. Hvis præmisserne eller de øvrige antagelser indeholder en disjunktion, kan det blive nødvendigt at antage disjunkterne særskilt med henblik på senere bortfald, givet $\vee E$-reglen – husk at antage hver af disjunkterne

3.6 Naturlig deduktion

særskilt, udled den pågældende målformel fra hver af disjunkterne for derefter at lade disjunkterne bortfalde. Citationen i forbindelse med anvendelse af $\vee E$-reglen beløber sig til: (1) den oprindelige disjunktion; (2) antagelsen af den første disjunkt; (3) den udledede målformel baseret på (2); (4) antagelsen af den anden disjunkt; (5) den udledede målformel baseret på (4).

C. Hvis konklusionen er styret af en negation, eller passende dele heraf er styret af negation, anvend da en strategi, hvor man etablerer en kontradiktion; antag det omvendte af det, som skulle være tilfældet i konklusionen og/eller dens relevante komponenter, udled en kontradiktion og lad den omvendte konklusion bortfalde givet $\neg I$-reglen.

(c) Beviset kan eventuelt på passende vis forkortes med TI-TI(S) og SI-SI(S).

4. Hvis (1b) er opfyldt, skal der indføres yderligere antagelser:

(a) Antag, at det som skal bevises ikke holder, og udled en selvmodsigelse. Selvmodsigelsen sammen med det, som oprindeligt blev negeret, og en anvendelse af $\neg I$-reglen giver en dobbeltnegation, der herefter kan fjernes ved DN-reglen.

(b) Beviset kan eventuelt på passende vis forkortes med TI-TI(S) og SI-SI(S).

5. Hvis (1c) er opfyldt, skal det afgøres, om man først skal føre direkte og derefter indirekte bevisførelse eller omvendt og herefter følge punkt 2 og 3 ovenfor. Rækkefølgen kan atter være afgørende for bevisets gennemførsel.

6. Hvis (1d) er opfyldt, er følgen enten ugyldig, eller der er tale om et:

(a) Direkte bevis, hvor man først skal antage/og eller bevise noget andet, før følgen kan bevises, typisk i lyset af TI-TI(S) og SI-SI(S).

(b) Indirekte bevis, hvor man først skal antage/og eller bevise noget helt andet, før følgen kan bevises, typisk i lyset af TI-TI(S) og SI-SI(S).

(c) En kombination af (6a-b).

Opgaver

Bevis følgerne nedenfor i naturlig deduktion med kontekst:

1. $p \wedge q \vdash p \leftrightarrow q$.

2. $p \wedge q, s \wedge r, (p \wedge r) \rightarrow t \vdash t$.

3. $p \rightarrow q, (q \vee r) \rightarrow s, s \rightarrow \neg p \vdash \neg p$.

4. $p \rightarrow (q \rightarrow r) \vdash (p \rightarrow q) \rightarrow (p \rightarrow r)$.

5. $\neg p \vee \neg q \vdash \neg(p \wedge q)$ (De Morgan-regel (4)).

6. $p \vee q \dashv\vdash \neg(\neg p \wedge \neg q)$ (De Morgan-regel (5-6)).

7. $p \wedge q \dashv\vdash \neg(\neg p \vee \neg q)$ (De Morgan-regel (7-8)).

8. $\neg p \dashv\vdash p \rightarrow \curlywedge$.

9. $(p \wedge q) \rightarrow (s \wedge r) \vdash ((p \wedge q) \rightarrow s) \wedge ((p \wedge q) \rightarrow r)$.

10. $(p \rightarrow \curlywedge) \vee (q \rightarrow \curlywedge), q \vdash \neg p$.

11. $p \vee (q \wedge r) \dashv\vdash (p \vee q) \wedge (p \vee r)$.

12. $\neg p \leftrightarrow \neg q \dashv\vdash p \leftrightarrow q$.

13. $p \leftrightarrow (q \vee r), q \rightarrow s, r \rightarrow t \vdash s \vee (t \vee \neg p)$.

14. $\vdash ((p \rightarrow q) \rightarrow p) \rightarrow p$ (Peirces formel).

15. $\vdash ((((p \rightarrow q) \rightarrow p) \rightarrow p) \rightarrow q) \rightarrow q$ (Mints' formel).

3.6.5 Naturlig deduktion uden kontekst

Gentzen formulerede oprindeligt de naturlige deduktionsregler på en lidt anden måde. Disse regler udtrykker stort set det samme som reglerne for naturlig deduktion med kontekst.

3.6 Naturlig deduktion

$$\frac{\begin{array}{c}[A]\\ \vdots\\ \curlywedge\end{array}}{\neg A}\ (\neg I) \qquad \frac{A\quad \neg A}{\curlywedge}\ (\neg E)$$

$$\frac{\neg\neg A}{A}\ (DN)$$

$$\frac{A\quad B}{A\wedge B}\ (\wedge I) \qquad \frac{A\wedge B}{A}\ (\wedge E) \qquad \frac{A\wedge B}{B}\ (\wedge E)$$

$$\frac{A}{A\vee B}$$
$$\frac{B}{A\vee B}\ (\vee I) \qquad \frac{A\vee B \quad \begin{array}{c}[A]\\ \vdots\\ C\end{array} \quad \begin{array}{c}[B]\\ \vdots\\ C\end{array}}{C}\ (\vee E)$$

$$\frac{\begin{array}{c}[A]\\ \vdots\\ B\end{array}}{A\to B}\ (\to I) \qquad \frac{A\quad A\to B}{B}\ (\to E)$$

Det er igen ikke påkrævet, at biimplikationen får tildelt intelim-regler, eftersom den igen er definitorisk over den materielle implikation og konjunktionen. Men ikke desto mindre kunne man formulere dem på følgende måde i naturlig deduktion:

$$\frac{\begin{array}{cc}[A] & [B]\\ \vdots & \vdots\\ B & A\end{array}}{A\leftrightarrow B}\ (\leftrightarrow I)$$

$$\frac{A\quad A\leftrightarrow B}{B} \qquad \frac{B\quad A\leftrightarrow B}{A} \qquad (\leftrightarrow E)$$

Reglen $\neg I$ skal forstås på den måde, at har man i et bevis vist $\curlywedge$ med anvendelse af A som præmis, så har man et bevis for $\neg A$ uden A som præmis. Dette svarer helt til reglen

$$\frac{\Gamma, A \vdash \curlywedge}{\Gamma \vdash \neg A}$$

hvor man har angivet de øvrige præmisser Γ i beviset.

Tilsvarende med reglen $\neg E$, som siger, at kan man vise både A og $\neg A$, så kan man vise en modstrid ud fra samme præmisser iflg. $\neg E$-reglen, side 72.

De øvrige regler kan fortolkes på tilsvarende måde. Lad os nøjes med at omtale $\vee E$ og $\to I$. $\vee E$-reglen siger, at kan man vise

1. C ud fra A og visse andre præmisser Γ

2. C ud fra A og visse andre præmisser Δ

3. $A \vee B$ ud fra præmissen Θ

da kan man vise C ud fra præmisserne Γ, Δ og Θ (uden brug af A og B). Dette er netop reglen $\vee E$ fra side 74.

$\to I$-reglen siger afslutningsvist, at kan B vises ud fra A og yderligere præmisser Γ, så kan $A \to B$ vises ud fra Γ alene, hvilket netop er reglen for $\to I$, side 74.

Vi har allerede set et bevis, der minder meget om naturlig deduktion uden kontekst – se figur 3.6, side 76.

Lad os først bevise teoremet

$$\vdash \neg\neg p \leftrightarrow p \qquad (3.44)$$

i naturlig deduktion.

$$\cfrac{\cfrac{[\neg\neg p]^3}{p} DN \quad \cfrac{\cfrac{[p]^2 \quad [\neg p]^1}{\curlywedge} \neg E}{\neg\neg p} \neg I_1}{\neg\neg p \leftrightarrow p} \leftrightarrow I_{2,3}$$

Strategien er den samme, som havde det været i naturlig deduktion med kontekst.

1. Antag $[\neg p]^1$ og $[p]^2$ med henblik på en kontradiktion.

2. Udled kontradiktionen og anvend $\neg I$-reglen på $[\neg p]^1$, således at $[\neg p]^1$ bortfalder, hvilket fremgår af citationen $\neg I_1$, og $\neg\neg p$ må være tilfældet.

3.6 Naturlig deduktion

3. Antag $[\neg\neg p]^3$.

4. Anvend DN-reglen til at udlede p.

5. Herfra kan vi anvende $\leftrightarrow$ I-reglen på p og $\neg\neg p$ til at udlede $\neg\neg p \leftrightarrow p$, og beviset er tilendebragt. Idéen bag $\leftrightarrow$ I-reglen er den, at hvis vi fra antagelsen af den ene konstituent i biimplikationen $[p]^2$ kan vise den anden konstituent $[\neg\neg p]^3$ og fra $[\neg\neg p]^3$ kan vise $[p]^2$, så kan vi vise $\neg\neg p \leftrightarrow p$. Derfor bortfalder $[p]^2$ og $[\neg\neg p]^3$, hvilket tillige fremgår af citationen $\leftrightarrow I_{2,3}$.

Til sammenligning, se beviset for selvsamme følge i Gentzen-kalkulen, (3.17), side 67.

Lad os herefter bevise følgen

$$\vdash ((p \wedge q) \to r) \to (p \to (q \to r)) \tag{3.45}$$

i naturlig deduktion. Her er der tale om simpel direkte bevisførelse: Idéen er, at vi antager antecedenten $((p \wedge q) \to r)$ og forsøger at udlede konsekventen $(p \to (q \to r))$. At vise $(p \to (q \to r))$ betyder atter at antage p og herefter udlede $q \to r$, hvilket således igen betyder at antage q og udlede r. Med andre ord

1. Antag $((p \wedge q) \to r)$ samt p og q.

2. Herfra er proceduren oplagt, idet vi så udleder $p \wedge q$ fra p og q, mens r udledes fra $p \wedge q$ samt $(p \wedge q) \to r$.

Beviset ser herefter således ud:

$$\cfrac{\cfrac{\cfrac{\cfrac{[p]^2 \quad [q]^1}{p \wedge q} \wedge I \quad [(p \wedge q) \to r]^3}{r} \to E}{q \to r} \to I_1}{\cfrac{p \to (q \to r)}{((p \wedge q) \to r) \to (p \to (q \to r))} \to I_3} \to I_2$$

Vi beviser nu følgen

$$p \to (q \vee r), \neg q \wedge \neg r \vdash \neg p. \tag{3.46}$$

Beviset for denne følge byder heller ikke på overraskelser og følger en strategi, der er forsynet med en disjunktionseliminination:

$$\cfrac{[p]^3 \quad p \to (q \vee r)}{q \vee r} \to E \quad \cfrac{[q]^1 \quad \cfrac{\neg q \wedge \neg r}{\neg q} \wedge E}{\cfrac{\curlywedge}{\cfrac{\curlywedge}{\neg p} \neg E_3}} \quad \cfrac{[r]^2 \quad \cfrac{\neg q \wedge \neg r}{\neg r} \wedge E}{\curlywedge} \vee E_{1,2}$$

I naturlig deduktion uden kontekst beviser vi afslutningsvis atter det udelukkede tredjes princip

$$\vdash p \vee \neg p \qquad (3.47)$$

som tidligere har været genstand for en semantisk undersøgelse i **opgave 5**, side 49, for Gentzens sekventkalkule, (3.19), side 67 og for naturlig deduktion med kontekst side 83. I naturlig deduktion uden kontekst ser beviset således ud:

$$\cfrac{\cfrac{\cfrac{[p]^1}{p \vee \neg p} \vee I \quad [\neg(p \vee \neg p)]^2}{\curlywedge} \to E}{\cfrac{\cfrac{\curlywedge}{\neg p} \neg I_1}{\cfrac{\cfrac{p \vee \neg p}{p \vee \neg p} \vee I \quad [\neg(p \vee \neg p)]^2}{\cfrac{\curlywedge}{\neg\neg(p \vee \neg p)} \neg I_2}} \to E} DN$$
$$p \vee \neg p$$

Opgaver

Bevis følgerne i **opgaverne** på side 82 og 90 i naturlig deduktion (uden kontekst).

3.7 Hilbert-stil bevisteori

Ud over Gentzens sekventkalkule og den naturlige deduktion findes der en anden måde at gå bevisteoretisk til værks på – en anden aksiomatisk

3.7 Hilbert-stil bevisteori

tilgang. I sekventkalkulen og naturlig deduktion er det den bevisteoretiske følgerelation, der aksiomatiseres, men i *Hilbert-stil* aksiomssystemerne eller bevisteorien, opkaldt efter den tyske matematiker David Hilbert (1862-1943), er udgangspunktet et andet.

Her angiver man en mængde af logisk valide udsagn (tautologier) som aksiomer. Alle andre logisk valide udsagn og alle andre logisk gyldige følger (teoremer) udledes ud fra aksiomerne ved anvendelse af nogle ganske få slutningsregler. Aksiomerne i den formalisering, vi skal se på, angives som aksiomsskemaer. Eksempelvis er

$$A_1: (A \land B) \to A$$

et aksiomsskema. Man får et aksiom hver gang, man substituerer et konkret udsagn for metavariablene A og B. Et aksiomsystem består således af et endeligt antal aksiomer (altså ubetvivlelige grundsætninger) og slutningsregler, fra hvilke man kan udlede teoremer (figur 3.11).

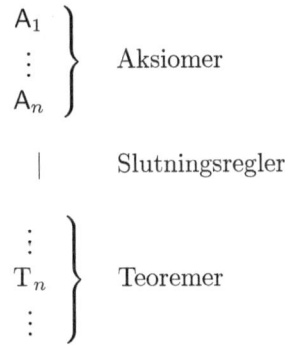

Figur 3.11 Hilbert-stil bevisteori.

Vi formulerer nu en Hilbert-stil aksiomatisering af udsagnslogikken som betegnes 𝔄. Som ved alle de andre formaliseringer af udsagnslogikken er der aksiomer vedrørende de logiske konnektiver $\neg, \land, \lor, \to$. Vi har dog valgt at definere $A \leftrightarrow B$ som $(A \to B) \land (B \to A)$, så der ikke er aksiomer for $\leftrightarrow$.

Definition 17

Aksiomsskema $A_1: (A \land B) \to A$.

Aksiomsskema $A_2: (A \land B) \to B$.

Aksiomsskema $A_3: (C \to A) \to [(C \to B) \to (C \to (A \land B))]$.

Aksiomsskema $A_4: (A \to C) \to [(B \to C) \to ((A \lor B) \to C)]$.

Aksiomsskema A_5: $A \to A \lor B$.

Aksiomsskema A_6: $B \to A \lor B$.

Aksiomsskema A_7: $A \to (B \to A)$.

Aksiomsskema A_8: $[A \to (B \to C)] \to [(A \to B) \to (A \to C)]$.

Aksiomsskema A_9: $(A \to B) \to [(A \to \neg B) \to \neg A]$.

Aksiomsskema A_{10}: $\neg\neg A \to A$.

Vi anvender følgende kendte slutningsregel i $\mathfrak{U}$:

$$\frac{A, A \to B}{B} \quad (MP)$$

Definition 18
Et bevis *for en følge*

$$A_1, \ldots, A_n \vdash K$$

i $\mathfrak{U}$ *er en sekvens* $B_1, \ldots, B_m$ *af velformede formler, om hvilke det gælder, at ethvert* B_i *fra sekvensen enten*

1. *er en af præmisserne* $A_1, \ldots, A_n$

2. *er et aksiom*

3. *fremkommer af to tidligere udsagn i sekvensen ved anvendelse af MP, dvs. der findes* $B_j, B_k, j, k < i$, *fra følgen, så*

$$B_k \equiv B_j \to B_i.$$

Endvidere er B_m *identisk med konklusionen* K.

Eksempelvis kan identitetsteoremet $\vdash A \to A$ fra tabel 3.1, side 98 nu bevises aksiomatisk således:

Instans af A_7	(1)	$A \to (A \to A)$
Instans af A_7	(2)	$A \to [(A \to A) \to A]$
Instans af A_8	(3)	$(A \to [(A \to A) \to A]) \to$
		$([A \to (A \to A)] \to (A \to A))$
$(2), (3), MP$	(4)	$([A \to (A \to A)] \to (A \to A))$
$(1), (4), MP$	(5)	$A \to A$

Lad os ydermere som eksempel bevise kommutativiteten af konjunktionen

$$\vdash A \land B \to B \land A, \quad (3.48)$$

som også figurerer i tabel 3.1, side 98. Følgende er et bevis herfor:

3.7 Hilbert-stil bevisteori

Instans af A_3	(1)	$(A \wedge B \to B) \to [(A \wedge B) \to A) \to$
		$((A \wedge B) \to (B \wedge A))]$
Instans af A_1	(2)	$(A \wedge B) \to B$
$(1),(2), MP$	(3)	$[(A \wedge B) \to A) \to ((A \wedge B) \to (B \wedge A))]$
Instans af A_1	(4)	$(A \wedge B) \to A$
$(3),(4), MP$	(5)	$(A \wedge B) \to (B \wedge A)$

Lad os afslutningsvis bevise følgen

$$B \to B \vdash A \to [B \to (A \wedge B)]. \quad (3.49)$$

Beviset tager sig således ud:

Instans af A_3	(1)	$(B \to A) \to [(B \to B) \to (B \to (A \wedge B))]$
Instans af A_8	(2)	$[(B \to A) \to [(B \to B) \to (B \to (A \wedge B))] \to$
		$[[(B \to A) \to (B \to B)] \to$
		$[(B \to A) \to (B \to (A \wedge B))]]$
$(1),(2), MP$	(3)	$[[(B \to A) \to (B \to B)] \to$
		$[(B \to A) \to [B \to (A \wedge B)]]]$
Instans af A_7	(4)	$(B \to B) \to [(B \to A) \to (B \to B)]$
P	(5)	$B \to B$
$(4),(5), MP$	(6)	$[(B \to A) \to (B \to B)]$
$(3),(6), MP$	(7)	$(B \to A) \to [B \to (A \wedge B)]$
Instans af A_7	(8)	$[(B \to A) \to (B \to (A \wedge B))] \to$
		$[A \to ((B \to A) \to (B \to (A \wedge B)))]$
$(7),(8), MP$	(9)	$[A \to ((B \to A) \to (B \to (A \wedge B)))]$
Instans af A_8	(10)	$[A \to ((B \to A) \to (B \to (A \wedge B)))] \to$
		$[A \to ((B \to A)) \to (A \to (B \to (A \wedge B)))]$
$(9),(10), MP$	(11)	$[A \to ((B \to A)) \to (A \to (B \to (A \wedge B)))]$
Instans af A_7	(12)	$A \to (B \to A)$
$(11),(12), MP$	(13)	$A \to [B \to (A \wedge B)]$

Opgaver

Bevis følgerne nedenfor i $\mathfrak{U}$:

1. $(A \wedge B) \to (B \wedge A), (A \wedge B) \to C \vdash (B \wedge A) \to C$.
   7 linier, start med instans af A_7:
   $[(A \wedge B) \to ((A \wedge B) \to C)] \to [((B \wedge A) \to (A \wedge B)) \to ((B \wedge A) \to C)]$.

2. $A \to (B \to C) \vdash (A \wedge B) \to C$.
   11 linier, start med instans af A_7:
   $[A \to (B \to C)] \to [(A \wedge B) \to (A \to (B \to C))]$.

3. $(A \wedge B) \to C, A \to [B \to (A \wedge B)] \vdash A \to (B \to C)$.
   11 linier, start med instans af A_8:
   $[B \to ((A \wedge B) \to C)] \to [(B \to (A \wedge B)) \to (B \to C)]$.

3.8 Anbefaling

Vi er igennem dette kapitel blevet præsenteret for både semantiske og bevisteoretiske procedurer, hvormed argumenters gyldighed kan undersøges. Den procedure, der på oplagt måde viser, hvorledes de semantiske og bevisteoretiske undersøgelsesprocedurer hænger sammen, er Gentzen-kalkulen. I Gentzens sekventkalkule kan slutningsreglerne for de logiske konnektiver direkte aflæses af blok-tableauerne. Vender vi os mod Gentzens anden bevisprocedure, naturlig deduktion, er idéen den, at introduktions- og eliminationsreglerne afbilder vor intuitive opfattelse af konnektiverne. Den naturlige deduktion med kontekst er en kodificering af den naturlige deduktion. I naturlig deduktion med kontekst "lægges" den bevisteoretiske struktur ned på linieform.

Hvad er så at foretrække? Vor anbefaling er at anvende Gentzens sekventkalkule, når det drejer sig om at lave beviser for følgers gyldighed. Det kommer sig af følgende forhold:

1. Forholdet mellem semantik og bevisteori er åbenlys i Gentzens formulering af slutningsreglerne for de logiske konnektiver.

2. Beviser i Gentzens kalkule er kortere og simplere end de tilsvarende beviser i naturlig deduktion (se eksempelvis beviset for følgen $\neg(p \lor (q \land r)) \vdash \neg(p \lor q) \lor \neg(p \lor r)$ i Gentzens sekventkalkule, (3.26), side 70 og i naturlig deduktion med kontekst, side 95).

3. I forbindelse med heuristikken for naturlig deduktion opfordrer vi til at konstruere et semantisk tableau, hvis man er i tvivl om en følge overhovedet er gyldig. Dette får man forærende i Gentzen-kalkulen.

4. I Gentzens sekventkalkule skal man ikke holde regnskab med antagelser, præmisser, bortfald og citationskonventioner for konnektiverne, som man skal i naturlig deduktion.

5. I Gentzens sekventkalkule behøver man ikke alle de "tunge" strategiske overvejelser, direkte og indirekte bevisførelse etc., der har fyldt meget i præsentationen af især den naturlige deduktion med kontekst.

Gentzens sekventkalkule er også at foretrække for en Hilbert-stil aksiomatik – i hvert fald når det gælder den klassiske udsagnslogik og senere, som vi skal se det, også den klassiske første ordens prædikatslogik. Den aksiomatiske metode besværliggøres af, at man skal være god til at se, hvorledes givne velformede formler er substitutionsinstanser af aksiomsskemaer. På den anden side kan en aksiomatik være at foretrække frem for en bevisprocedure baseret på enten Gentzens sekventkalkule eller naturlig deduktion. Et eksempel herpå findes i kapitel 6 vedrørende den aletiske logik.

3.9 Metateori

I dette afsnit bevises tre vigtige metateoretiske egenskaber for udsagnslogikken: Deduktionssætningen, sundhed og fuldstændighed. I forbindelse med beviserne for disse sætninger får vi brug for *induktiv* bevisførelse. Vi har faktisk benyttet os af induktion som definitionsprocedure adskillige gange, uden vi dog har gjort opmærksom herpå eksplicit; eksempelvis da vi bestemte de velformede formler i $\mathcal{L}$ i definition 3, side 22. Denne definition, der specificerer mængden af velformede formler, $PROP$, kan på matematisk mere elegant vis gengives på følgende måde: Lad der være givet en følge af propositionssymboler. Mængden $PROP$ kan defineres som den *mindste* mængde X, for hvilke det gælder:

(i) Ethvert propositionssymbol, **p**, er en velformet formel.

(ii) Hvis $A, B \in X$, så $\neg A \in X, A \wedge B, A \vee B, A \to B, A \leftrightarrow B \in X$.

Med andre ord, så giver vi først en specifikation af de atomiske udsagn for herefter at beskrive, hvorledes de sammensatte udsagn dannes ud af allerede givne udsagn. (i) kaldes *induktionsbasis* eller *induktionsantagelsen*, mens (ii) kaldes *induktionsskridtet*.

I et bevis baseret på induktion viser man, at en induktivt defineret mængde har en given egenskab, ved at vise, at alle elementerne i induktionsbasis har den pågældende egenskab, og at denne egenskab bibeholdes under induktion. Eksempelvis kan vi vise induktivt, at enhver velformet formel i $\mathcal{L}$ har et *lige* antal parenteser: Et atomisk udsagn har 0 parenteser og 0 er et lige tal. Antag, at A og B er velformede formler, der respektivt har $2n$ og $2m$ parenteser, så har $(A \wedge B), (A \vee B), (A \to B)$ og $(A \leftrightarrow B)$ hver især $2(n + m + 1)$ parenteser. Hvis A har $2n$ parenteser, så har $\neg A$ præcis $2n$ parenteser. Med andre ord, et atomisk udsagn har 0 parenteser, og da de velformede formler skal opfylde betingelserne 2 til 6 i definition 3, er det laveste antal parenteser i et sammensat udsagn 2 (et lige tal).

Generelt kan vi formulere induktionsprincippet således:

Induktionsprincippet. *Lad E være en egenskab. Alle velformede formler A i $PROP$ har egenskaben E, hvis det gælder:*

1. **p** *har egenskaben E.*

2. *Hvis A og B har egenskaben E, så har $\neg A, A \wedge B, A \vee B, A \to B$ og $A \leftrightarrow B$ egenskaben E.*

I overensstemmelse med vores betragtninger i kapitel 1 har vi indført forskellige følgerelationer, en semantisk og en bevisteoretisk.

$$A_1, \ldots, A_n \models K$$

Udsagnslogik

betyder, at K altid er sand, når $A_1,\ldots,A_n$ er sande, hvorimod

$$A_1,\ldots,A_n \vdash K$$

betyder, at K kan bevises ud fra præmisserne $A_1,\ldots,A_n$. Der gælder, at fuldstændigheden og sundheden af udsagnslogikken, som vi skal diskutere om lidt, sikrer os, at de to følgerelationer er ækvivalente. Men før vi går nærmere ind på det, skal vi fremhæve, at vi i det foregående har givet flere eksempler på både semantiske og bevisteoretiske metoder. De semantiske er brugen af sandhedstabeller og semantiske tableauer. En følge $A_1,\ldots,A_n \models K$ er således gyldig, hvis, og kun hvis, $A_1 \wedge \ldots \wedge A_n \to K$ er en tautologi, eller, hvis, og kun hvis, modeksempelsmængden $A_1,\ldots,A_n, \neg K$ giver anledning til et semantisk tableau, hvor alle grene er lukkede. Det er ikke vanskeligt at vise ved induktion, at dette er tilfældet.

På det bevisteoretiske plan har vi defineret, at $A_1,\ldots,A_n \vdash K$ gælder både inden for Gentzens sekventkalkule, naturlig deduktion med eller uden kontekst og i Hilbert-stil aksiomatik. Det viser sig også, at disse forskellige definitioner af $\vdash$ giver samme resultater. De følger, der gælder i den ene kalkule, gælder også i de andre og omvendt. Man kan også vise dette ved induktion. Vi kan derfor formulere følgende sætning:

Sætning 3.1
Lad $A_1,\ldots,A_n, K$ være udsagn. Da gælder

$$A_1,\ldots,A_n \vdash_G K \Leftrightarrow A_1,\ldots,A_n \vdash_{NK} K$$
$$\Leftrightarrow A_1,\ldots,A_n \vdash_N K$$
$$\Leftrightarrow A_1,\ldots,A_n \vdash_\mathfrak{H} K$$

hvor $\vdash_G$, $\vdash_{NK}$, $\vdash_N$ og $\vdash_\mathfrak{H}$ henviser til følgerelationen defineret inden for Gentzens sekventkalkule, naturlig deduktion med kontekst, naturlig deduktion uden kontekst og Hilbert-stil aksiomatisering.

Når vi fremover skriver $\vdash$, er det underforstået, at vi arbejder inden for en af disse omtalte kalkuler. Sætningen siger jo, at de forskellige kalkuler er ækvivalente.

3.9.1 Deduktion

Deduktionssætningen for udsagnslogikken blev først vist af den franske logiker Jacques Herbrand (1908-1931) i 1930.

Sætning 3.2
Deduktionssætningen
Hvis Γ er en mængde af formler, og A, B er formler, så gælder

$$\Gamma, A \vdash B \Leftrightarrow \Gamma \vdash A \to B.$$

3.9 Metateori

Bevis

Da de forskellige kalkuler er bevisteoretisk ækvivalente, er det nok, at vi viser deduktionssætningen for en af kalkulerne. Vi vælger naturlig deduktion med kontekst:

($\Rightarrow$) Antag, at $\Gamma, A \vdash B$ gælder, da giver $\rightarrow$ I-reglen umiddelbart, at $\Gamma, A \rightarrow B$ gælder.

($\Leftarrow$) Antag, at $\Gamma \vdash A \rightarrow B$ gælder. Da kan beviset for denne følge forlænges på følgende måde til et bevis for $\Gamma, A \vdash B$:

$$\frac{\Gamma \vdash A \rightarrow B \qquad A \vdash A}{\Gamma, A \vdash B} \quad (\rightarrow E)$$

$A \vdash A$ er et aksiom.

$\square$

Deduktionssætningen viser overensstemmelsen mellem den bevisteoretiske følgerelation og den materielle implikation. Lad os antage, at vi accepterer (1) deduktionssætningen og (2) $A \vdash A$. Det er rimelig ukontroversielt, at gælder $A \vdash A$, gælder følge-svækkelsen (3) $A, B \vdash A$ også. Accepterer vi (1), (2) og (3), får vi paradokserne for den materielle implikation (PMI) omtalt side 91. For anvender vi deduktionssætningen en gang på

$$\vdash A \rightarrow (B \rightarrow A) \tag{3.50}$$

får vi

$$A \vdash B \rightarrow A \tag{3.51}$$

hvilket udgør PMI, og anvender vi deduktionssætningen atter en gang, får vi

$$A, B \vdash A. \tag{3.52}$$

Følgen $A, B \vdash A$ er uproblematisk, hvorimod både $\vdash A \rightarrow (B \rightarrow A)$ og $A \vdash B \rightarrow A$ er blevet anset for at være paradoksale. Ikke desto mindre, ifølge deduktionssætningen er de tre følger ækvivalente.

3.9.2 Sundhed og fuldstændighed

Da vi introducerede slutningsreglerne for de logiske konnektiver i de forskellige bevisteoretiske kalkuler, motiverede vi i visse tilfælde reglerne semantisk. Vi argumenterede hver gang for, at fremkommer en konklusion K ud fra visse antagelser $A_1, \ldots, A_n$ ved anvendelse af en slutningsregel på præmisserne, så vil den være sand, hvis præmisserne er sande. Helt generelt gælder der, at kan en konklusion A bevises ud fra en mængde præmisser Γ, så vil sandheden af præmissen sikre, sandheden af konklusionen. Dette udtrykkes ved at sige, at udsagnslogikken er *sund*. Vi har set, at alle bevisrelationer $\vdash_G, \vdash_{NK}, \vdash_N$ og $\vdash_\mu$ er ækvivalente; derfor antager vi, at $\vdash$ i dette afsnit står for $\vdash_G$ og viser sundhedssætningen for Gentzen-kalkulen.

Sætning 3.3
Sundheden af Gentzen-kalkulen

Hvis sekventen $\Gamma \leadsto \Delta$ kan bevises, da er $\Gamma \leadsto \Delta$ gyldig.

Bevis
Vi viser sætningen ved induktion over længden af beviset for $\Gamma \leadsto \Delta$.

$\Gamma \leadsto \Delta$ vil enten være et aksiom og dermed et bevis for sig selv, eller $\Gamma \leadsto \Delta$ vil være fremkommet ved anvendelsen af en Gentzen-regel. Beviset består derfor i først at vise, at er $\Gamma \leadsto \Delta$ et aksiom, så er $\Gamma \leadsto \Delta$ gyldig. Derefter vises det, at fremkommer $\Gamma \leadsto \Delta$ ved anvendelsen af en Gentzen-regel på en eller to andre sekventer, og gælder sætningen for disse sekventer, så gælder den også for $\Gamma \leadsto \Delta$.

Trin 1. Antag, at $\Gamma \leadsto \Delta$ er et aksiom. Da findes der et udsagn A, som forekommer både i Γ og Δ. Dvs.

$$\Gamma = \Gamma', A,$$

$$\Delta = \Delta', A.$$

Lad nu φ være en sandhedstilskrivning, som gør alle udsagn i Γ sande. φ gør da også A sand. Men da A er i Δ, vil $\bigvee \Delta$ være sand, thi

$$\bigvee \Delta = \bigvee \Delta' \vee A$$

og en disjunktion er sand, hvis, og kun hvis, en af disjunkterne er sande. Og A er sand.

Trin 2. Dette trin deler sig op i mange muligheder, en for hver Gentzen-regel. Vi vil kun se på reglerne $(\leadsto \neg), (\neg \leadsto), (\leadsto \rightarrow)$ og $(\rightarrow \leadsto)$. De øvrige overlades til læseren.
Antag, at $\Gamma \leadsto \Delta$ fremkommer ved anvendelse af $(\neg \leadsto)$. Da gælder

$$\Gamma = \Gamma', \neg A$$

og

$$\frac{\Gamma', \neg A \leadsto \Delta}{\Gamma' \leadsto \Delta, A}$$
$$\triangle$$

hvor $\triangle$ antyder, at resten af beviset for $\Gamma', \neg A \leadsto \Delta$ står under $\Gamma' \leadsto \Delta, A$ og udgør et bevis for $\Gamma' \leadsto \Delta, A$. Ifølge induktionsantagelsen er

3.9 Metateori

$\Gamma' \leadsto \Delta, A$ gyldig, og vi skal vise, at $\Gamma', \neg A \leadsto \Delta$ er gyldig. Lad nu φ være en sandhedstilskrivning, som gør alle udsagn i Γ sande. Men da alle udsagnene i Γ' er sande, så er $\bigvee \Delta' \vee A$ sand ved φ ifølge induktionsantagelsen. Det betyder, at enten er et af udsagnene i Δ' sandt, eller A er sand ved φ. Men da alle udsagn i Γ er sande ved φ er $\neg A$ sand ved φ, og derfor er A falsk ved φ. Altså er et af udsagnene i Δ sandt ved φ. Det betyder, at $\Gamma \leadsto \Delta$ er gyldig.

Antag, at $\Gamma \leadsto \Delta$ fremkommer ved anvendelse af $(\leadsto \neg)$. Da gælder

$$\Delta = \Delta', \neg A$$

og

$$\frac{\Gamma \leadsto \Delta', \neg A}{\Gamma, A \leadsto \Delta'}$$

Ifølge induktionsantagelsen er $\Gamma, A \leadsto \Delta'$ gyldig, og vi skal vise, at $\Gamma \leadsto \Delta', \neg A$ er gyldig. Lad nu φ være en sandhedstilskrivning, som gør alle udsagn i Γ sande. φ vil enten gøre A sand eller A falsk. Hvis A er sand ved φ, da er alle udsagnene i Γ sammen med A sande ved φ, og derfor er mindst et udsagn i Δ' sandt ved φ ifølge induktionsantagelsen. Men i dette tilfælde er $\Delta' \vee \neg A$ sand ved φ, altså er sekventen $\Gamma \leadsto \Delta$ sand ved φ. Hvis A er falsk ved φ, så er $\neg A$ sand ved φ, og derfor er $\Delta' \vee \neg A$ sand ved φ.

Antag, at $\Gamma \leadsto \Delta$ fremkommer ved anvendelse af $(\rightarrow \leadsto)$. Da gælder

$$\Gamma = \Gamma', A \rightarrow B$$

og

$$\frac{\Gamma', A \rightarrow B \leadsto \Delta}{\Gamma', B \leadsto \Delta \quad | \quad \Gamma' \leadsto \Delta, A}$$

Ifølge induktionsantagelsen er $\Gamma', B \leadsto \Delta$ og $\Gamma' \leadsto \Delta, A$ begge gyldige, og vi skal vise, at $\Gamma', A \rightarrow B \leadsto \Delta$ er gyldig. Lad φ være en sandhedstilskrivning, som gør alle udsagn i Γ' samt $A \rightarrow B$ sande. Da $A \rightarrow B$ er sand ved φ, er enten A falsk ved φ eller B sand ved φ. Antag, at A falsk ved φ. Da $\Gamma' \leadsto \Delta, A$ er sand ved φ, så er enten A sand ved φ, eller der er et udsagn i Δ, som er sandt ved φ. Men da A er falsk ved φ, må der findes et udsagn i Δ, som er sandt ved φ. Altså er $\bigvee \Delta$ sand ved φ. Antag, at B er sand ved φ. Da er alle udsagnene i Γ' sammen med B sande ved φ. Derfor er $\bigvee \Delta$ sand ved φ, idet $\Gamma', B \leadsto \Delta$ er sand ved φ.

Antag, at $\Gamma \leadsto \Delta$ fremkommer ved anvendelse af $(\leadsto \rightarrow)$. Da gælder

$$\Delta - \Delta', A \rightarrow B$$

118 Udsagnslogik

og

$$\frac{\Gamma \rightsquigarrow \Delta', A \to B}{\Gamma, A \rightsquigarrow \Delta', B}$$
Δ

Lad φ være en sandhedstilskrivning, som gør alle udsagn i Γ sande. Antag, at φ gør A sand. Men da er $\bigvee \Delta' \vee B$ sand ved φ, og dermed også $\bigvee \Delta' \vee (A \to B)$ (hvorfor?). Antag, at φ gør A falsk. Men da er $A \to B$ sand ved φ, og derfor er $\bigvee \Delta' \vee (A \to B)$ sand ved φ. De øvrige Gentzen-regler behandles på tilsvarende vis.

□

Vi viser nu fuldstændigheden af Gentzen-kalkulen.

Sætning 3.4
Fuldstændigheden af Gentzen-kalkulen

Hvis sekventen $\Gamma \rightsquigarrow \Delta$ er gyldig, da kan $\Gamma \rightsquigarrow \Delta$ bevises.

Bevis
$\models \Gamma \rightsquigarrow \Delta$ medfører $\vdash \Gamma \rightsquigarrow \Delta$ er ækvivalent med den kontraponerende påstand, $\nvdash \Gamma \rightsquigarrow \Delta$ medfører $\nvDash \Gamma \rightsquigarrow \Delta$. $\nvdash \Gamma \rightsquigarrow \Delta$ betyder, at ethvert bevistræ for $\Gamma \rightsquigarrow \Delta$ har en åben gren. Derfor viser vi, at findes der en åben gren i et bevistræ for $\Gamma \rightsquigarrow \Delta$, så findes der også en sandhedstilskrivning, φ, som falsificerer $\Gamma \rightsquigarrow \Delta$. Lad nu T være et bevistræ for $\Gamma \rightsquigarrow \Delta$. Det er karakteriseret ved, at $\Gamma \rightsquigarrow \Delta$ er sekventen i roden, og sekventen i de andre knudepunkter er enten fremkommet ved anvendelsen af en Gentzen-regel på sekventen længere nede i træet, eller også er de aksiomer eller formler, som der ikke kan anvendes Gentzen-regler på, og dermed de yderste knuder i træet (figur 3.12).

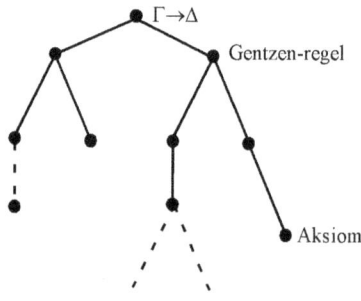

Figur 3.12

3.9 Metateori

Da enhver anvendelse af en Gentzen-regel dekomponerer en formel, og der kun er endeligt mange formler i $\Gamma \leadsto \Delta$, vil træet altid være endeligt, idet man når et punkt, hvor det ikke længere er muligt at anvende flere Gentzen-regler.

Antag nu, at T har en åben gren. Dvs. T ser ud som på figur 3.13.

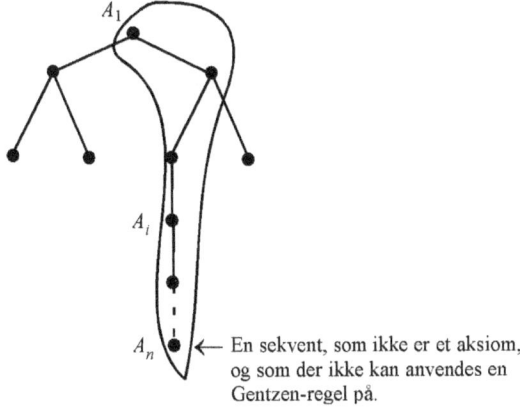

Figur 3.13

Lad nu sekventerne $\Gamma_1 \leadsto \Delta_1, \Gamma_2 \leadsto \Delta_2, \ldots, \Gamma_n \leadsto \Delta_n$ være alle sekventerne i en gren i T, som ikke lukker, ordnet efter, hvor dybt nede i træet de er. A_1 er således sekventen $\Gamma_1 \leadsto \Delta_1$, og A_n er en sekvent $\Gamma_n \leadsto \Delta_n$, på hvilken man ikke kan anvende en Gentzen-regel (se figur 3.13). Det betyder blandt andet, at alle formler i $\Gamma_n \leadsto \Delta_n$ er atomiske, og at ingen atomisk formel forekommer både til højre og til venstre af sekventpilen $\leadsto$. $\Gamma_n \leadsto \Delta_n$ har således formen

$$D_1, \ldots, D_n \leadsto O_1, \ldots, O_j, \qquad (3.53)$$

hvor enten i eller j er større end eller lig med 1, dvs. der er mindst en formel på en af siderne.

Lad nu Γ^* være alle formlerne, som forekommer på venstre side i sekventerne $\Gamma_1 \leadsto \Delta_1, \Gamma_2 \leadsto \Delta_2, \ldots, \Gamma_n \leadsto \Delta_n$, dvs. alle de formler, som forekommer i $\Gamma_1, \Gamma_2, \ldots, \Gamma_n$. Tilsvarende lad Δ^* være alle formler, der forekommer i højresiden $\Delta_1, \Delta_2, \ldots, \Delta_n$. Vi definerer nu en sandhedstilskrivning φ ved at forlange, at alle atomiske formler i Γ^* skal tilskrives værdien sand, og alle andre atomiske formler skal tilskrives værdien falsk:

$$\varphi(\mathbf{p}_i) = \begin{cases} \top, & \text{hvis } \mathbf{p}_i \in \Gamma^* \\ \bot, & \text{hvis } \mathbf{p}_i \notin \Gamma^* \end{cases}$$

Vi viser nu, at φ gør alle formler i Γ^* sande og alle formler i Δ^* falske. Dette gør vi ved induktion over den logiske opbygning af formlerne i Γ^*, Δ^*.

Lad A være en formel i Γ^*, Δ^*. A er enten et atomisk udsagn, eller A har et af konnektiverne $\neg, \wedge, \vee, \rightarrow$ som hovedkonnektiv. Vi går de forskellige muligheder igennem:

Antag, at A er atomisk, samt at $A \in \Gamma^*$, så er $A \in \Gamma_n$, idet A aldrig vil være blevet nedbrudt af en Gentzen-regel. Men så er $\varphi(A) = \top$ ifølge definitionen af φ. Tilsvarende hvis $A \in \Delta^*$, så er $A \in \Delta_n$, og derfor, ifølge definitionen af φ, er $\varphi(A) = \bot$.

Antag nu, at $A \equiv \neg B$, og lad i være det største i, så $A \in \Gamma_i, \Delta_i$. Antag, at $\neg B \in \Gamma_i$. Da vil reglen ($\neg \leadsto$) være blevet anvendt ved overgangen fra $\Gamma_i \leadsto \Delta_i$ til $\Gamma_{i+1} \leadsto \Delta_{i+1}$, dvs.

$$\frac{\Gamma'_i, \neg B \leadsto \Delta_i}{\Gamma'_i \leadsto \Delta_i, B}$$

Men ifølge vor induktionsantagelse vil B være falsk ved sandhedstilskrivningen φ, og derfor vil $\neg B$ være sand ved φ.

Antag, at $\neg B \in \Delta_i$. Da vil reglen ($\leadsto \neg$) være blevet anvendt, og vi har

$$\frac{\Gamma_i \leadsto \Delta'_i, \neg B}{\Gamma_i, B \leadsto \Delta'_i}$$

Ifølge induktionsantagelsen er B sand ved φ, og derfor er $\neg B$ falsk ved φ.

Antag nu, at $A \equiv B \rightarrow C$, og lad i være det største i, så $B \rightarrow C \in \Gamma_i, \Delta_i$.

Antag, at $B \rightarrow C \in \Gamma_i$. Da vil reglen ($\rightarrow \leadsto$) være blevet anvendt, og vi har:

$$\frac{\Gamma'_i, B \rightarrow C \leadsto \Delta_i}{\Gamma'_i, C \leadsto \Delta_i \quad | \quad \Gamma'_i \leadsto \Delta_i, B}$$

Enten $\Gamma'_i, C \leadsto \Delta_i$ eller $\Gamma'_i \leadsto \Delta_i, B$ vil være sekventen $\Gamma_{i+1} \leadsto \Delta_{i+1}$.

Antag først, at $\Gamma'_i, C \leadsto \Delta_i$ er sekventen $\Gamma_{i+1} \leadsto \Delta_{i+1}$. Induktionsantagelsen giver så, at C er sand ved φ, og derfor at $B \rightarrow C$ er sand ved φ.

Antag, at $\Gamma'_i \leadsto \Delta_i, B$ er sekventen $\Gamma_{i+1} \leadsto \Delta_{i+1}$, og vi har ifølge induktionsantagelsen, at B er falsk ved φ. Derfor er $B \rightarrow C$ er sand ved φ.

Vi har nu gennemført beviserne for konnektiver $\neg$ og $\rightarrow$. De øvrige konnektiver behandles på tilsvarende vis og overlades til læseren.

Alle formler i Γ ligger også i Γ^*, og alle formler i Δ ligger i Δ^*. Derfor gør φ i særdeleshed alle formler i Γ sande og alle formler i Δ falske. Det betyder, at φ falsificerer sekventen $\Gamma \leadsto \Delta$.

□

Som omtalt tidligere er de forskellige bevisteoretiske kalkuler ækvivalente. Det betyder, at sundhed og fuldstændighed gælder for alle. Vi har derfor den generelle sætning:

3.9 Metateori

Sætning 3.5
Lad Γ være en mængde at velformede formler og A en velformet formel. Da gælder

$$\Gamma \vdash A \Leftrightarrow \Gamma \models A.$$

Her betegner $\vdash$ en af følgerelationerne $\vdash_G, \vdash_{NK}, \vdash_N$ eller $\vdash_\mathfrak{U}$.

Et andet vigtigt metateoretisk begreb, som vi afslutningsvis vil nævne er *afgørbarhed*. Udsagnslogikken er afgørbar i den forstand, at der findes en effektiv procedure[14], der kan undersøge deducérbarheden eller udledbarheden af udsagn. Sagt på en anden måde, så findes der en procedure, der for ethvert udsagn A kan afgøre om $\vdash A$ eller $\not\vdash A$. En relativ effektiv procedure består i at konstruere et bevistræ for sekventen $\leadsto A$. Bevistræet vil være færdigt efter endeligt mange trin. Hvis alle sekventerne i knuderne er aksiomer, gælder $\vdash A$, i modsat fald $\not\vdash A$. En anden mindre elegant procedure er at danne den fuldstændige sandhedstabel for A. Hvis den sidste kolonne kun indeholder $\top$'er gælder $\models A$, og derfor gælder ifølge fuldstændigheden så $\vdash A$. Omvendt hvis der er mindst et $\bot$, så gælder der $\not\models A$ og dermed $\not\vdash A$.

Litteratur

[Bell & Machover 77], [Lyndon 65].

Smullyan, R. M. *First Order Logic*. Springer Verlag, 1968.

Takeuti, G. *Proof Theory*. North-Holland, 1987.

---

[14] Med en effektiv procedure menes en *Turing-maskine* eller en anden kanonisk beregningsmaskine. Turing-maskiner er opkaldt efter den engelske logiker Alan M. Turing (1912-1954). Der findes et computerprogram til Mac, Turings World, i hvilket man kan opstille og køre Turing-beregnbare algoritmer:
http://www-csli.stanford.edu/hp/Logic-software.html.
 Den systematiske undersøgelse af algoritmers egenskaber og formåen kaldes beregnings- eller rekursionsteori og udgør i dag en meget vigtig bestanddel af moderne matematisk logik, datalogi, computerlingvistik og kognitiv psykologi. Litteraturhenvisninger findes i bilaget om *Atter andre logikker* logikker.

4 Strukturer og sprog

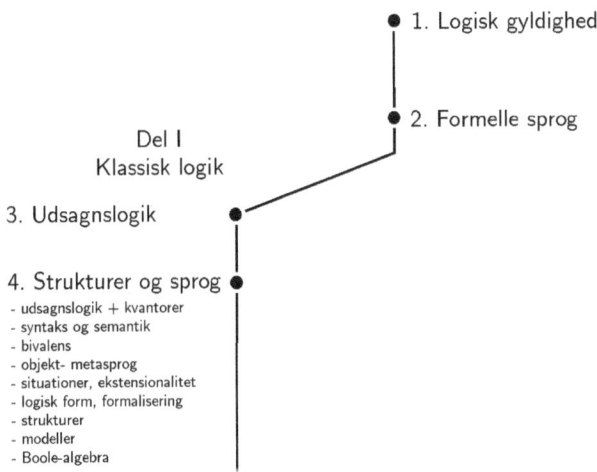

I udsagnslogikken vedrører ethvert argument et bestemt afgrænset område eller problemstilling. Imidlertid er det begrænset, hvor meget information om dette område eller denne problemstilling, det er muligt at gengive i udsagnslogikken, eftersom man i udsagnslogikken kun er i stand til at gengive hele udsagn. Mange argumenters gyldighed er dog ikke blot betinget af logisk gyldige slutningsskemaer og inferensregler, men også af de objekter, relationer og egenskaber, som argumentet vedrører. Derfor skal det udsagnslogiske sprog udvides på passende vis, så det er muligt formelt at gengive de objekter, deres egenskaber og indbyrdes relationer, som et givent argument udtaler sig om. Dette giver således anledning til første ordens prædikatslogikken, der er en udvidelse af udsagnslogikken med de logiske konnektiver, universalkvantor og eksistenskvantor samt prædikatsudtryk, relationsudtryk og funktionsudtryk. Syntaksen og semantikken skal specificeres for det prædikatslogiske sprog kaldet $\mathcal{L}_{FOL}$. Efter at syntaksen er fikseret inklusive retningslinier for dannelsen af velformede formler i $\mathcal{L}_{FOL}$, skal semantikken defineres. Til dette formål introduceres strukturer, der senere hen vil give anledning til såvel de prædikatlogiske modeller som identifikationen af logisk form og formalisering.

4.1 Fra $\mathcal{L}$ til $\mathcal{L}_{FOL}$

Ethvert argument vedrører en afgrænset problemstilling, men det er kun en yderst begrænset del af denne problemstilling, som det er muligt at gengive i $\mathcal{L}$. Udsagnslogisk kan vi eksempelvis formalisere argumentet:

1. For alle mennesker gælder, at hvis de spiser giftpræparatet arsenik, så dør de.

2. Alle mennesker spiser arsenik.

3. ∴ Alle mennesker dør.

Argumentet er instans af slutningsskemaet MP med en passende oversættelsesnøgle. Argumentet vil også kunne undersøges for gyldighed i udsagnslogikken, men det er kun fordi, MP er et logisk gyldigt slutningsskema i udsagnslogikken, som vi allerede har set det ved gentagne lejligheder. Selv om vi kan håndtere dette eksempel i udsagnslogikken og dets sprog, kan vi ikke håndtere følgende eksempel fra kapitel 1, der ellers minder meget om det.

1. For alle mennesker gælder, at hvis de spiser arsenik, så dør de.

2. Søren spiser arsenik.

3. ∴ Søren dør.

Overordnet set er dette argument en instans af MP. Men gyldigheden af slutningen hviler på, at Søren er et menneske, og eftersom det for *alle* mennesker gælder, at hvis de spiser giftpræparatet arsenik, så dør de, så dør Søren også, når han spiser arsenik. Med andre ord, er gyldigheden af slutningen betinget af, at Søren falder ind under mængden af objekter, hvorom det gælder, at disse objekter er mennesker og har et bestemt forhold til giftpræparatet arsenik; nemlig, at de spiser det og efterfølgende dør af den arsenik, som er indtaget. Disse forhold kan ikke gengives i $\mathcal{L}$! For at kunne gengive dette skal $\mathcal{L}$ udvides til første ordens sproget $\mathcal{L}_{FOL}$, der netop er ydedygtigt nok til at kunne gengive objekter, deres egenskaber, indbyrdes relationer etc.

4.2 Objekter og egenskaber og relationer og domæner i sprog

Antag, at vi ønsker at tale om mennesker og deres forskellige slægtskabsforhold. Det kan betyde, at vi begrænser vor opmærksomhed til mængden af mennesker, eventuelt omfattende både nulevende, døde og fremtidige mennesker. Mennesker har nogle basale egenskaber, som er relevante for diskussionen af slægtskabsforhold. Det er eksempelvis egenskaben køn og relationen at være afkom af et menneske. Dette kan vi udtrykke præcist ved at indføre en matematisk notation. Vi indfører betegnelsen $\mathbb{D}$ for *domænet* af mennesker, idet vi lader $\mathbb{D}$ omfatte både nulevende og afdøde mennesker, men ikke fremtidige. Endvidere indfører vi betegnelserne *mand* og *kvinde* for egenskaberne at være henholdsvis mand eller kvinde samt betegnelsen *afkom* for relationen afkom af. Endelig lader vi $x, y, z, \ldots$ være variable, som refererer til vilkårlige elementer i $\mathbb{D}$. Notationen skal herefter forstås på den måde, at

$mand(x)$ betyder, at "x er en mand"

$kvinde(x)$ betyder, at "x er en kvinde"

$afkom(x, y)$ betyder, at "x er afkom af y".

Domænet $\mathbb{D}$ sammen med egenskaberne *mand* og *kvinde* og relationen *afkom* kaldes en *struktur*, og vi skriver

$$\mathcal{D} = (\mathbb{D}, mand, kvinde, afkom). \tag{4.1}$$

En *struktur* er altså det system af objekter, relationer og egenskaber, som argumentet omhandler. Et første led i en prædikatlogisk formalisering er at præcisere argumentets struktur.

Egenskaber som *mand* og *kvinde* udtrykker træk ved objekterne i domænet $\mathbb{D}$ af mennesker. Vi vil ikke gå nærmere ind på, hvad disse egenskaber egentlig er. Det er nok at præcisere, at de beskrives ved prædikater, som, når de anvendes på et objekt, giver et udsagn, som enten er sandt eller falsk. Hvis a således betegner et menneske, Bjarke, så er $mand(a)$ et sandt udsagn, hvis a, i.e. Bjarke, faktisk er en mand.

Vi kan knytte en mængde til en egenskab, nemlig mængden af alle de objekter, som har den pågældende egenskab. Denne mængde kaldes egenskabens *ekstension* Hvis eksempelvis egenskaben er *mand*, er ekstensionen mængden af alle mænd. Vi forkorter ekstentionen med Ext og skriver

$$Ext(mand) = \{x \mid mand(x)\} \tag{4.2}$$

og læser det, som at ekstensionen af prædikatet *mand* er mængden af x, for hvilken det gælder, at x er mand. Tilsvarende har vi

$$Ext(kvinde) = \{x \mid kvinde(x)\}. \tag{4.3}$$

Det forholder sig på samme måde med relationer. Hvis de *individuelle konstanter* a og b betegner specifikke mennesker, a = Bjarke, og hans mor, b = Ulla, så er $afkom(a, b)$ et sandt udsagn, hvis a er b's afkom. Altså er ekstensionen af *afkom* givet ved

$$Ext(afkom) = \{(x, y) | afkom(x, y)\} \quad (4.4)$$

hvor x og y kaldes *individuelle variable*.

I mange situationer kan man helt erstatte begreber og relationer med deres ekstensioner. I sådanne tilfælde har et objekt a en egenskab, P, hvis, og kun hvis, objektet ligger i ekstensionen af P, hvilket vil sige

$$P(a), \text{ hvis, og kun hvis, } a \in Ext(P).$$

En struktur er bestemt af et domæne med nogle basale egenskaber og relationer. Når domænet er givet, er det muligt at definere yderligere egenskaber og relationer. For eksempel kan vi definere egenskaben at være far, *far*, i domænet $\mathbb{D}$ på følgende måde

x er *far*, hvis, og kun hvis, der findes et y, så $afkom(y, x)$ og x er en mand.

Formelt kan vi skrive dette på følgende måde

$$far(x) \leftrightarrow \exists y [afkom(y, x)] \wedge mand(x). \quad (4.5)$$

Symbolet $\exists$ kaldes *eksistenskvantoren* og skal "semi-formelt" læses som "Der findes mindst én ting, således at ...". Eksistenskvantoren er også et slags logisk konnektiv, men til forskel fra de logiske konnektiver, vi indtil videre har stiftet bekendskab med, tager eksistenskvantoren elementer i det givne domæne, de inviduelle variable, frem for velformede formler, som argumenter. Tilsvarende kan vi definere begrebet *moder* som

x er *moder*, hvis, og hun hvis, der findes et y, så $afkom(y, x)$ og x er en kvinde

og skrive det som

$$mor(x) \leftrightarrow \exists y [afkom(y, x)] \wedge kvinde(x). \quad (4.6)$$

I nogle situationer vil et domæne naturligt dele sig op i flere forskellige kategorier af objekter. Hvis man for eksempel diskuterer menneskers ejendomsforhold, vil det være naturligt at lade domænet bestå af mennesker sammen med de ting, som de har ejerforhold til.

Betragt som eksempel følgende argument:

1. Alle, der køber biler af Søren, bliver snydt.

4.2 Objekter og egenskaber og relationer og domæner i sprog 127

2. Peter køber en bil af Søren.

3. ∴ Peter bliver snydt.

Der er to typer objekter involveret i argumentet, nemlig personer og biler. Endvidere er det rimeligt at antage, at argumentet vedrører en relation, nemlig at en person bliver snydt af en anden person, og dertil to andre relationer mellem personer og biler, nemlig relationen, at en person køber en bil, og relationen, at en person ejer en bil. Til analyse af argumentet kan vi derfor indføre følgende struktur

$$\mathcal{D} = \langle \mathbb{D}_1, \mathbb{D}_2, snyd, køb, eje, a, b \rangle \tag{4.7}$$

hvor

$\mathbb{D}_1$ betegner mængden af personer

$\mathbb{D}_2$ betegner mængden af biler

$snyd(x, z)$ betyder "x bliver snydt af z"

$køb(x, y, z)$ betyder "x køber bilen y af z"

$eje(x, y)$ betyder "x ejer bilen y"

a betegner Søren

b betegner Peter.

Vi tilføjer ydermere en kvantor, ∀, kaldet *universalkvantoren*, der tillige som argument tager elementer fra det givne domæne, men som til forskel fra eksistenskvantoren læses som "For vilkårlige objekter fra domænet gælder ...".[1] Med disse betegnelser kan vi nu formalisere argumentet på følgende måde:

1. $\forall_{\mathbb{D}_1} x [\forall_{\mathbb{D}_2} y [eje(a, y) \wedge køb(x, y, a)] \rightarrow snyd(x, a)]$

2. $\exists_{\mathbb{D}_2} y [eje(a, y) \wedge køb(b, y, a)]$

3. ∴ $Snyd(b, a)$

Sætningerne kan igen "semi-formelt" læses som:

1. Uanset hvilken person x man tager fra domæne $\mathbb{D}_1$, og uanset hvilken bil y fra domæne $\mathbb{D}_2$ man tager, hvis a ejer y, og person x køber bil y af a, så snydes x af a.

---
[1] Vi vælger også til tider at læse "For vilkårlige objekter fra domænet gælder ..." som blot "For alle objekter ..." eller "Uanset hvilken ting man tager ...".

2. Der findes mindst en bil y fra domæne $\mathbb{D}_2$, som ejes af a og person b køber bil y af a.

3. ∴ Person b snydes af person a.

Selv om denne semi-formelle gengivelse retorisk set er noget klodset, stemmer den pænt overens med indholdet af det oprindelige natursproglige argument.

Læg mærke til, at kvantorerne i argumentet løber over forskellige områder. Det angiver vi ved et subskript ved kvantorsymbolerne. Således betyder $\forall_{\mathbb{D}_1} x$, at variablen x løber over mængden $\mathbb{D}_1$ af personer, og tilsvarende betyder eksempelvis $\exists_{\mathbb{D}_2} y$, at y løber over mængden $\mathbb{D}_2$ af biler, som det fremgår af figur 4.1, hvor '•' repræsenterer mennesker, mens 'o' repræsenterer biler.

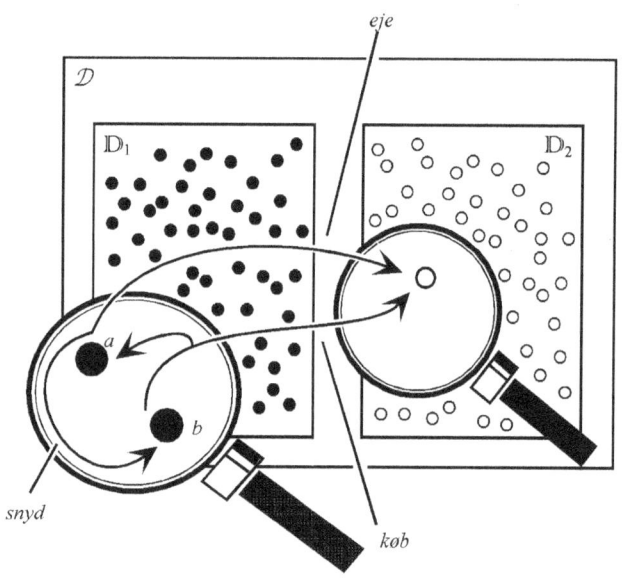

Figur 4.1 Opdeling af strukturen $\mathcal{D}$ i domænerne $\mathbb{D}_1$ og $\mathbb{D}_2$.

På tilsvarende vis kan vi også formalisere argumentet vedrørende Søren og hans indtagelse af giftpræparatet arsenik ved at følge forskrifterne givet ovenfor. Ikke desto mindre er formaliseringen ovenfor "tung", idet alle prædikats- og relationsudtryk er skrevet ud delvist natursprogligt, og dertil kommer, at vi også har subskripterne ved kvantorsymbolerne for at præcisere, hvilke deldomæner af hele domænet kvantorerne løber over. Vi kan undgå det natursproglige islæt ved at indføre betegnelser for prædikater, $B, P, Q, S, \ldots$. Udtrykkene $P(x)$ hvor x er en person, $S(x)$

4.2 Objekter og egenskaber og relationer og domæner i sprog

hvor x er en supermagt, $B(a)$ hvor a er den individuelle konstant, der står eksempelvis for København, mens $B(\_)$ er et prædikatsudtryk, som står for by etc., er alle eksempler på prædikater, der har én plads eller *tager ét argument*, som det fremgår af $B(\_)$. Prædikater, der kun tager et argument kaldes *monadiske* prædikater. Ligesom prædikater er generelle termini med ekstensioner over objekter i domænet, som besidder visse egenskaber, specificeret af prædikatsudtrykket, så gælder det samme for relationsudtrykkene, betegnet med $R, H, J, G, \ldots$, blot med den forskel, at de kan udpege forskellige slags objekter i domænet, imellem hvilke visse relationer består. Eksempelvis så vi, at $Ext(afkom) = \{(x,y)|afkom(x,y)\}$. Med andre ord udpeger "afkomsrelationen", $R(x,y)$, ordnede par af objekter (x,y) i domænet, hvorfor "afkomsrelationen" bliver et dyadisk prædikat, eller en *binær relation*, eftersom relationen tager to argumenter. Således er relationsudtryk også en slags prædikater; man kunne også forestille sig triadiske prædikater, der tager tre argumenter, og sådan fremdeles. Det betyder, at relationsudtryk generelt tager mere end ét argument som eksempelvis $H(x,y)$, hvor x er højere end y, $J(x,y,z)$, hvor x giver y til z etc. Man siger, at prædikater er relationsudtryk, men de har kun *aritet* 1, mens $H(x,y)$ og $J(x,y,z)$ er relationsudtryk med henholdsvis aritet 2 og 3. Relationsudtryk kan have vilkårlig høj aritet, og derfor taler man ofte om relationers n-aritet, hvor n er antallet af argumenter, som det givne relationsudtryk tager.

Det andet element, der har gjort formaliseringerne tunge indtil videre, er, at vi har anvendt subskript til at specificere over hvilke dele af domænet, de respektive kvantorer løber. Det behøver vi imidlertid ikke, hvis vi lader kvantorerne løbe over hele domænet med forskellige individuelle variable og forskellige prædikater og relationsudtryk, der fortæller noget om hvilke egenskaber og forhold, der består mellem de objekter, der er prædiceret af de respektive prædikater og relationsudtryk. Sagt på en anden måde, kan vi droppe subskriptet og i eksemplet med Søren og giftpræparatet arsenik blot nøjes med at specificere strukturen

$$\mathcal{D} = \langle \mathbb{D}, M, S, R, a, b \rangle \tag{4.8}$$

hvor $\mathbb{D}$ er mængden af ting; herefter står $M(x)$ for 'x er menneske', $S(x)$ står for 'x dør', $R(x,y)$ står for relationen, at 'menneske x spiser y', mens a denoterer Søren, og b denoterer giftpræparatet arsenik. Herefter kan vi gengive argumentet således:

1. $\forall x[(M(x) \land R(x,b)) \to S(x)]$

2. $M(a) \land R(a,b)$

3. $\therefore S(a)$

og igen "semi-formelt" læse præmisserne og konklusionen som:

1. Uanset hvilket objekt x man tager, hvis det er et menneske, og det spiser arsenik b, så dør x.

2. a er menneske og spiser arsenik b.

3. $\therefore a$ dør.

Således kan formaliseringer forsimples kraftigt ved at lade prædikats- og relationsudtrykkene gøre arbejdet med at opdele domænet.

Ovenfor indførte vi slægtskabsrelationer. Vi kan også indføre forskellige *slægtskabsfunktioner*. Generelt forstår vi ved en funktion en operation, f, som til ét objekt, o, tilordner ét og kun et andet objekt, $f(o)$. Dette kan skrives således

$$o \longmapsto f(o).$$

Funktionen f skrives også

$$f : \mathbb{D} \longrightarrow \mathbb{D}$$

for at understrege, at f tilordner objekter fra domænet $\mathbb{D}$ til objekter fra $\mathbb{D}$. Vi betegner funktioner med små bogstaver fra midten af alfabetet, f.eks. $f, g, h, \ldots$

Eksempler på slægtskabsfunktioner er funktionen f defineret ved, at f til et objekt x i domænet $\mathbb{D}$ tilordner x's far, og g som til x tilordner x's første barn, hvis det findes, ellers er g udefineret. Vi har således

$$f(x) = \text{far til } x$$

$$g(x) = x\text{'s første barn, hvis det findes, ellers udefineret.}$$

Det er også muligt at definere funktioner af flere argumenter. Eksempelvis kan vi til to mennesker tilordne det højeste af dem. I det tilfælde, at de er lige høje, tilordnes det førstnævnte. Lad h betegne denne funktion. Vi har da

$$h(x, y) = \begin{cases} y & \text{hvis } x \text{ er mindre end } y, \\ x & \text{ellers.} \end{cases}$$

Funktionen h betegnes også

$$h : \mathbb{D} \times \mathbb{D} \longrightarrow \mathbb{D}$$

for at understrege, at den fører et *par* af objekterne fra domænet $\mathbb{D}$ over i objekter fra $\mathbb{D}$.

4.3 Syntaks

Til syntaksen for $\mathcal{L}$ tilføjer vi nye elementer i definition 19 med henblik på at opnå det prædikatlogiske sprog $\mathcal{L}_{FOL}$. Af hensyn til såvel den maksimale udtryksmæssige ydedygtighed af $\mathcal{L}_{FOL}$ og den senere formelle beskrivelse af strukturer i †-afsnit 4.6 nedenfor vælger vi at præsentere $\mathcal{L}_{FOL}$ på en sådan måde, at også funktionssymboler er en del af syntaksen, selv om det næste kapitel gør brug af et første ordens sprog uden funktionssymboler.

Definition 19
$\mathcal{L}_{FOL}$'s alfabet:

1. Propositionssymbolerne

$$p_1, p_2, p_3, \cdots$$

   Der kan være fra 0 til uendelig mange propositionssymboler.

2. Parenteser '(', ')'.

3. De udsagnslogiske konnektiver

$$\neg, \land, \lor, \rightarrow, \leftrightarrow$$

4. Tællelig uendelig mange individuelle variable

$$x_1, x_2, x_3, \ldots, y_1, y_2, y_3, \cdots$$

5. Individualkonstanter

$$a, b, c, \ldots$$

   Der kan være fra 0 til tællelig uendelig mange individualkonstanter.

6. Relationssymboler

$$R_1, R_2, R_3, \ldots$$

   hvor R har γ_i argumenter, i.e. $arg(R_i) = \gamma_i, \gamma_i \geq 1$. Hvis $arg(R_i) = 1$, så er R_i et monadisk prædikat. Der kan være fra 0 til tællelig uendelig mange relationssymboler.

7. Identitetsrelationen $=$.

8. Funktionssymboler

$$F_1, F_2, F_3, \ldots$$

   hvor F_j har δ_i argumenter, i.e. $arg(F_j) = \delta_j, \delta_j \geq 1$. Der kan være fra 0 til tællelig uendelig mange funktionssymboler.

9. Universalkvantor

$$\forall$$

som læses: "For alle ...".

10. Eksistenskvantor

$$\exists$$

som læses: "Der findes ...".

Definition 20
Klassen T *af termer, $t_1, t_2, t_3, \ldots$, genereres ved følgende regler:*

1. *Alle individuelle variable og konstanter er termer.*

2. *Hvis F_j er et funktionssymbol med $arg(F_j) = \delta_j$ og $t_1, \ldots, t_{\delta_j}$ er termer, så er $F_j(t_1, \ldots, t_{\delta_j})$ en term.*

Termer, som ikke indeholder nogen variable, kaldes *konstante* termer.

Definition 21
Klassen AT *af atomiske formler genereres ved følgende regler:*

1. *Hvis* p *er et propositionsymbol, så er* p *en atomisk formel.*

2. *Hvis t_1, t_2 er termer, så er $t_1 = t_2$ en atomisk formel.*

3. *Hvis R_i er et relationssymbol med $arg(R_i) = \gamma_i$ og $t_1, \ldots, t_{\gamma_i}$ er termer, så er $R_i(t_1, \ldots, t_{\gamma_i})$ en atomisk formel.*

Igen kalder vi et atomisk udsagn eller det atomiske udsagns negation for et *literal*.

Herfra kan vi definere mængden vff af velformede formler i $\mathcal{L}_{FOL}$, hvor vi lader x være en vilkårlig individuel variabel.

Definition 22
Mængden af velformede formler i $\mathcal{L}_{FOL}$ består af netop de symbolstrenge, som genereres af reglerne:

1. *En atomisk formel er en velformet formel.*

2. *Hvis A er en velformet formel, så er $\neg A$ en velformet formel.*

3. *Hvis A og B er velformede formler, så er $(A \wedge B), (A \vee B), (A \to B)$ og $(A \leftrightarrow B)$ velformede formler.*

4. *Hvis A er en velformet formel, så er $\forall x A$ en velformet formel.*

5. *Hvis A er en velformet formel, så er $\exists x A$ en velformet formel.*

4.3 Syntaks

Vi tillader os at udelade parenteser, når det ikke skaber forvirring. Således skriver vi $A \land B, A \lor B, A \to B$ og $A \leftrightarrow B$ i stedet for $(A \land B), (A \lor B), (A \to B)$ og $(A \leftrightarrow B)$. Det samme gælder relationsudtryk. Vi vælger til tider at skrive $R(x,y)$ og andre gange Rxy, når det ikke skaber forvirring.

Af definition 22 fremgår det, at alle formler i $\mathcal{L}_{FOL}$ igen er opbygget ved hjælp af atomiske formler efter kompositionsreglerne. Vi kan derfor give en definition af *delformler*, der blot er en udvidelse af delformel-definition 4 for $\mathcal{L}$, side 22:

Definition 23
Lad A være en formel fra $\mathcal{L}_{FOL}$. Klassen af delformler af A defineres ved følgende regler:

1. A er en delformel af A.

2. Hvis B er en delformel af A, og B har formen $(C_1 \land C_2)$, $(C_1 \lor C_2), (C_1 \to C_2)$ eller $(C_1 \leftrightarrow C_2)$, så er C_1 og C_2 delformler af A.

3. Hvis B er en delformel af A, og B har formen $\neg C$, $\forall x C$ eller $\exists x C$, så er C en delformel af A.

Vi får brug for at kunne skelne mellem *frie* og *bundne* variable. Intuitivt set er de bundne variable dem, der er styret af en kvantor. Eksempelvis er x bunden i
$$\exists x P(x) \quad \text{og} \quad \forall x P(x).$$

Tilsvarende er de frie variable dem, der ikke ligger inden for kvantorens *rækkevidde* – for eksempel er y fri i

$$\exists x R(x,y). \tag{4.9}$$

Den præcise definition af frie og bundne variable forløber på følgende måde:

Definition 24
1. Hvis A er en atomisk formel, og x forekommer i A, så er x fri i A.

2. Hvis x er en fri variabel i A, og y er en variabel forskellig fra x, så er x fri i $\exists y A$ og $\forall y A$.

3. Hvis x er en fri variabel i A, så er x også fri i $\neg A, A \land B, A \lor B, A \to B$ og $A \leftrightarrow B$.

En variabel som ikke er fri kaldes *bunden*. Det kan til tider være hensigtsmæssigt at have en konvention for angivelse af frie variable i en formel. Med $A(x_1, \ldots, x_n)$ angiver vi, at A er en velformet formel, hvor de frie variable i A findes blandt $x_1, \ldots, x_n$. Tilsvarende vil vi med $t(x_1, \ldots, x_n)$ angive, at t's variable findes blandt variablene $x_1, \ldots, x_n$. Endvidere vil vi kalde formler uden frie variable, dvs. *lukkede* formler, for *sætninger*. Vi lader vff_0 betegne mængden af sætninger i $\mathcal{L}_{FOL}$. Formler med frie variable kaldes for *åbne formler*.

Det er vigtigt at kunne *substituere* termer for frie variable i formler. Lad t være en term og $A(x)$ en formel med x fri. Med $A(t)$ betegner vi den formel, der fremkommer ved at indsætte t for x på alle de pladser i $A(x)$, hvor x forekommer. Dette kan vi illustrere ved følgende talteoretiske eksempel. Lad $A(x)$ være

$$x \neq 0 \rightarrow \exists y(x = y + 1) \qquad (4.10)$$

hvor $x \neq y$ defineres som $\neg(x = y)$, og lad t være termen $z + 3$. Da er $A(z+3)$ formlen

$$z + 3 \neq 0 \rightarrow \exists y(z + 3 = y + 1). \qquad (4.11)$$

I de tilfælde, hvor de termer, som man ønsker at substituere for frie variable, selv indeholder frie variable, skal man passe på ikke at komme i vanskeligheder med de bundne variable i formlerne. Betragt følgende formler:

(1) $\exists x(y = x + 1)$ og (2) $\exists z(y = z + 1).$

Det er klart, at de to formler har nøjagtig ens betydninger. Resultatet af at substituere samme term t for y i (1) og (2) skulle gerne igen give anledning til ensbetydende formler

(3) $\exists x(t = x + 1)$ og (4) $\exists z(t = z + 1).$

Men det vil ikke altid være tilfældet. Hvis eksempelvis t er termen $z + 3$, får vi i substitution i (1) og (2)

(5) $\exists x(z + 3 = x + 1)$ og (6) $\exists z(z + 3 = z + 1).$

Nu er (5) og (6) ikke længere ensbetydende, idet (6) altid er falsk, hvorimod (5) sædvanligvis er sand.

4.3.1 (†) Substitution og prenex normalform

Vi giver nu en formel definition af substitution af termer. I dette første tilfælde er der ingen vanskeligheder med kvantorer, idet termer ikke indeholder logiske symboler.

Definition 25
Lad t og s være termer og lad x være en variabel. Termen t_s^x defineres ved følgende regler:

1. *Hvis t er en variabel forskellig fra x eller en individuel konstant, så er t_s^x lig med t.*

4.3 Syntaks

2. *Hvis t er variablen x, så er t_s^x lig med s.*

3. *Hvis t er $F_j(t_1, \ldots, t_{\delta_j})$, så er t_s^x $F_j(t_{1_s}^x, \ldots, t_{\delta_{j_s}}^x)$.*

Vi anvender udtrykket $t_{s_1,\ldots,s_n}^{x_1,\ldots,x_n}$ som en forkortelse for $(\ldots(t_{s_1}^{x_1})_{s_2}^{x_2},\ldots)_{s_n}^{x_n}$; det vil sige $t_{s_1,\ldots,s_n}^{x_1,\ldots,x_n}$ er den term, der fremkommer ved først at substituere s_1 for x_1, dernæst s_2 for x_2 og sådan fremdeles. I overensstemmelse med den tidligere skrivemåde $t(x_1, \ldots, x_n)$ for en term med variable blandt $x_1, \ldots, x_n$, vil vi skrive $t(s_1, \ldots, s_n)$ for $t_{s_1,\ldots,s_n}^{x_1,\ldots,x_n}$.

Hvis $t(x_1, \ldots, x_n)$ er en term, vi ønsker at substituere for y i Ay, da må vi sikre os, at ingen frie forekomster af variablene $x_1, \ldots, x_n$ ligger inden for rækkevidden af de tilsvarende kvantorer $\exists x_1, \ldots, \exists x_n$ eller $\forall x_1, \ldots, \forall x_n$. Vi definerer derfor begrebet om, at en term er *substitutionsfri for x i A*, hvor x er en fri variabel i A.

Definition 26
Lad x være en variabel, t en term og A en formel. Begrebet t er substitutionsfrit for x i A defineres ved følgende regler:

1. *Hvis A er en atomisk formel, så er t substitutionsfrit for x i A.*

2. *Hvis A er en formel af formen $B \wedge C, B \vee C, B \to C$ eller $B \leftrightarrow C$, så er t substitutionsfrit for x i A, hvis, og kun hvis, t er substitutionsfrit for x i B og C.*

3. *Hvis A er en formel af formen $\exists y B$ eller $\forall y B$, og y forekommer i t, så er t ikke substitutionsfrit for x i A.*

4. *Hvis A er en formel af formen $\exists y B$ eller $\forall y B$, og y ikke forekommer i t, så er t substitutionsfrit for x i A.*

I den næste definition fastlægger vi substitution i formler uden hensyntagen til vanskeligheder med kvantorerne:

Definition 27
Lad x være en variabel, t en term og A en formel. Formlen A_t^x defineres ved følgende regler:

1. *Hvis A er en atomisk formel af formen $t_1 = t_2$, så er A_t^x formlen $t_{1_t}^x = t_{2_t}^x$.*

2. *Hvis A er en atomisk formel af formen $R_i(t_1, \ldots, t_{\gamma_i}^x)$, så er A_t^x formlen $R_i(t_1^x, \ldots, t_{\gamma_i t}^x)$.*

3. *Hvis A er en formel af formen $\neg B$, så er A_t^x formlen $\neg B_t^x$.*

4. *Hvis A er en formel af formen $B \wedge C, B \vee C, B \to C$ eller $B \leftrightarrow C$, så er A_t^x henholdvis $B_t^x \wedge C_t^x, B_t^x \vee C_t^x, B_t^x \to C_t^x$ eller $B_t^x \leftrightarrow C_t^x$.*

5. Hvis A er en formel af formen $\exists x B$ eller $\forall x B$, så er A_t^x lig med A selv.

6. Hvis A er en formel af formen $\exists y B$ eller $\forall y B$, hvor y er en variabel forskellig fra x, og t er substitutionsfrit for x i A, så er A_t^x henholdsvis $\exists y B_t^x$ eller $\forall y B_t^x$.

Vi skriver $A_{t_1,\ldots,t_n}^{x_1,\ldots,x_n}$ som en forkortelse for $(\ldots (A_{t_1}^{x_1})_{t_2}^{x_2},\ldots)_{t_n}^{x_n}$, og vi skriver $A(t_1,\ldots,t_n)$ for $A(x_1,\ldots,x_n)_{t_1,\ldots,t_n}^{x_1,\ldots,x_n}$.

Når vi i det følgende taler om substitution, vil vi ofte stiltiende forudsætte, at substitutionstermerne er substitutionsfrie for substitutionsvariablene i den formel, substitutionen foretages i. På denne måde undgår vi vanskeligheder med kvantorerne. I det tilfælde hvor en term ikke er substitutionsfri for en variabel x i en formel A – det vil sige, der er en kvantor $\exists y$ eller $\forall y$, hvor y er en variabel fra t, som har en fri forekomst af x inden for rækkevidde – kan vi udskifte kvantorvariablen y med en ny variabel z, der ikke forekommer i t, hvorved vi får en formel, som er ensbetydende med A, i hvilken t er substitutionsfrit for x. Vi kan således ved passende variabeludskiftninger altid gøre en term t substitutionsfri for x i en med formel A ensbetydende formel.

Afslutningsvis får vi senerehen brug for at tale om formler i *prenex normalform*:

Definition 28
En velformet formel C *i* $\mathcal{L}_{FOL}$ *står i* prenex normalform, *hvis alle forekomster af kvantorerne i* C *går forud for alle konnektiverne. En prenex formel har formen*

$$C = Q_1 x_1, Q_2 x_2, \ldots, Q x_n A$$

hvor Q_i *er enten* $\forall$ *eller* $\exists$, *og hvor* A *er en formel, der ikke indeholder* $\forall$ *eller* $\exists$.

Eksempelvis har formlen

$$\forall x[H(x) \rightarrow \exists y G(y)] \qquad (4.12)$$

følgende prenex normalform

$$\forall x \exists y [H(x) \rightarrow G(y)]. \qquad (4.13)$$

Det forholder sig således, at enhver formel i $\mathcal{L}_{FOL}$, der indeholder kvantorer, er logisk ækvivalent med en velformet formel i prenex normalform.

4.4 Semantik

De relationer, vi kunne være interesseret i, kunne eksempelvis være slægtskabsrelationer som søskenderelationer, ægteskabsrelationer, forældrerelationer og køn. Derfor indfører vi nogle basale slægtskabsrelationer:

4.4 Semantik

"x er søn af y"

"x er datter af y"

"x er far til y"

"x er mor til y"

Endvidere kunne der være mennesker, som vi ville være interesseret i at fremhæve. Vi kunne være interesseret i at diskutere Hans Hansens familierelationer, hvor vi ved, at Hans er gift med Grethe, og at de har tre børn Søren, Peter og Birthe. Derfor indfører vi specielle betegnelser for disse navngivne mennesker, eksempelvis a, b, c, d og e.

Da vi vil tale om familierelationer blandt mennesker, specielt dem, der vedrører Hans og Grethe Hansen og deres børn, betragter vi domænet $\mathbb{D}$ bestående af alle mennesker inklusive de 5 navngivne mennesker, Hans, Grethe, Søren, Peter og Birthe, som betegnes henholdsvis a, b, c, d og e. Vi indfører også formelle betegnelser for de basale relationer:

'x er søn af y' betegnes $F(x,y)$

'x er datter af y' betegnes $G(x,y)$

'x er far til y' betegnes $H(x,y)$

'x er mor til y' betegnes $R(x,y)$

Alt i alt har vi indført den formelle struktur

$$\mathcal{D} = \langle \mathbb{D}, F, G, H, R, a, b, c, d, e \rangle. \tag{4.14}$$

som angiver de objekter og basale relationer, vi ønsker at tale om. Dette kan illustreres ved figur 4.2.

Med de betegnelser, som vi har indført, er det klart, at følgende gælder:

$F(c,a)$ dvs. Søren er søn af Hans

$F(d,a)$ dvs. Peter er søn af Hans

$G(e,a)$ dvs. Birthe er datter af Hans

$F(c,b)$ dvs. Søren er søn af Grethe

$F(d,b)$ dvs. Peter er søn af Grethe

$G(e,b)$ dvs. Birthe er datter af Grethe

$H(a,c)$ dvs. Hans er far til Søren

$H(a,d)$ dvs. Hans er far til Peter

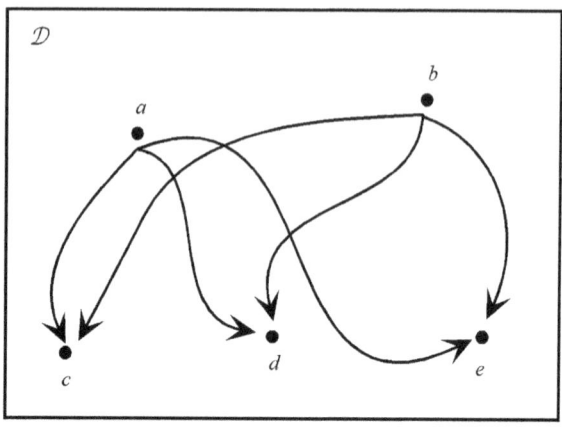

Figur 4.2 Strukturen $\mathcal{D} =< \mathbb{D}, F, G, H, R, a, b, c, d, e >$.

$H(a, e)$ dvs. Hans er far til Grethe

$R(b, c)$ dvs. Grethe er mor til Søren

$R(b, d)$ dvs. Grethe er mor til Peter

$R(b, e)$ dvs. Grethe er mor til Birthe

Andre slægtskabsrelationer kan så defineres ud fra de basale. Vi kan således definere relationen 'x og y er søskende' ved kravet, at x og y skal have samme forældre, dvs. både samme far og samme mor. Altså

x og y er søskende, hvis, og kun hvis, der findes u og v, så $H(u, x)$ og $H(u, y)$ og $R(v, x)$ og $R(v, y)$

hvor igen $H(x, y)$ står for, 'x er far til y', mens $R(x, y)$ står for, 'x er mor til y'. Tilsvarende kan vi definere, at 'x er en pige', ved at kræve, at x er datter af et eller andet menneske. Altså

x er en pige, hvis, og kun hvis, der findes u så $G(x, u)$

og ligeledes er

x er en dreng, hvis, og kun hvis, der findes u så $F(x, u)$.

Der kan gælde mange forskellige relationer mellem mennesker, for eksempel relationen 'x og y er søskende', eller 'x er far til y', eller 'x og y er forældre til z'. Man skal dog være ganske forsigtig med hensyn til relationsudtryks anvendelse. Der er eksempelvis stor forskel på $J(x, y, z)$, hvor x giver y

4.4 Semantik

til z, og $J(y,z,x)$, hvor y giver z til x, ligesom der er stor forskel på om $S(x,y)$, hvor x er højere end y, eller $S(y,x)$, hvor y er højere end x. Relationsudtryk er således følsomme over for, hvorledes deres pladser fyldes op med objekter fra domænet. Hvis domænet eksempelvis består af biler og mennesker, hvor x og z er de individuelle variable, der rækker over den del af domænet, som består af mennesker, mens y er variabel over den del af domænet, der består af biler, så siger $J(x,y,z)$, at menneske x giver bil y til menneske z, mens $J(y,z,x)$ siger, at bilen y giver menneske z til menneske x, hvilket jo er noget vrøvl. Det er tilsvarende noget vrøvl at sige, at Ulla er Bjarkes afkom, når Bjarke er søn af Ulla.

Som regel er rækkefølgen af de individuelle termini i relationsudtrykket meget vigtig. Der findes imidlertid relationsudtryk, for hvilke rækkefølgen er underordnet, men det kræver, at relationsudtrykket så har visse særegne strukturelle egenskaber. Hvis S nu havde stået for 'har samme højde som' i stedet for 'højere end', så ville $S(x,y)$ og $S(y,x)$ være det samme, for hvis x har samme højde som y, så har y også samme højde som x, eftersom 'har samme højde som', i modsætning til 'højere end', er det, der kaldes en *symmetrisk* relation. De særegne strukturelle egenskaber, som relationer kan have, er mangfoldige, men ud over symmetri er følgende relationsegenskaber af speciel interesse:

Definition 29

1. En binær relation R på domæne $\mathbb{D}$ er refleksiv, hvis, og kun hvis,

$$\forall x R(x,x).$$

2. En binær relation R på domæne $\mathbb{D}$ er symmetrisk, hvis, og kun hvis,

$$\forall x \forall y [R(x,y) \to R(y,x)].$$

3. En binær relation R på domæne $\mathbb{D}$ er transitiv, hvis, og kun hvis,

$$\forall x \forall y \forall z [R(x,y) \land R(y,z) \to R(x,z)].$$

Relationen *mindre end eller lig med* $\leq$ på de naturlige tal er refleksiv, idet ethvert tal er mindre end eller lig med sig selv. Ydermere er relationen transitiv, for hvis $x \leq y$ og $y \leq z$, så er $x \leq z$. På den anden side er $\leq$ ikke symmetrisk, eftersom $x \leq y \to y \leq x$ ikke altid gælder.

Opgaver

1. *En relation kaldes non-symmetrisk, hvis, og kun hvis,*

$$\exists x \exists y [R(x,y) \land R(y,x) \land \exists x \exists y [R(x,y) \land \neg R(y,x)]]$$

Giv et eksempel på en non-symmetrisk relation.

2. En relation kaldes intransitiv, hvis, og kun hvis,

$$\forall x \forall y \forall z [(R(x,y) \land R(y,z)) \to \neg R(x,z)]$$

Giv et eksempel på en intransitiv relation.

3. En relation R på domæne $\mathbb{D}$ kaldes anti-symmetrisk, hvis, og kun hvis

for alle x og for alle y, hvis x står i relationen R til y, og y står i relationen R til x, så er x identisk med y.

Formalisér denne definition af anti-symmetri.

Nu kan vi formulere en meget vigtig egenskab for relationer:

Definition 30
En binær relation R på domæne $\mathbb{D}$ er en ækvivalensrelation, hvis, og kun hvis, R er refleksiv, symmetrisk og transitiv.

Identitetsrelationen $=$ er en ækvivalensrelation. Ækvivalensrelationer har den egenskab, at de partitionerer eller opdeler et givent domæne $\mathbb{D}$ i:

1. *Gensidigt udelukkende* klasser, forstået på den måde, at intet objekt i domæne $\mathbb{D}$ tilhører mere end én klasse.

2. *Tilsammen udtømmende* klasser, forstået på den måde, at ethvert objekt i domæne $\mathbb{D}$ tilhører mindst én klasse.

Eksempelvis opdeler ækvivalensrelationen 'har samme højde som', domænet bestående af mennesker i ækvivalensklasser bestående af de mennesker, som er 1,60, 1,70, 1,82, 1,99 etc., på en sådan måde, at der findes en klasse for enhver specifik højde, enhver person i domænet måtte have. To mennesker, der begge er medlemmer af den samme klasse, er således ækvivalente med hensyn til højde.

4.4.1 Fortolkninger og modeller

Vi har indtil videre omtalt egenskaberne ved de forskellige nye elementer, der er blevet tilføjet $\mathcal{L}$ for at opnå $\mathcal{L}_{FOL}$, i særdeleshed prædikater og relationsudtryk, herunder identitet og de strukturer, de indgår i. En forståelse af disse egenskaber og strukturer er vigtig for en forståelse af semantikken for første ordens prædikatslogik. Semantikken for første ordens prædikatslogikken er imidlertid en del mere kompliceret end den semantik, der gør sig gældende for udsagnslogikken, og kræver herefter en del mere *modelteori* end udsagnslogikken. Den forøgede kompleksitet kommer sig i sagens natur af, at vi ikke blot kan lade en sandhedstilskrivning afbilde udsagn over i

4.4 Semantik

deres sandhedsværdi, eftersom udsagns sandhedsværdi i første ordens prædikatslogik, for størstedelens vedkommende, er betinget af, hvorvidt givne prædikater, relationer og for den sags skyld funktionelle forhold holder, eller ikke holder, mellem objekter i et givent domæne. Denne kendsgerning komplicerer beskrivelsen af modeller for $\mathcal{L}_{FOL}$ ganske betrageligt i forhold til udsagnslogikken, og den fulde semantik for første ordens sprog henlægges derfor som †-afsnit 4.7 under †-afsnittet 4.6, da den er del af den yderligere beskrivelse af de formelle strukturer, som man kan vælge at se nærmere på nedenfor. Vi nøjes således for indeværende med en uformel beskrivelse af semantikken for første ordens prædikatslogikken.

Lad os som introducerende eksempel til semantikken for $\mathcal{L}_{FOL}$ vise, at

1. $\forall x[F(x) \leftrightarrow (G(x) \lor \neg H(x))]$

ikke følger af præmisserne

2. $\exists x(F(x) \land G(x)), \exists x(F(x) \land H(x)), \forall x(G(x) \rightarrow \neg H(x))$.

Vi går direkte efter et modeksempel, hvilket igen vil sige en fortolkning, også kaldet en *interpretation*, som gør (1) falsk og udsagnene i (2) sande. For at fortolke disse udsagn må vi have et domæne $\mathbb{D}$ og fortolke F, G og H som prædikater i $\mathbb{D}$. Ekstensionerne af F, G og H er således delmængder af $\mathbb{D}$. Et modeksempel til

$$\forall x[F(x) \leftrightarrow (G(x) \lor \neg H(x))]$$

kræver enten

1. et objekt σ fra et domæne $\mathbb{D}$, som ligger i ekstensionen af F, $\sigma \in Ext(F)$, men på samme tid $\sigma \notin Ext(G)$ og $\sigma \in Ext(H)$, eller

2. et objekt σ fra $\mathbb{D}$, der ikke er element i $Ext(F)$, men enten er element i $Ext(G)$ eller ikke element i $Ext(H)$.

Den første præmis $\exists x(F(x) \land G(x))$ kræver, at der findes et objekt σ_1 i $Ext(F)$ og $Ext(G)$. Den anden præmis $\exists x(F(x) \land H(x))$ kræver, at der findes et objekt σ_2 i $Ext(F)$ og $Ext(H)$. Hvis $\sigma_2 = \sigma_1$, så ville vi have, at den tredje præmis ville blive falsk, idet den siger, at alle objekter, som ligger i G, ikke ligger i H. Altså vælger vi $\sigma_2 \neq \sigma_1$, og antager, at σ_2 ikke ligger i $Ext(G)$.

Vi behøver ikke mere for at producere modeksemplet, så vi sætter:

$\mathbb{D} = \{\sigma_1, \sigma_2\}$.

$Ext(F) = \{\sigma_1, \sigma_2\}$.

$Ext(G) = \{\sigma_1\}$.

$Ext(H) = \{\sigma_2\}$.

Vi har set, at alle præmisserne bliver sande ved denne fortolkning. Men konklusionen bliver falsk, idet $\sigma_2 \in Ext(F)$, men $\sigma_2 \notin Ext(G)$ og $\sigma_2 \in Ext(H)$. Betingelse (1) ovenfor er således opfyldt.

Fortolkningen, eller modellen, vi har konstrueret, kan gengives i følgende matrix:

	F	G	H
σ_1	+	+	−
σ_2	+	−	+

Hvis udsagnene yderligere havde indeholdt individualkonstanter og funktionssymboler, skulle de også interpreteres.

Betragt udsagnet

$$\forall x[f(x) \neq a]. \tag{4.15}$$

Hvis dette udsagn skal være sandt i et domæne $\mathbb{D}$, så skal $\mathbb{D}$ indeholde et objekt $a_\mathbb{D}$, som a refererer til. Endvidere skal der findes en funktion $f_\mathbb{D}$ på $\mathbb{D}$, som fortolker f. Da udsagnet med denne interpretation kræver, at $f_\mathbb{D}(a_\mathbb{D}) \neq a_\mathbb{D}$, må der findes endnu et objekt b, så $f_\mathbb{D}(a_\mathbb{D}) = b$. Altså kan vi fortolke (4.15) som sand ved at kræve at:

$\mathbb{D} = \{a_\mathbb{D}, b\}$.

$f_\mathbb{D}(a_\mathbb{D}) = b$.

$f_\mathbb{D}(b) = b$.

En interpretation af en mængde af *sætninger* i $\mathcal{L}_{FOL}$ består således af følgende elementer:

1. Et domæne $\mathbb{D}$ af objekter.

2. En tilskrivning af ekstensioner i $\mathbb{D}$ til relationssymbolerne, som forekommer i sætningerne.

3. En tilskrivning af ekstensioner i $\mathbb{D}$ til funktionssymbolerne, som forekommer i sætningerne.

4. Tilskrivning af objekter i $\mathbb{D}$ til individualkonstanterne, som forekommer i sætningerne.

Vi mangler endnu at fortolke åbne formler fra $\mathcal{L}_{FOL}$. Betragt formlen

$$\exists y[P(y) \land \neg P(x)]. \tag{4.16}$$

Denne formel har en fri variabel x. Man fortolker denne formel ved at tillade, at x kan betegne et vilkårligt objekt i domæne $\mathbb{D}$. Eksempelvis kan

4.4 Semantik

vi vælge $\mathbb{D} = \{a, b\}$ og lade $Ext(P) = \{b\}$. Hvis vi så lader x referere til a, vil (4.16) blive sand. Hvorimod (4.16) vil blive falsk, hvis x refererer til b. Åbne formler kan således blive enten sande eller falske afhængig af, hvordan man fortolker de frie variable.

Denne måde at fortolke eller interpretere formler fra $\mathcal{L}_{FOL}$ på blev introduceret af den indflydelsesrige polske logiker Alfred Tarski (1901-1983) i 1930'erne. Vi skal senere i †-afsnit 4.7 give en præcis matematisk formulering af Tarskis definition af sandhed for formler i givne domæner.

4.4.2 (†) Modeller – endelige og uendelige

Ved en *teori* i $\mathcal{L}_{FOL}$ skal vi forstå en mængde T af sætninger i $\mathcal{L}_{FOL}$, i.e. en mængde af lukkede formler i $\mathcal{L}_{FOL}$. Sætningerne i T kaldes T's aksiomer. En interpretation $\mathbb{M}$, som gør T's aksiomer sande, kaldes en *model* for T, og vi skriver

$$\mathbb{M} \models T.$$

Som et første eksempel på en simpel teori T_1, betragt aksiomerne:

A_i $\quad \forall x \neg R(x, x)$.

A_{ii} $\quad \exists x R(a, x)$.

A_{iii} $\quad \forall x \exists y R(x, y)$.

T_1 vil have en simpel struktur

$$\mathcal{D}_1 = \langle \mathbb{D}_1, R_{\mathbb{D}_1} \rangle,$$

hvor $\mathbb{D}_1 = \{a_1, a_2\}$, a refererer til a_1 og $R_{\mathbb{D}_1} = \{(a_1, a_2), (a_2, a_1)\}$ i.e. $R_{\mathbb{D}_1}(a_1, a_2)$ og $R_{\mathbb{D}_1}(a_2, a_1)$ som det fremgår af figur 4.3.

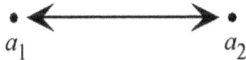

Figur 4.3 En endelig model for teorien T_1.

Vi definerer nu teorien T_2 ved at tilføje aksiomet

A_{iv} $\quad \forall x \forall y (R(x, y) \rightarrow \neg R(y, x))$

til T_1. $\mathcal{D}_1$ er ikke en model for T_2, idet A_{iv} er falsk i $\mathcal{D}_1$, da

$$R_{\mathbb{D}_1}(a_1, a_2) \rightarrow \neg R_{\mathbb{D}_1}(a_2, a_1)$$

ikke gælder. Men $\mathcal{D}_2$ er en model for T_2, hvor

$$\mathcal{D}_2 = \langle \mathbb{D}_2, R_{\mathbb{D}_2} \rangle$$

er defineret ved

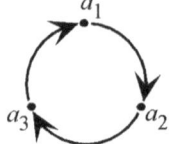

Figur 4.4 En endelig model for teorien T_2.

$\mathbb{D}_2 = \{a_1, a_2, a_3\}$

$a_{1_D} = a_1$, og

$R_{\mathbb{D}_1} = \{(a_1, a_2), (a_2, a_3), (a_3, a_1)\}$.

Se figur 4.4.
Teorien T_3 defineres ved at tilføje aksiomet

$\mathsf{A}_v \quad \forall x \forall y \forall z [(R(x,y) \land R(y,z)) \to R(x,z)]$

til teorien T_2. Hverken $\mathcal{D}_1$ eller $\mathcal{D}_2$ er modeller for T_3. Der kræves uendelig mange objekter for at tilfredsstille T_3. Definér modellen

$$\mathcal{D}_3 = \langle \mathbb{D}_3, R_{\mathbb{D}_3} \rangle$$

ved

$\mathbb{D}_3 = \{a_1, a_2, a_3, a_4, a_5, a_6, \ldots\}$ og

$R_{\mathbb{D}_1} = \{(a_1, a_2), (a_2, a_3), (a_3, a_4), \ldots\}$

som det fremgår af figur 4.5.

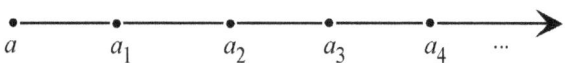

Figur 4.5 En ikke-endelig model for teorien T_3.

Man kan nemt vise, at alle modeller for T_3 må indeholde uendelig mange objekter.

4.5 Logisk form og formalisering

Lad os i forbindelse med formaliseringen af natursproglige sætninger betragte $\mathcal{L}_{FOL}$ uden funktionssymbolerne, idet disse symboler sjældent er relevante for simple natursproglige formuleringer. $\mathcal{L}_{FOL}$ består herefter af:

4.5 Logisk form og formalisering

1. Alle elementer af definition 2, side 22, dvs. propositionssymbolerne $p_1, p_2, p_3, \ldots$, parenteser '(,)' og de logiske konnektiver $\neg, \wedge, \vee, \rightarrow, \leftrightarrow$.

2. Individuelle variable $x, y, z, \ldots$

3. Individuelle konstanter $a, b, c, \ldots$

4. Monadiske prædikatssymboler $P, T, S, \ldots$

5. Relationssymboler, $R, H, G, \ldots$ og identitetssymbolet $=$.

6. Universalkvantoren $\forall$ og eksistenskvantoren $\exists$.

Det er klart, at denne udlægning af $\mathcal{L}_{FOL}$ udgør en begrænset del af definition 19.

Sproget $\mathcal{L}_{FOL}$ er udtryksmæssigt betydeligt mere ydedygtigt end $\mathcal{L}$, hvilket vi allerede har set eksempler på. Ud over kvantorerne og hermed individualvariable og -konstanter så bidrager prædikaterne og relationerne til $\mathcal{L}_{FOL}$'s udtryksmæssige styrke.

For det første skal vi notere os, at universal- og eksistenskvantoren er interdefinable, givet negationen. Hvis det eksempelvis er tilfældet, at

ikke alle mennesker er dødelige

så betyder det, at

der findes mindst et menneske, som ikke er dødeligt.

Som *oversættelsesnøgle* antager vi, at kvantorerne løber over mængden af mennesker, i.e. vort domæne er mængden af mennesker, samt at D betegner prædikatet at være dødelig, i.e. $D(x)$ betyder 'x er dødelig'. De to sætninger får følgende udseende:

$$\neg \forall x D(x) \quad \text{og} \quad \exists x \neg D(x).$$

Med andre ord, så indser vi intuitivt, at negationen af en universalkvantificeret påstand er logisk ækvivalent med at vende universalkvantoren til en eksistenskvantor og negere det, som den oprindelige universalkvantor har rækkevidde over

$$\neg \forall x D(x) \leftrightarrow \exists x \neg D(x). \tag{4.17}$$

Tilsvarende gælder for eksistenskvantoren

$$\neg \exists x D(x) \leftrightarrow \forall x \neg D(x). \tag{4.18}$$

Vi skriver generelt (4.17) som

$$\neg \forall x A \leftrightarrow \exists x \neg A \tag{4.19}$$

og (4.18) som

$$\neg \exists x A \leftrightarrow \forall x \neg A \quad (4.20)$$

hvor A er en vilkårlig velformet formel. (4.19) og (4.20) betegnes *reglerne for kvantorskift*. Tilsvarende gælder

$$\neg \forall x \neg A \leftrightarrow \exists x A \quad (4.21)$$

og

$$\neg \exists x \neg A \leftrightarrow \forall x A. \quad (4.22)$$

Dette muliggør, at $\forall x$ helt kan udskiftes med $\neg \exists x \neg$ og $\exists x$ med $\neg \forall x \neg$. På denne måde kan man helt eliminere den ene kvantor.

Både (4.21) og (4.22) er oplagte: Hvis det gælder, at ikke alle mennesker er udødelige, så er det det samme som at sige, at der findes et menneske, som er dødeligt. Omvendt: Hvis ikke der findes et menneske, som ikke er dødeligt, så er alle mennesker dødelige.

Det skal bemærkes, at i det simple eksempel kunne vi have valgt et større domæne for kvantorerne at løbe over, eksempelvis mængden af alle ting på Jorden, inklusive mængden af mennesker. Sætningerne

> Ikke alle mennesker er dødelige

og

> Der findes mindst et menneske, som ikke dødeligt

skulle så fortolkes på en anden måde. Vort domæne, $\mathbb{D}$, er i dette tilfælde alle ting på Jorden. Vi indfører derfor to prædikater, M og D, hvor $M(x)$ betyder 'x er menneske', og $D(x)$ betyder 'x er dødelig'. De to sætninger kan så formaliseres som henholdsvis

$$\neg \forall x (M(x) \rightarrow D(x))$$

og

$$\exists x (M(x) \wedge D(x)).$$

Idéen med prædikatet M er at relativere kvantorerne til mennesker.

Generelt er det sådan, at ønsker vi at benytte kvantorerne over en begrænset del af et domæne, kan dette ske ved, at vi indfører et prædikat, der som ekstension netop har mængden af de objekter, vi ønsker at kvantificere over.

Lad $\mathbb{D}$ være et domæne af objekter og antag, at vi ønsker at kvantificere over en delmængde $\mathbb{D}_1$ af $\mathbb{D}$. Vi indfører så et prædikatsymbol D_1, som skal fortolkes så

$$Ext(D_1) = \mathbb{D}_1.$$

Det vil sige, at $D_1(x)$ skal være sand, hvis, og kun hvis, $x_{\mathbb{D}} \in \mathbb{D}_1$, hvor $x_{\mathbb{D}}$ er det objekt i $\mathbb{D}$, som x refererer til. Vi kan så relativere kvantorerne til $\mathbb{D}_1$ ved at skrive

4.5 Logisk form og formalisering

$$\forall x(D_1(x) \rightarrow \ldots)$$

i stedet for $\forall x(\ldots)$, og at skrive

$$\exists x(D_1(x) \land \ldots)$$

i stedet for $\exists x(\ldots)$.

Lad os nu betragte et mere komplekst eksempel, der indeholder såvel prædikater som relationsudtryk:

> Ingen forærer noget til andre, som vedkommende har fået af sine børn.

Denne sætning indeholder såvel prædikater som relationsudtryk. Bemærk, at vi undervejs i formaliseringen vælger at oversætte den natursproglige sætning til det "semi-formelle" første ordens sprog, der klarlægger de logiske konnektiver, monadiske prædikater, relationsudtryk og de indgående kvantorer samt deres rækkevidde.

1. Specificér den natursproglige sætnings struktur, i.e. domænet og dets elementer, prædikater og relationsudtryk

$$\mathcal{D} = \langle \mathbb{D}, P, B, M \rangle$$

hvor $\mathbb{D}$ er domænet af ting med oversættelsesnøglen: $P(x)$:'x er en person', $B(x,z)$:'z er barn af x', mens $M(x,y,z)$:'x har modtaget y af z'. Bemærk, at vi i denne formalisering ikke har valgt at splitte domænet, men lader prædikats- og relationsudtrykkene gøre denne del af arbejdet. Herefter identificerer vi de logiske konnektiver:

2. Læs: *Uanset hvilken ting man tager*
   hvis den er en person, så forærer den ikke noget til andre, som den har fået af sine børn

   $\forall x(P(x) \rightarrow x$ forærer ikke noget til andre, som x har fået af sine børn)).

3. Læs: *Uanset hvilken ting man tager*
   hvis x har modtaget den y af sine børn, så forærer x ikke y til andre

   $\forall y(x$ har modtaget y af sine børn $\rightarrow x$ forærer ikke y til andre)

4. Læs: *Der findes mindst én ting således*
   at den z er barn af x og x har modtaget y af z

   $$\exists z(B(z,x) \land M(x,y,z)).$$

5. Læs: *Ikke*: *Der findes mindst én ting, således at den er en person z, og den har modtaget y af x*

$$\neg \exists z (P(z) \land M(z,y,x)).$$

6. Afslutningsvist kan punkterne 1 - 5 samles i den endelige formalisering

$$\forall x \, [P(x) \to \forall y [\exists z (B(z,x) \land M(x,y,z)) \to \neg \exists z (P(z) \land M(z,y,x))]] \tag{4.23}$$

Hvor en kvantor står inden for rækkevidden af en anden kvantor som i (4.23), taler vi om *indlejrede* kvantorer.

4.5.1 Tal og identitet

Introduktionen af identitetsrelationen giver os yderligere udtryksmæssig ydedygtighed. Lad indledningsvis domænet være lande. En sætning af typen:

Der findes mindst én supermagt

kan åbenlyst formaliseres som

$$\exists x S(x).$$

Der kan imidlertid være mere end én supermagt – mindst to eksempelvis

Der findes mindst to supermagter

hvor disse to supermagter er forskellige. Med andre ord, der findes to supermagter x_1 og x_2, men hvis vi ikke ved samme lejlighed gør opmærsom på, at x_1 og x_2 er forskellige, så kan disse to supermagter i princippet være sammenfaldende, hvorfor der så ikke ville være mindst to, men kun én. Derfor er det vigtigt at tilføje denne ulighed i den formaliserede udgave, hvilket beløber sig til den sidste konjunkt $\neg(x_1 = x_2)$, der også kan skrives som $(x_1 \neq x_2)$:

$$\exists x_1 \exists x_2 \, [S(x_1) \land S(x_2) \land \neg(x_1 = x_2)]$$

Tilsvarende, hvis der findes mindst tre forskellige supermagter

$$\exists x_1 \exists x_2 \exists x_3 \left[\begin{array}{c} S(x_1) \land S(x_2) \land S(x_2) \land \\ \neg(x_1 = x_2) \land \neg(x_2 = x_3) \land \neg(x_1 = x_3) \end{array} \right]$$

og sådan fremdeles.

Omvendt er det tillige muligt at specificere, at

4.5 Logisk form og formalisering

Der findes højest én supermagt,

hvilket kan udtrykkes som, at der *ikke* findes mindst to supermagter

$$\neg \exists x_1 \exists x_2 [S(x_1) \land S(x_2) \land \neg(x_1 = x_2)]$$

og som, givet reglen for kvantorskift (4.20), er logisk ækvivalent med

$$\forall x_1 \forall x_2 \neg [S(x_1) \land S(x_2) \land \neg(x_1 = x_2)]$$

og som, givet DEM, (se side 85) er logisk ækvivalent med

$$\forall x_1 \forall x_2 [\neg S(x_1) \lor \neg S(x_2) \lor \neg\neg(x_1 = x_2)]$$

og som givet omskrivningen af negationen af en disjunktion til en materiel implikation samt DN-reglen, slutteligt er logisk ækvivalent med

$$\forall x_1 \forall x_2 [S(x_1) \land S(x_2) \to (x_1 = x_2)].$$

Sidstnævnte siger, at for så vidt der er to lande, som er supermagter, når hele domænet betragtes, da må disse to lande være den samme supermagt, hvorfor der højest er en af disse magter. Tilsvarende gælder, hvis

Der er højest to supermagter,

der kan formaliseres som

$$\neg \exists x_1 \exists x_2 \exists x_3 \left[\begin{array}{c} S(x_1) \land S(x_2) \land S(x_3) \land \neg(x_1 = x_2) \land \\ \neg(x_1 = x_3) \land \neg(x_2 = x_3) \end{array} \right]$$

og som er logisk ækvivalent med

$$\forall x_1 \forall x_2 \forall x_3 \left[\begin{array}{c} (S(x_1) \land S(x_2) \land S(x_3)) \to \\ ((x_1 = x_2) \lor (x_1 = x_3) \lor (x_2 = x_3)) \end{array} \right]$$

og sådan fremdeles.

Når vi har både mindst og højest, kan vi tillige formalisere, hvad det vil sige, at

Der er præcis én supermagt

ved så at sige kombinere notationen for mindst og højest til

$$\exists x [S(x) \land \forall y (S(y) \to y = x)]$$

som siger, at der findes et land, nemlig supermagt x, og for alle andre lande, y, hvis de er supermagter, så er de lig med x. På tilsvarende vis kan vi udtrykke, at

Der er præcis to supermagter

ved
$$\exists x_1 \exists x_2 \left[\begin{array}{l} (S(x_1) \wedge S(x_2) \wedge \neg(x_1 = x_2) \wedge \\ \forall y (S(y) \rightarrow (y = x_1) \vee (y = x_2)) \end{array} \right]$$

som fortæller, at der findes to lande x_1 og x_2, for hvilke det gælder, at de er supermagter og forskellige, og for alle andre lande, y, hvis de er supermagter, så er de enten identiske med x_1 eller x_2, hvorfor der er præcis to supermagter. For udtrykket 'præcis ét x med egenskaben F' anvendes undertiden også udtrykket

$$\exists! x F(x)$$

hvor $\exists!$ betegnes *unikhedskvantoren*.

4.5.2 Bestemte beskrivelser

Formaliseringer, der specificerer eksistensen af præcis ét objekt, lader os ydermere *eliminere* de såkaldte *bestemte beskrivelser* af typen

Supermagten har den største hær.

Supermagten er en bestemt beskrivelse, der peger på den og kun den ting, som er supermagt, x, og for alle andre lande, y, hvis de er supermagter, så er de lig med x. Dertil kommer, at der findes en ting, z, således at den er en hær, og for alle andre ting, u, hvis de er hære, så er z større end dem, og supermagt x har denne hær z. Formaliseringen ser herefter således ud:

$$\exists x \, [S(x) \wedge \forall y(S(y) \rightarrow y = x) \wedge \exists z(H(z) \wedge \forall u(H(u) \rightarrow R(z,u)) \wedge J(x,z))]$$

med formaliseringsnøglen

$S(x) : x$ er supermagt

$H(x) : x$ er hær

$R(x, y) : x$ er større end y, og

$J(x, y) : x$ har y.

Et udtryk af typen $\exists x \, [S(x) \wedge \forall y(S(y) \rightarrow y = x)]$ identificerer netop ét objekt, og man kan vælge at indføre en operator, som netop giver dette objekt. Således kan man vælge at indføre

$$\iota x S(x)$$

for netop det objekt som $\exists x \, [S(x) \wedge \forall y(S(y) \rightarrow y = x)]$ definerer.

Bestemte beskrivelser kan indgå i ret komplekse sammenhænge. Betragt eksempelvis sætningen

4.5 Logisk form og formalisering

Supermagten USA er den eneste supermagt, der har den største hær, men den mindste flåde.

Denne sætnings logiske form beløber sig til

1. at der findes et land, som er supermagt, x, og

2. for alle andre lande, y, hvis de er supermagter, så er de lig med x, og

3. x er lig med a, hvor a betegner USA, og

4. der findes mindst en ting z, som er en hær, og

5. for alle andre ting, u, hvis de er hære, så er z større end dem, og

6. supermagt x har denne hær z

7. og der findes en ting, t, som er en flåde

8. og for alle andre ting, v, hvis de er flåder, så er t mindre end dem og x har t.

Bemærk, at landet USA fortolkes som en individualkonstant a. Vi har herefter følgende formalisering:

$$\exists x \left[\begin{array}{l} S(x) \land \forall y(S(y) \to y = x) \land x = a \land \exists z(H(z) \land \\ \forall u(H(u) \to R(z,u)) \land J(x,z) \land \\ \exists t(F(t) \land \forall v(F(v) \to R(v,t)) \land J(x,t) \end{array} \right]$$

hvor $F(x) : x$ er flåde, og den resterende oversættelsesnøgle er givet ovenfor.

Sætninger af typen

Den franske konge har ikke en hårpragt,

der indeholder en eliminérbar bestemt beskrivelse 'den franske konge' skaber problemer. Lad domænet være mennesker. Da ville den mest nærliggende formalisering i overensstemmelse med ovenfor beskrevne procedure for eliminering være

$$\exists x[(K(x) \land \forall y(K(y) \to y = x)) \land \neg H(x)] \tag{4.24}$$

således at der eksisterer et menneske, x, hvorom det gælder, at det er fransk konge, $K(x)$, og for alle andre mennesker, y, gælder, at er de franske konger, så er de lig med x, og x har ikke hårpragt, $\neg H(x)$. Problemet med netop denne udlægning består i, at vi qua eksistenskvantoren hævder eksistensen af et sådan menneske, men faktum er, at Frankrig ingen konge har, uafhængig af om en sådan person så i øvrigt måtte have hår eller ej, hvorfor (4.24) bliver falsk.

Sætningen

Den franske konge har ikke en hårpragt

kan imidlertid formaliseres på en anden måde, idet vi antager, at negationen vedrører hele sætningen og ikke kun, om x har hårpragt. Det giver formaliseringen

$$\neg \exists x [K(x) \land \forall y (K(y) \to y = x) \land H(x)]. \qquad (4.25)$$

Denne sætning siger, at der ikke findes en person, som er konge af Frankrig og har hårpragt. Det er en sand sætning.

Den engelske logiker, matematiker, filosof og modtager af Nobels litteraturpris Bertrand Russell (1872-1970) gjorde opmærksom på, at sætninger, som indeholder bestemte beskrivelser og negationer, ofte tillader flere fortolkninger. Det afgørende er, hvordan den bestemte beskrivelse står i forhold til negationen. Russell sondrer mellem de tilfælde, hvor den bestemte beskrivelse står i

primær forekomst, (4.24),

og de tilfælde, hvor den bestemte beskrivelse står i

sekundær forekomst, (4.25).

I sidste tilfælde er negationen hovedkonnektivet.

Sondringen mellem primær og sekundær forekomst viser således, at visse natursproglige sætninger er flertydige. Fortolket som (4.24) bliver den oprindelige sætning falsk, men fortolket som (4.25) er den sand.

Denne flertydighed behøver desværre ikke kun at betyde, at sætninger enten er sande eller falske, afhængig af om den bestemte beskrivelsesoperator står i primær eller sekundær forekomst. Flertydigheden kan også betyde, at begge sætninger er sande, uafhængigt af om den bestemte beskrivelsesoperator står i primær eller sekundær forekomst, men den ene er blot mere 'tro' mod den oprindelige sætning end den anden. Betragt eksempelvis

Forfatteren til *Syv Fantastiske Fortællinger* er ikke tysk

forstået som

$$\exists x \, [F(x, a) \land \forall y (F(y, a) \to y = x)) \land \neg T(x)] \qquad (4.26)$$

hvor $F(x, y)$ betyder 'x er forfatter til y', $T(x)$ betyder 'x er tysk', mens a betegner værket *Syv Fantastiske Fortællinger* og

$$\neg \exists x \, [F(x, a) \land \forall y (F(y, a) \to y = x)) \land T(x)]. \qquad (4.27)$$

4.5 Logisk form og formalisering

Hvis den bestemte beskrivelsesoperator står i primær forekomst som i (4.26), så resulterer det i en sand sætning, idet Karen Blixen ikke er tysk, men dansk. Står den bestemte beskrivelsesoperator omvendt i sekundær forekomst, (4.27), så siger sætningen, at der ikke findes en tysk forfatter til *Syv Fantastiske Fortællinger*. Det er også en sand sætning. Forskellen mellem de to formaliseringer er, at (4.26) hævder eksistensen af forfatteren, hvorimod (4.27) kun siger, at forfatteren ikke kan være tysk.

Introduktionen af primær og sekundær forekomst er et værdifuldt værktøj i forståelsen af flertydigheden af natursproglige formuleringer. Selv om første ordens sproget er betragteligt mere udtryksmæssigt ydedygtigt end det udsagnslogiske sprog, så er der stadig mange tilfælde, hvor det kan være svært at gengive det natursproglige indhold, og den logiske form, af en given sætning. Det kan enten være fordi det fulde første ordens sprog stadig er for udtryksmæssigt fattigt, eller fordi en given natursproglig formulerings mening er kontekstsensitiv.

4.5.3 Heuristik

Heuristikken for identifikation af logisk form og formalisering af natursproglige sætninger og argumenter i $\mathcal{L}_{FOL}$ er en udvidelse af heuristikken udviklet i forbindelse med identifikation af logisk form og formalisering af natursproglige sætninger i $\mathcal{L}$, afsnit 2.4, side 33. Til denne tidligere formaliseringsheuristik tilføjes følgende punkter:

5. *Identificér* argumentets (eller den natursproglige sætnings) struktur $\mathcal{D}$:

    (a) *Domænet* $\mathbb{D}$.

    (b) *Monadiske prædikatsudtryk. Indfør ved denne lejlighed en formaliseringsnøgle for disse prædikatsudtryk*: $F, G, H, \ldots$

    (c) *Relationsudtryk og deres aritet. Indfør ved denne lejlighed en formaliseringsnøgle for disse relationsudtryk*: $R, S, T, \ldots$

    (d) *Individuelle konstanter. Indfør ved denne lejlighed også en formaliseringsnøgle for disse individuelle konstanter*: $a, b, c, \ldots$

6. *Identificér præmisser og konklusion.*

7. *Identificér de* hovedkonnektiver*, der optræder i præmisser og konklusion inklusive de* universal- og eksistenskvantorer*, der måtte optræde.*

8. *Identificér de* underkonnektiver*, der optræder i præmissernes og konklusionens delformler inklusive de* universal- og eksistenskvantorer*, der måtte optræde.*

mindst én F	$\exists x F(x)$
mindst to F	$\exists x_1 \exists x_2 [F(x_1) \wedge F(x_2) \wedge \neg(x_1 = x_2)]$
højest én F	$\neg \exists x_1 \exists x_2 [F(x_1) \wedge F(x_2) \wedge \neg(x_1 = x_2)]$
højest to F	$\neg \exists x_1 \exists x_2 \exists x_3 \left[\begin{array}{l} F(x_1) \wedge F(x_2) \wedge F(x_3) \wedge \\ (\neg(x_1 = x_2) \wedge \\ (\neg(x_2 = x_3) \wedge \neg(x_1 = x_3))) \end{array} \right]$
præcis én F	$\exists x [F(x) \wedge \forall y (F(y) \rightarrow y = x)]$
præcis to F	$\exists x_1 \exists x_2 \left[\begin{array}{l} F(x_1) \wedge F(x_2) \wedge \neg(x_1 = x_2) \wedge \\ \forall y (F(y) \rightarrow y = x_1 \vee y = x_2) \end{array} \right]$
bestemt beskrivelse	$\exists x [F(x) \wedge \forall y (F(y) \rightarrow y = x)]$ (husk primær eller sekundær forekomst)

Tabel 4.1 Tal, identitet og beskrivelse.

9. *Omskriv eventuelt sætningerne i præmisser og konklusion til et "semi-formelt" sprog.*

10. *Formalisér.*

I forbindelse med identifikation af logisk form og formalisering i $\mathcal{L}_{FOL}$ anbefales computerprogrammet **Tarski's World**[2], der findes til både Mac og PC. Tabel 4.1 er en fortegnelse over ofte anvendte formaliseringskonstruktioner.[3]

Opgaver

Oversæt følgende natursproglige sætninger til velformede formler i $\mathcal{L}_{FOL}$.

1. *Alle ravne er sorte.*

2. *Enhver, der er vedholdende, kan lære logik.*

---

[2] Tarski's World:
http://www-csli.stanford.edu/hp/Logic-software.html.

[3] I forbindelse med den bestemte beskrivelse i tabel 4.1 er der tale om det entydige x med egenskaben F.

4.5 Logisk form og formalisering

3. *Hvis nogen kan overhovedet, så er det Klaus.*

4. *Søren hader alle, der ikke hader sig selv.*

5. *Der er ingen på statistikholdet, der er klogere end nogen på logikholdet.*

6. *Kejseren af Kina har højest to konkubiner.*

7. *Blandt de naturlige tal ligger mellem tallet 4 og tallet 8 et tal, der er større end 5 og mindre end 7, og det tal er 6.*

8. *John Milton er forfatteren til "Det Tabte Paradis".*

9. *Der er ingen mængde, der præcis indeholder de mængder, som ikke indeholder sig selv.*

10. *Der er ingen barber, der barberer præcis de mænd, som ikke barberer sig selv.*

Til sætningen

Alle ravne er sorte

hører en interessant historie. Den tidlige logiske positivisme anført blandt andet af filosofferne H. Reichenbach (1891-1953), R. Carnap (1891-1970) og C.G. Hempel (1905-1997) var af den opfattelse, at især fysiske naturlove præcis kunne formuleres som sådanne universalkvantificerede implikationer i $\mathcal{L}_{FOL}$.[4] Ifølge positivismen var en af videnskabens vigtigste opgaver at især verificere (eller muligvis falsificere) naturlove via konfirmation (eller afkræftelse) ved enkelt-instanser. Det giver anledning til et logisk problem med absurde konsekvenser: Hvis Fønix er en ravn, og Fønix er sort, vil sætningen "Fønix er en ravn, og Fønix er sort" være en konfirmerende instans af den universalkvantificerede materielle implikation "Alle ravne er sorte". I denne form for konfirmationsteori antages det yderligere, at konfirmation er afsluttet over for logisk ækvivalens. Med andre ord, hvis en sætning som "Fønix er en ravn, og Fønix er sort" konfirmerer "Alle ravne er sorte", så vil enhver sætning, der er logisk ækvivalent med "Fønix er en ravn, og Fønix er sort" også konfirmere "Alle ravne er sorte" i samme grad. Formaliseres "Alle ravne er sorte" i $\mathcal{L}_{FOL}$, opnås

$$\forall x(R(x) \to S(x)) \qquad (4.28)$$

med den oplagte formaliseringsnøgle. Nu er (4.28) logisk ækvivalent med kontrapositionen

$$\forall x(\neg S(x) \to \neg R(x)). \qquad (4.29)$$

---

[4] $\mathcal{L}_{FOL}$ blev af den logiske positivisme opfattet som *sproget*, i hvilket videnskaberne, især fysikken, kunne gengives.

Det betyder, at enhver genstand, der ikke er sort og ikke en ravn ikke blot konfirmerer (4.29) men også (4.28). Sagt på en anden måde, ud over sorte ravne så konfirmerer også sølvfarvede biler af Audi TT-typen, gule karrysild i glas, røde knækpølser fra Steff-Houlberg koncernen, gennemstegte brune fasaner i hollandaise og overvægtige hvide mænd i 40'erne også sætningen "Alle ravne er sorte". Denne absurde konsekvens blev af C.G. Hempel kaldt *ravneparadokset*.

Litteraturen er rig på løsningsforslag. Nogle har afvist ideén om en konfirmationsteori, hvor hypoteser konfirmeres af positive instanser, men afkræftes af negative instanser. Andre har afvist ækvivalensbetingelsen. Der er i dag ikke nogen entydig og tilfredsstillende løsning på paradokset, ud over at det synes at vidne om, at $\mathcal{L}_{FOL}$ næppe er det mest velegnede sprog til at formulere naturens lovmæssigheder i.

Et andet logisk paradoks kommer til udtryk i sætningerne *"Der er ingen mængde, der præcis indeholder de mængder, som ikke indeholder sig selv"* og til dels i sætningen *"Der er ingen barber, der barberer præcis de mænd, som ikke barberer sig selv"*. Det er *Russells paradoks*, også betegnet det *mængdeteoretiske paradoks*, som vi skal se nærmere på i kapitel 5, †-afsnit 5.6.

4.6 (†) Formelle strukturer

Dette afsnit forudsætter kendskab til elementer i mængdeteoretisk notation. Vi vil indledningsvist introducere nogle af de begreber, som vil blive brugt senere.

Definition 31
Lad $M_1, \ldots, M_n$, $n \geq 1$, være en endelig følge af mængder. Vi definerer:

1. $\bigcup_{i=1}^{n} M_i$ ved

$$\bigcup_{i=1}^{n} M_i = M_1 \cup M_2 \cup M_3 \cup \ldots \cup M_n.$$

2. $\bigcap_{i=1}^{n} M_i$ ved

$$\bigcap_{i=1}^{n} M_i = M_1 \cap M_2 \cap M_3 \cap \ldots \cap M_n.$$

Definition 32
Lad potensmængden $\mathcal{P}(M)$ til M være mængden af alle M's delmængder:

$$\mathcal{P}(M) = \{X \mid X \subseteq M\}.$$

4.6 (†) Formelle strukturer

Betragt eksempelvis mængden $M = \{1, 2, 3\}$. Potensmængden af M er

$$\mathcal{P}(1,2,3) = \{\{1,2,3\}, \{1,2\}, \{1,3\}, \{2,3\}, \{1\}, \{2\}, \{3\}, \emptyset\}.$$

Hvis en mængde M har k elementer, så har potensmængden, $\mathcal{P}(M)$, 2^k elementer.

Definition 33
Det cartesiske produkt af to vilkårlige mængder M og N er mængden af alle ordnede par, for hvilke det gælder, at det første argument er element i M, og det andet argument er element i N:

$$M \times N = \{(a,b) \mid a \in M \text{ og } b \in N\}.$$

Det cartesiske produkt af en endelig følge af mængder $M_1, \ldots, M_n$, $n \geq 1$, skrives som

$$\prod_{i=1}^{n} M_i = M_1 \times M_2 \times M_3 \times \ldots \times M_n.$$

Altså

$$\prod_{i=1}^{n} M_i = \{(x_1, \ldots, x_n) \mid x_1 \in M_1 \text{ og } x_2 \in M_2 \ldots x_n \in M_n\}.$$

I mængdelæren defineres relationer ud fra deres ekstensioner:

Definition 34
1. En binær relation R mellem M og N er en delmængde af det cartesiske produkt $M \times N$, $R \subseteq M \times N$.

2. En binær relation R på en mængde M er en delmængde af det cartesiske produkt $M \times M$, $R \subseteq M \times M$.

3. En n-aritets relation R mellem mængderne $M_1, \ldots, M_n$ er en delmængde af det cartesiske produkt $M_1 \times M_2 \times M_3 \times \ldots \times M_n$, $R \subseteq M_1 \times M_2 \times M_3 \times \ldots \times M_n$.

Tilsvarende kan vi formelt definere en funktion således:

Definition 35
Lad M og N være mængder. En funktion, eller afbildning, f, fra M ind i N er en relation, som til ethvert element $a \in M$ tilordner ét og kun et element $f(a)$ i N. En sådan funktion betegnes

$$f : M \longrightarrow N$$

og vi kalder $f(a)$ billedet af a ved f.

Mængden af de elementer i N, som er billede af mindst ét element i M, kaldes f's *værdimængde* og betegnes $Im(f)$. Nogle gange er en funktion f ikke defineret på hele M, men kun på en delmængde, som kaldes f's *definitionsmængde* (eller domæne) og betegnes $Dom(f)$. Hvis $Dom(f)$ er forskellig fra M, kaldes f for en *partiel* funktion på M.

Definition 36
Lad $f : L \longrightarrow M$ og $g : M \longrightarrow N$ være henholdsvis funktioner af L ind i M og M ind i N. Vi definerer kompositionen $g \circ f$ ved

$$g \circ f(x) = g(f(x))$$

som det fremgår af figur 4.6.

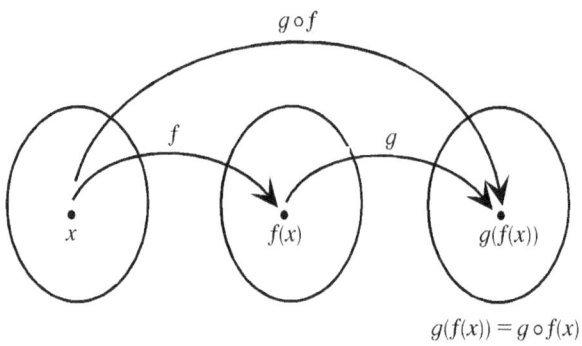

Figur 4.6 Kompositionen, $g \circ f$, af funktionerne f og g.

Lad $\mathbb{N} = \{1, 2, 3, 4, \ldots\}$ være mængden af naturlige tal. Lad eksempelvis $f : \mathbb{N} \longrightarrow \mathbb{N}$ og $g : \mathbb{N} \longrightarrow \mathbb{N}$ være funktionerne

$$f(x) = x^2$$

og

$$g(x) = x + 3.$$

Da er

$$f \circ g(x) = (x + 3)^2$$

og

$$g \circ f(x) = x^2 + 3.$$

Altså er

$$f \circ g \neq g \circ f.$$

Forudsætningen for, at to funktioner f og g kan sammensættes til $g \circ f$, er, at $Im(f) \subseteq Dom(g)$.

Følgende typer af funktioner vil spille en væsentlig rolle i det følgende.

4.6 (†) Formelle strukturer

Definition 37

1. $f : M \longrightarrow N$ er en injektiv *afbildning*, hvis, og kun hvis,

$$\text{for alle } a, b \in M : \text{hvis } f(a) = f(b) \text{ så } a = b.$$

2. $f : M \longrightarrow N$ er en surjektiv *afbildning*, hvis, og kun hvis,

$$\text{for alle } b \in N \text{ eksisterer der mindst et } a \in M : f(a) = b.$$

3. $f : M \longrightarrow N$ er en bijektiv *afbildning*, hvis, og kun hvis, f er både injektiv og surjektiv, i.e.

$$\text{for alle } b \in N \text{ findes der netop et } a \in M : f(a) = b.$$

Vi bruger også betegnelserne *injektion*, *surjektion* og *bijektion* for henholdsvis en injektiv, surjektiv og bijektiv afbildning.

Hvis $f : M \longrightarrow N$ er en injektiv afbildning, så har f en *invers* afbildning, f^{-1}, fra $Im(f)$ ind i M. f^{-1} er defineret ved, for alle $b \in Im(f)$

$$f^{-1}(b) = a, \text{ hvis, og kun hvis, } b = f(a).$$

Lad $f : \mathbb{N} \longrightarrow \mathbb{N}$ være afbildningen $f(x) = x^2$. f er injektiv, og dens inverse f^{-1} har definitionsmængden

$$Dom(f^{-1}) = \{1, 4, 9, 16, 25, \ldots\} = \{k \mid \exists u \in \mathbb{N} : k = u^2\}.$$

Man betegner $f^{-1}(x) = \sqrt{x}$.

Definition 38
To mængder M og N siges at være ækvipotente, såfremt der findes en bijektion $f : M \longrightarrow N$.

Ækvipotente mængder har lige mange elementer i den forstand, at bijektionen f giver en én-til-én-tilordning mellem elementer i M og N, som det fremgår af figur 4.7.

Lad nu k være et vilkårligt naturligt tal og definér

$$\mathbb{N}_k = \{1, 2, 3, \ldots, k\} = \{i \mid i \in \mathbb{N} \text{ og } i \leq k\}.$$

$\mathbb{N}_k$ kaldes et k'te *initialsegment* af $\mathbb{N}$.

Definition 39
En mængde M er endelig (eller finit), hvis der findes et naturligt tal k, så M er ækvipotent med $\mathbb{N}_k$, eller hvis M er tom. Hvis der ikke findes et sådant k, kaldes M uendelig. M kaldes ko-endelig, hvis M's komplement er endelig.

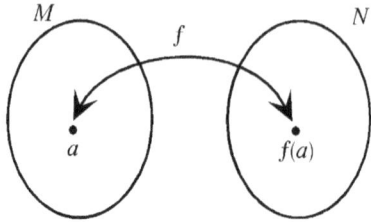

Figur 4.7 Én-til-én-tilordning mellem elementer i M og N.

Ved M's *komplement*, betegnet $\complement M$, forstår vi intuitivt klassen af objekter, der ikke er elementer i M.[5]

Definition 40
En mængde M er tællelig (eller numerabel), hvis den er ækvipotent med $\mathbb{N}$. Det betyder, at der findes en bijektion mellem $\mathbb{N}$ og M.

En mængdes "størrelse" med hensyn til antallet af elementer kaldes også for mængdens *kardinalitet*.

Med disse begreber kan vi nu generalisere vores idé om strukturer til en formel definition af matematiske strukturer:

Definition 41
En abstrakt matematisk struktur

$$\mathcal{D} = \langle \mathbb{D}, R_1, \ldots, R_\alpha, f_1, \ldots, f_\beta \rangle$$

består af følgende elementer:

1. *En mængde $\mathbb{D}$, som sædvanligvis er forskellig fra den tomme mængde kaldet strukturens* domæne.[6]

2. *α forskellige relationer $R_1, \ldots, R_\alpha$ over $\mathbb{D}$, hvor α er et helt tal, større end eller lig med 0. Med andre ord tillades det tilfælde, hvor $\alpha = 0$, hvilket betyder, at strukturen ingen relationer har. Hver af relationerne R_i, $1 \leq i \leq \alpha$, tager et bestemt antal argumenter $arg(R_i)$, hvor $arg(R_i)$ er et helt tal, større end eller lig med 1 (hvis relationen har et argument, er det som bekendt et monadisk prædikat).*

---

[5]Denne intuitive definition af komplementet er dog for vidtfavnen og giver anledning til problemer som Russells og Cantors paradokser, hvilke vi skal stifte bekendtskab med nedenfor.

[6]Ofte vil vi anvende typografien $\mathbb{D}, \mathbb{N}, \ldots$ for domæner, men vi tillader også anvendelse af $D, N, M, \ldots$ som betegnelser for domæner. $\mathbb{M}$ er reserveret som betegnelse for *model*.

4.6 (†) Formelle strukturer

3. β *forskellige* funktioner $f_1, \ldots, f_\beta$. β *er et helt tal, større end eller lig med 0. Med andre ord tillades det tilfælde, hvor strukturen ingen funktioner har. Hver af funktionerne* f_i, $1 \leq i \leq \beta$, *tager et bestemt antal argumenter* $\arg(f_i)$, *hvor* $\arg(f_i)$ *er et helt tal, større end eller lig med 0. Hvis* $\arg(f_i) = 0$, *da er* f_i *blot et element i* $\mathbb{D}$, $f_i \in \mathbb{D}$. *En funktion af* 0 *argumenter skal således opfattes som en konstant. Hvis* $\arg(f_i) \geq 1$, *tilordner* f_i *et* $\arg(f_i)$-*sæt af elementer d fra* $\mathbb{D}$ *et element i* $\mathbb{D}$:

$$(d_1, \ldots, d_{\arg(f_i)}) \longrightarrow f_i(d_1, \ldots, d_{\arg(f_i)}).$$

Det bør bemærkes, at i det tilfælde, hvor både α og β er lig 0, er strukturen $\mathcal{D}$ blot lig med domænet $\mathbb{D}$, hvilket er uden interesse. Det antages derfor – medmindre andet angives – at α og β ikke samtidig er 0:

Strukturer, hvor $\alpha = 0$, kaldes for *algebraer*.

Strukturer, hvor $\beta = 0$, kaldes for *relationsstrukturer*.

Vi har allerede set eksempler på strukturer. Hvis vi eksempelvis lader $R(x,y)$ være relationen 'x *er højere end* y' og definerer $f(x)$ som funktionen, der til x lader svare x's far, da får vi strukturen

$$\mathcal{D} = \langle \mathbb{D}, R, f \rangle \qquad (4.30)$$

hvor vi kan danne matematiske formler som:

1. $R(f(x), x)$, der udtrykker, at x's far er højere end x.

2. $R(f(x), f(y))$, der udtrykker, at x's far er højere end y's far.

3. $R(f(f(x)), x)$, der udtrykker, at x's farfar er højere end x.

Et andet tilsvarende eksempel er: Lad domænet være $\mathbb{N}$. Lad $R(x, y)$ være ordningsrelationen $x \geq y$ og lad $f(x)$ være efterfølgerfunktionen $x \longmapsto x + 1$. Herved fremkommer den abstrakte matematiske struktur

$$\mathcal{N} = \langle \mathbb{N}, R, f \rangle \qquad (4.31)$$

som rent "form"-mæssigt ligner strukturen $\mathcal{D} = \langle \mathbb{D}, R, f \rangle$ ovenfor, men som "indholds"-mæssigt er ganske forskellig herfra. Inden for denne nye struktur $\mathcal{N}$ kan vi danne de samme matematiske formler:

1. $R(f(x), x)$, der udtrykker, at $x + 1 \geq x$.

2. $R(f(x), f(y))$, der udtrykker, at $x + 1 \geq y + 1$.

3. $R(f(f(x)), x)$, der udtrykker, at $(x + 1) + 1 \geq x$.

Det er nu muligt at præcisere, hvad der menes med, at to forskellige strukturer har samme form. Lad der være givet to strukturer

$$(1) \; \mathcal{M} = \langle M, R_1, \ldots, R_\alpha, f_1, \ldots, f_\beta \rangle$$

og

$$(2) \; \mathcal{N} = \langle N, S_1, \ldots, S_\theta, g_1, \ldots, g_\vartheta \rangle.$$

Strukturerne $\mathcal{M}$ og $\mathcal{N}$ har samme form, hvis det forholder sig således, at de indeholder lige mange relationer og funktioner, og at relationerne og funktionerne passer sammen med hensyn til deres argumenter. Dette kan præciseres ved følgende definition:

Definition 42
To strukturer

$$(1) \; \mathcal{M} = \langle M, R_1, \ldots, R_\alpha, f_1, \ldots, f_\beta \rangle$$

og

$$(2) \; \mathcal{N} = \langle N, S_1, \ldots, S_\theta, g_1, \ldots, g_\vartheta \rangle$$

kaldes ensartede, såfremt $\alpha = \theta, \beta = \vartheta, arg(R_i) = arg(S_i)$ *og* $arg(f_j) = arg(g_j)$, *hvor* $1 \leq i \leq \alpha$ *og* $1 \leq j \leq \beta$. *Talsættet*

$$(\gamma_1, \ldots, \gamma_\alpha, \delta_1, \ldots, \delta_\beta),$$

hvor $\gamma_i = arg(R_i) = arg(S_i)$ *og* $\delta_j = arg(f_j) = arg(g_j)$ *kaldes de abstrakte strukturers type.*

To abstrakte strukturer er således ensartede, hvis, og kun hvis, de har samme type. Til ethvert talsæt $(\gamma_1, \ldots \gamma_\alpha, \delta_1, \ldots \delta_\beta)$ svarer der en klasse af ensartede strukturer, der har dette talsæt som type. Hvis to strukturer $\mathcal{M}$ og $\mathcal{N}$ er ensartede, kan man vælge at bruge samme betegnelse for henholdsvis relationer og funktioner i de to strukturer:

$$\mathcal{M} = \langle M, R_1, \ldots, R_\alpha, f_1, \ldots, f_\beta \rangle.$$

$$\mathcal{N} = \langle N, R_1, \ldots, R_\alpha, f_1, \ldots, f_\beta \rangle.$$

På den anden side må det understreges, at relationerne og funktionerne i de to strukturer kan være meget forskellige.

I de tilfælde, hvor en struktur har et endeligt antal konstanter, og vi er interesserede i at fremhæve dette, skrives strukturen som et talsæt af formen $(\gamma_1, \ldots, \gamma_\alpha, \delta_1, \ldots, \delta_\beta, \varepsilon)$, hvor ε angiver antallet af konstanter. En struktur af denne type ser herefter således ud

$$\mathcal{M} = \langle M, R_1, \ldots, R_\alpha, f_1, \ldots f_\beta, c_1, \ldots, c_\varepsilon \rangle. \qquad (4.32)$$

4.6 (†) Formelle strukturer

Det er muligt at studere *delstrukturer* af en given struktur $\mathcal{M}$. I det tilfælde, hvor systemet hverken indeholder konstanter eller funktioner, det vil sige, at strukturen er en relationsstruktur, er det ikke svært at definere, hvad vi skal forstå ved en delstruktur af $\mathcal{M}$. Enhver delmængde M' af M med relationerne begrænset til M' vil være en delstruktur. I det tilfælde, hvor en struktur har funktioner, er det lidt vanskeligere at definere en delstruktur. Til belysning heraf vil vi betragte algebraen

$$\mathcal{N} = \langle \mathbb{N}, +, \cdot \rangle. \qquad (4.33)$$

Vi definerer følgende delmængder af $\mathbb{N}$:

$$M = \{2, 4, 6, 8, \ldots\} = \text{mængden af lige naturlige tal.}$$

$$U = \{1, 3, 5, 7\} = \text{mængden af ulige naturlige tal.}$$

Ud fra disse delmængder kan vi definere to strukturer

$$(1) \ \mathcal{M} = \langle M, +, \cdot \rangle \qquad \text{og} \qquad (2) \ \mathcal{U} = \langle U, +, \cdot \rangle.$$

Men af disse strukturer er kun $\mathcal{M}$ en delstruktur, thi i strukturen $\mathcal{U}$ vil operationen $+$ ikke være defineret af den simple grund, at summen af to elementer fra U vil ligge i M – summen af to ulige tal er altid lige. Eksemplet viser, at vi ved definition af delstrukturer, hvor der er funktioner involveret, må sikre os, at funktionerne ikke fører os ud af deldomænet. Disse overvejelser fører os til følgende definition:

Definition 43
Lad M være en ikke-tom mængde og lad $f : M^n \longrightarrow M$ være en funktion af n argumenter på M, $n \geq 0$. En delmængde N af M kaldes afsluttet over for f, såfremt der gælder

$$(l_1, l_2, \ldots, l_n) \in N^n \Rightarrow f(l_1, l_2, \ldots, l_n) \in N \qquad (4.34)$$

for alle $l_1, l_2, \ldots, l_n \in M$. I det tilfælde, hvor $n = 0$, det vil sige, f er et element fra M, skal (4.34) forstås på den måde, at $f \in N$. Mængden N er altså afsluttet over for en konstant c, hvis, og kun hvis, $c \in N$.

Bemærk, at 0-argument funktionssymboler er konstanter. Denne definition af afsluttethed kan nu anvendes i definitionen af delstrukturer:

Definition 44
Lad $\mathcal{M} = \langle M, R_1, \ldots, R_\alpha, f_1, \ldots, f_\beta \rangle$ være en struktur. En delstruktur $\mathcal{N}$ af $\mathcal{M}$ består af en delmængde N af M, som er afsluttet over for $f_1, \ldots, f_\beta$. Relationerne i $\mathcal{N}$ er relationerne $R_1, \ldots, R_\alpha$ fra $\mathcal{M}$, begrænset til N. Funktionerne i $\mathcal{N}$ er funktionerne $f_1, \ldots f_\beta$ fra $\mathcal{M}$, begrænset til N. Vi skriver strukturen således

$$\mathcal{N} = \langle N, R_1, \ldots, R_\alpha, f_1, \ldots, f_\beta \rangle$$

hvilket vil sige, at vi betegner restriktionerne $R_1 \lceil N, \ldots, R_\alpha \lceil N$ og $f_1 \lceil N, \ldots, f_\beta \lceil N$ med $R_1, \ldots, R_\alpha, f_1, \ldots f_\beta$.

I enhver struktur $\mathcal{M}$ er $\mathcal{M}$ selv en delstruktur. Hvis en struktur $\mathcal{M}$ ikke har nogen konstanter, er den tomme struktur

$$\Phi = \langle \emptyset, R_1, \ldots, R_\alpha, f_1, \ldots, f_\beta \rangle$$

en delstruktur. En delstruktur $\mathcal{N}$ af $\mathcal{M}$, som er forskellig fra $\mathcal{M}$ selv, kaldes en *ægte* delstruktur.

Lad $\mathcal{M} = \langle M, R_1, \ldots, R_\alpha, f_1, \ldots, f_\beta \rangle$ være en struktur og lad $\mathcal{N}_1$ og $\mathcal{N}_2$ være delstrukturer af $\mathcal{M}$. Med $\mathcal{N}_1 \cup \mathcal{N}_2$ og $\mathcal{N}_1 \cap \mathcal{N}_2$ betegner vi henholdsvis strukturerne

$$\mathcal{N}_1 \cup \mathcal{N}_2 = \langle N_1 \cup N_2, R_1, \ldots, R_\alpha, f_1, \ldots, f_\beta \rangle$$

$$\mathcal{N}_1 \cap \mathcal{N}_2 = \langle N_1 \cap N_2, R_1, \ldots, R_\alpha, f_1, \ldots, f_\beta \rangle$$

hvor $R_1, \ldots, R_\alpha, f_1, \ldots, f_\beta$ er begrænset til henholdsvis $\mathcal{N}_1 \cup \mathcal{N}_2$ og $\mathcal{N}_1 \cap \mathcal{N}_2$. Om strukturerne $\mathcal{N}_1 \cup \mathcal{N}_2$ og $\mathcal{N}_1 \cap \mathcal{N}_2$ gælder det, at $\mathcal{N}_1 \cap \mathcal{N}_2$ altid er en delstruktur af $\mathcal{M}$, hvorimod $\mathcal{N}_1 \cup \mathcal{N}_2$ ikke altid vil være en delstruktur af $\mathcal{M}$. Et eksempel på, at $\mathcal{N}_1 \cup \mathcal{N}_2$ ikke igen bliver en delstruktur, kan produceres: Betragt algebraen

$$\mathcal{M} = \langle \mathbb{N}, + \rangle . \qquad (4.35)$$

Lad delalgebraerne

$$\mathcal{N}_2 = \langle N_2, + \rangle \quad \text{og} \quad \mathcal{N}_3 = \langle N_3, + \rangle$$

hvor $N_2 = \{2, 4, 6, 8, \ldots\}$ og $N_3 = \{3, 6, 9, 12, \ldots\} = \{n \mid n$ delelig med $3\}$. $\mathcal{N}_2 \cup \mathcal{N}_3 = \langle N_2 \cup N_3, + \rangle$ er ingen algebra, eftersom $N_2 \cup N_3$ ikke er afsluttet over for operationen $+$. Eksempelvis er $2 + 3$ hverken delelig med 2 eller 3.

Ensartede strukturer kan være yderst forskellige, og det er vigtigt at kunne studere deres indbyrdes forhold nærmere. Et nyttigt begreb i denne sammenhæng er *homomorfier* mellem ensartede strukturer:

Definition 45
Lad $\mathcal{M} = \langle M, R_1, \ldots, R_\alpha, f_1, \ldots, f_\beta \rangle$ og $\mathcal{N} = \langle N, S_1, \ldots, S_\alpha, g_1, \ldots, g_\beta \rangle$ være ensartede strukturer. En afbildning

$$\psi : M \longrightarrow N$$

kaldes en homomorfi, såfremt der for alle relationer R_i, $1 \leq i \leq \alpha$, og alle funktioner f_j, $1 \leq j \leq \beta$, gælder:

4.6 (†) Formelle strukturer

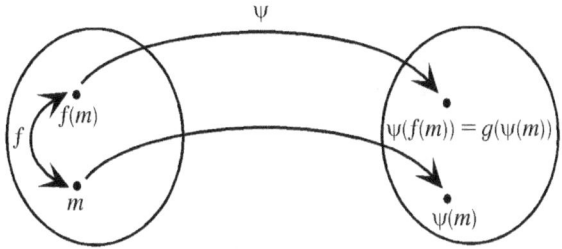

Figur 4.8 Homomorfi ψ.

1. $R_i(m_1, m_2, \ldots, m_{k_i}) \Leftrightarrow S_i(\psi(m_1), \psi(m_2), \ldots, \psi(m_{k_i}))$

2. $\psi(f_j(m_1, m_2, \ldots, m_{k_j})) = g_j(\psi(m_1), \psi(m_2), \ldots, \psi(m_{k_j}))$

hvor $k_i = arg(R_i)$, $k_j = arg(f_j)$ og $m_1, m_2, \ldots \in M$ *(figur 4.8)*.

Lad os betragte nogle simple eksempler på homomorfier mellem ensartede strukturer. Betragt strukturerne

$$\mathcal{M} = \langle M, \leq, + \rangle \quad \text{og} \quad \mathcal{N} = \langle N, \leq, + \rangle$$

hvor $M = \{0, 1, 2, 3, \ldots\}$, mens $N = \{0, 2, 4, 6, \ldots\}$ og $\leq$ samt $+$ har de sædvanlige betydninger. Afbildningen $\psi : M \longrightarrow N$, hvor $\psi(n) = 2n$, er en homomorfi. Som et andet eksempel kunne vi betragte algebraerne

$$\mathcal{R}_+ = \langle R_+, \cdot \rangle \quad \text{og} \quad \mathcal{R} = \langle R, + \rangle$$

hvor R er mængden af alle reelle tal, $\mathbb{R}$, mens R_+ er mængden af alle reelle tal større end 0. Afbildningen

$$\log : \mathcal{R}_+ \longrightarrow \mathcal{R}$$

hvor log er den sædvanlige 10-tals logaritme, er en homomorfi, hvilket netop er indholdet af følgende kendte logaritmesætning:

$$\log(a \cdot b) = \log(a) + \log(b).$$

Afslutningsvist betragter vi algebraerne

$$\mathcal{N} = \langle N, +, \cdot \rangle \quad \text{og} \quad \mathcal{N}_7 = \langle N, \oplus, \odot \rangle$$

hvor $N = \{0, 1, 2, 3, \ldots\}$, $N_7 = \{0, 1, 2, 3, 4, 5, 6\}$, $+$ er den sædvanlige addition, $\cdot$ er den sædvanlige multiplikation, mens $\oplus$ og $\odot$ er defineret ved følgende regnetabeller:

⊕	0	1	2	3	4	5	6
0	0	1	2	3	4	5	6
1	1	2	3	4	5	6	0
2	2	3	4	5	6	0	1
3	3	4	5	6	0	1	2
4	4	5	6	0	1	2	3
5	5	6	0	1	2	3	4
6	6	0	1	2	3	4	5

⊙	0	1	2	3	4	5	6
0	0	0	0	0	0	0	0
1	0	1	2	3	4	5	6
2	0	2	4	6	1	3	5
3	0	3	6	2	5	1	4
4	0	4	1	5	2	6	3
5	0	5	3	1	6	4	2
6	0	6	5	4	3	2	1

Afbildningen $f : N \longrightarrow N_7$ defineret ved

$$n \longmapsto n(\mathrm{mod}\, 7)$$

hvor $n(\mathrm{mod}\, 7)$ er den rest, der fremkommer ved division af n med 7, er igen en homomorfi.

Ved direkte udregning efterviser man, at sammensætningen af homomorfier igen bliver en homomorfi. Mere præcist gælder der, at hvis $\mathcal{M}$, $\mathcal{N}$, $\mathcal{H}$ er ensartede strukturer, og $\psi : M \longrightarrow N$ og $\phi : N \longrightarrow H$ er homomorfier, er $\phi \circ \psi : M \longrightarrow H$ igen en homomorfi. Endvidere kan man også eftervise, at billedet af en struktur ved en homomorfi bliver en delstruktur af den struktur, der afbildes ind i. Det vil med andre ord sige, at hvis $\psi : M \longrightarrow H$ er en homomorfi af en struktur $\mathcal{M}$ ind i $\mathcal{H}$, da er $\psi(M)$ en delstruktur af $\mathcal{H}$; altså

$$\mathcal{H}' = \langle \psi(M), R_1, \ldots, R_\alpha, f_1, \ldots, f_\beta \rangle \qquad (4.36)$$

er en delalgebra af $\mathcal{H} = \langle H, R_1, \ldots, R_\alpha, f_1, \ldots f_\beta \rangle$, hvor $\psi(M) = \{h \in H \mid \exists m \in M : h = \psi(m)\}$.

Givet definitionen af homomorfier kan vi formulere andre afbildningstyper mellem strukturer:

Definition 46
Lad $\psi : M \longrightarrow N$ være en homomorfi af en struktur $\mathcal{M}$ ind i strukturen $\mathcal{N}$, som er ensartet med $\mathcal{M}$:

1. Homomorfien ψ kaldes en **monomorfi**, såfremt ψ er en injektiv afbildning; det vil sige, at forskellige elementer m_1, m_2 fra M overføres ved ψ i forskellige elementer $\psi(m_1), \psi(m_2)$ i N:

$$m_1 \neq m_2 \Rightarrow \psi(m_1) \neq \psi(m_2).$$

2. Homomorfien ψ kaldes en **epimorfi**, såfremt ψ er en surjektiv afbildning; det vil sige, billedet af M udgør hele N:

$$\forall l \in N, \exists m \in M : l = \psi(m).$$

4.6 (†) Formelle strukturer

3. Homomorfien ψ kaldes en isomorfi, *såfremt ψ er både en* monomorfi *og en* epimorfi. *I det tilfælde, hvor ψ er en isomorfi, siger vi, at M og N er* isomorfe strukturer.

To isomorfe strukturer er i al væsentlighed blot "notoriske varianter af hverandre", idet en isomorfi mellem to isomorfe strukturer er en-entydig korrespondence mellem strukturerne, som fører den ene strukturs "struktur" over i den andens og omvendt. Der gælder, at den inverse afbildning til en isomorfi igen er en isomorfi, og at sammensætningen af to isomorfier igen er en isomorfi.

Lad der atter være givet to strukturer

(1) $\quad \mathcal{M} = \langle M, R_1, \ldots, R_\alpha, f_1, \ldots, f_\beta \rangle$

(2) $\quad \mathcal{N} = \langle N, R_1, \ldots, R_\alpha, f_1, \ldots, f_\beta \rangle$

der er ensartede, og lad $\psi : M \longrightarrow N$ være en homomorfi fra $\mathcal{M}$ ind i $\mathcal{N}$. Vi definerer nu en relation i M på følgende måde:

$$m \sim m' \Leftrightarrow \psi(m) = \psi(m') \qquad (4.37)$$

hvilket oplagt nok er en ækvivalensrelation i M. Relationen $\sim$ opfylder en yderligere vigtig betingelse: Den *harmonerer* med relationerne og funktionerne i $\mathcal{M}$; det vil med andre ord sige, at der gælder:

1. $m_1 \sim m'_1 \wedge m_2 \sim m'_2 \wedge \ldots \wedge m_\gamma \sim m'_\gamma \wedge R(m_1, m_2, \ldots, m_\gamma) \Rightarrow R(m'_1, m'_2, \ldots, m'_\gamma)$

2. $m_1 \sim m'_1 \wedge m_2 \sim m'_2 \wedge \ldots \wedge m_\gamma \sim m'_\gamma \Rightarrow f(m_1, m_2, \ldots, m_\gamma) = f(m'_1, m'_2, \ldots, m'_\gamma)$

for alle relationer R og funktioner f fra $\mathcal{M}$ og alle elementer $m_1, m_2, \ldots, m_\gamma, m'_1, m'_2, \ldots, m'_\gamma$ fra M, hvor γ betegner argumenttallet. Gyldigheden af (1) og (2) indses ved direkte udregning, jvf. definition 45. En relation $\sim$, som er en ækvivalensrelation i M, hvor M er domænet i strukturen $\mathcal{M}$, og som opfylder (1) og (2) kaldes en *kongruensrelation*. Dette kan udtrykkes i følgende definition:

Definition 47
Lad $M = \langle M, R_1, \ldots, R_\alpha, f_1, \ldots, f_\beta \rangle$ være en struktur og lad $\sim$ være en binær relation i M. $\sim$ kaldes en kongruensrelation, *såfremt $\sim$ er en ækvivalensrelation og $\sim$ harmonerer med relationerne og funktionerne i $\mathcal{M}$.*

Vi har allerede set, at enhver homomorfi af algebraen $\mathcal{M}$ ind i en med $\mathcal{M}$ ensartet algebra $\mathcal{N}$ giver anledning til en kongruensrelation i $\mathcal{M}$ som defineret i (4.37). Lad nu $\sim$ være en kongruensrelation i en struktur $\mathcal{M}$.

Denne relation giver anledning til en opdeling af M i ækvivalensklasser, idet ækvivalensklassen $[m]$, som indeholder elementet m, defineres ved

$$[m] = \{m' \in M \mid m \sim m'\}. \tag{4.38}$$

Da relationen $\sim$ harmonerer med relationerne og funktionerne fra M, gælder der følgende:

$$R(m_1, m_2, \ldots m_\gamma) \wedge m'_1 \in [m_1] \wedge \ldots \wedge m'_\gamma \in [m_\gamma] \Rightarrow \\ R(m'_1, m'_2, \ldots, m'_\gamma) \tag{4.39}$$

og

$$m'_1 \in [m_1] \wedge \ldots \wedge m'_\gamma \in [m_\gamma] \Rightarrow \\ f(m_1, m_2, \ldots, m_\gamma) = f(m'_1, m'_2, \ldots, m'_\gamma) \tag{4.40}$$

Disse egenskaber er blot oversættelsen af harmoniegenskaberne.
Endvidere gælder

$$[m] = [m'] \Leftrightarrow m \sim m'.$$

I kraft af at (4.39) og (4.40) gælder, kan vi nu indføre relationer mellem ækvivalensklasserne og operationer på ækvivalensklasserne svarende til funktionerne i $\mathcal{M}$. Med $M/\sim$ betegner vi alle ækvivalensklasser i M:

$$M/\sim = \{[m] \mid m \in M\}.$$

Svarende til relationen R på $\mathcal{M}$ definerer vi relationen R på $M/\sim$ ved

$$R([m_1], [m_2], \ldots, [m_\gamma]) \Leftrightarrow R(m_1, m_2, \ldots, m_\gamma). \tag{4.41}$$

Tilsvarende definerer vi en funktion f på $M/\sim$ svarende til funktionen f på $\mathcal{M}$ ved

$$f([m]_1, [m]_2, \ldots, [m]_\gamma) = f(m_1, m_2, \ldots, m_\gamma). \tag{4.42}$$

Egenskaberne (4.39) og (4.40) sikrer, at definitionerne er meningsfulde.

Af ovenstående fremgår det, at vi svarende til en struktur $\mathcal{M}$ og en kongruensrelation i $\mathcal{M}$ kan definere en struktur

$$\mathsf{M} = \langle M/\sim, R_1, \ldots, R_\alpha, f_1, \ldots, f_\beta \rangle \tag{4.43}$$

som er ensartet med $\mathcal{M}$. M kaldes *kvotientstrukturen* af $\mathcal{M}$ modulus $\sim$. Endvidere kan vi definere en *naturlig epimorfi*, $nat : M \longrightarrow M/\sim$, af M ind i $M/\sim$ på følgende måde:

$$nat(m) = [m]. \tag{4.44}$$

Det kan indses, at nat er en epimorfi.

4.6 (†) Formelle strukturer

Antag nu, at $\psi : M \longrightarrow N$ er en homomorfi af en struktur $\mathcal{M}$ ind i strukturen $\mathcal{N}$. Denne homomorfi giver anledning til en kongruensrelation $\sim_\psi$ på M. Relationen $\sim_\psi$ er defineret ved (4.37), side 167. Kongruensrelationen giver igen anledning til konstruktionen af strukturen $\mathsf{M} = \langle M/\sim_\psi, R_1, \ldots, R_\alpha, f_1, \ldots, f_\beta \rangle$ og den naturlige homomorfi

$$nat : M \longrightarrow M/\sim . \qquad (4.45)$$

Det er nu nærliggende at spørge, hvilket forhold der består mellem M og $\mathcal{N}$. Vi viser nu, at M og $\psi(\mathcal{M})$ er isomorfe strukturer ved en isomorfi ϕ defineret ved

$$\phi([m]) = \psi(m). \qquad (4.46)$$

$\psi(\mathcal{M})$ betegner delstrukturen $\langle \psi(M), R_1, \ldots, R_\alpha, f_1, \ldots f_\beta \rangle$ af $\mathcal{N}$. Altså billedet af $[m]$ ved ϕ finder vi ved at vælge et element i klassen $[m]$ og afbilde dette over i N ved ψ.

Definitionen (4.46) vil være konsistent, såfremt det er ligegyldigt, hvilket element i klassen $[m]$ man vælger at afbilde ved ψ – det vil sige hvis

$$[m] = [m'] \Rightarrow \psi(m) = \psi(m')$$

hvilket netop følger af definitionen af $\sim_\psi$. Vi skal således først vise, at ϕ opfylder homomorfiegenskaberne i definition 45, punkt 1 og 2, side 164. Til eftervisning af punkt 1 antager vi, givet klasserne $[m_1], [m_2], \ldots, [m_\gamma] \in M/\sim$ og relationen R fra M, at

$$R([m_1], [m_2], \ldots, [m_\gamma]) \Leftrightarrow R(m_1, m_2, \ldots, m_\gamma)$$

ifølge definition (4.41). Men eftersom ψ er en homomorfi, gælder

$$R(m_1, m_2, \ldots, m_\gamma) \Leftrightarrow R(\psi(m_1), \psi(m_2), \ldots, \psi(m_\gamma)).$$

Ifølge definitionen af ϕ er $\phi([m_1]) = \psi(m_1), \ldots, \phi([m]_\gamma) = \psi(m_\gamma)$, altså får vi

$$R([m_1], [m_2], \ldots, [m_\gamma]) \Leftrightarrow R(\phi([m_1]), \phi([m_2]), \ldots, \phi([m_\gamma])) \qquad (4.47)$$

hvilket er det, vi skulle vise. På helt tilsvarende måde kan vi vise punkt 2 af definition 45, side 164, hvorefter det er bevist, at ϕ er en homomorfi.

Tilbage står der at vise, at ϕ er en isomorfi på $\psi(\mathcal{M})$. Med andre ord skal vi vise, at ϕ både er injektiv og surjektiv. ϕ er surjektiv, fordi $\phi(M/\sim) = \psi(M)$ ifølge definitionen af ϕ. ϕ er injektiv, hvis $\phi([m]) = \phi([m'])$ medfører $[m] = [m']$. Antag, at $\phi([m]) = \phi([m'])$. Det betyder, ifølge definitionen af ϕ, at $\psi(m) = \psi(m')$. Altså er $m \sim_\psi m'$, og derfor er $[m] = [m]'$.

Af ovenstående diskussion kan vi udlede følgende vigtige algebraiske sætning kaldet *homomorfisætningen*.

Sætning 4.1
Homomorfisætningen. *Lad $\psi : M \longrightarrow N$ være en homomorfi af en struktur $\mathcal{M}$ ind i strukturen $\mathcal{N}$, hvor $\mathcal{M} = \langle M, R_1, \ldots, R_\alpha, f_1, \ldots, f_\beta \rangle$ og $\mathcal{N} = \langle N, R_1, \ldots, R_\alpha, f_1, \ldots, f_\beta \rangle$ er to ensartede strukturer. Der findes da en monomorfi ϕ af $M/\sim$ ind i $\mathcal{N}$ så ψ kan skrives som*

$$\psi = \phi \circ nat$$

hvor nat er den naturlige epimorfi af $\mathcal{M}$ på kvotientstrukturen $M/\sim$.
ψ *kan altså spaltes i en epimorfi og en monomorfi, som det fremgår af diagrammet i figur 4.9.*

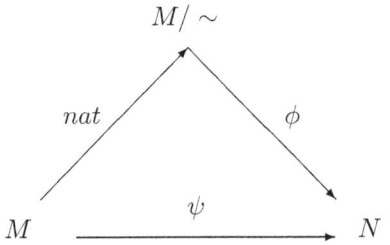

Figur 4.9 Spaltning af ψ i en epimorfi, *nat* og en monomorfi ϕ.

Lad os betragte følgende eksempel, i hvilket vi lader algebraerne

$$\mathcal{Z} = \langle \mathbb{Z}, +, \cdot \rangle \quad \text{og} \quad \mathcal{Z}_7 = \langle \mathbb{Z}_7, \oplus, \odot \rangle$$

hvor $\mathbb{Z}$ er mængden af alle hele tal såvel positive som negative, mens $\mathbb{Z}_7 = \{0, 1, 2, 3, 4, 5, 6\}$. Operationerne $\oplus$ og $\odot$ er igen defineret som i regnetabellerne side 165. Vi definerer nu en afbildning $\psi : \mathbb{Z} \longrightarrow \mathbb{Z}_7$ ved at sætte $\psi(n)$ lig med den rest mellem 0 og 6, man får ved at dividere n med 7, altså

$$\psi(n) = n(\bmod 7).$$

For eksempel er $\psi(25) = 4$, thi divisionen af 25 med 7 giver resten 4 ($25 = 3 \cdot 7 + 4$). $\psi(-43) = 6$ eftersom $-43 = -7 \cdot 7 + 6$. Afbildningen ψ er en epimorfi af $\mathcal{Z}$ på $\mathcal{Z}_7$. Dette indses ved at studere definitionen af $\mathcal{Z}_7 = \langle \mathbb{Z}_7, \oplus, \odot \rangle$. Funktionen ψ definerer en ækvivalensrelation $\sim_\psi$ på $\mathbb{Z}$. Der bliver i alt 7 ækvivalensklasser:

4.6 (†) Formelle strukturer

0 = alle hele tal delelig med 7.

1 = alle hele tal, som giver rest 1 (mod 7).

2 = alle hele tal, som giver rest 2 (mod 7).

3 = alle hele tal, som giver rest 3 (mod 7).

4 = alle hele tal, som giver rest 4 (mod 7).

5 = alle hele tal, som giver rest 5 (mod 7).

6 = alle hele tal, som giver rest 6 (mod 7).

Se figur 4.10, hvor klasserne 0 og 3 er markeret med henholdsvis ◯ og □. Kvotientstrukturen, som vi betegner $\mathcal{Z}(\text{mod}7)$, er ifølge homomorfisætning 4.1 isomorf med $\mathcal{Z}_7$.

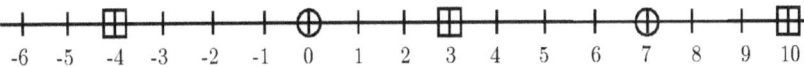

Figur 4.10 Ækvivalensklasserne 0 og 3.

Vi har nu omtalt to måder, hvorpå man kan konstruere nye vigtige matematiske strukturer ud fra givne, nemlig konstruktionen af delstrukturer og konstruktionen af kvotientstrukturer. Afslutningsvist skal vi omtale endnu en konstruktionsmetode, nemlig konstruktion af produktstrukturer.[7]

Lad $M_1, M_2, M_3, \ldots, M_n, \ldots$ være en endelig eller tællelig følge af ikke tomme mængder. Det cartesiske produkt af disse mængder skriver vi som bekendt

$$\prod_{i=1}^{m} M_i$$

hvor m er endelig eller uendelig og kan defineres som mængden af alle følger

$$(a_1, a_2, a_3, \ldots)$$

hvor $a_1 \in M_1, a_2 \in M_2, a_3 \in M_3, \ldots$. Betragt nu det tilfælde, hvor der er uendelig mange mængder $M_1, M_2, M_3, \ldots, M_n, \ldots$. Det cartesiske produkt

$$\prod_{i=1}^{\infty} M_i \qquad (4.48)$$

---

[7] Der findes også andre metoder til at konstruere strukturer, eksempelvis *ultraproduktkonstruktionen*, men det vil vi ikke komme nærmere ind på her.

kan tillige kan skrives som

$$\prod_{i \in \mathbb{N}} M_i$$

og består igen af alle uendelige talfølger. En sådan talfølge kan også opfattes som en afbildning

$$a : \mathbb{N} \longrightarrow \bigcup_{i=1}^{\infty} M_i \qquad (4.49)$$

der opfylder følgende betingelse for alle i

$$a(i) \in M_i. \qquad (4.50)$$

Vi skriver a_i for $a(i)$ i overensstemmelse med følgeskrivemåden.

Opfattelsen af (4.48) som bestående af alle funktioner fra $\mathbb{N}$ ind i

$$\bigcup_{i=1}^{\infty} M_i$$

der opfylder kravet i (4.50), gør det muligt at generalisere begrebet cartesisk produkt til det tilfælde, hvor man har et system af mængder $\{M_i\}_{i \in I}$, som er indiceret ved en vilkårlig mængde I, der i sig selv ikke nødvendigvis er en talmængde eller en anden type ordnet mængde.[8] I dette generelle tilfælde definerer vi det cartesiske produkt

$$\prod_{i \in I} M_i$$

som mængden af alle funktioner

$$a : I \longrightarrow \bigcup_{i \in I} M_i \qquad (4.51)$$

der opfylder betingelse (4.50).

Lad nu $\{M_i\}_{i \in I}$ være et system af ikke-tomme mængder og lad

$$\prod_{i \in I} M_i$$

være det cartesiske produkt. Vi skriver i mange tilfælde blot

$$\prod M_i.$$

Der er knyttet nogle naturlige afbildninger til $\prod M_i$, nemlig *projektionerne* på de enkelte mængder M_n, og *injektionerne* af de enkelte mængder M_m ind i $\prod M_i$:

---

[8]Denne generelle definition kræver udvalgsaksiomet for at være helt meningsfuld, idet man ellers ikke kan være sikker på, at $\prod M_i$ er ikke-tom.

4.6 (†) Formelle strukturer

Definition 48

Lad $\prod M_i$ være det cartesiske produkt af systemet $\{M_i\}_{i \in I}$ af ikke tomme mængder.

1. Projektionen, π_n, af $\prod M_i$ på mængden M_n defineres som afbildningen, der til et element $a \in \prod M_i$ tilordner elementet $a(n)$ i M_n, i.e.
$$\pi(a) = a(n).$$

2. Injektionen, l_m^a, af M_m ind i $\prod M_i$ langs a, hvor $a \in \prod M_i$, defineres som afbildningen, der til et element $b_m \in M_m$ tilordner elementet $l_m^a(b_m)$ i $\prod M_i$ defineret ved

$$l_m^a(b_m)(i) = \begin{cases} a(i) & \text{når } i \neq m \\ b_m & \text{når } i = m. \end{cases}$$

Når det ikke er nødvendigt at fremhæve a, skriver vi l_m for l_m^a.

Bemærk, at $l_m^a(b_m)$ er en følge, nemlig følgen, hvor det m'te element i a er udskiftet med b_m. Ved denne definition er der defineret to systemer af naturlige afbildninger $\{\pi_n\}_{n \in I}$ og $\{l_m\}_{m \in I}$ knyttet til $\prod M_i$. Disse afbildninger kan sammenfattes i diagrammet i figur 4.11.

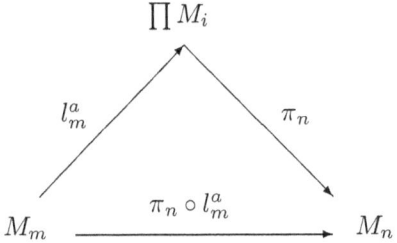

Figur 4.11 Afbildningerne l_m^a, π_n og $\pi_n \circ l_m^a$.

Afbildningen $\pi_n \circ l_m^a$ er identiteten af M_m i det tilfælde, hvor $n = m$. Det vil med andre ord sige, at hvis $n = m$ så er $\pi_n \circ l_m^a(b_n) = b_n$ for alle

$b_n \in M_n$. Hvis derimod $n \neq m$, da er $\pi_n \circ l_m^a$ konstant lig med a_m, hvor $a_m = a(m)$.

Lad $\{\mathcal{M}_i\}_{i \in I}$ være et system af ensartede ikke tomme strukturer. Vi vil nu definere det cartesiske produkt

$$\prod_{i \in I} \mathcal{M}_i$$

af dette system af strukturer som en struktur med $\prod M_i$ som domæne:

Definition 49

Det cartesiske produkt af systemet $\{\mathcal{M}_i\}_{i \in I}$ af ensartede ikke-tomme strukturer er en struktur

$$\mathcal{M} = \langle M, R_1, \ldots, R_\alpha, f_1, \ldots f_\beta \rangle$$

med domæne $M = \prod M_i$ og relationer og funktioner defineret på følgende måde:

*1. $R_k(a_1, a_2, \ldots, a_{\gamma_k}) \Leftrightarrow \forall i \in I : R_k^i(a_1(i), a_2(i), \ldots, a_{\gamma_k}(i))$,
hvor $1 \leq k \leq \alpha$, R_k^i er den k-te relation i $\mathcal{M}_i$ og $a_1, a_2, \ldots, a_{\gamma_k} \in \prod M_i$, $\gamma_k = arg(R_k^i)$.*

*2. $f_k(a_1, a_2, \ldots, a_{\gamma_k}) = a$,
hvor a er defineret ved $a(j) = f_k^j(a_1(j), a_2(j), \ldots, a_{\gamma_k}(j))$,
hvor $1 \leq k \leq \beta$, f_k^j er den k-te funktion i $\mathcal{M}_j$ og $a_1, a_2, \ldots, a_{\gamma_k} \in \prod M_i$, $\gamma_k = arg(f_k^j)$.*

Det kan være instruktivt at formulere definition 49 i det tilfælde, hvor der er tale om en endelig eller uendelig følge af strukturer $\mathcal{M}_1, \mathcal{M}_2, \mathcal{M}_3, \ldots$. Elementerne i $\prod M_i$ er i dette tilfælde følger eller "koordinatsæt"

$$(a_1, a_2, a_3, \ldots)$$

hvor $a_i \in M_i$. Idéen i indførelsen af relationer og funktioner på $\prod M_i$ er at definere dem koordinatvis. Definition 49, punkt 1, siger netop, at R_k gælder for γ_k koordinatsæt

$$\begin{aligned}
a_1 &= (a_{11}, a_{12}, a_{13}, \ldots) \\
&\vdots \\
a_{\gamma_k} &= (a_{\gamma_k 1}, a_{\gamma_k 2}, a_{\gamma_k 3}, \ldots)
\end{aligned}$$

hvis, og kun hvis, det for hver koordinat j gælder R_k^j:

$$\begin{aligned}
R_k \quad & \quad R_k^1 \quad R_k^2 \quad R_k^3 \quad \ldots \\
a_1 &= (a_{11}, a_{12}, a_{13}, \ldots) \\
&\vdots \\
a_{\gamma_k} &= (a_{\gamma_k 1}, a_{\gamma_k 2}, a_{\gamma_k 3}, \ldots)
\end{aligned}$$

4.7 (†) Første ordens modeller

Tilsvarende defineres f_k ifølge definition 49, punkt 2, koordinatvis, som antydet i følgende diagram:

$$\left. \begin{array}{l} a_1 = (a_{11}, a_{12}, a_{13}, \ldots) \\ \vdots \\ a_{\gamma_k} = (a_{\gamma_k 1}, a_{\gamma_k 2}, a_{\gamma_k 3}, \ldots) \end{array} \right\} \xrightarrow{f_k} (f_k^1(a_{11}, \ldots a_{\gamma_k 1}), (f_k^2(a_{12}, \ldots a_{\gamma_k 2}), \ldots$$

$\mathcal{M}$ er naturligvis ensartet med alle $\mathcal{M}_i, i \in I$.

4.7 (†) Første ordens modeller

I forbindelse med fastlæggelsen af modeller for $\mathcal{L}_{FOL}$ betragter vi det fulde første ordens sprog inklusive funktionsudtryk og ikke blot monadiske prædikater og relationer. Lad herefter

$$\mathbb{M} = \langle M, R_1, \ldots, R_\alpha, f_1, \ldots f_\beta, c_1, \ldots, c_\varepsilon \rangle \qquad (4.52)$$

være en struktur af type τ,

$$\tau = (\gamma_1, \ldots, \gamma_\alpha, \delta_1, \ldots, \delta_\beta, \varepsilon).$$

Indtil videre har vi kun tilladt endelig mange konstanter $c_1, \ldots, c_\varepsilon$, hvor ε er et endeligt tal. Vi får dog brug for det tilfælde, hvor der i $\mathbb{M}$ kan være uendelig mange konstanter. I dette tilfælde skriver vi

$$\mathbb{M} = \langle M, R_1, \ldots, R_\alpha, f_1, \ldots f_\beta, \{c_i \mid i \in I\} \rangle \qquad (4.53)$$

hvor I er en endelig eller uendelig indeksmængde. Typen τ af denne struktur er

$$(\gamma_1, \ldots, \gamma_\alpha, \delta_1, \ldots, \delta_\beta, \overline{\overline{I}})$$

hvor $\overline{\overline{I}}$ angiver kardinaltallet af I. Denne udvidelse ændrer ikke ved de ting, vi indtil videre har sagt om strukturer.

Lad nu N være en mængde disjunkt fra I, $I \cap N = \emptyset$, og lad der til ethvert $j \in N$ være givet et element $c_j \in M$. Med $(\mathbb{M}, c_j)_{j \in N}$ vil vi betegne strukturen

$$\langle M, R_1, \ldots, R_\alpha, f_1, \ldots f_\beta, \{c_i \mid i \in I \cup N\} \rangle. \qquad (4.54)$$

Denne struktur har typen

$$(\gamma_1, \ldots, \gamma_\alpha, \delta_1, \ldots, \delta_\beta, \overline{\overline{I \cup N}})$$

hvilket vil sige typen $(\gamma_1, \ldots, \gamma_\alpha, \delta_1, \ldots, \delta_\beta, \overline{\overline{I}} + \overline{\overline{N}})$, som vi vil betegne τN.

Vi er specielt interesserede i det tilfælde, hvor alle elementer i M forekommer som konstanter. Svarende til strukturen $\mathbb{M} =$

$\langle M, R_1, \ldots, R_\alpha, f_1, \ldots f_\beta, \{c_i \mid i \in I\}\rangle$, hvor det antages, at I er disjunkt med M, definerer vi strukturen

$$(\mathbb{M}, m)_{m \in M} = \langle M, R_1, \ldots, R_\alpha, f_1, \ldots f_\beta, \{c_i \mid i \in I\} \cup M\rangle \qquad (4.55)$$

med type τM, hvor τ er typen af M.
Betragt nu sproget $\mathcal{L}_{FOL}^\tau$ svarende til type τ samt strukturen

$$\mathbb{M} = \langle M, R_1, \ldots, R_\alpha, f_1, \ldots f_\beta, \{c_i \mid i \in I\}\rangle$$

hvor $I \cap M = \emptyset$. Vi kan da definere strukturen $(\mathbb{M}, m)_{m \in M}$ samt sproget svarende til dette systems type, $\mathcal{L}_{FOL}^{\tau M}$. $\mathcal{L}_{FOL}^{\tau M}$ fremkommer af $\mathcal{L}_{FOL}^\tau$ ved at tilføje en ny individualkonstant $\underline{m}$ svarende til ethvert element m fra M. Den eneste ændring fra definition 19, side 131 er, at antallet af individualkonstanter skal udskiftes med $\overline{I \cup M}$, nemlig $\{c_i \mid i \in I\} \cup \{\underline{m} \mid i \in M\}$. Lad ϕ være afbildningen, som til individualkonstanten $\underline{m}$ tilordner elementet m i M, $\phi(\underline{m}) = m$. Denne afbildning kan udvides til alle konstante termer i $\mathcal{L}_{FOL}^{\tau M}$ ved følgende regler:

1. $\phi(\underline{m}) = m$.

2. $\phi(\underline{c_i}) = c_i$.

3. $\phi(F_j(t_1, \ldots, t_{\gamma_j})) = f_j(\phi(t_1), \ldots, \phi(t_{\gamma_j})), 1 \leq j \leq \beta$.

Bemærk, at F_j fortolkes som f_j.
Betragt nu sætningen A fra sproget $\mathcal{L}_{FOL}^{\tau M}$, med andre ord en lukket velformet formel. Vi kan nu definere, hvad det vil sige, at A er sand i strukturen $\mathbb{M}$, som igen betegnes

$$\mathbb{M} \models A.$$

Definition 50
Udtrykket $\mathbb{M} \models A$, hvor A er en sætning (lukket formel) fra $\mathcal{L}_{FOL}^{\tau M}$, defineres induktivt ved følgende regler:

1. $\mathbb{M} \models t_1 = t_2$, hvis, og kun hvis, $\phi(t_1) = \phi(t_2)$.

2. $\mathbb{M} \models R_i(t_1, \ldots, t_{\gamma_i})$, hvis, og kun hvis, $R_i(\phi(t_1), \ldots, \phi(t_{\gamma_i}))$.

3. $\mathbb{M} \models \neg A$, hvis, og kun hvis, $\mathbb{M} \not\models A$.

4. $\mathbb{M} \models A \wedge B$, hvis, og kun hvis, $\mathbb{M} \models A$ og $\mathbb{M} \models B$.

5. $\mathbb{M} \models A \vee B$, hvis, og kun hvis, $\mathbb{M} \models A$ eller $\mathbb{M} \models B$.

6. $\mathbb{M} \models A \rightarrow B$, hvis, og kun hvis, $\mathbb{M} \not\models A$ eller $\mathbb{M} \models B$.

4.7 (†) Første ordens modeller

7. $M \models A \leftrightarrow B$, hvis, og kun hvis, $M \models A \Leftrightarrow M \models B$.

8. $M \models \exists x A(x)$, hvis, og kun hvis, der findes $m \in M$ og $M \models A(\underline{m})$.

9. $M \models \forall x A(x)$, hvis, og kun hvis, for alle $m \in M$ så $M \models A(\underline{m})$.

Igen, hvis A ikke er sand i M, så siges A at være falsk i M, og vi skriver $M \not\models A$.

Lad $t(x_1, \ldots, x_n)$ være en term fra $\mathcal{L}_{FOL}^\tau$ og lad $(a_1, \ldots, a_n)$ være et n-sæt af elementer fra M. Vi definerer da:

Definition 51
Værdien af termen $t(x_1, \ldots, x_n)$ for sættet $(a_1, \ldots, a_n)$, som vi vil betegne $t(x_1, \ldots, x_n)[a_1, \ldots, a_n]$, skal være elementet $\phi(t(\underline{a}_1, \ldots, \underline{a}_n))$ i M.

Man kan vælge at skrive $t[a_1, \ldots, a_n]$, når det ikke er væsentligt at specificere de frie variable i t. Udtrykket $t[a_1, \ldots, a_n]$ kunne også defineres direkte ved induktion uden at gå via sproget $\mathcal{L}_{FOL}^{\tau M}$. Reglerne i en sådan definition er følgende:

1. $x_i[a_1, \ldots, a_n] = a_i, 1 \leq i \leq n$.

2. $\underline{c}_i[a_1, \ldots, a_n] = c_i, 1 \leq i \leq n$.

3. $F_j(t_1, \ldots, t_{\gamma_j})[a_1, \ldots, a_n] = f_j(t_1[a_1, \ldots, a_n], \ldots, t_{\gamma_j}[a_1, \ldots, a_n])$.

Hvis $t[a_1, \ldots, a_n]$ defineres induktivt ved reglerne 1-3, kan man vise, at definition 51 bliver en sand sætning, i.e. $t[a_1, \ldots, a_n] = \phi(t(\underline{a}_1, \ldots, \underline{a}_n))$.

Betragt nu formlen $A(x_1, \ldots x_n)$ fra $\mathcal{L}_{FOL}^\tau$ og lad atter $(a_1, \ldots, a_n)$ være et n-sæt af elementer fra M. Formler vil ikke som termer have en værdi for visse elementer fra M, men vil derimod enten være sande eller falske, for de givne elementer $(a_1, \ldots, a_n)$. Vi siger også, at $(a_1, \ldots, a_n)$ tilfredsstiller $A(x_1, \ldots x_n)$, og skriver i dette tilfælde

$$M \models A(x_1, \ldots x_n)[a_1, \ldots, a_n] \qquad (4.56)$$

eller blot $M \models A[a_1, \ldots, a_n]$, hvis $A(x_1, \ldots x_n)$ er sand for de givne elementer. Den præcise definition er følgende:

Definition 52
Sættet $(a_1, \ldots, a_n)$ af elementer fra M tilfredsstiller formlen $A(x_1, \ldots x_n)$, såfremt sætningen $A(\underline{a}_1, \ldots, \underline{a}_n)$ fra $\mathcal{L}_{FOL}^{\tau M}$ er sand i M. Altså

$$M \models A[a_1, \ldots, a_n] \Leftrightarrow M \models A(\underline{a}_1, \ldots, \underline{a}_n).$$

Det er igen muligt at definere $\mathbb{M} \models A[a_1, \ldots, a_n]$ uden at gå via sproget $\mathcal{L}_{FOL}^{\tau M}$ nemlig ved at bygge på definitionen af $t[a_1, \ldots, a_n]$ som skitseret i den tilsvarende bemærkning ovenfor i forbindelse med definition 51.

Denne redegørelse giver os tilstrækkelige redskaber til at indføre de grundlæggende begreber fra modelteorien, som vi allerede har stiftet en smule bekendskab med i forbindelse med afsnit 4.4.1.

Definition 53

Lad τ være en type, $\mathcal{L}_{FOL}^{\tau}$ sproget svarende til typen τ og

$$\mathbb{M} = \langle M, R_1, \ldots, R_\alpha, f_1, \ldots f_\beta, \{c_i \mid i \in I\} \rangle$$

en struktur af type τ. Strukturen $\mathbb{M}$ kaldes en interpretation af sproget $\mathcal{L}_{FOL}^{\tau}$. Hvis en sætning A fra $\mathcal{L}_{FOL}^{\tau}$ er sand i interpretationen $\mathbb{M}$, så kaldes $\mathbb{M}$ for en model for A. I modsat fald siges $\mathbb{M}$ at falsificere A.

Hvis der for en formel $A(x_1, \ldots, x_n)$ fra $\mathcal{L}_{FOL}^{\tau}$ og et sæt $(a_1, \ldots, a_n)$ fra M gælder $\mathbb{M} \models A[a_1, \ldots, a_n]$, så siger vi, at $(a_1, \ldots, a_n)$ tilfredsstiller $A(x_1, \ldots, x_n)$ i interpretationen $\mathbb{M}$. $\mathbb{M}$ siges at være model for en mængde sætninger Γ fra $\mathcal{L}_{FOL}^{\tau}$, såfremt $\mathbb{M}$ er en model for alle sætninger fra Γ. Vi skriver da $\mathbb{M} \models \Gamma$. Mængden af sætninger Γ kaldes opfyldelig, såfremt der findes en model for S.

Antag et sprog, $\mathcal{L}_{FOL}^{\tau}$, og en interpretation $\mathbb{M}$ af $\mathcal{L}_{FOL}^{\tau}$. Lad $t(x_1, \ldots, x_n)$ være en term fra $\mathcal{L}_{FOL}^{\tau}$. Til ethvert elementsæt $(a_1, \ldots, a_n)$ vil termen $t(x_1, \ldots, x_n)$ udpege et objekt i M, nemlig $t[a_1, \ldots, a_n]$. Dette betyder, at enhver term $t(x_1, \ldots, x_n)$ i virkeligheden definerer en funktion af n frie variable på domænet M, nemlig funktionen defineret ved følgende tilordning:

$$(a_1, \ldots, a_n) \longmapsto t[a_1, \ldots, a_n].$$

Denne funktion kan vi igen betegne for ekstensionen af $t(x_1, \ldots x_n)$ i interpretationen $\mathbb{M}$, og vi skriver $Ext_\mathbb{M}(t)$.

Betragt afslutningsvist sproget $\mathcal{L}_{FOL}^{\tau}$ og interpretationen $\mathbb{M}$ af $\mathcal{L}_{FOL}^{\tau}$. Lad $A(x_1, \ldots, x_n)$ være en formel med alle variablene $x_1, \ldots, x_n$ frie. Formlen $A(x_1, \ldots, x_n)$ definerer ikke som en term en funktion på M, men derimod en relation i M, det vil sige relationen mellem n-sæt af elementer i M, som gælder hvis, og kun hvis, n-sættet tilfredsstiller formlen $A(x_1, \ldots, x_n)$. Denne relation vil vi betegne ekstensionen af $A(x_1, \ldots, x_n)$ i interpretationen $\mathcal{M}$, og vi skriver $Ext_\mathbb{M}(A)$. Der gælder således definitorisk at

$$Ext_\mathbb{M}(A) = \{(a_1, \ldots, a_n) \mid \mathbb{M} \models A[a_1, \ldots, a_n]\}.$$

Vi er nu i stand til at give en præcis formulering af den semantiske følgerelation $\models$ på sproget $\mathcal{L}_{FOL}^{\tau}$.

Definition 54

Lad Γ være en mængde sætninger fra $\mathcal{L}_{FOL}^\tau$ og lad A være en sætning i $\mathcal{L}_{FOL}^\tau$. A følger semantisk af Γ, såfremt, der for alle interpretationer $\mathbb{M}$ af $\mathcal{L}_{FOL}^\tau$ gælder

$$\mathbb{M} \models \Gamma \text{ medfører } \mathbb{M} \models A.$$

Vi skriver i dette tilfælde $\Gamma \models A$.

4.8 (†) Logik og algebra

De algebraiske aspekter af udsagnslogikken er specielt blevet studeret i Boole-algebra. Denne interessante forbindelse er genstand for undersøgelse i dette afsnit, der forudsætter afsnit 4.6 og 4.7.

Betragt først en mængde X af sætninger fra $\mathcal{L}_{FOL}^\tau$. Den *logiske afslutning* af X, $Cn(X)$, defineres ved

$$Cn(X) = \{A \mid X \models A\}. \tag{4.57}$$

Med andre ord er $Cn(X)$ lig med mængden af alle konsekvenser af X. En mængde X af sætninger fra $\mathcal{L}_{FOL}^\tau$ kaldes *logisk afsluttet*, såfremt $X = Cn(X)$. Vi definerer nu en teori i $\mathcal{L}_{FOL}^\tau$ som en logisk afsluttet mængde af sætninger fra $\mathcal{L}_{FOL}^\tau$:

Definition 55

En teori T i $\mathcal{L}_{FOL}^\tau$ er en logisk afsluttet mængde af sætninger fra $\mathcal{L}_{FOL}^\tau$. En mængde af sætninger, X, kaldes et *aksiomssystem for T*, såfremt $T = Cn(X)$. Hvis X er endelig, siges T at være endelig aksiomatisérbar. Vi skriver også $T \models A$ hvis $A \in T$.

Som vi allerede har set det ovenfor kan man angive en teori ved at opregne et aksiomssystem for den. Hvis teorien er endelig aksiomatisérbar, så er det ligetil at opregne aksiomerne. For ikke-endelige aksiomatisérbare teorier kan aksiomerne ofte opregnes ved aksiomsskemaer.

Vi vil analysere forskellige eksempler på teorier i første ordens sproget. Lad $\tau = \langle \gamma_1 \rangle$, hvor $\gamma_1 = 2$, det vil sige typen af en struktur $\mathcal{M} = \langle M, R \rangle$ med netop en relation af to variable og uden funktioner. Vi betegner relationen R med $\leq$ og bruger tillige også udtrykket $\leq$ for relationssymbolet i $\mathcal{L}_{FOL}^\tau$. Inden vi fortsætter, indfører vi følgende konvention. I stedet for at skrive $\mathcal{L}_{FOL}^\tau$, hvor τ er en simpel type, vil vi skrive

$$\mathcal{L}(R_1, \ldots, R_\alpha, f_1, \ldots f_\beta)$$

hvor såvel R'erne som f'erne er symboler, som vi vil anvende både som navne på de forskellige modellers relationer og symboler og som formelle relations- og funktionssymboler. Dette kaldes at angive sprogets *signatur*.

4.8.1 Gitterteori

Vi skal nu disktutere en vigtig teori, som vi først vil formulere i sproget $\mathcal{L}(\leq)$. Det drejer sig om *gitterteorien*.[9]
Et gitter er en partiel ordnet mængde[10], for hvilken det gælder, at to vilkårlige elementer i den givne mængde har såvel en mindste øvre grænse som en største nedre grænse. Det kan formuleres således:

Definition 56
Teorien, GITTER, for en partiel ordningsrelation, defineres ved aksiomssystemet:

1. $\forall x(x \leq x)$.

2. $\forall x \forall y [(x \leq y \wedge y \leq x) \rightarrow x = y]$.

3. $\forall x \forall y \forall z [(x \leq y \wedge y \leq z) \rightarrow x \leq z]$.

4. $\forall x \forall y \exists z [x \leq z \wedge y \leq z \wedge \forall v ((x \leq v \wedge y \leq v) \rightarrow z \leq v)]$.

5. $\forall x \forall y \exists z [z \leq x \wedge z \leq y \wedge \forall v ((v \leq x \wedge v \leq y) \rightarrow v \leq z)]$.

Klassen af gitre er identisk med klassen af modeller for teorien *GITTER*. Man kan overbevise sig om, at såvel mindste øvre grænse som største nedre grænse af to elementer a, b i gitter $(M, \leq)$ er entydigt bestemt. Dette betyder, at vi i et gitter $(M, \leq)$ kan definere to operationer

$$(a, b) \longmapsto a \sqcup b$$

$$(a, b) \longmapsto a \sqcap b$$

som til elementparret (a, b) tilordner henholdsvis den mindste øvre grænse og den største nedre grænse. I sproget $\mathcal{L}(\leq)$ har vi ikke midler til at udtrykke eller navngive disse funktioner, men vi kan på den anden side udvide sproget med to nye funktionssymboler $\sqcap, \sqcup$ og definere disse funktioner eksplicit:

Definition 57
Betragt sproget $\mathcal{L}(\leq, \sqcap, \sqcup)$ og teorien GITTER i dette sprog. Det vil med andre ord sige teorien, som fremkommer ved i $\mathcal{L}(\leq, \sqcap, \sqcup)$ at stipulere aksiomerne i definition 56. Vi indfører nu $\sqcap, \sqcup$ i GITTER ved følgende definitioner:

---

[9]På engelsk kaldes gitterteori for *lattice theory*.
[10]En partiel ordnet mængde, er en mængde, hvorom det gælder, at for vilkårlige elementer i mængden x, y: $\forall x(x \leq x), \forall x \forall y (x \leq y \wedge y \leq x \rightarrow x = y)$ og $\forall x \forall y \forall z[(x \leq y \wedge y \leq z) \rightarrow x \leq z]$.

4.8 (†) Logik og algebra

1. $\forall x \forall y \forall z [x \sqcup y = z \leftrightarrow (x \leq z \land y \leq z \land \forall v ((x \leq v \land y \leq v) \to z \leq v))]$.

2. $\forall x \forall y \forall z [x \sqcap y = z \leftrightarrow (z \leq x \land z \leq y \land \forall v ((v \leq x \land v \leq y) \to v \leq z))]$.

Vi kan nu formulere følgende sætning:

Sætning 4.2
Betragt teorien GITTER formuleret i sproget $\mathcal{L}(\leq, \sqcap, \sqcup)$ tilføjet 1 og 2 fra definition 57 som yderligere aksiomer. Følgende sætninger er gyldige i GITTER, i.e. sande i alle modeller af GITTER:

($\sqcup$1) $\forall x (x \sqcup x = x)$.
($\sqcup$2) $\forall x \forall y [x \sqcup y = y \sqcup x]$.
($\sqcup$3) $\forall x \forall y \forall z [x \sqcup (y \sqcup z) = (x \sqcup y) \sqcup z]$.
($\sqcup$4) $\forall x \forall y [x \sqcup (y \sqcap x) = x]$.

($\sqcap$1) $\forall x (x \sqcap x = x)$.
($\sqcap$2) $\forall x \forall y [x \sqcap y = y \sqcap x]$.
($\sqcap$3) $\forall x \forall y \forall z [x \sqcap (y \sqcap z) = (x \sqcap y) \sqcap z]$.
($\sqcap$4) $\forall x \forall y [x \sqcap (y \sqcup x) = x]$.

Bevis
Lad $\mathcal{M} = \langle M, \leq, \sqcap, \sqcup \rangle$ være en model for *GITTER* formuleret i sproget $\mathcal{L}(\leq, \sqcap, \sqcup)$. Definitionerne fra 57 sikrer os, at funktionerne $\sqcap, \sqcup$ i modellen netop er de funktioner, som tilordner henholdsvis største nedre grænse og mindste øvre grænse.

Vi viser, at ($\sqcup$1)-($\sqcup$4) er sande i $\mathcal{M}$. Det er helt analogt at vise ($\sqcap$1)-($\sqcap$4).

($\sqcup$1)-($\sqcup$2) er trivielle, jvf. definition 50,9. Lad nu a, b, c være vilkårlige elementer i M. Vi viser, at både $a \sqcup (b \sqcup c)$ og $(a \sqcup b) \sqcup c$ er mindste øvre grænse for mængden $\{a, b, c\}$, og derfor identiske. Vi ser først på $a \sqcup (b \sqcup c)$: Der gælder $a \leq a \sqcup (b \sqcup c)$ og $b \sqcup c \leq a \sqcup (b \sqcup c)$ ifølge definitionen af $\sqcup$. Men $b \leq b \sqcup c$ og $c \leq b \sqcup c$, altså ifølge transitiviteten $b \leq a \sqcup (b \sqcup c)$ og $c \leq a \sqcup (b \sqcup c)$. Det vil med andre ord sige, at $a \sqcup (b \sqcup c)$ er en øvre grænse for $\{a, b, c\}$. Lad nu d være en vilkårlig øvre grænse for $\{a, b, c\}$. Der gælder da, at $b \leq d$ og $c \leq d$ og derfor $b \sqcup c \leq d$. Men eftersom $a \leq d$ får vi $a \sqcup (b \sqcup c) \leq d$. Det vil sige, at $a \sqcup (b \sqcup c)$ er den mindste øvre grænse for $a \sqcup (b \sqcup c)$. Tilsvarende vises, at $(a \sqcup b) \sqcup c$ er den mindste øvre grænse for $\{a, b, c\}$, altså $a \sqcup (b \sqcup c) = (a \sqcup b) \sqcup c$.

Lad a, b være vilkårlige elementer i M. Vi skal vise relationen $a \sqcup (b \sqcap a) = a$: Ifølge definitionen af $\sqcap$ gælder $b \sqcap a \leq a$, og ifølge reflektiviteten af $\leq$ er $a \leq a$. Altså er a en øvre grænse for $\{a, b \sqcap a\}$ og derfor $a \sqcup (b \sqcap a) \leq a$. Men ifølge definitionen af $\sqcup$ er $a \leq a \sqcup (b \sqcap a)$, hvorfor $a \sqcup (b \sqcap a) = a$.

□

Der gælder nu en slags omvendt sætning til sætning 4.2, idet et gitter kan bestemmes ud fra operationerne ⊓, ⊔ med aksiomerne (⊔1)-(⊔4), (⊓1)-(⊓4). Vi giver nu den præcise matematiske formulering af dette:

Definition 58
Teorien GITTER formuleret i sproget $\mathcal{L}(⊓, ⊔)$ er teorien med aksiomerne (⊔1)-(⊔4) og (⊓1)-(⊓4) fra sætning 4.2.

Gitterordningen kan nu indføres ud fra operationerne ⊓, ⊔ ved følgende definition

$$\forall x \forall y (x \leq y \leftrightarrow x \sqcap y = x) \qquad (4.58)$$

eller den hermed ækvivalente definition

$$\forall x \forall y (x \leq y \leftrightarrow x \sqcup y = y). \qquad (4.59)$$

Det giver anledning til følgende sætning, som vi dog undlader at bevise:

Sætning 4.3
Teorien GITTER formuleret i sproget $\mathcal{L}(⊓, ⊔)$ som defineret i sætning 4.2 er identisk med teorien i $\mathcal{L}(\leq, ⊓, ⊔)$ med aksiomerne (⊔1)-(⊔4) og (⊓1)-(⊓4) og definitionerne (4.58) og (4.59).

4.8.2 Boole-algebra

Vi vil nu udvide *GITTER* til den vigtige teori *BA*. *BA* er teorien for Boole-algebraer (opkaldt efter den britiske matematiker George Boole (1815-1864)), som spiller en afgørende rolle i matematisk logik og for den sags skyld i mange andre områder af matematikken. De vigtigste typer eksempler på Boole-algebraer er systemer af mængder med operationerne ∩ og ∪ samt komplementærmængdedannelse ⁻. Man kan vise, at alle Boole-algebraer er isomorfe med passende mængdealgebraer, hvilket er indholdet af den såkaldte Stones *repræsentationssætning*. Derfor kan man med fordel tænke på ⊓ og ⊔, når man arbejder med operationerne ⊓ og ⊔ i Boole-algebraer. Tilsvarende kan man tænke på ⁻, når man arbejder med −, hvor − er et nyt funktionssymbol, vi skal indføre i Boole-algebrateorien.

Betragt nu sproget $\mathcal{L}(⊓, ⊔, -)$, hvor − er et nyt funktionssymbol af en variabel, det vil sige har aritet 1. Vi definerer teorien for Boole-algebra således:

Definition 59
Teorien BA formuleret i sproget $\mathcal{L}(⊓, ⊔, -)$ defineres ved følgende aksiomer

1. (⊔1)-(⊔4) og (⊓1)-(⊓4) fra GITTER.

2. Følgende nye aksiomer:

4.8 (†) Logik og algebra 183

(a) $(Dist \sqcap \sqcup)$ $\forall x \forall y \forall z [x \sqcap (y \sqcup z) = (x \sqcap y) \sqcup (x \sqcap z)]$.

(b) $(Dist \sqcup \sqcap)$ $\forall x \forall y \forall z [x \sqcup (y \sqcap z) = (x \sqcup y) \sqcap (x \sqcup z)]$.

(c) $(-\sqcap)$ $\forall x \forall y [(x \sqcap -x) \sqcup y = y]$.

(d) $(-\sqcup)$ $\forall x \forall y [(x \sqcup -x) \sqcap y = y]$.

På samme måde som under diskussionen af *GITTER* kan vi i *BA* definere en ordningsrelation $\leq$ via definitionerne (4.58) og (4.59). Dette kræver, at vi udvider sproget med symbolet $\leq$ og indfører definitionerne (4.58) og (4.59). Hvis dette gøres, hvilket vil sige, at *BA* formuleres i sproget $\mathcal{L}(\leq, \sqcap, \sqcup, -)$ med accept af definitionerne (4.58) og (4.59) som yderligere aksiomer, da kan aksiomerne $(-\sqcap)$ og $(-\sqcup)$ også skrives således:

$(-\sqcap)'$ $\forall x \forall y [(x \sqcap -x) \leq y]$.

$(-\sqcup)'$ $\forall x \forall y [(x \sqcup -x) \geq y]$.

Udtrykket $x \geq y$ er naturligvis en anden skrivemåde for $y \leq x$. Disse aksiomer udtrykker altså, at $x \sqcap -x$ er mindre end eller lig med alle andre elementer, og at $x \sqcup -x$ er større end alle andre elementer. Der gælder derfor meget naturligt følgende sætning.

Sætning 4.4
For teorien *BA*, formuleret i sproget $\mathcal{L}(\leq, \sqcap, \sqcup, -)$ gælder der:

1. $BA \models \forall x \forall y [x \sqcap -x = y \sqcap -y]$.

2. $BA \models \forall x \forall y [x \sqcup -x = y \sqcup -y]$.

3. $BA \models \forall x \forall y [(x \sqcap -x) \leq y]$.

4. $BA \models \forall x \forall y [y \leq (x \sqcup -x)]$.

Bevis
Relationerne 3 og 4 er blot omskrivningerne $(-\sqcap)', (-\sqcup)'$ af aksiomerne $(-\sqcap), (-\sqcup)$ og kræver ikke yderligere bevis.

Relationen 1 betyder, at der for alle Boole-algebraer, det vil sige for alle modeller $\mathcal{M} = \langle M, \leq, \sqcap, \sqcup \rangle$ for *BA*, og alle $a, b \in M$ gælder

$$a \sqcap -a = b \sqcap -b. \quad (4.60)$$

Men dette er tilfældet, thi $a \sqcap -a$ er ifølge $(-\sqcap)'$ mindre end eller lig med alle elementer og derfor også mindre end $b \sqcap -b$, i.e.

$$a \sqcap -a \leq b \sqcap -b \quad (4.61)$$

og tilsvarende er $b \sqcap -b$ mindre end eller lig med alle andre elementer, altså

$$b \sqcap -b \leq a \sqcap -a. \quad (4.62)$$

Derfor er $a \sqcap -a = b \sqcap -b$. På helt analog måde bevises 2.

□

Sætning 4.4 viser, at alle Boole-algebraer har såvel et mindste som et største element. I mange sammenhænge er det hensigtsmæssigt at have navne for disse elementer. For at få det må vi udvide sproget med endnu to nye symboler, nemlig de to individualkonstanter $\top, \bot$, der skal betegne henholdsvis det største og det mindste element. Vi kan nu formulere BA i sproget $\mathcal{L}(\leq, \sqcap, \sqcup, -, \top, \bot)$ som værende teorien BA formuleret i $\mathcal{L}(\leq, \sqcap, \sqcup, -)$ udvidet med følgende eksplicitte definitioner:

($\top$) $\forall x(\top = x \sqcup -x)$.

($\bot$) $\forall x(\bot = x \sqcap -x)$.

For en Boole-algebra bestående af mængder med mængdeoperationerne $\sqcap, \sqcup$, og $\subseteq$ er $\bot$ naturligvis den tomme mængde $\emptyset$, og $\top$ er Boole-algebraens univers, i.e. mængden M, hvoraf alle de øvrige mængder i Boole-algebraen er delmængder.

Der findes en yderligere teori, der har betydning for logikken, nemlig teorien for Boole-*ringe*, BR. Betragt sproget $\mathcal{L}(+, \cdot, 0, 1)$, hvor $+$ og $\cdot$ er to funktionssymboler og 0 og 1 er individualkonstanter. BR er teorien med aksiomerne:

1. $\forall x \forall y \forall z [x + (y + z) = (x + y) + z]$.

2. $\forall x(x + 0 = x \wedge 0 + x = x)$.

3. $\forall x \exists y(x + y = 0)$.

4. $\forall x \forall y(x + y = y + x)$.

5. $\forall x(1 \cdot x = x \wedge x \cdot 1 = x)$.

6. $\forall x \forall y \forall z [x \cdot (y \cdot z) = (x \cdot y) \cdot z]$.

7. $\forall x \forall y \forall z [x \cdot (y + z) = (x \cdot y) + (x \cdot z)]$.

8. $\forall x(x \cdot x = x)$.

En Boole-ring defineres som en model for BR. For Boole-ringe gælder, at de alle har *karakteristik* 2, det vil sige, for alle x gælder $x + x = 0$. Endvidere bliver alle Boole-ringe kommutative, hvilket vil sige, at for alle x, y gælder $x \cdot y = y \cdot x$, og alle elementer i en Boole-ring er identisk med dens negation: $x = -x$. Den logiske betydning af Boole-ringe følger af, at enhver Boole-ring giver anledning til en Boole-algebra og omvendt. Det vil med andre ord sige, at de to teorier i en vis forstand er ækvivalente. Hvis vi har en

4.8 (†) Logik og algebra

Boole-ring $\langle B, +, \cdot, 0, 1 \rangle$, kan vi definere en Boole-algebra svarende hertil $\langle B, \sqcap, \sqcup, \top, \bot \rangle$ ved at definere Boole-operationerne på følgende måde:

$$\begin{aligned} x \sqcap y &= x \cdot y \\ x \sqcup y &= x + y + x \cdot y \\ -x &= 1 + x \\ \bot &= 0 \\ \top &= 1 \end{aligned}$$

Man kan eftervise, at $\langle B, \sqcap, \sqcup, \top, \bot \rangle$ bliver en Boole-algebra.

Omvendt kan vi ud fra en Boole-algebra $\langle B, \sqcap, \sqcup, \top, \bot \rangle$ definere en Boole-ring på følgende måde:

$$\begin{aligned} x \cdot y &= x \sqcap y \\ x + y &= (x \sqcap -y) \sqcup (-x \sqcap y) \\ 0 &= \bot \\ 1 &= \top \end{aligned}$$

Man viser uden større vanskeligheder, at $\langle B, +, \cdot, 0, 1 \rangle$ med de angivne definitioner bliver en Boole-ring.

I udsagnslogikken spiller følgende mindste ikke-trivielle Boole-algebra en væsentlig rolle

$$\mathcal{BA} = \langle S, \leq, \sqcap, \sqcup, -, \top, \bot \rangle \tag{4.63}$$

hvor $S = \{\top, \bot\}$ og ordningen $\leq$ igen er defineret ved relationerne $x \leq y \Leftrightarrow x \sqcap y = x$ og $x \leq y \Leftrightarrow x \sqcup y = y$. Denne Boole-algebra repræsenterer nemlig sandhedsværdierne sand $\top$ og falsk $\bot$. Operationerne $\sqcap, \sqcup$ og $-$ opfylder de sædvanlige sandhedstabeller:

$\sqcap$	$\bot$	$\top$
$\bot$	$\bot$	$\bot$
$\top$	$\bot$	$\top$

$\sqcup$	$\bot$	$\top$
$\bot$	$\bot$	$\top$
$\top$	$\top$	$\top$

$-$	
$\bot$	$\top$
$\top$	$\bot$

Det vil sige, at $\sqcap$ svarer til $\wedge$, $\sqcup$ svarer til $\vee$ og $-$ svarer til $\neg$. Det vises uden vanskeligheder fra aksiomerne for Boole-algebraer, at disse tabeller er gyldige.

Betragt nu sproget $\mathcal{L}_{LFOL}^{\tau}$. Lad L være mængden af alle symbolstrenge fra $\mathcal{L}_{LFOL}^{\tau}$ og lad atter vff være mængden af velformede formler i $\mathcal{L}_{LFOL}^{\tau}$ således, at $vff \subseteq L$. Svarende til de logiske konnektiver $\neg, \wedge, \vee$ kan vi definere nogle funktioner på L ved:

1. $\ominus(\alpha) = \neg \alpha$.

2. $\odot(\alpha, \beta) = \alpha \wedge \beta$.

3. $\otimes(\alpha, \beta) = \alpha \vee \beta$.

hvor α, β er symbolstrenge fra L. Det er i princippet også muligt at definere operationer svarende til $\rightarrow$ og for den sags skyld $\exists, \forall$ og $=$, men det får vi ikke brug for her. Med operationerne $\ominus, \odot$ og $\otimes$ bliver L en algebra

$$\mathfrak{L} = \langle L, \ominus, \odot, \otimes \rangle \quad (4.64)$$

og vi kan definere en delalgebra

$$\mathcal{V} = \langle vff, \ominus, \odot, \otimes \rangle \quad (4.65)$$

med klassen af alle velformede formler vff fra $\mathcal{L}_{LFOL}^{\tau}$ og dermed tillige $\mathcal{L}$ som domæne. Det udsagnslogiske sprog $\mathcal{L}$ fremkommer simpelthen af $\mathcal{L}_{LFOL}^{\tau}$ ved, at τ er en type, der kun giver anledning til relationssymboler af 0 variable. I så tilfælde bliver $vff = vff_0$, hvor vff_0 er mængden af sætninger i $\mathcal{L}_{LFOL}^{\tau}$. $\mathcal{V}$ er en delalgebra, thi vff er afsluttet over for operationerne $\ominus, \odot, \otimes$. I algebraen $\mathcal{V}$ kan vi nu definere en ækvivalensrelation på følgende måde:

$$A \sim B \Leftrightarrow \models A \leftrightarrow B. \quad (4.66)$$

Man viser, at $\sim$ harmonerer med $\ominus, \odot$ og $\otimes$, hvilket vil sige at

$$A \sim A' \text{ medfører } \neg A \sim \neg A'.$$

$$A \sim A', B \sim B' \text{ medfører } \begin{cases} A \wedge B & \sim & A' \wedge B' \\ & \text{og} & \\ A \vee B & \sim & A' \vee B' \end{cases}.$$

Relationen $\sim$ er altså en kongruensrelation, og vi kan derfor definere kvotientstrukturen

$$\overline{\mathcal{V}} = \langle \overline{vff}, \sqcap, \sqcup, - \rangle \quad (4.67)$$

hvor

$$\begin{aligned}
\overline{vff} &= \{\overline{A} \mid A \in vff\} \\
[A] &= \{B \mid A \sim B\} \\
- &= \overline{\ominus} \quad \text{dvs.} \quad -[A] = [\neg A] \\
\sqcap &= \overline{\odot} \quad \text{dvs.} \quad [A] \sqcap [B] = [A \wedge B] \\
\sqcup &= \overline{\otimes} \quad \text{dvs.} \quad [A] \sqcup [B] = [A \vee B]
\end{aligned}$$

Vi viser nu, at $\overline{\mathcal{V}}$ som beskrevet i (4.67) bliver en Boole-algebra.

Sætning 4.5
Kvotientstrukturen

$$\overline{\mathcal{V}} = \langle \overline{vff}, \sqcap, \sqcup, - \rangle$$

er en Boole-algebra, hvor mindste- og største-elementet er henholdsvis

1. $\top = [A \vee \neg A]$.

4.8 (†) Logik og algebra

2. $\perp = [A \wedge \neg A]$.

Endvidere kan den naturlige Boole-ordning $\leq$ udtrykkes ved:

3. $[A] \leq [B] \Leftrightarrow \models A \to B$.

Bevis
Vi skal vise, at alle aksiomerne $(\sqcup 1) - (\sqcup 4), (\sqcap 1) - (\sqcap 4), (Distr \sqcap, \sqcup), (Distr \sqcup, \sqcap), (-\sqcap), (-\sqcup)$ gælder for $\sqcap, \sqcup$ og $-$ i $\overline{\mathcal{V}}$. Ifølge definitionerne af $\sqcap, \sqcup$ og $-$ oversættes alle disse aksiomer til følgende logiske teoremer:

$(\sqcup 1)$ $\models (A \vee A) \leftrightarrow A$.
$(\sqcup 2)$ $\models (A \vee B) \leftrightarrow (A \vee B)$.
$(\sqcup 3)$ $\models (A \vee B) \vee C \leftrightarrow A \vee (B \vee C)$.
$(\sqcup 4)$ $\models A \vee (B \wedge A) \leftrightarrow A$.
$(\sqcap 1)$ $\models (A \wedge A) \leftrightarrow A$.
$(\sqcap 2)$ $\models (A \wedge B) \leftrightarrow (A \wedge B)$.
$(\sqcap 3)$ $\models (A \wedge B) \wedge C \leftrightarrow A \wedge (B \wedge C)$.
$(\sqcap 4)$ $\models A \wedge (B \vee A) \leftrightarrow A$.
$(Distr \sqcap, \sqcup)$ $\models A \wedge (B \vee C) \leftrightarrow (A \wedge B) \vee (A \wedge C)$.
$(Distr \sqcup, \sqcap)$ $\models A \vee (B \wedge C) \leftrightarrow (A \vee B) \wedge (A \vee C)$.
$(-\sqcap)$ $\models ((A \wedge \neg A) \vee B) \leftrightarrow B$.
$(-\sqcup)$ $\models ((A \vee \neg A) \wedge B) \leftrightarrow B$.

Men da alle formlerne efter $\models$ er tautologier, gælder disse aksiomer i $\overline{\mathcal{V}}$, som det fremgår af tabel 3.1, side 98.
Relationerne 1 og 2 følger af definitionerne af $(\top)$ og $(\perp)$ side 184.
Relation 3 indses således:

$[A] \leq [B]$ $\Leftrightarrow$ $[A] \leq [B] = A$ (definition af $\leq$)
           $\Leftrightarrow$ $[A \wedge B] = [A]$
           $\Leftrightarrow$ $\models A \wedge B \leftrightarrow A$
           $\Leftrightarrow$ $\models A \to B$

Den sidste biimplikation følger af, at udsagnet

$$(A \to B) \leftrightarrow (A \wedge B \leftrightarrow A)$$

er en tautologi.

$\square$

Vi betragter nu delalgebraen

$$\overline{\mathcal{V}}_0 = \langle \overline{vff_0}, \sqcap, \sqcup, - \rangle \qquad (4.68)$$

af $\overline{\mathcal{V}}$, hvor vi igen lader $\overline{vff_0} = \{[A] \mid A \text{ er en sætning i } \mathcal{L}^\tau_{LFOL}\}$. $\overline{\mathcal{V}}_0$ er igen en Boole-algebra. Lad $\mathbb{M}$ være en interpretation af $\mathcal{L}^\tau_{LFOL}$. Der gælder for alle sætninger A i $\mathcal{L}_{LFOL}^\tau$ enten $\mathbb{M} \models A$ eller $\mathbb{M} \not\models A$. Ud fra dette kan vi definere en afbildning af mængden af sætninger ind i $S = \{\top, \bot\}$ ved

$$\phi(A) = \begin{cases} \top & \text{hvis } \mathbb{M} \models A \\ \bot & \text{hvis } \mathbb{M} \not\models A \end{cases}. \tag{4.69}$$

Denne afbildning er en homomorfi af delalgebraen $\mathcal{V}_0 = \langle vff_0, \sqcap, \sqcup, - \rangle$ ind i Boole-algebraen $\mathcal{S} = \langle S, \sqcap, \sqcup, - \rangle$. Men homomorfien ϕ kan faktoriseres via den naturlige epimorfi af vff_0 på $\overline{vff_0}$, i.e. der findes en homomorfi $\psi : \overline{vff_0} \longrightarrow \{\top, \bot\}$, så $\phi = \psi \circ nat$ (figur 4.12).

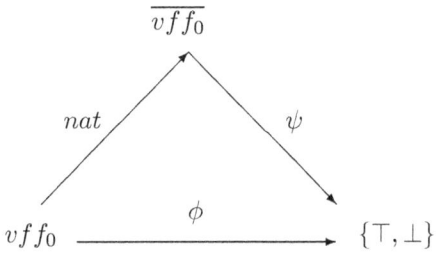

Figur 4.12 Afbildningerne nat, ϕ og ψ.

ψ defineres ved

$$\psi([A]) = \phi(A). \tag{4.70}$$

ψ er veldefineret, thi $[A] = [B]$ medfører $\models A \leftrightarrow B$, og A og B har derfor samme sandhedsværdi i alle interpretationer af $\mathcal{L}_{LFOL}^\tau$. Det skal bemærkes af $nat : vff_0 \longrightarrow \overline{vff_0}$ er forskellig fra nat_ϕ.

Omvendt hvis vi har en homomorfi ψ af $\overline{vff_0}$ på $\{\top, \bot\}$, så kan vi definere ϕ ved $\phi = \psi \circ nat$. Der er altså en entydig korrespondence mellem interpretationer af vff_0 og homomorfier af $\overline{vff_0}$ ind i $\{\top, \bot\}$.

Lad nu Γ være en mængde af sætninger, i.e. $\Gamma \subseteq vff_0$. Teorien T med Γ som aksiomer er defineret ved

$$T = \{A \in vff_0 \mid \Gamma \models A\}. \tag{4.71}$$

Antag, at $T \neq vff_0$, i.e. T er en konsistent teori. Der gælder da, at mængden

$$\mathfrak{F} = \{[A] \mid A \in T\} \tag{4.72}$$

er et *filter* i Boole-algebraen $\overline{vff_0}$.
Et filter $\mathfrak{F}$ defineres på følgende måde:

Definition 60
En ikke-tom delmængde $\mathfrak{F}$ af domænet B af Boole-algebraen

$$\mathcal{BA} = \langle B, \leq, \sqcap, \sqcup, -, \top, \bot \rangle$$

kaldes et filter, såfremt $\mathfrak{F}$ opfylder følgende aksiomer:
(f1) $a \in \mathfrak{F}$ og $b \in \mathfrak{F}$ medfører $a \sqcap b \in \mathfrak{F}$.
(f2) $a \in \mathfrak{F}$ og $a \leq b$ medfører $b \in \mathfrak{F}$.

Det mindste filter er $\{\top\}$, og det største er B. Et filter forskellig fra B kaldes et egentligt filter. Et egentligt filter indeholder ikke $\bot$.

Man kan nu vise, at $\mathfrak{F} = \{[A] \mid A \in T\}$ er et filter. Betingelserne (f1) og (f2) kan oversættes til følgende:

(f1) $\Gamma \models A$ og $\Gamma \models B$ medfører $\Gamma \models A \wedge B$.
(f2) $\Gamma \models A$ og $\Gamma \models A \rightarrow B$ medfører $\Gamma \models B$.

Disse to betingelser svarer til to slutningsregler $\wedge$-introduktion og $\rightarrow$-elimination og er derfor opfyldt.

Da T er konsistent, får vi, at $\mathfrak{F} \neq \overline{vff_0}$. Hvis T er en *egentlig* teori, hvilket vil sige, at T indeholder ikke-gyldige sætninger, så er $\mathfrak{F} \neq \{\top\}$. Altså, hvis T er en egentlig konsistent teori, så er $\mathfrak{F}$ et egentligt filter på $\overline{vff_0}$. Og omvendt vil et egentligt filter $\mathfrak{F}$ på $\overline{vff_0}$ definere en egentlig konsistent teori $T_{\mathfrak{F}}$ ved

$$T_{\mathfrak{F}} = \{A \in vff_0 \mid \overline{A} \in \mathfrak{F}\}. \tag{4.73}$$

Der er altså en en-entydig korrespondance mellem egentlige konsistente teorier i $\mathcal{L}_{LFOL}^{\tau}$ og egentlige filtre på Boole-algebraen $\overline{vff_0}$.

Af de omtalte forhold fremgår det, at teorien for udsagnslogikken helt og aldeles kan reduceres til studiet af Boole-algebraen $\overline{vff_0}$, dens filtre og homomorfier. For prædikatslogikken, hvor der ud over de udsagnslogiske konnektiver også er kvantorer, afspejler denne sammenhæng mellem filtre og teorier ikke den fulde struktur af teorien og dens modeller, idet der ikke er indført operationer i Boole-algebraen, som svarer til kvantorerne. Det er imidlertid muligt at udvide Boole-algebraen med operationer, som svarer til kvantorerne. Derved fremkommer de såkaldte *cylinder*-algebraer (se yderligere [Henkin & Tarski 71]). Vi skal dog ikke diskutere dem her, men vil afslutte med at præcisere sammenhængen mellem udsagnslogik og Boole-algebra.

Lad T være en konsistent udsagnslogisk teori, i.e. en teori i sproget $\mathcal{L}$. En model af T er en sandhedstilskrivning

$$\varphi : vff_0 \longrightarrow \{\bot, \top\}$$

som gør alle udsagn i T sande. En model giver anledning til en homomorfi af algebraen $\mathcal{V}_0 = \langle vff_0, \sqcap, \sqcup, - \rangle$ ind i $\mathcal{S} = \langle S, \sqcap, \sqcup, - \rangle$. Denne homomorfi er ganske enkelt identisk med sandhedstilskrivningen φ.

Det fremgår af dette, at der er en en-entydig korrespondence mellem modeller for de udsagnslogiske teorier og egentlige filtre på Boole-algebraen $\mathcal{V}_0$. Når der er tale om udsagnslogik, kaldes Boole-algebraen for *Lindenbaum*-algebraen svarende til sproget $\mathcal{L}$.

Litteratur

[Bell & Machover 77], [Halmos 63], [Henkin & Tarski 71].

(†) Chang, C. C. og Keisler, H. J. *Model Theory*. North Holland Publishing Company, 1973.

Doets, Kees. *Basic Model Theory*. CSLI Publications, 1996.

Hodges, Wilfried. *A Shorter Model Theory*. Cambridge: Cambridge University Press, 1997.

Sikorski, Roman. *Boolean Algebras*. Springer Verlag, 1964.

Stoll, Robert, R. *Set Theory and Logic*. Dover Publications, Inc., New York. 1963.

5 Første ordens prædikatslogik

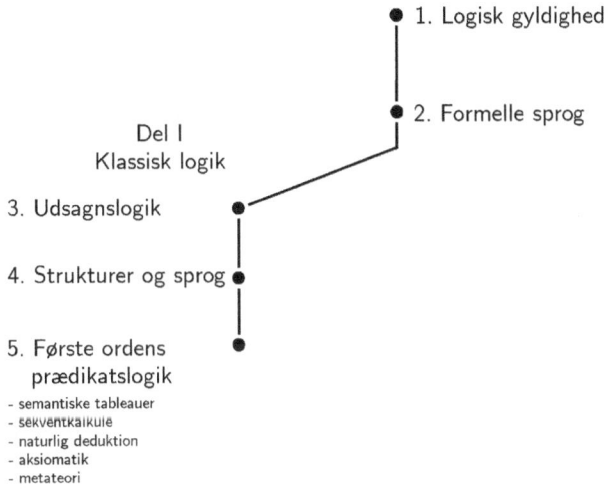

Dette kapitel bidrager med såvel semantiske som bevisteoretiske procedurer, hvormed prædikatlogiske argumenters gyldighed nu kan undersøges. Den semantiske procedure består af semantiske tableauer, mens de bevisteoretiske består af Gentzens sekventkalkule og naturlig deduktion med og uden kontekst (kort omtales også en Hilbert-stil aksiomatik). Herefter diskuteres de væsentlige metateoretiske resultater vedrørende prædikatslogikken af især første, men også af højere orden (†); indledningsvist diskuteres i denne forbindelse vigtige logiske paradokser, herunder Russells, Cantors, Richards paradokser og løgnerparadokset. Disse overvejelser baner vejen for at diskutere (1) kompakthedssætningen, (2) Tarskis sætning, (3) Gödels ufuldstændighedssætninger, (4) Lövenheim-Skolems sætning samt (5) Lindströms sætning.

5.1 Semantiske tableauer

Konstruktionen af tableauer kan tillige anvendes som en semantisk undersøgelsesprocedure for gyldighed, når det gælder argumenter formuleret i $\mathcal{L}_{FOL}$. Det kræver en udvidelse af proceduren med forgreningsregler for universal- og eksistenskvantoren samt identitet. Proceduren skitseres for $\mathcal{L}_{FOL}$ uden funktionssymboler.

5.1.1 Universalkvantor

Universalkvantoren har, som de fleste øvrige logiske konnektiver, to forgreningsregler, henholdsvis ∀-reglen og ¬∀-reglen:

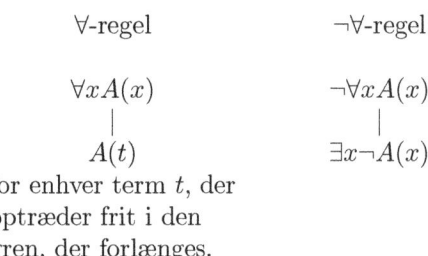

Klausulen på ∀-reglen betyder, at man skal individuere med en term, der er brugt i forvejen i det semantiske tableau, hvis en sådan term findes. Findes der ikke en sådan, skriver vi blot $A(a)$ og genanvender denne for enhver ny term. ¬∀-reglen er blot reglen for kvantorskift ved negation.

Hvis vi eksempelvis i et semantisk tableau allerede har introduceret, eller der på anden måde er introduceret, en individualkonstant, a, så skal vi individuere en formel af formen $\forall x A(x)$ med a, hvorfor vi får $A(a)$. At danne denne individuerede instans af et universalkvantificeret udsagn kaldes at danne en *individualformel*. Universalkvantoren har som bekendt rækkevidde over alle objekter i et givent domæne, så hvis a er navnet på et introduceret objekt i dette domæne, så skal den pågældende egenskab A tillige gælde a. Den egenskab, at universalkvantoren har rækkevidde over hele domænet, betyder omvendt, at hvis der endnu ikke er blevet introduceret en individualkonstant, og vi ikke skal undersøge hele domænet, hvilket kan vise sig at være en umulig opgave, da kan vi blot vælge en vilkårlig term og individuere med denne. Valget af denne vilkårlige term betyder også, at vi efter individueringen af et universalkvantificeret udsagn med en individualformel givet ∀-reglen kun afkrydser (✓) med det forbehold, at vi eventuelt bliver nødt til at prøve med en anden individualkonstant, hvis det pågældende tableau ikke vil lukke med det oprindelige valg af individualkonstant.

5.1.2 Eksistenskvantor

Eksistenskvantoren har tillige to forgreningsregler, henholdsvis ∃-reglen og ¬∃-reglen:

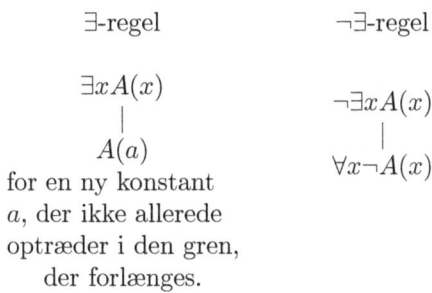

Eksistenskvantor

∃-regel

$\exists x A(x)$
|
$A(a)$
for en ny konstant
a, der ikke allerede
optræder i den gren,
der forlænges.

¬∃-regel

$\neg \exists x A(x)$
|
$\forall x \neg A(x)$

¬∃-reglen kræver igen ingen forklaring. For ∃-reglen er der følgende ræsonnement, som gør sig gældende for den tilhørende klausul. Allerede i kapitel 1 fandt vi, at blot fordi der findes mindst ét menneske, der dør hvis vedkommende spiser arsenik, så implicerer det ikke, at Søren dør af sit arsenikindtag, eftersom Søren ikke behøver at være dette eller et af de specifikke mennesker, der spiser arsenik og dør heraf. Generelt betyder dette med andre ord, at hver gang, der optræder en eksistenskvantor i et semantisk tableau, skal man danne den pågældende individualformel ved *altid* at vælge en ny individualkonstant. Herefter kan vi så anvende denne individualkonstant i forbindelse med ∀-reglen.

Det er fordelagtigt altid først at danne individualformler for de velformede formler, i hvilke der er forekomst af eksistenskvantorer. Disse eksistenskvantorer giver anledning til at danne et specifikt objektdomæne, som universalkvantorerne herefter på passende vis kan løbe over. Vi er altid "objekt-økonomer" i forbindelse med konstruktionen af semantiske tableauer for første ordens prædikatslogikken i den forstand, at objektdomænet i vid udstrækning begrænses til så få objekter som muligt, lige som det fremgik af vore modeller og interpretationer for første ordens prædikatslogikken i afsnit 4.4.1, kapitel 4, side 140. Foruden de nye kvantorregler anvendes de tidligere introducerede udsagnslogiske regler.

5.1.3 Identitet

Identitet har i lighed med negationsreglen blot én forgreningsregel:

Identitet

=-regel

$$A(a)$$
$$a = b$$
$$\mid$$
$$A(b)$$

=-reglen siger således, at for et objekt a med den vilkårlige egenskab A og for identiteten af a med objektet b gælder, at b også har egenskaben A. Vi antager, at identitet er en ækvivalensrelation, hvorfor vi direkte fra $A(a)$ og $a = b$ kan slutte til $A(b)$.

5.1.4 Eksempler

Lad os indledningsvist undersøge følgende forhold:

1. Om sætningsmængden bestående af

$$\forall x(S(x) \rightarrow P(x)) \text{ og } \exists x(S(x) \wedge \neg P(x)) \tag{5.1}$$

    er inkonsistent.

2. Om sætningsmængden bestående af

$$\neg \forall x(S(x) \rightarrow P(x)) \text{ og } \neg \exists x(S(x) \wedge \neg P(x)) \tag{5.2}$$

    er inkonsistent.

Disse to forhold kan undersøges ved konstruktionen af semantiske tableauer. Lad os starte med 1, der beløber sig til en undersøgelse af, om

$$\forall x(S(x) \rightarrow P(x)), \exists x(S(x) \wedge \neg P(x)) \tag{5.3}$$

er konsistent eller ej:

$$
\begin{array}{ll}
\forall x(S(x) \rightarrow P(x)) & 4 \quad (\checkmark) \\
\exists x(S(x) \wedge \neg P(x)) & 1 \quad \checkmark \\
\mid & \\
S(a) \wedge \neg P(a) & 2 \quad \checkmark \\
\mid & \\
S(a) & 3 \\
\neg P(a) & \\
\mid & \\
S(a) \rightarrow P(a) & 5 \quad \checkmark \\
\swarrow \qquad \searrow & \\
\neg S(a) \qquad\qquad P(a) & 6 \\
\times \qquad\qquad\quad \times &
\end{array}
$$

5.1 Semantiske tableauer

Den grundlæggende idé i konstruktionen af semantiske tableauer for første ordens prædikatslogikken er den samme som for udsagnslogikken. Forgreningsreglerne for de logiske konnektiver forbliver de samme, og den føromtalte heuristik i forbindelse med udviklingen af træet gælder stadig. Således forgrenes

1. $\exists x(S(x) \land \neg P(x))$ først ved at applicere $\exists$-reglen til at danne en individualformel

2. $S(a) \land \neg P(a)$ for herefter at anvende

3. $\land$-reglen, hvilket efterfølges af

4. $\forall x(S(x) \rightarrow P(x))$, der forgrenes ved at applicere $\forall$-reglen til at danne en individualformel

5. $S(a) \rightarrow P(a)$, hvor der anvendes en individualkonstant, der i forvejen er introduceret, for sluttelig at anvende

6. $\rightarrow$-reglen, der får træet til at lukke.

Det er herefter demonstreret, at $\forall x(S(x) \rightarrow P(x))$ og $\exists x(S(x) \land \neg P(x))$ ikke kan være sande samtidig.

Nu skal det blot demonstreres, at $\forall x(S(x) \rightarrow P(x))$ og $\exists x(S(x) \land \neg P(x))$ ikke kan være falske samtidig, så de negeres respektivt, svarende til 2, og sætningsmængden undersøges for konsistens:

$$\neg \forall x(S(x) \rightarrow P(x)) \quad \checkmark$$
$$\neg \exists x(S(x) \land \neg P(x)) \quad \checkmark$$
$$|$$
$$\exists x \neg (S(x) \rightarrow P(x)) \quad \checkmark$$
$$\forall x \neg (S(x) \land \neg P(x))$$
$$|$$
$$\neg (S(a) \rightarrow P(a)) \quad \checkmark$$
$$|$$
$$S(a)$$
$$\neg P(a)$$
$$|$$
$$\neg (S(a) \land \neg P(a)) \quad \checkmark$$

$$\swarrow \qquad \searrow$$

$$\neg S(a) \qquad \qquad \neg \neg P(a) \quad \checkmark$$
$$\qquad \qquad \qquad \quad P(a)$$
$$\times \qquad \qquad \qquad \times$$

Sætningsmængden bestående af $\neg \forall x(S(x) \rightarrow P(x))$ og $\neg \exists x(S(x) \land \neg P(x))$ er demonstreret inkonsistent. Det betyder, at $\forall x(S(x) \rightarrow P(x))$ og

$\exists x(S(x) \land \neg P(x))$ hverken kan være sande eller falske samtidig. Med andre ord, hvis det ene udsagn er sandt, så er det andet falsk og vice versa. Lad os nu undersøge om

$$\forall x(S(x) \to P(x)) \models \exists x(S(x) \land P(x)). \tag{5.4}$$

Det semantiske tableau følger standardproceduren ved dannelse af modeksempelsmængden og undersøgelse af dennes konsistens:

$$\forall x(S(x) \to P(x))$$
$$\neg \exists x(S(x) \land P(x))$$
$$\forall x \neg (S(x) \land P(x))$$
$$|$$
$$S(a) \to P(a)$$

```
           ¬S(a)                              P(a)
        ¬(S(a) ∧ P(a))                    ¬(S(a) ∧ P(a))
       /      |                               |         \
    ¬S(a)   ¬P(a)                           ¬S(a)      ¬P(a)
                                                         ×
```

Ifølge dette tableau er modeksempelsmængden konsistent og argumentet derfor ugyldigt. En af situationerne er følgende:

1. $\mathbb{D} = \{a\}$.

2. $Ext(P) = \{a\}$.

3. $Ext(S) = \emptyset$.

Her er et eksempel på et argument, der involverer monadiske prædikater og relationsudtryk:

1. Fædre er forældre.

2. Kunstnere er drømmere.

3. ∴ Fædrene til kunstnere er forældre til kunstnere og fædre til drømmere.

Vi lader domænet $\mathbb{D}$ bestå af mennesker. Argumentet kan formaliseres således, hvor $A(x) : x$ er kunstner, $D(x) : x$ er drømmer, $F(x,y) : x$ er far til y og $P(x,y) : x$ er forælder til y:

$$\forall x \forall y(F(x,y) \to P(x,y)), \forall x(A(x) \to D(x)) \models$$
$$\forall x[\exists y(A(y) \land F(x,y)) \to [\exists y(A(y) \land P(x,y)) \land \exists y(D(y) \land F(x,y))]]$$
$$\tag{5.5}$$

5.1 Semantiske tableauer

Det semantiske tableau kunne herefter tage sig ud som nedenfor, hvor vi af pladsmæssige hensyn har valgt at udelade visse ✓'ere.

$$\forall x \forall y (F(x,y) \rightarrow P(x,y))^\star \quad (\checkmark)$$
$$\forall x (A(x) \rightarrow D(x))^{\star\star} \quad (\checkmark)$$
$$\neg \forall x [\exists y (A(y) \land F(x,y)) \rightarrow$$
$$[\exists y (A(y) \land P(x,y)) \land \exists y (D(y) \land F(x,y))]] \quad \checkmark$$
$$\exists x \neg [\exists y (A(y) \land F(x,y)) \rightarrow$$
$$[\exists y (A(y) \land P(x,y)) \land \exists y (D(y) \land F(x,y))]] \quad \checkmark$$
$$\neg [\exists y (A(y) \land F(a,y)) \rightarrow$$
$$[\exists y (A(y) \land P(a,y)) \land \exists y (D(y) \land F(a,y))]] \quad \checkmark$$

$$\exists y (A(y) \land F(a,y)) \quad \checkmark$$
$$\neg [\exists y (A(y) \land P(a,y)) \land \exists y (D(y) \land F(a,y))] \quad \checkmark$$

$$A(b) \land F(a,b) \quad \checkmark$$

$$A(b)$$
$$F(a,b)$$

$$\neg \exists y (A(y) \land P(a,y)) \lor \neg \exists y (D(y) \land F(a,y)) \quad \checkmark$$

```
        ¬∃y(A(y) ∧ P(a,y))                    ¬∃y(D(y) ∧ F(a,y))
              |                                      |
        ∀y¬(A(y) ∧ P(a,y))                    ∀y¬(D(y) ∧ F(a,y))
              |                                      |
         ¬(A(b) ∧ P(a,b))                       ¬(D(b) ∧ F(a,b))
           /      \                               /       \
  ¬A(b)         ¬P(a,b)                      ¬D(b)        ¬F(a,b)
   ×       ∀y(F(a,y) → P(a,y))★            A(b) → D(b)★★     ×
           F(a,b) → P(a,b)★                  /      \
             /        \                   ¬A(b)      D(b)
         ¬F(a,b)    P(a,b)                  ×         ×
           ×          ×
```

Modeksempelsmængden er inkonsistent og argumentet derfor gyldigt.

Det er ofte en fordelagtig disposition at danne individualformlerne efterhånden, som træet udvikles, eftersom det så er lettere at se, hvilke individueringer der får træet til at lukke. I forbindelse med ∀-kvantoren og dannelsen af individualformler er det eneste krav, at vi anvender en individualkonstant, der i forvejen er benyttet. ∀-kvantorens rækkevidde går over alle objekter i domænet, så på ét eller andet tidspunkt ville vi ramme passende individualformler, men jo før vi kan lukke træet jo bedre. Det fremgår ydermere af, at

$$\forall x \forall y (F(x,y) \to P(x,y))$$

i tableauet for (5.5) først individueres langt nede i træet, markeret med '★', og tilsvarende for

$$\forall x(A(x) \to D(x))$$

markeret med '★★'. Givet hvad der er gået forud i tableauet bliver det let at se, at individualkonstanterne a og b skal anvendes for henholdsvis x og y i $\forall x \forall y(Fxy \to Pxy)$, mens b skal anvendes for x i $\forall x(A(x) \to D(x))$, for at tableauet lukker. Dette ville ikke have været oplagt, hvis vi ikke havde dannet individualformlerne undervejs.

Man er ofte nødt til at danne individualformler, efterhånden som træet udvikler sig, når der er tale om indlejrede kvantorer som i følgen

$$\forall x[G(x) \to \forall y R(x,y)], \neg R(a,b) \models \neg G(a), \tag{5.6}$$

hvor der også er forekomst af relationsudtryk:

$$\forall x[G(x) \to \forall y R(x,y)] \quad \checkmark$$
$$\neg R(a,b) \quad \checkmark$$
$$\neg\neg G(a) \quad \checkmark$$
$$|$$
$$G(a)$$
$$|$$
$$G(a) \to \forall y R(a,y) \quad \checkmark$$
$$|$$
$$G(a) \to R(a,b) \quad \checkmark$$
$$\diagup \quad \diagdown$$
$$\neg G(a) \quad R(a,b)$$
$$\times \quad \times$$

Modeksempelsmængden er inkonsistent og argumentet derfor gyldigt. Det bør bemærkes, at i

$$\forall x[G(x) \to \forall y R(x,y)]$$

kunne såvel a og b være anvendt respektivt over det hele i dannelsen af individualformlen, men hvis individualformlen dannes undervejs, er det igen lettere at se, hvilke individueringer der skal foretages for at få træet til at lukke.

Her er en prædikatslogisk følge hvor monadiske prædikater og identitet optræder:

$$\forall x[S(x) \to \exists y(T(y) \land x = y)] \models \forall x(S(x) \to T(x)). \tag{5.7}$$

5.1 Semantiske tableauer

En semantisk tableau-undersøgelse kunne se således ud:

$$\forall x[S(x) \to \exists y(T(y) \land x = y)] \quad \checkmark$$
$$\neg \forall x(S(x) \to T(x)) \quad \checkmark$$
$$|$$
$$\exists x \neg(S(x) \to T(x)) \quad \checkmark$$
$$|$$
$$\neg(S(a) \to T(a)) \quad \checkmark$$
$$|$$
$$S(a)$$
$$\neg T(a)$$
$$|$$
$$S(a) \to \exists y(T(y) \land a = y) \quad \checkmark$$

```
        / \
    ¬S(a)   ∃y(T(y) ∧ a = y)
     ×            |
              T(b) ∧ a = b
                  |
                T(b)
                a = b
                  |
                T(a)
                  ×
```

Bemærk atter, at vi ved konstuktionen af semantiske tableauer for første ordens prædikatslogik antager, at identitet er en ækvivalensrelation, hvorfor vi direkte fra $T(b)$ og $a = b$ kan slutte til $T(a)$.

Slutteligt undersøger vi, om følgen

$$\exists x[R(a,x) \land T(x)] \to T(b) \models \forall x[R(a,x) \to x = b)] \tag{5.8}$$

der indeholder såvel monadiske prædikater, relationsudtryk som identitet, er gyldig.

$$\exists x[R(a,x) \wedge T(x)] \to T(b) \quad \checkmark$$
$$\neg \forall x[R(a,x) \to x = b] \quad \checkmark$$
$$|$$
$$\exists x \neg (R(a,x) \to x = b) \quad \checkmark$$
$$|$$
$$\neg (R(a,c) \to c = b) \quad \checkmark$$
$$|$$
$$R(a,c)$$
$$\neg (c = b)$$
$$|$$
$$(R(a,d) \wedge T(d)) \to T(b) \quad \checkmark$$

$\neg(R(a,d) \wedge T(d))$ $\qquad$ $T(b)$

$\neg R(a,d)$ $\qquad$ $\neg T(d)$

De åbne grene vidner således om, at modeksempelsmængden er konsistent, og følgen er derfor ugyldig. Situationen er som følger:

1. $\mathbb{D} = \{a,b,c,d\}$.

2. $Ext(R) = \{(a,c)\}, \neg(c = b)$.

3. $Ext(T) = \{b\}$.

5.1.5 Heuristik

Den heuristik, som blev udviklet i forbindelse med de semantiske tableauer for udsagnslogikken, kan udvides til også at gælde de semantiske tableauer for første ordens prædikatslogik:

1. *Forgren først de udsagn, der baserer sig på reglerne for* $\wedge, \neg \vee$ *samt* $\neg \to$, *idet disse regler giver anledning til en enkelt gren.*

2. *Forgren derefter de udsagn, der baserer sig på reglerne for* $\neg \wedge, \vee, \to$ *,* $\leftrightarrow, \neg \leftrightarrow$ *.*

3. *Dan individualformler for de* $\exists$-*kvantificerede udsagn (hvis de forekommer) og forgren disse i overensstemmelse med* $\exists$-*reglen.*

4. *Dan individualformler for de* $\forall$-*kvantificerede udsagn (hvis de forekommer), anvend de allerede tidligere introducerede individuelle konstanter (hvis de forekommer, ellers introducér nye konstanter) og forgren disse i overensstemmelse med* $\forall$-*reglen.*

5. *Er der tale om velformede formler med indlejrede kvantorer, der styrer relationsudtryk, dan individualformler, efterhånden som træet udvikles, startende med eksistenskvantorerne én for én, hvis de forekommer.*

Opgaver

1. Giv en prædikatlogisk formalisering af følgende argument:

   Alle filantroper elsker alle mennesker.
   Alle filantroper er mennesker.
   Derfor elsker alle filantroper sig selv.

2. Undersøg ved konstruktion af et semantisk tableau, om argumentet formaliseret i opgave 1 er gyldigt.

3. Undersøg ved konstruktion af et semantisk tableau, om følgen nedenfor er gyldig:

   $\forall x[(F(x) \land \neg Q(x)) \to R(x)] \models \exists x \neg(\neg F(x) \lor Q(x)) \to \exists x R(x).$

4. Undersøg ved konstruktion af et semantisk tableau, om følgen er gyldig:

   $\exists x[F(x) \land (G(x) \lor H(x))] \models \exists x(F(x) \land G(x)) \lor \exists x(F(x) \land H(x)).$

5. Kald en relation irrefleksiv, *hvis, og kun hvis,*

   $\forall x \neg R(x, x)$

   og kald en relation asymmetrisk, *hvis, og kun hvis,*

   $\forall x \forall y [R(x, y) \to \neg R(y, x)].$

   Undersøg ved konstruktion af et semantisk tableau, om følgen er gyldig for relationen R:

   R er transitiv $\models$ R er irrefleksiv, hvis, og kun hvis, R er asymmetrisk.

6. Kald en relation seriel, *hvis, og kun hvis,*

   $\forall x \exists y R(x, y)$

   Undersøg ved konstruktion af et semantisk tableau, om følgen er gyldig for relationen R:

   R er seriel, R symmetrisk $\models$ R er transitiv.

7. Kald en relation euklidisk, hvis, og kun hvis,

$$\forall x \forall y \forall z[(R(x,y) \land R(x,z)) \rightarrow R(y,z)]$$

og kald en relation rettet, hvis, og kun hvis,

$$\forall x \forall y \forall z[(R(x,y) \land R(x,z)) \rightarrow \exists v(R(y,v) \land R(z,v))].$$

Undersøg ved konstruktion af et semantisk tableau, om følgen er gyldig for relationen R:

R er seriel, R symmetrisk, R euklidisk $\models R$ er rettet.

8. Undersøg ved konstruktion af et semantisk tableau, om følgen er gyldig:

$$\exists x \forall y \forall z (F(x) \rightarrow \neg R(y,z)) \models \forall x F(x) \leftrightarrow \neg \exists x \exists y R(x,y).$$

9. Undersøg ved konstruktion af et semantisk tableau, om følgen er gyldig:

$$\forall x \forall y[(R(x,y) \land R(y,x)) \rightarrow x=y)], \forall x \forall y(R(x,y) \rightarrow R(y,x)) \models$$
$$\forall x[(\exists y)(R(x,y) \lor R(y,x)) \rightarrow R(x,x)].$$

10. Undersøg ved konstruktion af et semantisk tableau, om følgen er gyldig:

$$\exists x \forall y(x=y \leftrightarrow S(y)), \forall x(T(x) \rightarrow S(x)) \models$$
$$\forall x \forall y[(T(x) \land T(y)) \rightarrow x=y].$$

5.2 Gentzens sekventkalkule

Som i udsagnslogikken kan vi skrive tableauer op som blok-tableauer. Betragt atter (5.1) opskrevet på blok-tableau-form:

$$\forall x(S(x) \rightarrow P(x)), \exists x(S(x) \land \neg P(x))$$
$$|$$
$$\forall x(S(x) \rightarrow P(x)), S(a) \land \neg P(a)$$
$$|$$
$$\forall x(S(x) \rightarrow P(x)), S(a), \neg P(a)$$
$$|$$
$$\forall x(S(x) \rightarrow P(x)), S(a) \rightarrow P(a), S(a), \neg P(a)$$
$$\diagup \qquad \diagdown$$
$$\forall x(S(x) \rightarrow P(x)), \qquad \forall x(S(x) \rightarrow P(x)),$$
$$\neg S(a)^{✡}, S(a)^{✡}, \neg P(a) \qquad P(a)^{✡}, S(a), \neg P(a)^{✡}$$

5.2 Gentzens sekventkalkule

Blok-tableauet lukker, og den pågældende sætningsmængde er således inkonsistent.
En linie i et blok-tableau

$$A_1, \ldots, A_n, \neg B_1, \ldots, \neg B_m$$

hvor $\neg B_1, \ldots, \neg B_m$ er nogle af udsagnene i linien med $\neg$ som hovedkonnektiv, kan fortolkes som en sekvent

$$A_1, \ldots, A_n \leadsto B_1, \ldots, B_m$$

i hvilken A'erne skal være sande og B'erne falske.

I udsagnslogikken blev Gentzens sekventkalkule indført som regler, der sagde, hvordan en linie i blok-tableauet kunne fortsættes ved at eliminere et udsagnslogisk konnektiv. Vi indfører nu reglerne for, hvordan $\forall$ og $\exists$ kan elimineres.

5.2.1 Universalkvantor

Antag, at vi har en linie i et blok-tableau af formen

$$\Gamma, \forall x A(x) \leadsto \Delta.$$

Det betyder, at alle udsagnene $\Gamma, \forall x A(x)$ skal være sande og udsagnene Δ falske. Men skal udsagnet $\forall x A(x)$ være sandt, så skal alle vilkårlige instanser $A(t)$, hvor t er en vilkårlig term, være sande. Altså kan vi tilføje

$$\Gamma, A(t) \leadsto \Delta$$

som en ny linie i blok-tableauet. Dette retfærdiggør følgende $\forall$-venstre regel:

$$\frac{\Gamma, \forall x A(x) \leadsto \Delta}{\Gamma, A(t) \leadsto \Delta} \qquad (\forall \leadsto)$$

Lad der nu være givet en linie i et blok-tableau af formen

$$\Gamma \leadsto \Delta, \forall x A(x).$$

Det betyder, at alle udsagnene i Γ skal være sande og udsagnene $\Delta, \forall x A(x)$ falske. Men skal $\forall x A(x)$ være falsk, så må der findes mindst ét objekt, som falsificerer dette, dvs. så $A(v)$ er falsk, hvor v refererer til dette objekt.

Der skal blot findes mindst ét falsificerende objekt, og det er ikke nødvendigvis tilfældet, at der i Γ eller Δ findes udsagn, som indeholder variable, der er sat til at referere til den falsificerende instans. Derfor stilles der krav om, at variablen v *ikke må forekomme fri* i Γ eller Δ. Vi får derfor følgende $\forall$-højre regel

$$\frac{\Gamma \leadsto \Delta, \forall x A(x)}{\Gamma \leadsto \Delta, A(v)} \quad (\leadsto \forall)$$

hvor det gælder, at v ikke forekommer fri i Γ eller Δ.

Der er et forhold, man skal være opmærksom på i forbindelse med højre- og venstre-reglerne for $\forall$-kvantoren. Hvis der for alle objekter, x, i et givent domæne gælder egenskaben A, så gælder det naturligvis også for et specifikt objekt, y, i domænet. Denne regel kaldes også undertiden for *specialisering*. Specialiseringsreglen findes ikke i Gentzens sekventkalkule, men den er let at bevise, i.e.

$$\frac{\Gamma \leadsto \forall x A(x)}{\Gamma \leadsto A(y)}$$

især hvis man anvender snit-reglen omtalt i kapitel 3, side 100:

$$\begin{array}{cc} & \Gamma \leadsto A(y) \\ \Gamma \leadsto \forall x A(x) & \forall x A(x) \leadsto A(y) \\ & A(y) \leadsto A(y) \end{array} \quad (snit)$$

5.2.2 Eksistenskvantor

Reglerne for elimination af udsagn med eksistenskvantoren som hovedkonnektiv kan også findes ved at betragte fortsættelsen af et blok-tableau.

Antag, at vi har en linie i et blok-tableau af formen

$$\Gamma, \exists x A(x) \leadsto \Delta.$$

Det betyder, at alle udsagnene $\Gamma, \exists x A(x)$ skal være sande og udsagnene Δ falske. Men skal udsagnet $\exists x A(x)$ være sandt, så må der findes mindst ét objekt i det domæne, vi arbejder med, som har egenskaben A. Det betyder, at $A(v)$ må være sand, hvor v refererer til dette objekt, som A gælder om. Dette objekt behøver imidlertid ikke at være blandt de objekter, som der refereres til i Γ eller Δ. Derfor stilles der igen krav om, at variablen v ikke må forekomme fri i Γ eller Δ. Alt i alt får vi følgende regel for elimination af $\exists$-kvantoren på venstre side af en sekvent:

$$\frac{\Gamma, \exists x A(x) \leadsto \Delta}{\Gamma, A(v) \leadsto \Delta} \quad (\exists \leadsto)$$

hvor det gælder, at v ikke forekommer fri i Γ eller Δ.

Antag nu, at vi har en linie i et blok-tableau, hvor $\exists$-kvantoren forekommer på højre side

$$\Gamma \leadsto \Delta, \exists x A(x).$$

5.2 Gentzens sekventkalkule

Det betyder, at alle udsagnene i Γ skal være sande og udsagnene $\Delta, \exists x A(x)$ falske. Hvis $\exists x A(x)$ er falsk, så er $A(t)$ falsk for alle termer t. Dette begrunder følgende regel for elimination af $\exists$-kvantoren på højre side af en sekvent:

$$\frac{\Gamma \leadsto \Delta, \exists x A(x)}{\Gamma \leadsto \Delta, A(v)} \qquad (\leadsto \exists)$$

Føjes disse regler til den udsagnslogiske sekventkalkule, fås Gentzens kalkule for første ordens prædikatslogikken uden identitet og funktionsudtryk.

5.2.3 Identitet

Reglerne for identitet, funktionsudtryk og relationsudtryk i Gentzenkalkulen er som følger:

$$\leadsto s = s.$$

$$s_1 = t_1, ..., s_n = t_n \leadsto F(s_1, ..., s_n) = F(t_1, ..., t_n).$$

$$s_1 = t_1, ..., s_n = t_n \leadsto R(s_1, ..., s_n) \to R(t_1, ..., t_n).$$

5.2.4 Formel definition af den fulde Gentzen-kalkule

Vi opskriver nu den formelle definition af den fulde sekventkalkule.

$$\Gamma, A \leadsto \Delta, A \qquad (Ax)$$

$$\frac{\Gamma, \neg A \leadsto \Delta}{\Gamma \leadsto \Delta, A} \quad (\neg \leadsto) \qquad \frac{\Gamma \leadsto \Delta, \neg A}{\Gamma, A \leadsto \Delta} \quad (\leadsto \neg)$$

$$\frac{\Gamma, A \wedge B \leadsto \Delta}{\Gamma, A, B \leadsto \Delta} \quad (\wedge \leadsto) \qquad \frac{\Gamma \leadsto \Delta, A \wedge B}{\Gamma \leadsto \Delta, A \mid \Gamma \leadsto \Delta, B} \quad (\leadsto \wedge)$$

$$\frac{\Gamma, A \vee B \leadsto \Delta}{\Gamma, A \leadsto \Delta \mid \Gamma, B \leadsto \Delta} \quad (\vee \leadsto) \qquad \frac{\Gamma \leadsto \Delta, A \vee B}{\Gamma \leadsto \Delta, A, B} \quad (\leadsto \vee)$$

$$\frac{\Gamma \leadsto \Delta, A \to B}{\Gamma, A \leadsto \Delta, B} \quad (\leadsto \to) \qquad \frac{\Gamma, A \to B \leadsto \Delta}{\Gamma, B \leadsto \Delta \mid \Gamma \leadsto \Delta, A} \quad (\to \leadsto)$$

$$\frac{\Gamma \leadsto \Delta, A \leftrightarrow B}{\Gamma, A, \neg B \leadsto \Delta \mid \Gamma, \neg A, B \leadsto \Delta} \quad (\leadsto \leftrightarrow)$$

$$\frac{\Gamma, A \leftrightarrow B \rightsquigarrow \Delta}{\Gamma, A, B \rightsquigarrow \Delta \quad | \quad \Gamma, \neg A, \neg B \rightsquigarrow \Delta} \qquad (\leftrightarrow \rightsquigarrow)$$

$$\frac{\Gamma, \forall x A(x) \rightsquigarrow \Delta}{\Gamma, A(t) \rightsquigarrow \Delta} \quad (\forall \rightsquigarrow) \qquad \frac{\Gamma \rightsquigarrow \Delta, \forall x A(x)}{\Gamma \rightsquigarrow \Delta, A(v)} \quad (\rightsquigarrow \forall)$$

$$\frac{\Gamma, \exists x A(x) \rightsquigarrow \Delta}{\Gamma, A(v) \rightsquigarrow \Delta} \quad (\exists \rightsquigarrow) \qquad \frac{\Gamma \rightsquigarrow \Delta, \exists x A(x)}{\Gamma \rightsquigarrow \Delta, A(v)} \quad (\rightsquigarrow \exists)$$

$$\rightsquigarrow s = s$$

$$s_1 = t_1, ..., s_n = t_n \rightsquigarrow F(s_1, ..., s_n) = F(t_1, ..., t_n)$$

$$s_1 = t_1, ..., s_n = t_n \rightsquigarrow R(s_1, ..., s_n) \rightarrow R(t_1, ..., t_n)$$

Lad os som eksempler på beviser i Gentzen-kalkulen bevise nogle af de sekventer, der tidligere har været genstand for en semantisk undersøgelse ved hjælp af semantiske tableauer. Vi starter således med at bevisteoretisk demonstrere, at (5.1) er en inkonsistent mængde:

$$\forall x(S(x) \rightarrow P(x)), \exists x(S(x) \land \neg P(x)) \rightsquigarrow$$
$$|$$
$$\forall x(S(x) \rightarrow P(x)), S(a) \land \neg P(a) \rightsquigarrow \qquad (\exists \rightsquigarrow)$$
$$|$$
$$\forall x(S(x) \rightarrow P(x)), S(a), \neg P(a) \rightsquigarrow \qquad (\land \rightsquigarrow)$$
$$|$$
$$S(a) \rightarrow P(a), S(a), \neg P(a) \rightsquigarrow \qquad (\forall \rightsquigarrow)$$
$$\diagup \qquad \diagdown$$
$$\qquad\qquad\qquad P(a), S(a), \neg P(a) \rightsquigarrow$$
$$S(a), \neg P(a) \rightsquigarrow S(a) \qquad |$$
$$\qquad\qquad\qquad P(a), S(a), \rightsquigarrow P(a)$$

Dette beviser sekventen, da både

$$S(a), \neg P(a) \rightsquigarrow S(a)$$

og

$$P(a), S(a), \rightsquigarrow P(a)$$

er aksiomer.
Vi forsøger nu at vise (5.4):

5.2 Gentzens sekventkalkule

$$\forall x(S(x) \to P(x)) \leadsto \exists x(S(x) \land P(x))$$
$$|$$
$$S(a) \to P(a) \leadsto \exists x(S(x) \land P(x)) \quad (\forall \leadsto)$$
$$|$$
$$S(a) \to P(a) \leadsto S(a) \land P(a) \quad (\leadsto \exists)$$

$$P(a) \leadsto S(a) \land P(a), S(a) \qquad\qquad \leadsto S(a) \land P(a), S(a)$$

$$P(a) \leadsto S(a), S(a) \quad P(a) \leadsto P(a), S(a) \qquad \leadsto S(a), S(a) \quad \leadsto P(a), S(a)$$

Alle grene, bortset fra grenen der slutter med knudepunktet $P(a) \leadsto P(a), S(a)$, er åbne, og sekventen er derfor ugyldig.

Lad os herefter vise (5.6), hvor vi undlader regel-citationen:

$$\forall x[G(x) \to \forall y R(x,y)], \neg R(a,b) \leadsto \neg G(a)$$
$$|$$
$$\forall x[G(x) \to \forall y R(x,y)], \neg R(a,b), G(a) \leadsto$$
$$|$$
$$\forall x[G(x) \to \forall y R(x,y)], G(a) \leadsto R(a,b)$$
$$|$$
$$G(a) \to \forall y R(a,y), G(a) \leadsto R(a,b)$$
$$|$$
$$G(a) \to R(a,b), G(a) \leadsto R(a,b)$$

$$G(a) \leadsto R(a,b), G(a) \qquad R(a,b), G(a) \leadsto R(a,b)$$

Sekventen er gyldig.

Vi forsøger afslutningsvis at bevise (5.8):

$$\exists x[R(a,x) \land T(x)] \to T(b) \leadsto \forall x[R(a,x) \to x = b)]$$
$$|$$
$$\exists x[R(a,x) \land T(x)] \to T(b) \leadsto R(a,c) \to c = b$$
$$|$$
$$\exists x[R(a,x) \land T(x)] \to T(b), R(a,c) \leadsto c = b$$
$$|$$
$$[R(a,d) \land T(d)] \to T(b), R(a,c) \leadsto c = b$$

$$R(a,c) \leadsto R(a,d) \land T(d), c = b$$

$$R(a,c), T(b) \leadsto c = b \qquad R(a,c) \leadsto R(a,d), c = b \quad R(a,c) \leadsto T(d), c = b$$

Alle grene er åbne, og sekventen er dermed ugyldig.

5.3 Naturlig deduktion

Naturlig deduktion med og uden kontekst kan også på passende vis udvides til første ordens prædikatslogik. Det kræver intelim-regler for universal- og eksistenskvantoren samt identitetsrelationen. I det følgende afsnit vil naturlig deduktion med kontekst blive gennemgået, mens naturlig deduktion uden kontekst er genstand for diskussion i afsnit 5.3.5.

5.3.1 Naturlig deduktion med kontekst

Vi diskuterer først intelim-reglerne for universal- og eksistenskvantoren for herefter at gennemgå nogle eksempler. Herpå formuleres intelim-reglerne for identitetsrelationen efterfulgt af nogle eksempler. Afslutningsvis findes et afsnit om heuristik og citationskonventioner.

Universalkvantor

I naturlig deduktion med kontekst har universalkvantoren, ikke overraskende, en introduktionsregel og en eliminationsregel som de øvrige logiske konnektiver:

Introduktionsregel $(\forall I)$

Universalkvantoren kan tilnærmelsesvis skrives som en uendelig konjunktion af udsagn[1] i overensstemmelse med

$$\forall x A(x) = A(x_1) \land A(x_2) \land A(x_3) \land A(x_4) \land \ldots \tag{5.9}$$

Universalkvantoren er således et konnektiv, der kvantificerer over alle objekter i et givet domæne. Allerede i oldtiden var man bekendt med induktionsproblemet, nemlig at det er umuligt på baggrund af en vilkårlig stor mængde objekter, der alle har en speciel egenskab A, at slutte til, at *alle* objekter har den pågældende egenskab A. Blot fordi alle de ravne, vi er stødt på indtil videre, er sorte, giver dette os ikke ret til at slutte, at alle ravne er sorte, idet den næste ravn uden logisk selvmodsigelse sagtens kunne være hvid. Den eneste måde at være sikker på, at alle instanser har en given egenskab, vil som bekendt være at undersøge dem alle for denne egenskab, og har de egenskaben, da kan generaliseringen gennemføres. Domæner af objekter af vilkårlig stor størrelse, som universalkvantoren kan løbe over, umuliggør en sådan enumerativ induktionsprocedure.

Hvis vi har et endeligt domæne med eksempelvis N objekter $a_1, a_2, \ldots, a_N$, kan vi ved gentagene anvendelser af $\land I$-reglen slutte fra $A(a_1), A(a_2), \ldots, A(a_N)$ til

$$A(a_1) \land A(a_2) \land \ldots \land A(x_N)$$

---

[1](†) Dette gælder strengt taget kun, hvis domænet, over hvilket universalkvantoren rækker, er tælleligt.

5.3 Naturlig deduktion

og dermed til $\forall x A(x)$ i overensstemmelse med (5.9) og $\forall$-kvantoren. Men $\forall I$-reglen postulerer noget mere, nemlig følgende:

Hvis vi fra Γ kan slutte $A(x)$, så kan vi fra Γ slutte $\forall x A(x)$, under den væsentlige forudsætning, at x ikke forekommer fri i Γ.

Kravet om, at x ikke forekommer fri i Γ, er udtryk for, at der ingen *specialantagelser* er om x i beviset for $A(x)$ ud fra Γ. Sagt på en anden måde er x et *prototypisk eksempel* på et objekt i domænet. Med atter andre ord, hvis x har egenskaben A (givet Γ), så har alle andre objekter i domænet også egenskaben A, eftersom x kunne have været et hvilket som helst objekt i domænet.

Eksempel. For de naturlige tal gælder, at alle primtal større end 2 er ulige. Vi kan ikke vise dette ved at gennemgå alle primtal, idet der er uendeligt mange af dem. Men vi kan vælge et vilkårligt primtal x og vise, at x er ulige. Hvis vi ikke bruger andre egenskaber ved x end at det er et primtal, så kan vi naturligvis for x substituere $3, 5, 7, 11, \ldots$ og beviset vil fortsat være gyldigt. Det er nemt at give et indirekte bevis: Thi antag, at x var lige, så ville x være delelig med 2. Men da x er et primtal, er x kun delelig med 1 og x selv. Altså en modstrid. Det er klart, at substituerede man et konkret primtal, eksempelvis 3, for x, ville beviset fortsat være gyldigt, men det ville kun gælde for dette konkrete primtal. Da x er vilkårligt, gælder beviset således for alle tænkelige konkrete primtal større end 2.

Vi anvender 'v' for det prototypiske eksempel. Det prototypiske eksempel kaldes også for en *eigen-variabel* eller *parametrisk variabel*. Spørgsmålet er nu, hvorledes dette krav skal formuleres syntaktisk i naturlig deduktion med kontekst. Her skal begrebet om substitutionsfrihed fra definition 26, side 135 igen anvendes.

Introduktionsreglen for universalkvantoren ser således ud:

$$\frac{\Gamma \vdash A(v)}{\Gamma \vdash \forall x A(x)} \quad (\forall I)$$

givet at v ikke optræder frit i nogen velformede formler i Γ eller i $\forall x A(x)$, og givet at v er substitutionsfrit for x i $A(x)$, og hvor $A(x)$ er resultat af $A(v)$ ved at erstatte alle forekomster af v med x.

At variablen v er substitutionsfrit for x i en velformet formel $A(x)$ betyder netop, at der ingen specialantagelser er om v.

Allerede filosoffen George Berkeley (1685-1753) var bekendt med denne form for slutninger baseret på prototypiske eksempler, så i en vis forstand opdagede Berkeley introduktionsreglen for universalkvantoren:

> For because a property may be demonstrated to agree to some one particular triangle, it will not hence follow that it equally belongs to any other triangle which in all respects is not the same with it ... It seems therefore that, to be certain this proposition is universally true, we must either make a particular demonstration for every particular triangle, which is impossible, or once for all demonstrate it of the *abstract idea of a triangle*, in which all the particulars do indifferently partake, and by which they are all equally represented. ([Berkeley 88]), p. 45.

Dernæst kommer vi til eliminationsreglen for universalkvantoren.

Eliminationsregel $(\forall E)$

Eliminationsreglen for universalkvantoren i naturlig deduktion med kontekst er oplagt. Hvis det for alle objekter gælder A, så gælder det også for et specifikt objekt under hensyntagen til substitutionsfrihed:

$$\frac{\Gamma \vdash \forall x A(x)}{\Gamma \vdash A(y)} \quad (\forall E)$$

givet at y er substitionsfrit for x i $A(x)$, og hvor $A(y)$ er resultat af $A(x)$ ved at erstatte alle forekomster af x med y.

Det er vigtigt at bemærke, at $\forall E$-reglen, tidligere omtalt som *specialisering*, er en eksplicit regel i naturlig deduktion, til forskel fra i Gentzen-kalkulen, hvor den er afledt (se side 204).

Et eksempel på anvendelsen af $\forall E$-reglen findes nedenfor i forbindelse med eliminationsreglen for eksistenskvantoren.

Eksistenskvantor

Eksistenskvantoren kan, tilnærmelsesvis, opskrives som en uendelig disjunktion af udsagn[2] i overensstemmelse med

$$\exists x A(x) = A(x_1) \lor A(x_2) \lor A(x_3) \lor A(x_4) \lor \ldots \quad (5.10)$$

Eksistenskvantoren har også en introduktionsregel og en eliminationsregel i naturlig deduktion med kontekst.

---

[2](†) Igen gælder dette kun strengt taget, hvis domænet, over hvilket eksistenskvantoren rækker, er tælleligt.

5.3 Naturlig deduktion

Introduktionsregel ($\exists I$)

Introduktionsreglen for eksistenskvantoren er indlysende. Hvis et specifikt objekt har egenskaben A, så findes der et objekt med egenskaben A. Reglen ser herefter således ud:

$$\frac{\Gamma \vdash A(y)}{\Gamma \vdash \exists x A(x)} \qquad (\exists I)$$

givet at y er substitutionsfrit for x i $A(x)$, og hvor $A(x)$ er resultat af $A(y)$ ved at erstatte alle forekomster af y med x.

Lad os som eksempel på anvendelsen af introduktionsreglen for universalkvantoren og introduktionsreglen for eksistenskvantoren betragte én af reglerne for kvantorskift (4.20), side 146, der bevisteoretisk kan skrives som dobbeltfølgen

$$\neg \exists x H(x) \dashv\vdash \forall x \neg H(x) \qquad (5.11)$$

og bevise

$$\neg \exists x H(x) \vdash \forall x \neg H(x) \qquad (5.12)$$

i naturlig deduktion med kontekst:

$$\neg \exists x H(x) \vdash \forall x \neg H(x)$$

(1)	$\neg \exists x H(x)$	
(2)	$H(a)$	
(3)	$\exists x H(x)$	$2, \exists I$
(4)	$\neg \exists x H(x)$	$1, C$
(5)	$\curlywedge$	$3, 4, \neg E$
(6)	$\neg H(a)$	$2, 5, \neg I$
(7)	$\forall x \neg H(x)$	$5, \forall I$

Der er egentlig ikke noget overraskende i dette direkte bevis. Idéen i beviset er følgende: Det er nærliggende at antage, at $\forall x \neg H(x)$ kan vises ved at anvende $\forall I$-reglen på $\neg H(v)$. Derfor søges der efter et bevis for $\neg H(v)$ ud fra $\neg \exists x H(x)$. Hvis vi kan vise

$$\neg \exists x H(x) \vdash \neg H(v)$$

så giver $\forall I$-reglen

$$\neg \exists x H(x) \vdash \forall x \neg H(x)$$

idet v ikke forekommer fri i $\neg \exists x H(x)$. Linierne (1)-(5) er et bevis for

$$\neg \exists x H(x), H(v) \vdash \curlywedge$$

og $\neg I$-reglen giver så i linie (6)

$$\neg \exists x H(x) \vdash \neg H(v).$$

$$\frac{\neg \exists x H(x), H(a) \vdash H(a) \quad (Ax)}{\neg \exists x H(x), H(a) \vdash \exists x H(x)} (\exists I) \quad \frac{\neg \exists x H(x) \vdash \neg \exists x H(x) \quad (Ax)}{\neg \exists x H(x) \vdash \neg H(a)} (\neg I)$$

$$\frac{\neg \exists x H(x), H(a) \vdash \curlywedge}{\neg \exists x H(x) \vdash \neg H(a)} (\neg E)$$

$$\frac{}{\neg \exists x H(x) \vdash \forall x \neg H(x)} (\forall I)$$

Figur 5.1 Bevisstrukturen i overensstemmelse intelim-reglernes formulering.

Vi kan skrive beviset for (5.12), som det fremgår af nedenstående figur 5.1, der igen er mere tro mod reglerne, hvormed intelim-reglerne oprindeligt blev formuleret i naturlig deduktion med kontekst:
Betragt den første regel for kvantorskift

$$\neg \forall x H(x) \dashv\vdash \exists x \neg H(x) \qquad (5.13)$$

svarende til (4.19) side 145 og lad os bevise

$$\neg \forall x H(x) \vdash \exists x \neg H(x)$$

i naturlig deduktion med kontekst. Beviset kræver anvendelse af såvel $\exists I$-reglen som $\forall I$-reglen. Vi er i den situation, at der ikke findes en regel, der direkte tillader os at gå fra negationen af en universalkvantor til en eksistenskvantor, eftersom det jo præcis er det, der skal bevises. Strategien er at gå efter en reductio-konstruktion, hvorfor vi antager negationen af konklusionen:

$$\neg \forall x H(x) \vdash \exists x \neg H(x)$$

(1)	$\neg \forall x H(x)$	
(2)	$\neg \exists x \neg H(x)$	
(3)	$\neg H(a)$	
(4)	$\exists x \neg H(x)$	$3, \exists I$
(5)	$\neg \exists x \neg H(x)$	$2, G$
(6)	$\curlywedge$	$4, 5, \neg E$
(7)	$\neg \neg H(a)$	$3, 6, \neg I$
(8)	$H(a)$	$7, DN$
(9)	$\forall x H(x)$	$8, \forall I$
(10)	$\neg \forall x H(x)$	$1, G$
(11)	$\curlywedge$	$9, 10, \neg E$
(12)	$\neg \neg \exists x \neg H(x)$	$2, 11, \neg I$
(13)	$\exists x \neg H(x)$	$12, DN$

5.3 Naturlig deduktion

Efter antagelsen af den negerede konklusion skal vi gå efter en modstrid på konklusionen. En sådan modstrid kan man opnås, hvis man antager $\neg H(a)$ og eksistenskvantificerer denne påstand, hvilket er tilladeligt, eftersom a er substituionsfrit for x, hvorfor vi får $\exists x \neg H(x)$ i linie (4) med blot citation af den linie, hvorfra eksistensintroduktionen foretages. Men det er jo det, vi skal slutte til – selvom det selvfølgelig ikke er et reductio-bevis. Problemet er blot det, som indrykket informerer os om: Linie (4) hviler på antagelsen i linie (3), der ikke er en del af præmisserne og således skal bortfalde. Vi kan således ikke afslutte beviset her! Imidlertid kan vi anvende $\exists x \neg H(x)$ i linie (4) til at etablere en kontradiktion med den negerede konklusion i linie (2), hvorefter vi giver $\neg H(a)$ i linie (3) skylden for denne kontradiktion; den bortfalder og lader $\neg\neg H(a)$ tilbage. Det giver imidlertid stadig ikke det ønskede resultat. Den ønskede formel $\exists x \neg H(x)$ opnår vi kun ved en selvmodsigelse, men denne gang mellem $\neg \forall x H(x)$ og $\forall x H(x)$, hvor den sidstnævnte opnås ved at anvende DN på $\neg\neg H(a)$ for derefter at anvende $\forall I$-reglen til at danne $\forall x H(x)$ i linie (9), hvilket er tilladeligt, eftersom a er substituionsfrit for x. Citationen for $\forall I$-reglen svarer til den for $\exists I$-reglen, nemlig den linie, hvorfra introduktionen foretages. Herfra når vi en kontradiktion i linie (11), og den resterende del af beviset volder ikke de store vanskeligheder.

Eliminationsregel $(\exists E)$

I forbindelse med eliminationsreglen for eksistenskvantoren støder vi på et problem, der minder om det, der gjorde sig gældende for $\forall I$-reglen. $\exists x A(x)$ kan som bekendt intuitivt fortolkes som en uendelig disjunktion

$$A(x_1) \lor A(x_2) \lor A(x_3) \lor A(x_4) \lor \ldots$$

Hvis der kun er et endeligt antal objekter, N, i det domæne, man taler om, vil disjunktionen være endelig, og man kan anvende $\lor E$-reglen et vist antal gange og dermed få

$$\frac{\Gamma \vdash A(x_1) \lor A(x_2) \lor \ldots \lor A(x_N) \quad \Delta_1, A(x_1) \vdash C, \ldots, \Delta_N, A(x_N) \vdash C}{\Gamma, \Delta_1, \ldots, \Delta_N \vdash C}$$

Men er domænet uendeligt, er dette ikke muligt. Vi kan som bekendt ikke vise C uendeligt mange gange. Derimod kan vi vise C ud fra $A(v)$, hvor v igen er et vilkårligt, prototypisk eksempel på et objekt fra domænet. Hvis dette kan lade sig gøre, og vi samtidig har et bevis for $\exists x A(x)$, så kan C bevises. Dette begrunder reglen

$$\frac{\Gamma \vdash \exists x A(x) \quad \Delta, A(v) \vdash C}{\Gamma, \Delta \vdash C} \quad (\exists E)$$

givet at $\exists x A(x), \Gamma$ *og* Δ *indeholder* v *fri, og* v *er substitutionsfrit for* x *i* $A(x)$*, hvor* $A(v)$ *er resultat af* $A(x)$ *ved at erstatte alle forekomster af* x *med* v.

Eliminationsreglen for eksistenskvantoren minder således ikke overraskende om $\vee E$-reglen i afsnit 3.6.1, kapitel 3, side 73.

Lad os som eksempel på $\exists$-eliminationsreglens anvendelse betragte (5.11) den modsatte vej

$$\forall x \neg H(x) \vdash \neg \exists x H(x) \quad (5.14)$$

der leder til et direkte bevis:

$$\forall x \neg H(x) \vdash \neg \exists x H(x)$$

(1) $\quad \forall x \neg H(x)$
(2) $\quad \exists x H(x)$
(3) $\quad H(a)$
(4) $\quad \forall x \neg H(x) \quad 1, G$
(5) $\quad \neg H(a) \quad 4, \forall E$
(6) $\quad \curlywedge \quad 3, 5, \neg E$
(7) $\quad \curlywedge \quad 2, 3, 6, \exists E$
(8) $\quad \neg \exists x H(x) \quad 2, 7, \neg I$

I overensstemmelse med at etablere en kontradiktion antager vi den ikkenegerede konklusion. Denne kontradiktion kan komme i stand mellem H og $\neg H$ i linie (1) og (2) ved passende valg af individualkonstant. Således indføres en ekstra antagelse af en prototypisk instans af (2), $H(a)$, og herefter anvendes $\forall E$-reglen på linie (1) til at generere $\neg H(a)$ i linie (5). *Bemærk, at G-reglen anvendes i forbindelse med valg af individualkonstant for* $\forall E$*-reglen.* Nu leder $H(a)$ og $\neg H(a)$ til en kontradiktion i linie (5), og denne kontradiktion består uafhængigt af valget af individualkonstant, a, hvorfor a er en eigen-variabel; dette er beskeden i linie (6) således, at ekstra-antagelsen i linie (3) bortfalder, hvilket tillige fremgår af udrykket i linie (6). Herfra skydes skylden for kontradiktionen på linie (2), hvorfor (2) bortfalder, og $\neg \exists x H(x)$ er tilfældet, og vi er tilbage ved bevisets kant. $\exists E$-reglen kræver således 3 citationer:

1. den oprindelige eksistenspåstand

2. antagelsen af det prototypiske eksempel

3. målformlen

og den minder heller ikke overraskende om citationen for $\vee E$-reglen.

Retningen $\exists x \neg H(x) \vdash \neg \forall x H(x)$ af (5.11) kræver anvendelse af såvel $\exists E$-reglen og $\forall E$-reglen og er igen baseret på at etablere en kontradiktion:

5.3 Naturlig deduktion

$$\exists x \neg H(x) \vdash \neg \forall x H(x)$$

(1)	$\exists x \neg H(x)$	
(2)	$\forall x H(x)$	
(3)	$\neg H(a)$	
(4)	$\forall x H(x)$	$2, G$
(5)	$H(a)$	$4, \forall E$
(6)	$\curlywedge$	$3, 5, \neg E$
(7)	$\curlywedge$	$1, 3, 6, \exists E$
(8)	$\neg \forall x H(x)$	$2, 7, \neg I$

Beviset her følger nøjagtig samme opskrift som beviset for $\forall x \neg H(x) \vdash \neg \exists x H(x)$.

Opgaver

Bevis følgende i Gentzens sekventkalkule eller i naturlig deduktion med kontekst:

1. $\forall x F(x) \wedge \forall x G(x) \vdash \forall x (F(x) \wedge G(x))$.

2. $\neg \exists x F(x) \vdash \forall x \neg F(x)$.

3. $\forall x (F(x) \wedge p) \vdash p \wedge \forall x F(x)$.

4. $\forall x (H(x) \wedge \neg H(x)) \vdash \exists x (G(x) \wedge \neg G(x))$.

5. $\exists x F(x) \to \forall y G(y) \vdash \exists x [F(x) \to \forall y G(y)]$.

6. $p \wedge \exists x F(x) \vdash \exists x (p \wedge F(x))$.

5.3.2 Eksempler

Betragt følgen

$$\left.\begin{array}{l} \forall x (H(x) \to F(x)), \\ \neg \exists x (F(x) \wedge C(x)), \forall x (B(x) \to C(x)) \end{array}\right| \!\!\!\!- \quad \forall x (B(x) \to \neg H(x)). \quad (5.15)$$

Et bevis for denne følge kræver anvendelse af såvel introduktions- som eliminationsreglerne for kvantorerne samt to strategier, i hvilke der fremtvinges kontradiktioner.

(1)	$\forall x(H(x) \to F(x))$	
(2)	$\neg \exists x(F(x) \land C(x))$	
(3)	$\forall x(B(x) \to C(x))$	
(4)	$B(a)$	
(5)	$\forall x(B(x) \to C(x))$	$3, G$
(6)	$B(a) \to C(a)$	$5, \forall E$
(7)	$C(a)$	$4, 6, \to E$
(8)	$F(a)$	
(9)	$C(a)$	$7, G$
(10)	$F(a) \land C(a)$	$8, 9, \land I$
(11)	$\exists x(F(x) \land C(x))$	$10, \exists I$
(12)	$\neg \exists x(F(x) \land C(x))$	$2, G$
(13)	λ	$11, 12, \neg E$
(14)	$H(a)$	
(15)	$\forall x(H(x) \to F(x))$	$1, G$
(16)	$H(a) \to F(a)$	$15, \forall E$
(17)	$F(a)$	$14, 16, \to E$
(18)	$\neg F(a)$	$8, 13, \neg I$
(19)	λ	$17, 18, \neg E$
(20)	$\neg H(a)$	$14, 19, \neg I$
(21)	$B(a) \to \neg H(a)$	$4, 20, \to I$
(22)	$\forall x(B(x) \to \neg H(x))$	$21, \forall I$

Det sidste "induktionstrin" via $\forall I$-reglen er tilladeligt, idet a ikke optræder i præmisserne 1, 2, 3, hvorfor der ingen specialantagelser er om a, og således er a substitutionsfrit for x.

Det eneste interessante i beviset ovenfor er måden, hvorpå universalkvantorerne i linie (5) og (6) "skrælles" af for at give plads til eigeninstanser, hvorefter universalkvantoren til sidst igen "påhæftes" i linie (22). Dette er en standardprocedure, der ofte er anvendelig, når der er tale om indlejrede kvantorer. Betragt følgen

$$\exists x(F(x) \to G(x)), \\ \forall x \exists y(F(y) \to R(x)), \forall x \exists y(G(y) \to S(x)) \vdash \forall x(R(x) \land S(x)). \quad (5.16)$$

Et bevis for denne følge kræver anvendelse af samtlige introduktions- og eliminationsregler for de to kvantorer samt "afskrælning" og efterfølgende "påhæftning" af kvantorer:

5.3 Naturlig deduktion

(1)	$\exists x(F(x) \land G(x))$	
(2)	$\forall x \exists y(F(y) \to R(x))$	
(3)	$\forall x \exists y(G(y) \to S(x))$	
(4)	$F(a) \land G(a)$	
(5)	$F(a)$	$4, \land E$
(6)	$G(a)$	$4, \land E$
(7)	$\forall x \exists y(F(y) \to R(x))$	$2, G$
(8)	$\exists y(F(y) \to R(b))$	$7, \forall E$
(9)	$\forall x \exists y(G(y) \to S(x))$	$3, G$
(10)	$\exists y(G(y) \to S(b))$	$9, \forall E$
(11)	$\exists y F(y)$	$5, \exists I$
(12)	$\exists y G(y)$	$6, \exists I$
(13)	$R(b)$	$8, 11, \to E$
(14)	$S(b)$	$10, 12, \to E$
(15)	$R(b) \land S(b)$	$13, 14, \land I$
(16)	$R(b) \land S(b)$	$1, 4, 15, \exists E$
(17)	$\forall x(R(x) \land S(x))$	$16, \forall I$

5.3.3 Identitet

Identitetsrelationen har sine egne regler i naturlig deduktion med kontekst og som de øvrige konnektiver har identitet såvel en introduktionsregel som en eliminationsregel:

Introduktionsregel ($= I$)

Introduktionsreglen for identitet ser således ud:

$$\overline{\vdash a = a} \qquad (= I)$$

Reglen siger blot, at man altid må introducere en identitet. Der foretages ikke indryk ved anvendelse af $=I$-reglen, eftersom der er tale om et teorem.

Eliminationsregel ($= E$)

Intuitivt set er eliminationsreglen oplagt: Hvis man fra en given mængde Γ kan slutte, at to objekter a og b er lig med hverandre, og fra en anden mængde Δ kan slutte, at objekt a har en given egenskab A, så kan vi bevæge os til en ny følge, hvis præmisser består af Γ, Δ, og herfra slutte, at objekt b også har den pågældende egenskab A. Eliminationsreglen for identitet ser herefter således ud:

$$\frac{\Gamma \vdash a = b \quad \Delta \vdash A(a)}{\Gamma, \Delta \vdash A(b)} \qquad (= E)$$

Betragt følgende simple argument:

1. Isak Dinesen skrev *Syv Fantastiske Fortællinger*.

2. Isak Dinesen er Karen Blixen.

3. ∴ Karen Blixen skrev *Syv Fantastiske Fortællinger*.

Dette argument kan vi formalisere som følgen

$$F(a), b = a \vdash F(b) \tag{5.17}$$

hvor $F(x)$: x er forfatter til *Syv Fantastiske Fortællinger*, a er Isak Dinesen, mens b er Karen Blixen. Beviset kræver anvendelse af såvel introduktions- som eliminationsreglen for identitet:

(1) | $F(a)$ |
(2) | $b = a$ |
(3) | $b = b$ | $= I$
(4) | $a = b$ | $2, 3, = E$
(5) | $F(b)$ | $1, 4, = E$

Der er for så vidt intet overraskende i beviset. Det eneste er, at vi ikke kan anvende $= E$-reglen på linie (1) og (2) direkte, eftersom det ville forudsætte, at vi vidste, at $=$ er symmetrisk – sagt på en anden måde, så kan vi ikke anvende $= E$-reglen direkte på linie (1) og (2), eftersom det, der står på venstresiden af $=$ i linie (2), ikke optræder i linie (1). Derfor er vi nødsaget til at bevæge os fra $b = a$ til $a = b$, hvilket vi gør ved at applicere $= E$-reglen på resultatet af en anvendelse af $= I$-reglen, der muliggør, at vi kan erstatte b i linie (1) med a, og herigennem opnå den ønskede målformel. Det skal således i forbindelse med introduktions- og eliminationsreglen for identitet generelt bemærkes, at reglerne ikke siger noget om, at identitet er en refleksiv, symmetrisk, transitiv relation og dermed en ækvivalensrelation. Således er det i et bevis ikke tilladeligt at slutte til, at hvis $a = b$, så er $b = a$, medmindre man har bevist, at $=$ er symmetrisk. Efter at man har vist symmetrien af identitet, kan man som bekendt blot vælge at foretage skridtet fra $a = b$ til $b = a$ ved hjælp af en teorem-introduktion $\vdash \forall x \forall y (x = y \rightarrow y = x)$, forkortet $SYM =$, som man allerede har bevist. Tilsvarende hvis argumentet havde hvilet på transitivitet:

> Pierre Andrézel skrev *Gengældelsens veje*. Pierre Andrézel er Isak Dinesen. Isak Dinesen er Karen Blixen. Altså: Karen Blixen skrev *Gengældelsens veje*.

Der kræver således tre mindre øvelser at vise refleksiviteten, symmetrien og transitiviteten af identitet, hvilket er henlagt som **opgaver** side 221.

Betragt følgen

5.3 Naturlig deduktion

$$\begin{array}{c}\exists x \forall y((x=y) \leftrightarrow F(y)), \\ \forall x(G(x) \to F(x))\end{array} \vdash \forall x \forall y((G(x) \land G(y)) \to (x=y)). \quad (5.18)$$

Beviset er langt, men et standardbevis af direkte karakter, hvor såvel samtlige introduktionsregler som eliminationsregler for kvantorerne kommer i brug forenet med afskrælning og efterfølgende påhæftning af kvantorer, og dertil anvendes eliminationsreglen for identitet.

(1)	$\exists x \forall y((x=y) \leftrightarrow F(y))$	
(2)	$\forall x(G(x) \to F(x))$	
(3)	$G(a) \land G(b)$	
(4)	$\forall y(c = y \leftrightarrow F(y))$	
(5)	$c = a \leftrightarrow F(a)$	$4, \forall E$
(6)	$(c = a \to F(a)) \land (F(a) \to c = a)$	$5, \leftrightarrow def.$
(7)	$F(a) \to c = a$	$6, \land E$
(8)	$\forall x(G(x) \to F(x))$	$2, G$
(9)	$G(a) \to F(a)$	$8, \forall E$
(11)	$G(a) \land G(b)$	$3, G$
(12)	$G(a)$	$11, \land E$
(13)	$F(a)$	$9, 12, \to E$
(14)	$c = a$	$7, 13, \to E$
(15)	$c = b \leftrightarrow F(b)$	$4, \forall E$
(16)	$(c = b \to F(b)) \land (F(b) \to c = b)$	$15, \leftrightarrow def$
(17)	$F(b) \to c = b$	$16, \land E$
(18)	$G(b) \to F(b)$	$8, \forall E$
(19)	$G(b)$	$11, \land E$
(20)	$F(b)$	$18, 19, \to E$
(21)	$c = b$	$17, 20 \to E$
(22)	$a = b$	$14, 21, = E$
(23)	$a = b$	$1, 4, 22, \exists E$
(24)	$(G(a) \land G(b)) \to a = b$	$3, 23, \to I$
(25)	$\forall y((G(a) \land G(y)) \to (a = y))$	$24, \forall I$
(26)	$\forall x \forall y((G(x) \land G(y)) \to (x = y))$	$25, \forall I$

5.3.4 Heuristik

Til listen af citationskonventioner for de logiske konnektiver (side 101), tilføjer vi nu følgende konventioner for anvendelsen af $\forall I$-, $\forall E$-, $\exists I$-, $\exists E$-, $= I$- og $= E$-reglen i naturlig deduktion med kontekst.

Citationskonventioner

1. $\forall I$: 1 citation:

(a) eigen-instansen.

2. $\forall E$: 1 citation:

   (a) den oprindelige universalpåstand.

3. $\exists I$: 1 citation:

   (a) individualpåstanden.

4. $\exists E$: 3 citationer:

   (a) den oprindelige eksistenspåstand
   (b) antagelsen af eigen-instansen
   (c) målformlen.

5. $= I$: ingen citation ud over $= I$.

6. $= E$: 2 citationer:

   (a) første identitetspåstand,
   (b) anden identitetspåstand.

Til heuristikken for udsagnslogikken og naturlig deduktion med kontekst, afsnit 3.6.4, kapitel 3, side 100 tilføjer vi følgende punkter, startende med punkt 7:

7. Ved forekomst af:

   (a) $\forall$-kvantor, konstruér instans via $\forall E$-reglen.

   (b) $\exists$-kvantor, konstruér eigen-instans; udled herefter målformel og eliminér eigen-instansen via $\exists E$-reglen. Husk de 3 citationer.

   (c) Ved generalisering til universelpåstand, anvend $\forall I$-reglen med opmærksomhed på substitutionsfrihed.

   (d) Ved generalisering til eksistenspåstand, anvend $\exists I$-reglen med opmærksomhed på substitutionsfrihed.

8. Der kan forekomme tilfælde, hvor en målformel eller dele heraf findes i velformede formler med indlejrede kvantorer. I sådanne tilfælde skal de pågældende kvantorer "skrælles af" én for én ved hjælp af $\forall E$-reglen og/eller $\exists E$-reglen for passende valg af eigen-instans.

9. Der kan forekomme tilfælde, hvor en ønsket målformel indeholder indlejrede kvantorer. I sådanne tilfælde skal de pågældende kvantorer "påhæftes" én for én ved hjælp af $\forall I$-reglen og/eller $\exists I$-reglen.

10. Ved forekomst af identitet kan man ikke umiddelbart forudsætte, at identitet er en refleksiv, symmetrisk og transitiv relation. Derfor kan det være nødvendigt at bevise de relationelle forhold, man har brug for som del-beviser i det overordnede bevis, eller anvende teorem- og følgeintroduktion eventuelt med substituition.

Opgaver

Bevis følgende i Gentzens sekventkalkule eller i naturlig deduktion med kontekst:

1. $\exists x F(x) \rightarrow \forall x(\neg G(x) \vee H(x)), \exists x(T(x) \wedge H(x)), \forall x(H(x) \rightarrow F(x)) \vdash \forall x(\neg G(x) \vee H(x))$.

2. $\exists x(F(x) \vee G(x)) \vdash \exists x F(x) \vee \exists x G(x)$.

3. $\forall y(R(a,y) \rightarrow y = b) \vdash \exists y(R(a,y) \wedge G(y)) \rightarrow G(b)$.

4. $\vdash \forall x(x = x)$.

5. $\vdash \forall x \forall y(x = y \rightarrow y = x)$.

6. $\vdash \forall x \forall y \forall z[(x = y) \wedge (y = z) \rightarrow x = z]$.

7. R er seriel, R er symmetrisk, R er euklidisk $\vdash R$ er refleksiv.

8. R er transitiv, R er intransitiv $\vdash R$ er asymmetrisk.

9. R er refleksiv, R er euklidisk $\vdash R$ er en ækvivalensrelation.

10. Kald en relation forbundet, hvis, og kun hvis,

$$\forall x \forall y \forall z[(R(x,y) \wedge R(x,z)) \rightarrow (R(y,z) \vee R(z,y))].$$

Bevis herefter, at

R er euklidisk $\vdash R$ er forbundet.

11. $\vdash \forall x \forall y\, [(F(x) \wedge \neg F(y)) \rightarrow \neg(x = y)]$.

12. $\exists x F(x), \neg \exists x \exists y[\neg(x = y) \wedge (F(x) \wedge F(y))] \vdash \exists x \forall y(x = y \leftrightarrow F(x))$.

5.3.5 Naturlig deduktion uden kontekst

Introduktions- og eliminationsreglerne for universal- og eksistenskvantor samt identitet i naturlig deduktion uden kontekst byder ikke på overraskelser.

$$\frac{A(y)}{\forall x A(x)} \quad (\forall I) \qquad \frac{\forall x A(x)}{A(y)} \quad (\forall E)$$

$$\frac{A(y)}{\exists x A(x)} \quad (\exists I) \qquad \frac{\exists x A(x) \quad \begin{array}{c}[A(y)]\\ \vdots \\ C\end{array}}{C} \quad (\exists E)$$

Reglerne for identitet siger blot, at identitet er en refleksiv, symmetrisk og transitiv relation.

$$\overline{v = v} \quad (= I_1) \qquad \frac{v = \phi}{\phi = v} \quad (= I_2) \qquad \frac{v = \phi \quad \phi = \psi}{v = v} \quad (= I_2)$$

I den naturlige deduktion kan man som i sekventkalkulen ofte finde anvendelse for såvel SI(S) som TI(S) til at forkorte beviserne. Således kan beviset for følgen

$$\exists x(F(x) \lor (G(x) \land H(x))), \forall x(\neg G(x) \lor \neg H(x)) \vdash \exists x F(x)$$

forkortes ved anvendelse af følgerne DEM og MTP:

$$\frac{\exists x\big(F(x) \lor (G(x) \land H(x))\big) \qquad \dfrac{[F(a) \lor (G(a) \land H(a))]^1 \quad \dfrac{\dfrac{\dfrac{\forall x\big(\neg G(x) \lor \neg H(x)\big)}{\neg G(a) \lor \neg H(a)}\forall E}{\neg(G(a) \land H(a))}\text{DEM}}{\dfrac{F(a)}{\exists x F(x)}\exists I}\text{MTP}}{\exists x F(x)}\exists E_1$$

Her er et bevis for følgen

$$\exists x F(x) \lor \exists x G(x) \vdash \exists x(F(x) \lor G(x))$$

der indeholder såvel disjunktions- som eksistenselimination. Vi har undladt citationen af operationerne af pladsmæssige hensyn.

$$\cfrac{\exists x F(x) \vee \exists x G(x) \quad \cfrac{[\exists x F(x)]^1 \quad \cfrac{[F(a)]^2}{F(a) \vee G(a)}}{\exists x\bigl(F(x) \vee G(x)\bigr)} \quad \cfrac{[\exists x G(x)]^3 \quad \cfrac{[G(a)]^4}{F(a) \vee G(a)}}{\exists x\bigl(F(x) \vee G(x)\bigr)}}{\exists x\bigl(F(x) \vee G(x)\bigr)}{}_{1,3}$$

Opgaver

Bevis følgerne i opgaverne på side 215 og 221 i naturlig deduktion uden kontekst.

5.4 Hilbert-stil bevisteori

Det er muligt at formulere en Hilbert-stil aksiomatisk teori, $\mathfrak{U}_{FOL}$, for første ordens prædikatslogik, som vi så det tidligere for udsagnslogikken. Vi har igen reglerne for dannelsen af vff etc., men eftersom sproget er det fulde første ordens sprog, har vi brug for yderligere aksiomer og slutningsregler. Aksiomerne for $\mathfrak{U}_{FOL}$ er som følger:

Aksiomsskema A_{1-10} fra afsnit 3.7, kapitel 3.

Aksiomsskema A_I: $\forall x A(x) \to A(t)$.

Aksiomsskema A_{III}: $A(t) \to \exists x A(x)$.

A betegner et vilkårligt udsagn fra $\mathcal{L}_{FOL}$. $A(x)$ betyder, at x forekommer blandt de frie variable i A, og $A(t)$ fremkommer af $A(x)$ ved at substituere termen t for variablen x. Vi har også brug for følgende aksiomer for identitet:

Aksiomsskema A_{III}: $\forall x(x = x)$.

Aksiomsskema A_{IV}: $\forall x \forall y[x = y \to t(x) = t(y)]$.

Aksiomsskema A_V: $\forall x \forall y[x = y \to [A(x) = A(y)]]$.

x, y er vilkårlige variable; $t(x)$ en vilkårlig term, som indeholder x frit, og $t(y)$ er den term, der fremkommer ved at substituere y for x; $A(x)$ er en vilkårlig atomisk formel med x frit, og $A(y)$ fremkommer af $A(x)$ ved at substituere y for x.

I den aksiomatiske teori har vi ud over Modus Ponens, MP, brug for følgende slutningsregler:

1. Universel generalisation, UG

$$\frac{B \to A(x)}{B \to \forall x A(x)} \qquad (UG)$$

2. Eksistentiel generalisation, EG

$$\frac{A(x) \to B}{\exists x A(x) \to B} \qquad (EG)$$

A og B betegner igen vilkårlige udsagn fra $\mathcal{L}_{FOL}$, og UG og EG er underkastet den klausul, at x ikke må forekomme fri i B.
Lad os så betragte følgen

$$A(a) \to B(a), \forall x A(x) \vdash \forall x B(x). \qquad (5.19)$$

Et aksiomatisk bevis for denne følge ser således ud:

A_I	(1)		$\forall x A(x) \to A(x)$
P	(2)		$\forall x A(x)$
$(1),(2),MP$	(3)		$A(x)$
P	(4)		$A(a) \to B(a)$
$(3),(4),MP$	(5)		$B(a)$
A_7	(6)		$B(a) \to [\forall x A(x) \to B(a)]$
$(5),(6),MP$	(7)		$\forall x A(x) \to B(a)$
$UG, 7$	(8)		$\forall x A(x) \to \forall x B(x)$
$(2),(8),MP$	(9)		$\forall x B(x)$

5.5 Syllogismelæren

En meget begrænset delmængde af første ordens prædikatslogik udgøres af Aristoteles' syllogismelære. Med en begrænset delmængde menes, at det sprog som Aristoteles opererede med udgør en ganske lille del af det fulde første ordens sprog $\mathcal{L}_{FOL}$. Aristoteles havde ikke et formelt sprog til sin rådighed, det kom først flere århundreder senere. Men hvis man oversætter det sprog og de domsformer, som Aristoteles undersøgte, til det moderne første ordens prædikatslogiske sprog, så ville det blive et sprog, der rundt regnet indeholder følgende elementer:

1. Parenteser '(,)'.

2. De logiske konnektiver $\neg, \wedge, \to$.

3. Individuelle variable $x, y, z, \ldots$

5.5 Syllogismelæren

4. Monadiske *prædikater* $F, G, H, \ldots$

5. *Kvantorerne* $\forall$ og $\exists$.

Der er således ingen relations- eller funktionssymboler i det aristotetiske sprog.

De udsagnstyper eller velformede formler, som Aristoteles undersøgte, kaldes *kategoriske domme*. De kategoriske domme er ifølge Aristoteles domme, der ikke for deres vedkommende er sammensat af andre domme. Sådanne domme består af:

1. et *subjektsbegreb* (S) og

2. et *prædikatsbegreb* (P) således,

3. at 1 og 2 er forbundet af *kopulaet* 'er'.

Disse domme kan igen variere med hensyn til *kvalitet* og *kvantitet*. Det giver anledning til følgende fire domsformer, hvor de formaliserede udgaver af de fire domsformer er en moderne transkription:

(A) Alle S er P $\forall x(S(x) \to P(x))$ *Universelt bekræftende*

(E) Ingen S er P $\neg \exists x(S(x) \land P(x))$ *Universelt benægtende*

(I) Nogle S er P $\exists x(S(x) \land P(r))$ *Partikulært bekræftende*

(O) Nogle S er ikke P $\exists x(S(x) \land \neg P(x))$ *Partikulært benægtende*

Universelle og partikulære domme adskiller sig fra hverandre i deres kvantitet, mens bekræftende og benægtende domme adskiller sig i kvalitet. De fire domssformer (A), (E), (I) og (O) står i henhold til den aristotetiske logiks opfattelse i følgende logiske forhold til hverandre:

(A)-(O) og (E)-(I) er respektivt hinandens *kontradiktoriske* modsætninger, eftersom den ene dom er sand, når den anden er falsk, og vice versa.

(A)-(E) er hinandens *kontrære* modsætninger, eftersom de ikke begge kan være sande samtidig, men godt begge kan være falske samtidig.

(I)-(O) er hinandens *subkontrære* modsætninger, eftersom de ikke begge kan være falske samtidig, men godt begge kan være sande samtidig.

(A)-(I) og (E)-(O) er *subalterne*, eftersom (A)-domme logisk medfører (I)-domme, og (E)-domme logisk medfører (O)-domme.

De logiske forhold, som består mellem de fire domsformer, kaldes Aristoteles' *teori for direkte slutning*. Disse forhold kan gengives i, hvad der siden middelalderen er blevet kaldt det *logiske oppositionskvadrat* (figur 5.2).

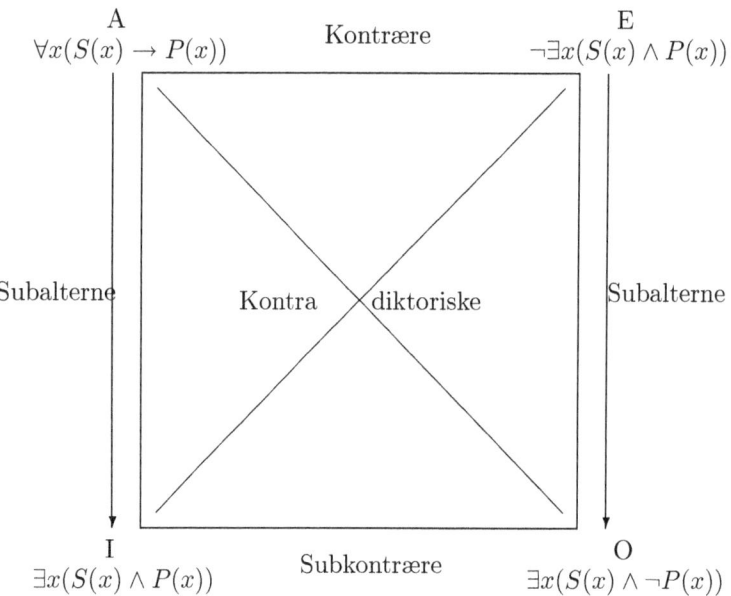

Figur 5.2 Det logiske oppositionskvadrat.

For en moderne betragtning volder det logiske oppositionskvadrat ganske store problemer, idet ikke samtlige de angivne forhold holder i den moderne logik. For (A)-(O) holder påstanden om det kontradiktoriske forhold, hvilket de semantiske tableau-undersøgelser af (5.1) og (5.2), side 194ff, vidnede om. På den anden side gælder det for den moderne logiske

5.5 Syllogismelæren

opfattelse ikke, at (A)-(I) domme er subalterne, hvilket den semantiske tableau-undersøgelse af (5.4), side 196ff, bevidnede! I undersøgelsen af (5.4) var der en falsificerende situation, hvor $\neg S(a)$ var sand, hvilket gav mulighed for, at der ikke fandtes noget objekt med egenskaben S. Det leder til følgende opgaver.

Opgaver

Undersøg ved konstruktion af semantiske tableauer om:

1. *(E)-(I) er hinandens kontradiktoriske modsætninger.*

2. *(A)-(E) er hinandens kontrære modsætninger således, at de ikke begge kan være sande samtidig, men godt begge kan være falske samtidig.*

3. *(I)-(O) er hinandens subkontrære modsætninger således, at de ikke begge kan være falske samtidig, men godt begge kan være sande samtidig.*

4. *(E)-(O) er subalterne således, at (E)-domme logisk medfører (O)-domme.*

Givet disse opgaver er det nu klart, at det logiske oppositionskvadrat kun holder, når det angår de diagonal-kontradiktoriske forhold. *Alle de andre forhold svigter i henhold til den moderne logik, fordi domæner meget vel kan være tomme.* Hvis man tilføjede en klausul om, at samtlige prædikater skulle have ikke-tomme ekstensioner, så ville alle de i oppositionskvadratet angivne forhold holde, for i så fald kunne det åbenlyst nok ikke være tilfældet, at der ikke findes S. Problemet består i den måde, hvorpå Aristoteles opfatter kopulaet 'er', som sammenbinder subjektsprædikatet med prædikatsbegrebet. Kopulaet er mere end blot tilskrivelsen af en egenskab, det er ydermere en *eksistenshævdelse*, hvorfor prædikater ifølge den aristotetiske opfattelse ikke kan have tomme ekstensioner. Dette er som bekendt ikke tilfældet for den moderne logik; her er der intet til hinder for, at domæner kan være gabende tomme.

I syllogismelæren undersøges forskellige argumenter for deres gyldighed. Disse argumenter betegnes for *kategoriske syllogismer* og består af to præmisser og en konklusion, der alle baserer sig på de fire domsformer (A), (E), (I) og (O). Der er bestemte strukturelle krav til disse kategoriske syllogismer:

1. Den ene præmis, som kaldes *undersætningen*, skal indeholde konklusionens subjektbegreb (S), der igen kaldes *underbegrebet*.

2. Den anden præmis, som kaldes *oversætningen*, skal indeholde konklusionens prædikatbegreb (P), der igen kaldes *overbegrebet*.

3. De to præmisser skal endelig dele et begreb, som kaldes *mellembegrebet* (M).

4. En kategorisk syllogisme opstilles således, at oversætningen står øverst, derefter undersætningen og konklusionen nederst.

Her er et eksempel på en kategorisk syllogisme:

Alle grækere er mennesker.
Alle mennesker er dødelige.
∴ Alle grækere er dødelige.

Syllogismen kan formaliseres således

$\forall x(P(x) \to S(x))$
$\forall x(S(x) \to D(x))$
∴ $\forall x(P(x) \to D(x))$

hvor $P(x)$: x er græker, $S(x)$: x er menneske, $D(x)$: x er dødelig. Ud over at syllogismen består af tre (A)-domme, hvilket giver anledning til, at den betegnes **AAA**, så er syllogismen tillige karakteriseret ved den måde, hvorpå mellembegrebet er placeret. I det givne eksempel ovenfor er mellembegrebet placeret diagonalt fra venstre mod højre i forhold til over- og underbegrebet. Denne placering udgør blot én af de fire måder, hvorpå begreberne kan forholde sig til hinanden, som det fremgår af tabel 5.1 over de såkaldte *begrebsfigurer*.

M	P		P	M
S	M		S	M

Figur I   Figur II

M	P		P	M
M	S		M	S

Figur III   Figur IV

Tabel 5.1 Begrebsfigurer.

Som det fremgår af tabel 5.1, indeholder hver begrebsfigur 3 forskellige domme, som hver kan have 4 former. Det vil sige, at hver figur giver 4^3

5.5 Syllogismelæren

muligheder. Eftersom der er 4 begrebsfigurer, får vi i alt $4 \cdot 4^3 = 256$ mulige syllogismer, hvor man i dag regner de 19 for gyldige.

Det bør bemærkes, at denne redegørelse for de kategoriske domme og de syllogismer, de kan indgå i, dog går ud over, hvad Aristoteles' oprindelige syllogismelære bød på. I Aristoteles' oprindelige syllogismelære er en syllogisme et argument i hvilket:

1. Der ikke forekommer redundante præmisser.

2. Ingen af de to præmisser må udgøre konklusionen.

3. Konklusionen er en konsekvens af præmisserne.

Syllogismer i denne forstand er selvfølgelig altid gyldige, og opgaven for den oprindelige syllogismelære bestod, ifølge Aristoteles, således i at isolere syllogismer fra fejlagtige argumenter. I dag forstår vi som bekendt noget bredere ved syllogismer og *aristotelisk logik*. En syllogisme er nu ethvert argument bestående af tre kategoriske domme, der indeholder tre ikkelogiske og denoterende termini, og som konstrueres på en sådan måde, at hver terminus optræder i præcis to af de tre domme. Under denne definition er opgaven for den aristoteliske logik at bestemme for en vilkårlig syllogisme, om den er gyldig. Det er her Venn-diagrammerne kommer ind i billedet.

5.5.1 Venn-diagrammer

Den første egentlige formelle procedure til at undersøge syllogismer i den bredere forstand for deres gyldighed blev udviklet af den engelske logiker og statistiker John Venn (1834-1923). Venn udviklede en slags diagrammer, senere hen kaldet *Venn-diagrammer*, hvor cirkler anvendes til at repræsentere klasser eller kategorier af objekter. Følgende konventioner gælder for repræsentationen af klasser:

1. Når en klasse er tom, skraveres eller udfyldes den.

2. Når en klasse har mindst et objekt, placeres et 'X' inden for eller i omegnen af dens korresponderende cirkel.

Med et diagram, hvori der indgår to overlappende cirkler, kan fire regioner således repræsenteres, som det fremgår af figur 5.3.
Region (eller område) 1 i figur 5.3 repræsenterer de objekter, der er S, men ikke P, mens region 2 repræsenterer de objekter, som er både S og P. Region 3 repræsenterer de objekter, som er P, men ikke S, og endelig region 4 repræsenterer de objekter, som hverken er P eller S. Givet sådanne diagramtyper kan (A)-, (E)-, (I)-, og (O)-domme repræsenteres i overensstemmelse med figur 5.4 svarende til det logiske oppositionskvadrat.

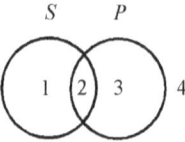

Figur 5.3 Regionerne i Venn-diagrammer.

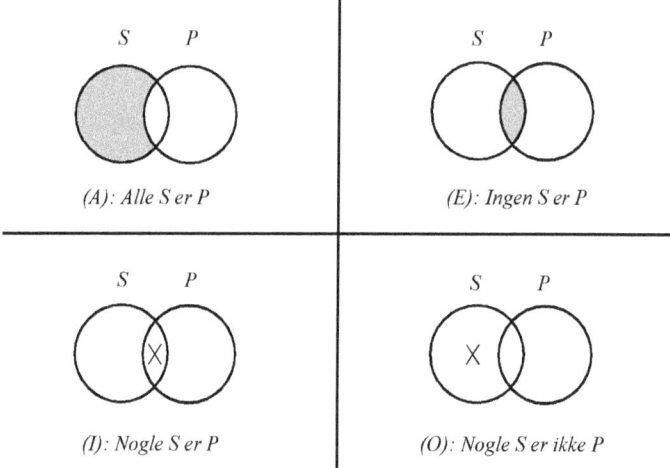

Figur 5.4 (A), (E), (I), (O) repræsenteret i Venn-diagrammer.

Venn-diagrammerne giver en direkte metode til at undersøge syllogismers gyldighed. Betragt følgende syllogisme:

Alle F er G.
Alle G er H.
∴ Alle F er H.

Den første præmis repræsenteres i diagrammet ved at udfylde den region af F, der ligger uden for G (figur 5.5, 1). Herefter repræsenteres den anden præmis ved at udfylde den del af cirklen G, der ligger uden for H (figur 5.5, 2). Konklusionen "Alle F er H" er repræsenteret i diagrammet, idet hele området i F, der ligger uden for H, er udfyldt, hvilket betyder, at det eneste F, der måtte eksistere, må være i H. Den information, der er indeholdt i konklusionen, er således allerede repræsenteret i præmisserne. Med andre ord så er det umuligt, at præmisserne er sande, mens konklusionen er falsk, og syllogismen er således gyldig i overensstemmelse med

5.5 Syllogismelæren

definition 1 af gyldighed.

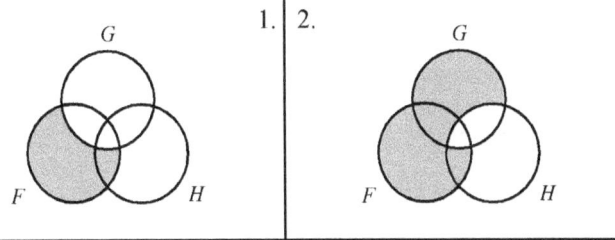

Figur 5.5 Konklusionen "Alle F er H" er repræsenteret i diagrammet givet præmisserne "Alle F er G" og "Alle G er H".

Her er et yderligere eksempel:

Alle G er H.
Nogle F er G.
∴ Nogle F er H.

Proceduren for konstruktionen af Venn-diagrammet er den samme som før; repræsentér præmisserne først og undersøg herefter, om informationen fra konklusionen automatisk er repræsenteret (figur 5.6):

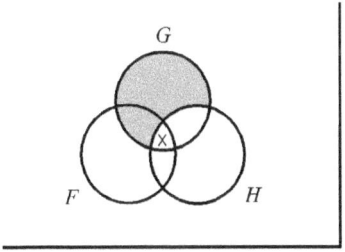

Figur 5.6 Argumentet er atter gyldigt, eftersom når informationen fra præmisserne først er repræsenteret i diagrammet, er informationen fra konklusionen også repræsenteret i diagrammet.

Igen, syllogismen er gyldig. Det interessante ved dette eksempel er, at havde vi startet ud med at repræsentere den partikulære præmis "Nogle F er G", så ville vi være nødsaget til at placere 'X' på den linie, som opdeler området mellem F og G (figur 5.7). Det kommer sig af, at selvom vi ved, at den klasse, der repræsenteres af området, der opdeler F og G, har mindst ét element, så ved vi endnu ikke, om dette element ligger på højre eller venstre side af det område, som opdeler F og G, hvilket fremgår af figur 5.7. Ved at placere 'X' på linien, så indikeres det, at det pågældende element kan ligge såvel på højre som på venstre side. På den anden side, når vi begynder med at repræsentere den universelle præmis "Alle G er H", så bliver den øverste venstre halvdel mellem F og G tom, hvorefter vi ved, at 'X' må ligge som i figur 5.6.

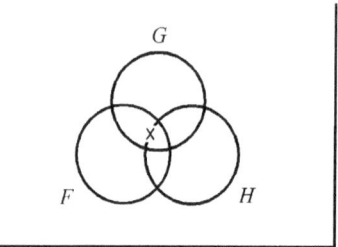

Figur 5.7 Den klasse, der repræsenteres af området, der opdeler F og G, har mindst ét element, men vi ved endnu ikke, om dette element ligger på højre eller venstre side af det område, som opdeler F og G. Ved at placere 'X' på linien, så indikeres det, at det pågældende element kan ligge såvel på højre som på venstre side.

Venn-diagrammer er lige så effektive til at afgøre syllogismers ugyldighed på. Lad os betragte syllogismen:

Alle G er H.
Ingen F er G.
∴ Ingen F er H.

Det tilhørende Venn-diagram findes i figur 5.8.

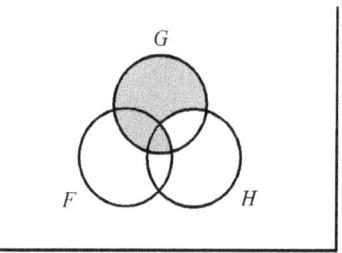

Figur 5.8 Dette argument er ugyldigt, eftersom konklusionen ikke automatisk er repræsenteret i diagrammet, når præmisserne først er repræsenteret i diagrammet.

Når præmisserne er repræsenteret, så er konklusionen "Ingen F er H" ikke også automatisk repræsenteret i figur 5.8. Området mellem F og H er ikke fuldstændig udfyldt, hvorefter "Ingen F er H" ikke behøver at være sand. Således forbryder denne syllogisme sig mod definitionen af gyldighed.[3]

Opgaver

1. Betragt følgende syllogisme:

    Alle amfetaminmisbrugere er humorforladte.
    Nogle filosoffer er amfetaminmisbrugere
    ∴ Nogle filosoffer er humorforladte.

    (a) Bestem præmissernes og konklusionens form: (A), (E), (I) eller (O)-domme.
    (b) Identificér over-, under- og mellembegreb.
    (c) Identificér syllogismens begrebsfigur.
    (d) Formalisér præmisser og konklusion.
    (e) Undersøg ved konstruktionen af et Venn-diagram om syllogismen er gyldig.

2. Gentag punkterne (a)-(e) for følgende syllogisme:

    Ingen amfetaminmisbrugere er filosoffer.
    Alle filosoffer er verdensfjerne.
    ∴ Nogle amfetaminmisbrugere er ikke verdensfjerne.

Venn-diagrammer er en slags mængdediagrammer. De er imidlertid ikke mængdediagrammer i overensstemmelse med, eller kongruente med, den moderne mængdelære. Det viser sig, at den moderne mængdelære giver en langt mere elegant repræsentation af syllogistikken end Venn-diagrammerne gør det. Anvender man den moderne mængdelære i stedet for Venn-diagrammer, kan man eksempelvis formulere homomorfisætningen for syllogismer, og man har i øvrigt hele det mængdeteoretiske apparatur til sin rådighed. Det skal vi dog ikke komme nærmere ind på her.

5.6 (†) Metateori

I forbindelse med udsagnslogikken så vi allerede på forskellige metalogiske egenskaber, især sundhed og fuldstændighed. Den fulde førsteordensprædikatslogik er som udsagnslogikken både sund som fuldstændig og

---
[3] Man kan finde mere om Venn-diagrammer på *A Survey of Venn Diagrams*: http://www.combinatorics.org/Survey/ds5/VennEJC.html.

beviset følger, med yderligere terminologi, udvidelser og modifikationer, bevisformatet for udagnslogikken i afsnit 3.9.2, side 115.

5.6.1 Logiske paradokser

Kvantorerne $\forall$ og $\exists$ blev introduceret i sidste halvdel af det 19. århundrede af den amerikanske filosof og logiker Charles Sanders Peirce (1839-1914) og af den tyske logiker og matematiker Gottlob Frege (1848-1925). Denne udvidelse af logikken var nødvendig for at kunne formulere de komplekse udsagn, som man eksempelvis møder i matematikken. Indførelsen af kvantorerne betød en betydelig udvidelse af logikkens udtrykskraft. I selv samme periode blev forskellige nye og logisk meget mere stringente metoder i matematikken også udviklet. Der tænkes her især på udviklingen af mængdelæren, aksiomatisering af geometri og aritmetik, indførelse af nye abstrakte metoder i matematisk analyse etc. De nye metoder og teknikker, såvel i logikken som i matematikken, gav anledning til mange nye perspektivrige resultater. Men de blev i denne fase også anvendt lidt for ukritisk og i situationer, hvor deres sikkerhed ikke var givet. Dette gav anledning til mange paradokser, som fik stor betydning både for filosofi og matematik, og for logikkens udvikling i første halvdel af det 20. århundrede. Derfor starter vi dette afsnit med en omtale af nogle af disse paradokser.

Russells og Cantors paradokser

I første ordens prædikatslogik har vi begrænset kvantorerne til at løbe over objekter. Det er i en vis forstand en vilkårlig begrænsning. Både i dagligdags og videnskabelige sammenhænge anvender vi kvantorer, som løber over andre områder. For eksempel er det naturligt og helt meningsfuldt at sige

Der findes abstrakte begreber, som er vanskelige at forstå.

I denne sætning kvantoriseres der over abstrakte begreber. Tilsvarende kunne vi meningsfuldt sige følgende:

For alle objekter a og b gælder, hvis de har alle egenskaber fælles, så er de identiske.

Dette er en uformel udgave af Leibniz' princip, som siger, at objekter er bestemt ud fra deres egenskaber. Dette kan udtrykkes formelt på denne måde

$$\forall a \forall b [\forall P(P(a) \leftrightarrow P(b)) \rightarrow a = b]. \qquad (5.20)$$

I dette udtryk kvantoriserer vi over objekter og de egenskaber, disse objekter måtte have. De to første $\forall$-kvantorer løber over objekter, hvorimod den sidste løber over egenskaber. Udsagnet indeholder således to første ordens kvantorer og en *anden ordens* kvantor.

Det forholder sig imidlertid sådan, at der vil opstå vanskeligheder, hvis man ikke holder styr på, hvilke typer kvantorer man opererer med. Man kan ikke frit anvende kvantorer af forskellig orden. Dette blev for alvor klart i forbindelse med *Russells paradoks*. Bertrand Russell, som lægger navn til paradokset, fandt det i Freges store værk *Grundgesetze der Aritmetik, I-II*. En opdagelse, som fik afgørende betydning for logikkens udvikling samt for de filosofiske og matematiske diskussioner af matematikkens grundlag. Vi giver en moderne udgave af Russells paradoks.

Lad $P(x)$ være et udsagn med netop en fri variabel x. Det er umiddelbart naturligt at forvente, at dette udsagn har en ekstension, som netop er mængden af de objekter, der har egenskaben P. På det grundlag kan vi formulere følgende generelle princip:

KP *For alle egenskaber $P(x)$ findes der en mængde A, så*

$$x \in A \leftrightarrow P(x).$$

Et princip af denne type, som postulerer eksistensen af mængder svarende til egenskaber, kaldes et *komprehensionsprincip*. **KP** er det mest generelle komprehensionsprincip. Det siger, at der findes ekstensioner til enhver veldefineret egenskab. Vi har dog ikke præciseret, hvad vi skal forstå ved veldefineret.

Vi kan nu formulere Russells paradoks. Lad M være mængden af alle de mængder, som ikke tilhører sig selv. Egenskaben ikke at tilhøre sig selv – $x \notin x$ i mængdeteoretisk notation – er umiddelbart set veldefineret. Derfor giver **KP**, at M findes. Vi har således

$$M = \{x \mid x \notin x\}.$$

Der gælder derfor

$$x \in M \leftrightarrow x \notin x.$$

Men M er også en mængde. For at bestemme M, må man derfor også undersøge, om M opfylder kravet om ikke at være element i sig selv. Det giver imidlertid

$$M \in M \leftrightarrow M \notin M \qquad (5.21)$$

hvilket er en logisk modstrid.

Der findes mange tilsvarende paradokser. Et lidt mere teknisk er *Cantors paradoks*, opkaldt efter den tyske matematiker Georg Cantor (1845-1918). Cantor diskuterede ikke selv paradokser, men han var klar over de vanskeligheder, som paradokset, der bærer hans navn, fører til. Han talte i en af sine artikler om, at der fandtes "inkonsistente mægtigheder".

Cantors paradoks kan formuleres som følger. Han udvidede talbegrebet på en sådan måde, at alle mængder – både endelige og uendelige – kunne tilordnes et tal, som angav antallet af elementer i mængden. Dette tal kaldes som bekendt for mængdens kardinaltal. Hvis X er en mængde, så kan vi skrive $\overline{\overline{X}}$ for kardinaltallet af X. Lad eksempelvis X være den endelige mængde med n elementer $\{a_1, a_2, \ldots, a_n\}$. Da er

$$\overline{\overline{X}} = n.$$

For uendelige mængder er det lidt mere kompliceret. Men der findes uendelige kardinaltal. Det første er $\aleph_0$, det næste $\aleph_1$ osv. Cantor studerede kardinaltallene indgående og viste blandt andet følgende to egenskaber ved dem:

$$\overline{\overline{X}} < \overline{\overline{\mathcal{P}(X)}} \qquad (5.22)$$
$$X \subseteq Y \;\rightarrow\; \overline{\overline{X}} \leq \overline{\overline{Y}} \qquad (5.23)$$

hvor $\mathcal{P}(X)$ er potensmængden af X. Lad nu V være mængden af alle mængder. V må naturligvis indeholde mængden $\mathcal{P}(V)$, idet V omfatter alle mængder, hvilket vil sige

$$\mathcal{P}(V) \subseteq V.$$

Men ifølge (5.23) gælder så

$$\overline{\overline{\mathcal{P}(V)}} \leq \overline{\overline{V}}.$$

På den anden side giver (5.22)

$$\overline{\overline{V}} < \overline{\overline{\mathcal{P}(V)}}.$$

Dermed er vi kommet frem til en modstrid.

Både Russells og Cantors paradokser var ganske alvorlige trusler mod matematikkens grundlag. Hvis det ikke var muligt at eliminere dem, ville hele matematikken – både den elementære aritmetik og den nye lovende mængdelære – være truet. I første halvdel af det 20. århundrede blev der udviklet flere forskellige teorier, som viste, hvordan paradokserne kunne undgås. Disse forsøg var af uvurderlig betydning for logikkens udvikling, og de førte til de metaresultater, som vi skal omtale senere i dette afsnit.

Russells reaktion på sit paradoks var at hævde, at udtrykket

   ikke at være element i sig selv,

eller

$$x \notin x,$$

5.6 (†) Metateori

ikke var meningsfuldt. Grunden til det var, at i et udtryk af formen

$$x \in P$$

kan x og P ikke være af samme *type*. Objekter kan tilhøre mængder af objekter. Men en mængde af objekter er ikke et objekt og kan derfor ikke tilhøre en mængde af objekter. For eksempel vil en stol tilhøre mængden af stole, men en mængde af stole er ikke en stol og kan derfor ikke tilhøre mængden af stole. En mængde af stole er et abstrakt objekt, hvorimod en stol er et konkret objekt. Ifølge Russell har mængden af objekter en højere type end et objekt. Hvis $x \in P$ skal være meningsfuldt, må typen af P være én højere end typen af x. Ifølge komprehensionsprincippet **KP** skal de egenskaber, som definerer mængder, være meningsfulde. Det er

$$x \in x$$

ikke. Derfor findes M ikke.

I det store og betydningsfulde værk *Principia Mathematica, I-III*, fra 1910-1913 udviklede Bertrand Russell og Alfred North Whitehead (1861-1947) en kompleks typeteori, den såkaldte *forgrenede typeteori*, som på det formelle matematiske plan gav en løsning på de forskellige paradokser. Vi skal ikke diskutere denne teori her.

En anden tilgang til løsningen af paradokserne blev udviklet i forbindelse med aksiomatiseringen af mængdelæren. Den består i at begrænse komprehensionsprincippet. Den første udgave af dette bestod i at indskrænke det generelle komprehensionsaksiom til *Zermelos aksiom*, opkaldt efter dets ophavsmand, den tyske matematiker Ernest Zermelo (1871-1953):

Z *Til enhver veldefineret egenskab $P(x)$ og enhver tidligere konstrueret mængde, A, findes der en mængde, B, som er defineret ved*

$$B = \{x \mid x \in A \land P(x)\}.$$

Dette aksiom er en indskrænkning af **KP** i den forstand, at man med egenskaber kun kan definere delmængder af allerede eksisterende mængder.

Udskiftes **KP** med **Z** er Russells paradoks udelukket. Thi vi kan da kun definere mængden M relativt til en allerede eksisterende mængde A

$$M = \{x \in A \mid x \notin x\}.$$

Vi får så

$$M \in M \leftrightarrow M \in A \land M \notin M,$$

hvilket ikke giver nogen modstrid, men blot betyder, at M ikke kan være element i A. Russells paradoks kan således ikke opstå inden for den aksiomatiske mængdelære.

Den aksiomatiske mængdelære gav en matematisk simplere løsning på de omtalte paradokser og viste sig at være et betydningsfuldt redskab for matematikken. Den forgrenede typeteori var imidlertid for kompleks og gav anledning til andre vanskeligheder. Den slog derfor ikke rigtigt an. En forsimplet typeteori derimod, hvor forgreningerne i typerne blev udelukket, og der kun var en linie af stigende typer, viste sig at være yderst nyttig. Sådanne forsimplede typeteorier spiller i dag en afgørende rolle i logik, teoretisk datalogi og matematisk grundlagsforskning. Det hænger sammen med, at algoritmer og konstruktive procedurer kan beskrives på elegant vis i endelig typeteori.

Selvreference og imprædikative definitioner

Lad $P(x)$ være en egenskab, som ifølge **KP** definerer en mængde A. Lad a være et objekt. Vi afgør, om a tilhører A, ved at undersøge, om a har egenskaben $P(x)$. Altså

$$a \in A \leftrightarrow P(a).$$

Lad nu $P(x)$ være egenskaben fra Russells paradoks, $x \notin x$. Mængden M defineret ved denne egenskab består netop af alle mængder, som ikke er element i sig selv. Men for at bestemme denne mængde må man også spørge, om M selv har egenskaben at være element i sig selv. Dette spørgsmål gav netop anledning til Russells paradoks.

En definition af en mængde ved en egenskab, hvor man må undersøge, om denne mængde selv har egenskaben, kaldes en *imprædikativ definition*. De to paradokser, som vi har set på, vedrører mængder, som er imprædikativt definerede. Derfor vil disse paradokser kunne undgås, hvis imprædikative definitioner udelukkes. Den franske matematiker Henri Poincaré (1854-1912) foreslog dette i 1905 som en mulighed for at undgå paradokser i matematikken. Senere i 1918 skrev den tyske matematiker Hermann Weyl (1885-1955) bogen *Das Kontinuum*, hvor han på elegant vis udviklede dele af matematikken uden at anvende imprædikative definitioner. Denne prædikative metode spiller en stor rolle i moderne matematisk grundlagsforskning.

I matematikken er der mange eksempler på imprædikative definitioner. Det er derfor ikke problemløst at udelukke sådanne konstruktioner. Typeteorien giver en naturlig udelukkelse af imprædikative definitioner, mens mængdelæren tillader dem. Filosofisk set vil imprædikative definitioner kunne accepteres under den forudsætning, at man har en realistisk opfattelse af matematikken, hvilket vil sige man mener, at matematiske objekter eksisterer i sig selv uafhængig af os som erkendende væsener. I det tilfælde vil de imprædikative definitioner blot være beskrivelser af allerede eksisterende objekter. Men for anti-realister, som eksempelvis konstruktivister, der hævder, at matematiske objekter er størrelser, som vi konstruerer, er imprædikative definitioner ikke tilladte. Det er absurd at indføre et objekt ved en definition, hvor objektet selv skal testes for den egenskab, som definerer det.

Vi ser således, at der er mange forskellige holdninger til, hvordan de logiske paradokser skal løses. De forskellige forsøg på at undgå dem har været en afgørende inspirationskilde i logikkens udvikling.

Løgnerparadokset

Et yderligere vigtigt paradoks er *løgnerparadokset*. Betragt følgende sætning:

Denne sætning er falsk.

Man kan nu spørge, om denne sætning er sand eller falsk. Hvis den er sand, så er det sandt, at den er falsk, hvorfor den må være falsk. Tilsvarende, hvis den er falsk, så er det falsk, at den er falsk, hvorfor den må være sand. Uafhængig af om det er det ene eller det andet, der er tilfældet, så synes sætningen at være både sand og falsk. Dette kaldes for løgnerparadokset.

Tarski har argumenteret for, at den eneste måde at undgå inkonsistenser af denne type er ved at sondre mellem udtryk i

objektsproget,

og udtryk i

metasproget.

Igen, objektsproget er det sprog, der tales om (eksempelvis $\mathcal{L}$ eller $\mathcal{L}_{FOL}$), og anvendes til at tale om andre typisk ikke-lingvistiske objekter. Metasproget er det sprog, i hvilket man taler om objektsproget, dets symboler, formationsregler og dets semantik. Tarskis idé er den, at sandhedsbegrebet ikke kan defineres i objektsproget uden at gøre dette sprog inkonsistent, idet der opstår en ondartet selvreference. Det betyder, at sætningen

Denne sætning er falsk

sammenblander to sprogniveauer. Ordet 'falsk' vedrører herefter sandhedsbegrebet, som netop defineres på sætningens metaniveau. Paradokset undgås, hvis vi på passende vis sondrer mellem objekt- og metasprog.

I vort naturlige sprog sondres der ikke skarpt, forstået på den måde, at vi ofte lader det sprog vi taler til dagligt være såvel objektsprog som metasprog på én og samme tid. Men i et sprog, der skal bruges til demonstration og bevisførelse som i videnskaben, må sproget ikke være *semantisk afsluttet*. Med semantisk afsluttet forstod Tarski et sprog, hvor konventioner for mening og sandhed formuleres i det pågældende sprog selv. Et sprog er således semantisk afsluttet, når det fungerer som sit eget metasprog. Med andre ord, hvis vi ønsker at undersøge de interessante logiske egenskaber af et hvilket som helst sprog, og hvis vi ydermere anvender sproget selv som redskab til denne undersøgelse, da ender vi i den onde cirkel, som løgnerparadokset vidner om. Detaljerne i dette vil blive lidt klarere i afsnittet om Tarskis sætning nedenfor.

Richards paradoks

Det sidste paradoks, vi skal diskutere, blev formuleret af den franske matematiker Jules Richard (1862-1956) i 1905 og kaldes derfor *Richards paradoks*.

Lad O være mængden af alle decimalbrøker, som kan defineres ved anvendelse af endelig mange ord. Eksempler på sådanne brøker er $0,333\ldots$, π, e, etc. $0,333\ldots$ er decimalbrøken, der fremkommer ved at dividere 1 med 3, π er forholdet mellem omkredsen af en cirkel og diameteren, e kan defineres ved

$$e = lim_{n \to \infty}(1 + \frac{1}{n})^n$$

etc.

Da alle elementerne i O er definerede ved anvendelse af endelig mange ord, kan de opstilles i en følge, eksempelvis ved leksikografisk ordning. Vi kan skrive elementerne i O op i følgende skema:

0	x_0^0	x_1^0	x_2^0	x_3^0	$\cdots$
1	x_0^1	x_1^1	x_2^1	x_3^1	$\cdots$
2	x_0^2	x_1^2	x_2^2	x_3^2	$\cdots$
3	x_0^3	x_1^3	x_2^3	x_3^3	$\cdots$
$\vdots$	$\vdots$	$\vdots$	$\vdots$	$\vdots$	

hvor $x_0^0 x_1^0 x_2^0 x_3^0 \cdots$ eksempelvis angiver den første decimalbrøk i følgen. Vi vælger nu den decimalbrøk, som er defineret ved diagonalen i skemaet:

$$
\begin{array}{cccccc}
0 & x_0^0 & x_1^0 & x_2^0 & x_3^0 & \cdots \\
 & & \searrow & & & \\
1 & x_0^1 & x_1^1 & x_2^1 & x_3^1 & \cdots \\
 & & & \searrow & & \\
2 & x_0^2 & x_1^2 & x_2^2 & x_3^2 & \cdots \\
 & & & & \searrow & \\
3 & x_0^3 & x_1^3 & x_2^3 & x_3^3 & \cdots \\
\vdots & \vdots & \vdots & \vdots & \vdots & \searrow
\end{array}
$$

Den ser således ud

$$x_0^0 x_1^1 x_2^2 \ldots$$

Vi ændrer nu decimalerne i denne brøk, for eksempel ved at ændre alle 8-taller og 9-taller til 1-taller og alle andre decimaler x_i^i til $x_i^i + 1$. Lad os betegne denne brøk

$$\overline{x_0^0 x_1^1 x_2^2} \ldots$$

Men denne brøk kan ikke være med i skemaet ovenfor. Den kan ikke være identisk med brøk nr. 0, idet $x_0^0 \neq \overline{x_0^0}$. Den er også forskellig fra brøk nr. 1 idet $x_1^1 \neq \overline{x_1^1}$. For et vilkårligt nummer, eksempelvis k, vil den være forskellig fra brøk nr. k, idet $x_k^k \neq \overline{x_k^k}$. Den er således ikke i listen, i modstrid med, at listen består af alle brøker fra O.

Russells og Cantors paradokser vedrører en uforsigtig omgang med komprehensionsprincippet, **KP**. Når det erkendes, at man ikke uden videre kan anvende ubegrænset komprehension, kan man undgå paradokserne. Løgnerparadokset er udtryk for en form for selvreference, som altid er mulig i både naturlige og formelle sprog med en vis udtrykskraft. En måde at undgå det på blev udviklet af Tarski. Vi vender tilbage til det i forbindelse med diskussionen af Tarskis sætning. Richards paradoks hænger sammen med, at der er så mange reelle tal, at de ikke kan nummereres ved hjælp af de naturlige tal, $\mathbb{N}$. Erkendelsen af dette skyldes anvendelsen af den såkaldte *diagonaliseringsprocedure*, som spiller en afgørende rolle i moderne logik.

Generelt kan vi sige om de logiske paradokser, at de nok i første omgang virkede som en trussel for udviklingen af en konsistent meningsfuld logik. Men sidenhen, efterhånden som man begyndte at forstå betydningen og rækkevidden af de forskellige konstruktionsprocedurer, som paradokserne hviler på – komprehension, selvreference og diagonalisering – viste de sig at være fænomener, som man kunne benytte sig af til konstruktion af interessante metasætninger. Således spiller selvreference og diagonalisering en afgørende rolle i beviserne for Tarskis sætning, Gödels ufuldstændighedssætninger og mange andre metateoretiske resultater. Vi giver i de følgende afsnit en uformel diskussion af nogle vigtige metaresultater for første ordens prædikatslogik.

5.6.2 Kompakthed

En betydningsfuld egenskab ved første ordens prædikatslogik er den såkaldte kompakthedssætning. Den kan formuleres således:

Sætning 5.1
Kompakthed. *Lad Γ være en vilkårlig mængde af udsagn og A et udsagn. Da gælder*

$$\Gamma \models A$$

hvis, og kun hvis, der findes en endelig delmængde Δ af Γ, så

$$\Delta \models A.$$

Bevis
Da første ordens prædikatslogik er sund og fuldstændig, kan $\models$ udskiftes med $\vdash$. Det betyder, at vi skal vise, at $\Gamma \vdash A$, hvis, og kun hvis, der findes en endelig delmængde Δ af Γ, så $\Delta \vdash A$. Men $\Gamma \vdash A$ betyder, at der findes et formelt bevis for A ud fra Γ. Et sådant bevis er et endeligt træ. Der kan derfor kun indgå endeligt mange udsagn fra Γ i beviset. Betegn mængden af disse udsagn Δ. Beviset er så også et bevis for A ud fra Δ. Hermed er sætningen bevist.

□

Vi kan vise følgende simple korollar til kompakthedssætningen.

Korollar 5.1
Lad Γ være en mængde af udsagn. Γ har en model, hvis, og kun hvis, enhver endelig delmængde Δ af Γ har en model.

Bevis
Lad Γ være en mængde af udsagn. Korollaret er herefter ensbetydende med følgende udsagn: Γ er inkonsistent, hvis, og kun hvis, der findes en endelig delmængde Δ af Γ, som er inkonsistent. Men kompakthedssætningen giver

Γ er inkonsistent $\Leftrightarrow$ $\Gamma \models \bot$
$\Leftrightarrow$ der findes endelig $\Delta \subseteq \Gamma$ så $\Delta \models \bot$.

□

Vi kan anvende kompakthedssætningen til at vise, at den sædvanlige første ordens karakterisering af de naturlige tal ved Peano-aksiomerne ikke

5.6 (†) Metateori

er entydig, altså at det er muligt at konstruere ikke-standard naturlige tal. Første ordens Peano-aritmetik, PA, defineres på følgende måde:[4]

Definition 61
Peano-aritmetikken, PA, formuleret i sproget $\mathcal{L}(+, \cdot, S, 0)$, har følgende aksiomer:

1. $(\forall x)(0 \neq Sx)$.

2. $(\forall x)(\forall y)[(Sx = Sy) \to (x = y)]$.

3. $(\forall x)(x + 0 = x)$.

4. $(\forall x)(\forall y)[x + Sy = S(x + y)]$.

5. $(\forall x)(x \cdot 0 = 0)$.

6. $(\forall x)(\forall y)[x \cdot Sy = (x \cdot y) + x]$.

7. For enhver formel $A(x)$ formuleret i sproget $\mathcal{L}(+, \cdot, S, 0)$ gælder

$$A(0) \land \forall x[A(x) \to A(Sx)] \to \forall x A(x).$$

$+$ og $\cdot$ symboliserer de sædvanlige regneoperationer addition og multiplikation, og S symboliserer efterfølgerfunktionen $x \mapsto x + 1$. Det første aksiom siger, at 0 ikke er efterfølger til noget tal. Det andet fortæller, at efterfølgerfunktionen er injektiv. Aksiomerne 3, 4 og 5, 6 giver de vanlige induktive definitioner af regneoperationerne addition og multiplikation. Det sidste aksiom 7 er induktionsaksiomet. Det består af uendeligt mange aksiomer, et for hver formel, $A(x)$, i $\mathcal{L}(+, \cdot, S, 0)$. For en given formel $A(x)$ siger det, at gælder A for 0, og kan man vise, at gælder A for x, så gælder A også for efterfølgeren $x + 1$, da vil A gælde for alle tal. Vi lader:

$x \neq y$ stå for $\neg(x = y)$.

$x \leq y$ stå for $\exists z(x + z = y)$.

$x < y$ stå for $x \leq y \land x \neq y$.

Det er klart, at PA udtrykker kendte elementære egenskaber ved de naturlige tal $\mathbb{N}_0 = \{0, 1, 2, 3, \ldots\}$, og man kan vise, at systemet $\mathcal{N} = (\mathbb{N}_0, +, \cdot, S_N, 0)$ er en model for PA, dvs.

$$\mathcal{N} \models PA.$$

---
[4] Peano-aritmetikken er opkaldt efter den italienske matematiker Giuseppe Peano (1858-1932).

Her betegner S_N funktionen $S_N(x) = x+1$ på $\mathcal{N}$. Lad $\overline{n}$ være forkortelsen for
$$\overbrace{SS \cdots S}^{n} 0,$$
dvs. det tal, som svarer til det sædvanlige naturlige tal n.

Men PA giver ikke en entydig karakterisering af de naturlige tal. Det er muligt at finde andre systemer, der er radikalt forskellige fra de naturlige tal, som tilfredsstiller PA. Vi skal nu benytte kompakthedssætningen til at vise eksistensen af en sådan *ikke-standard* model af PA.

Vi udvider sproget $\mathcal{L}(+,\cdot,S,0)$ med et nyt konstantsymbol ϱ, hvilket giver sproget $\mathcal{L}(+,\cdot,S,0,\varrho)$. I dette sprog definerer vi nu aksiomssystemet $PA(\varrho)$, som fremkommer af PA ved at tilføje uendeligt mange nye aksiomer:

$$\begin{array}{ll} \varrho 0 & 0 \neq \varrho \\ \varrho 1 & S0 \neq \varrho \\ \varrho 2 & SS0 \neq \varrho \\ \vdots & \vdots \\ \varrho n & \overbrace{SS \cdots S}^{n} 0 \neq \varrho \\ \vdots & \vdots \end{array}$$

Altså $PA(\varrho)$ består af Peano-aksiomerne 1 til 7 samt de uendeligt mange nye aksiomer $\varrho 0, \varrho 1, \ldots$.

Kompakthedssætningen siger, at $PA(\varrho)$ har en model, såfremt enhver endelig del af aksiomssystemet har en model. Vi skal derfor vise, at et hvilket som helst aksiomssystem bestående af PA's aksiomer 1-6, 7 for endeligt mange formler samt endeligt mange af aksiomerne $\varrho 0, \varrho 1, \ldots$ har en model. Men det vil være tilfældet, hvis hele aksiomssystemet PA sammen med endeligt mange af aksiomerne $\varrho 0, \varrho 1, \ldots$ har en model. Vi viser derfor, at PA sammen med endeligt mange aksiomer fra $\varrho 0, \varrho 1, \ldots$ har en model.

Lad Θ være endeligt mange af aksiomerne $\varrho 0, \varrho 1, \ldots$ og lad m være det største tal, så ϱm er med i Θ. Vi ved, at $\mathcal{N} = (\mathbb{N}_0, +, \cdot, S_N, 0)$ er en model for PA. Aksiomerne i Θ siger, at objektet ϱ er forskelligt fra $\overline{m}$ og visse andre tal mindre end $\overline{m}$ (nemlig de tal $\overline{k}$, hvor ϱk er med i Θ). Hvis vi derfor interpreterer ϱ som $m+1$ i $\mathcal{N} = (\mathbb{N}_0, +, \cdot, S_N, 0)$ får vi en model for PA, Θ. Dvs.

$$\mathcal{N}(m+1) \models PA, \Theta,$$

hvor $\mathcal{N}(m + 1) = (\mathbb{N}_0, +, \cdot, S_N, 0, m + 1)$. Kompakthedssætningen giver derfor, at $PA(\Theta)$ har en model.

Lad $\mathcal{N}(\varrho)$ være en model for PA, Θ. Den er således en model for Peano-aritmetikken. Men den indeholder et uendeligt stort naturligt tal, nemlig det tal ϱ_N, som interpreterer ϱ. Aksiomerne $\varrho 0, \varrho 1, \ldots$ siger netop, at ligegyldigt hvilket tal $\overline{n}$ man vælger, så er ϱ_N forskelligt fra dette.

5.6 (†) Metateori

Om ikke-standard modellen $\mathcal{N}(\varrho)$ ved vi umiddelbart, at den indeholder ét uendeligt tal, nemlig ϱ_N. Men man kan vise, at der så må være mange uendelige tal. Det kan vises i PA, at ethvert tal forskelligt fra 0 har et umiddelbart forudgående tal, dvs.

$$PA \vdash \forall x[0 \neq x \to \exists y(x = Sy)].$$

Det betyder, at ϱ_N har en umiddelbar forgænger, som betegnes $\varrho_N - 1$. Men dette tal har også en umiddelbar forgænger $\varrho_N - 2$ osv. Tilsvarende findes efterfølgeren til ϱ_N, som igen har en efterfølger, etc. Det giver os en hel række af uendelige tal

$$\ldots, \varrho_N - 3, \varrho_N - 2, \varrho_N - 1, \varrho_N, \varrho_N + 1, \varrho_N + 2, \varrho_N + 3, \ldots$$

Men der findes også tal, som er større end alle tallene i denne række, eksempelvis

$$\varrho_N \cdot \varrho_N,$$

der giver anledning til en uendelig række tal, som alle er større end tallene i rækken ovenfor. Man kan således blive ved med at finde uendelige tal i ikke-standard modellen $\mathcal{N}(\varrho)$. Nogle yderligere overvejelser, som ikke gives her, viser, at antallet af elementer i $\mathcal{N}(\varrho)$ kan illustreres ved figur 5.9.

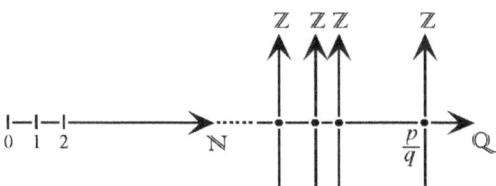

Figur 5.9 Den simpleste ikke-standard model af de naturlige tal.

De lodrette $\mathbb{Z}$-linier i figur 5.9 svarer til en linie af uendelige tal som angivet ovenfor. Der findes lige så mange af denne type tallinier, som der findes rationelle tal. Dvs. svarende til et vilkårligt rationelt tal $\frac{p}{q}$ findes der en $\mathbb{Z}$-linie svarende til den ovenfor. Alle ikke-standard modeller, som er tællelige, vil have denne struktur.

Som man kan se, er ikke-standard modellerne for de naturlige tal betragteligt mere komplekse end standardudgaven af de naturlige tal. Men der gælder dog nøjagtigt de samme første ordens sætninger om de sædvanlige naturlige tal og ikke-standard-tallene. Det vil eksempelvis sige, at for en hvilken som helst formel A fra $\mathcal{L}_{FOL}$ har vi at

$$\mathcal{N} \models A, \text{ hvis, og kun hvis, } \mathcal{N}(\varrho) \models A$$

246　Første ordens prædikatslogik

Man udtrykker dette ved at sige, at alle disse modeller er *elementærækvivalente*. Dette interessante træk ved disse modeller kan benyttes matematisk til at udtrykke træk ved standard tallene ved anvendelse af ikke-standard tal. Eksempelvis kan en vilkårlig mængde $A \subseteq \mathbb{N}$ af standard tal karakteriseres ved et ikke-standard nummer, ϱ_A.

Lad $p_1, p_2, p_3, \ldots, p_k, \ldots$ være rækken af alle sædvanlige primtal og lad A være en delmængde af $\mathbb{N}$. $PA(\varrho, A)$ betegner $PA(\varrho)$ udvidet med aksiomerne

$$\forall x (p_k \cdot x \neq \varrho) \quad k \notin A,$$
$$\exists x (p_k \cdot x = \varrho) \quad k \in A.$$

I stil med tidligere kan man ved anvendelse af kompakthedssætningen vise, at $PA(\varrho, A)$ har en model $\mathcal{N}(\varrho, A)$. I denne model vil interpretationen af ϱ, som igen betegnes ϱ_N, bestemme mængden A. Vi har nemlig

$$A = \{k \in \mathbb{N} \mid \mathcal{N}(\varrho, A) \models \exists x (p_k \cdot x = \varrho)\}.$$

Selv om alle tællelige ikke-standard modeller har den ordningsstruktur, som er angivet i figur 5.9, findes der mange ikke-isomorfe tællelige ikke-standard modeller. Lad for eksempel A og B være to forskellige delmængder af $\mathbb{N}$. Aksiomssystemerne $PA(\varrho, A)$ og $PA(\varrho, B)$ har begge tællelige modeller, som ikke kan være isomorfe, idet ϱ i $PA(\varrho, A)$ repræsenterer A, men i $PA(\varrho, B)$ repræsenterer ϱ B. Det betyder, at der er lige så mange ikke-isomorfe ikke-standard modeller af PA, som der er delmængder af $\mathbb{N}$, altså lige så mange ikke-standard modeller som der er reelle tal.

5.6.3　Tarskis sætning

Fremkomsten af løgnerparadokset hænger sammen med, at vi i det naturlige sprog kan tale om sproget selv. Vi kan formulere sætninger, som udtaler sig om sig selv. Et godt eksempel på dette er den famøse "løgnersætning":

Denne sætning er falsk.

Et mindre paradoksalt eksempel er

Denne sætning er dansk.

Umiddelbart er formelle sprog af de typer, vi har diskuteret, ikke refleksive. Der er ikke introduceret midler til, at sproget kan udtrykke egenskaber ved sig selv. Men Gödel udviklede imidlertid en metode til at gøre formelle teorier refleksive. Ved anvendelse af denne metode er det muligt så at sige at indbygge logiske paradokser i formelle teorier og derigennem at vise overraskende nye metaresultater.

5.6 (†) Metateori

Gödels idé er at udtrykke et sprogs syntaks ved hjælp af en nummerisk kode. Det betyder, at sætninger, termer og andre formelle udtryk tilordnes tal på en sådan måde, at man ud fra et sådant tal er i stand til at identificere udtrykket entydigt ud fra tallets elementære aritmetiske egenskaber. Det betyder, at har man en formel teori, som er i stand til at formalisere helt elementær aritmetik, så vil denne teori kunne udtale sig om sig selv og sit eget sprog. Gödels konstruktion af et kodesystem er ikke særlig vanskelig, men besværlig. Vi skal derfor ikke give detaljerne i den, men blot antyde grundidéerne.

Betragt et første ordens sprog $\mathcal{L}(R_1, \ldots, R_\alpha, F_1, \ldots, F_\beta, c_1, \ldots, c_\varepsilon)$ svarende til signaturen $(R_1, \ldots, R_\alpha, F_1, \ldots, F_\beta, c_1, \ldots, c_\varepsilon)$. Dette sprog, som vi blot kalder $\mathcal{L}$, er opbygget ved hjælp af symbolerne:

$$(,), \neg, \wedge, \vee, \rightarrow, \leftrightarrow, \forall, \exists, R_1, \ldots, R_\alpha, F_1, \ldots, F_\beta, c_1, \ldots, c_\varepsilon, x_1, x_2, \ldots$$

Lad nu g være en injektiv funktion, som afbilder disse symboler ind i de naturlige tal $\mathbb{N}$. Eksempelvis kunne g tilordne symbolerne i den givne rækkefølge de ulige naturlige tal startende med 3:

$$g(() = 3$$
$$g()) = 5$$
$$g(\neg) = 7$$
$$g(\wedge) = 9$$
$$g(\vee) = 11$$
$$\vdots$$

Denne funktion udvides nu rekursivt til også at virke på symbolstrenge, endelige følger af symbolstrenge etc. Hvis $\eta = s_1 s_2 \cdots s_k$ er en symbolstreng over $\mathcal{L}$'s alfabet, defineres $g(\eta)$ ved

$$g(\eta) = 2^{g(s_1)} \cdot 3^{g(s_2)} \cdots p_k^{g(s_k)},$$

hvor p_k er det k-te primtal. Hvis $\Lambda = (\eta_1, \ldots, \eta_l)$ er en endelig følge af symbolstrenge, så defineres $g(\Lambda)$ ved

$$g(\Lambda) = 2^{g(\eta_1)} \cdot 3^{g(\eta_2)} \cdots p_k^{g(\eta_l)}.$$

Tilsvarende kan vi definere g på følger af følger af symbolstrenge.

Det afgørende ved denne konstruktion er, at enhver formel i $\mathcal{L}$ og enhver følge af formler (f.eks. et bevis) får tildelt et tal; og omvendt, at det altid er muligt at identificere det formelle udtryk, som et tal eventuelt bestemmer, ved at se på tallets elementære aritmetiske egenskaber. Formelle udtryk bliver således kodet ind i tal, og disse tal kan entydigt afkodes. Tallet $g(\gamma)$, hvor γ er et formelt udtryk (dvs. et symbol, en symbolstreng, en følge af symbolstrenge eller tilsvarende), kaldes udtrykkets *Gödel-tal* eller *Gödelnummer*. Vi skriver også $\ulcorner \gamma \urcorner$.

Det viser sig, at der kun skal meget lidt aritmetik til for at kunne introducere en Gödel-nummerering. Faktisk er det tilstrækkeligt, at den teori man arbejder med omfatter den såkaldte *Robinson-aritmetik*, Q, som er defineret ved følgende aksiomer:[5]

1. $(\forall x)(0 \neq Sx)$.

2. $(\forall x)(\forall y)[(Sx = Sy) \to (x = y)]$.

3. $(\forall x)(x + 0 = x)$.

4. $(\forall x)(\forall y)[x + Sy = S(x + y)]$.

5. $(\forall x)(x \cdot 0 = 0)$.

6. $(\forall x)(\forall y)[x \cdot Sy = (x \cdot y) + x]$.

7. $\forall x[0 \neq x \to \exists y(x = Sy)]$.

Vi antager derfor, at de teorier, som vi diskuterer i resten af dette kapitel, er formuleret i et sprog, som indeholder aritmetikkens symboler, og som omfatter Q, dvs. enten indeholder aksiomerne for Robinson-aritmetikken, eller at disse aksiomer kan bevises i teorien.

Lad nu T være en første ordens teori, og lad $R(a_1, \ldots, a_n)$ være en relation mellem naturlige tal. En sådan relation kan *repræsenteres i T*, såfremt der findes en formel $A(x_1, \ldots, x_n)$ om hvilket der for alle $a_1, \ldots, a_n$ gælder

$$R(a_1, \ldots, a_n) \text{ gælder, hvis, og kun hvis } T \vdash A(\overline{a_1}, \ldots, \overline{a_n}).$$

Man kan uden større vanskeligheder vise, at talteoretiske egenskaber, som udtrykker, at et tal er Gödel-tal til en velformet formel, en term, et bevis, etc., kan repræsenteres i T. Det betyder, at T's syntaks i virkeligheden kan repræsenteres i T, altså, at T er refleksiv. Det er eksempelvis muligt at finde en formel $Bevis(x, y)$ i T, som repræsenterer egenskaben:

"x er Gödel-tal for et bevis for formlen med Gödel-tal y."

Således repræsenterer formlen

$$\exists x Bevis(x, y) \qquad (5.24)$$

egenskaben at være et teorem i T. Det kan også vises, at T indeholder en formel $sub(x, y) = z$, som repræsenterer egenskaben

---
[5]Robinson-aritmetikken er opkaldt efter den amerikanske matematiker Abraham Robinson (1918-1974).

5.6 (†) Metateori

"x er Gödel-tal for en term t, y er Gödel-tal for en formel af formen $A(u)$ og $z = \ulcorner A(t) \urcorner$."

Der gælder følgende vigtige lemma:

Sætning 5.2
Diagonaliseringslemma. *For en vilkårlig formel $A(x)$ i en konsistent første ordens teori T med netop en fri variabel findes der en lukket formel B, så*

$$T \vdash B \leftrightarrow A(\ulcorner B \urcorner).$$

Bevis
Vælg en vilkårlig formel $A(x)$ med netop en fri variabel. Lad $Q(x)$ være formlen

$$A(sub(x, x))$$

og sæt $m = \ulcorner Q(x) \urcorner$. Vi har da, at $sub(\overline{m}, \overline{m})$ er Gödel-tallet for $Q(\overline{m})$, dvs.

$$sub(\overline{m}, \overline{m}) = \overline{\ulcorner Q(\overline{m}) \urcorner}.$$

Derfor gælder

$$T \vdash Q(\overline{m}) \leftrightarrow A(\ulcorner Q(\overline{m}) \urcorner).$$

□

Læg mærke til, at beviset for diagonaliseringslemmaet består i at finde en selv-refererende formel. Formlen $Q(\overline{m})$ fremkommer ved at lade formlen $Q(x)$ virke på sit eget Gödel-tal.

Vi kan nu indføre en sandhedsdefinition i T:

Definition 62
En sandhedsdefinition for T er en formel $Sand(x)$, om hvilket der gælder

$$T \vdash A \leftrightarrow Sand(\ulcorner A \urcorner)$$

for alle formler A i T's sprog.

Det er nu muligt at vise Tarskis sætning:

Sætning 5.3
Lad T være en konsistent første ordens teori indeholdende Q (Robinson-aritmetik). Der findes ikke nogen sandhedsdefinition i T.

Bevis
Lad $Sand(x)$ være en mulig sandhedsdefinition for T. Ifølge sætning (5.2) findes der en lukket formel B, så

$$T \vdash B \leftrightarrow \neg Sand(\ulcorner B \urcorner). \tag{5.25}$$

Da $Sand(x)$ er en sandhedsdefinition, har vi

$$T \vdash B \leftrightarrow Sand(\ulcorner B \urcorner).\qquad(5.26)$$

Men (5.25) og (5.26) giver tilsammen

$$T \vdash \neg Sand(\ulcorner B \urcorner) \leftrightarrow Sand(\ulcorner B \urcorner)$$

hvilket er en modstrid. $Sand(x)$ findes derfor ikke.

□

Selv om man ikke kan definere sandhed i en konsistent teori T, er det dog muligt at indføre en *partiel* sandhedsdefinition. Det ubehagelige problem med selvreference opstår, når $Sand$ skal kunne anvendes på alle udsagn i sproget. Man kan dog eksempelvis begrænse sandhedsprædikatet til kun at dække en del af udsagnene i sproget. Lad nu $\mathcal{L}_n$ være mængden af alle udsagn i T's sprog, hvis kompleksitet er mindre end n. Med kompleksiteten af et udsagn mener vi her, at udsagnet kan opbygges ud fra grundsymbolerne ved anvendelse af de syntaktiske regler (se p. 132) mindre end n gange.

Ved at formalisere reglerne for interpretation af et udsagn i en model er det muligt at definere et udsagn $Sand_n(x)$ i T's sprog, som definerer sandhed for delsproget $\mathcal{L}_n$. Der gælder altså følgende sætning:

Sætning 5.4
Lad $\mathcal{L}_n$ være mængden af alle udsagn i den konsistente teori T's sprog, hvis kompleksitet er mindre end n, $n \in \mathbb{N}$. Der findes et partielt sandhedsprædikat $Sand_n(x)$, om hvilket der gælder

$$T \vdash A \leftrightarrow Sand_n(\ulcorner A \urcorner)$$

for alle formler A i $\mathcal{L}_n$.

Bevis
Der henvises til litteraturen *Meta-mathematical Investigations of Intuitionistic Arithmetic and Analysis*, Troelstra, A. S. (red.). Lecture Notes in Mathematics, **344**. Springer Verlag, 1973.

□

En anden mulighed for at indføre et partielt sandhedsprædikat i formelle teorier blev udviklet af S. Kripke. Hvis man således forlanger, at sandhedsprædikatet ikke behøver at være enten sandt eller falsk for alle formler, er det også muligt at undgå ubehagelig selvreference. Se "Outline of a Theory of Truth", Kripke, S. *Journal of Philosophy*, **LXXII** (1975): 690-716.

5.6.4 Gödels ufuldstændighedssætninger

I 1931 viste Kurt Gödel to sætninger, som fik afgørende betydning for logikkens udvikling. Sætningerne, som betegnes Gödels ufuldstændighedssætninger, blev publiceret i artiklen "Über formal unentscheidbare Sätze der *Principia Mathematica* und verwandter Systeme I". Som titlen på artiklen antyder, viste Gödel sætningerne for det system, som var udviklet af Russell og Whitehead i *Principia Mathematica*. Men sætningerne gælder for alle formelle teorier, hvori det er muligt at foretage Gödel-nummerering, eksempelvis alle teorier, som indeholder teorien Q. Vi viser Gödels ufuldstændighedssætninger i en lidt modificeret form.

I sidste afsnit antydede vi, hvordan det var muligt at indføre Gödel-tal og herigennem gøre teorier refleksive. Vi antydede også, at det var muligt i en teori T at konstruere en formel med netop to frie variable, $Bevis(x,y)$, som repræsenterer

"x er Gödel-tal for et bevis for formlen med Gödel-tal y."

Formlen $\exists x Bevis(x,y)$ repræsenterer så egenskaben

"y er Gödel-tal for en formel, der kan bevises i T."

Vi indfører betegnelsen $Bev(y)$ for $\exists x Bevis(x,y)$. $Bev(y)$ kaldes et *bevisprædikat* for T.

Det er muligt at vise følgende egenskaber ved bevisprædikatet $Bev(y)$:

Sætning 5.5
Lad $Bev(y)$ være bevisprædikatet defineret ovenfor. For alle lukkede formler A og B gælder:

1. Hvis $T \vdash Bev(\ulcorner A \urcorner)$, så $T \vdash A$.

2. Hvis $T \vdash A$, så $T \vdash Bev(\ulcorner A \urcorner)$.

3. $T \vdash Bev(\ulcorner A \urcorner) \land Bev(\ulcorner A \to B \urcorner) \to Bev(\ulcorner B \urcorner)$.

4. $T \vdash Bev(\ulcorner A \urcorner) \to Bev(\ulcorner Bev(\ulcorner A \urcorner) \urcorner)$.

De tre sidste betingelser i denne sætning kaldes *Löbs beviselighedsbetingelser*. Beviset for sætningen, som ikke gives her, hviler på, at beviser i første ordens prædikatslogik følger simple beregnelige procedurer.

Den første af Gödels ufuldstændighedssætninger er en simpel konsekvens af denne sætning og diagonaliseringslemmaet.

Sætning 5.6
Gödels første ufuldstændighedssætning. *Lad T være en konsistent teori, som indeholder Q. Der findes da en sætning, G, i T, som hverken kan bevises eller modbevises. Dvs.*

$$T \not\vdash G$$

og

$$T \not\vdash \neg G.$$

Bevis
Ifølge diagonaliseringslemmaet findes der en lukket formel G, som opfylder

$$T \vdash G \leftrightarrow \neg Bev(\ulcorner G \urcorner).$$

Antag, at $T \vdash G$. Da gælder $T \vdash Bev(\ulcorner G \urcorner)$ ifølge (2) i sætning 5.5. Men ifølge definitionen af G, får vi $T \vdash \neg Bev(\ulcorner G \urcorner)$. Altså en modstrid. Antag omvendt $T \vdash \neg G$. Diagonalisering giver $T \vdash \neg\neg Bev(\ulcorner G \urcorner)$ og derefter giver dobbeltnegationsreglen $T \vdash Bev(\ulcorner G \urcorner)$. Men (1) i sætning 5.5 giver så, $T \vdash G$. Altså en modstrid.

□

Denne ufuldstændighedssætning viser, at ingen teori, der blot er så kompleks, at det er muligt at indføre Gödel-nummerering, vil være syntaktisk fuldstændig. Sådanne teorier vil altid indeholde sætninger, som hverken kan bevises eller modbevises.

Gödels anden ufuldstændighedssætning vedrører en teoris konsistens. En teori T er konsistent, såfremt det ikke er muligt at bevise en absurd påstand, λ, i T. Men beviselighed er repræsenteret ved bevisprædikatet $Bev(y)$. Derfor kan teorien T's konsistens udtrykkes formelt ved $\neg Bev(\lambda)$. Vi betegner $\neg Bev(\lambda)$ med Con. Gödels anden fuldstændighedssætning siger, at i en konsistent teori indeholdende Q kan Con hverken bevises eller modbevises.

Sætning 5.7
Gödels anden ufuldstændighedssætning. *Lad T være en konsistent teori, som indeholder Q. Udsagnet Con, som udtrykker T's konsistens, kan ikke bevises. Dvs.*

$$T \not\vdash Con.$$

Bevis
Lad G være en lukket formel, som tilfredsstiller

$$T \vdash G \leftrightarrow \neg Bev(\ulcorner G \urcorner).$$

Hvis

$$T \vdash Con \rightarrow G$$

gælder, så kan Con ikke bevises. Thi gjaldt $T \vdash Con$, så ville vi også have $T \vdash G$ i modstrid med, at G ifølge første ufuldstændighedssætning ikke kan bevises. Vi viser nu
$$T \vdash Con \to G.$$
Ifølge definitionen af G har vi

$$T \vdash \neg G \leftrightarrow Bev(\ulcorner G \urcorner). \qquad (5.27)$$

Opgave (1) nedenfor medfører, at

$$T \vdash Bev(\ulcorner \neg G \urcorner) \leftrightarrow Bev(\ulcorner Bev(\ulcorner G \urcorner) \urcorner). \qquad (5.28)$$

Vi har trivielt, at $T \vdash G \wedge \neg G \to \curlywedge$, og anvendes opgave (2) nedenfor på dette, får vi

$$T \vdash Bev(\ulcorner G \urcorner) \wedge Bev(\ulcorner \neg G \urcorner) \to Bev(\ulcorner \curlywedge \urcorner). \qquad (5.29)$$

Den sidste af Löbs beviselighedsbetingelser giver direkte

$$T \vdash Bev(\ulcorner G \urcorner) \to Bev(\ulcorner Bev(\ulcorner G \urcorner) \urcorner) \qquad (5.30)$$

hvilket sammen med $T \vdash Bev(\ulcorner G \urcorner) \to Bev(\ulcorner G \urcorner)$ og (5.28) giver

$$T \vdash Bev(\ulcorner G \urcorner) \to Bev(\ulcorner G \urcorner) \wedge Bev(\ulcorner \neg G \urcorner). \qquad (5.31)$$

(5.31) giver sammen med (5.29)

$$T \vdash Bev(\ulcorner G \urcorner) \to Bev(\ulcorner \curlywedge \urcorner). \qquad (5.32)$$

Kontraponeres (5.32) får vi

$$T \vdash \neg Bev(\ulcorner \curlywedge \urcorner) \to \neg Bev(\ulcorner G \urcorner)$$

hvilket sammen med (5.27) giver

$$T \vdash \neg Bev(\ulcorner \curlywedge \urcorner) \to G$$

som netop er
$$T \vdash Con \to G.$$

□

Opgaver

1. Vis, at $T \vdash A \leftrightarrow B$ medfører $Bev(\ulcorner A \urcorner) \leftrightarrow Bev(\ulcorner B \urcorner)$.

2. Vis, at $T \vdash A \wedge B \to C$ medfører $T \vdash Bev(\ulcorner A \urcorner) \wedge Bev(\ulcorner B \urcorner) \to Bev(\ulcorner C \urcorner)$.

5.6.5 Lövenheim-Skolems sætning

Vi har set i forbindelse med diskussionen af kompakthedssætningen, at Peano-aritmetikken PA, som er en første ordens formalisering af simpel aritmetik, tillader ikke-standard modeller. I virkeligheden findes der lige så mange tællelige ikke-standard modeller for PA, som der findes reelle tal. De naturlige tal, som vi kender dem, kan således ikke karakteriseres aksiomatisk i første ordens logik. Foruden at tillade ikke-standard modeller er PA endvidere syntaktisk ufuldstændig i den forstand, at der i PA findes sætninger, som hverken kan bevises eller modbevises (Gödels første ufuldstændighedssætning).

Disse vanskeligheder ved at karakterisere de simple naturlige tal er et generelt problem ved første ordens logik. Vi har allerede set, at Gödels ufuldstændighedssætninger er generelle i den forstand, at for alle aksiomatiske teorier, som blot indeholder Robinson-aritmetikken Q, vil Gödels ufuldstændighedssætninger gælde. Eksistensen af ikke-standard modeller udgør et tilsvarende generelt problem. Alle første ordens teorier, som blot har en uendelig model, vil have uendelige modeller af alle større kardinaliteter og eventuelt også modeller af lavere kardinalitet. Dette er indholdet af Löwenheim-Skolems sætning.

Lad T være en første ordens teori formuleret i sproget $\mathcal{L}(\lambda)$, hvor λ er en vilkårlig signatur. Hvis λ indeholder endelig mange symboler, vil sproget $\mathcal{L}(\lambda)$ være tælleligt. Det betyder, at kardinaltallet af mængden af velformede formler i $\mathcal{L}(\lambda)$ er $\aleph_0$. Da mængden af velformede formler i T er en delmængde af de velformede formler i $\mathcal{L}(\lambda)$, vil kardinaltallet af T enten være endelig eller lig med $\aleph_0$.

Det er naturligvis muligt at betragte signaturer, med overtælleligt mange symboler. For eksempel kunne man have en signatur, hvor der var en konstant svarende til hvert reelt tal. Vi ved, at de reelle tal har et kardinaltal større end $\aleph_0$. Hvis kontinuumshypotesen i øvrigt gælder, er kardinaltallet af $\mathbb{R}$ netop $\aleph_1$. Hvis en signatur λ har en kardinalitet, κ, større end eller lig med $\aleph_0$, så vil sproget $\mathcal{L}(\lambda)$ have den samme kardinalitet. Altså gælder det for alle første ordens sprog, at sprogets kardinalitet er $\aleph_0$, hvis dets signatur er endelig eller tællelig; og i alle andre tilfælde er sprogets kardinalitet lig med kardinaliteten af signaturen. En teori eller en mængde af velformede formler i et givet første ordens sprog vil have en kardinalitet mindre end eller lig med kardinaliteten af sproget.

Lad $\mathcal{M}$ være en struktur med signatur λ. $\mathcal{M}$'s kardinalitet defineres som kardinaliteten af strukturens domæne M. Nogle første ordens teorier vil have endelige modeller, det vil sige, der findes strukturer af endelig kardinalitet, som er modeller for teorierne. I kapitel 4 har vi givet forskellige eksempler. Teorierne $GITTER$ og BA har alle mange endelige modeller. Andre teorier vil imidlertid kun have uendelige modeller. Det gælder eksempelvis for PA.

Löwenheim-Skolems sætning siger nu, at har en første ordens teori blot en uendelig model, så vil den have modeller af vilkårlig uendelig kardinalitet større end eller lig med dens egen kardinalitet. Vi giver nu den præcise formulering af Löwenheim-Skolems sætning, opkaldt efter den tyske matematiker Leopold Löwenheim (1878-1957) og den norske matematiker Thoralf Skolem (1887-1963).

Sætning 5.8
Löwenheim-Skolems sætning. *Lad Γ være en mængde af sætninger i et givet første ordens sprog, $\mathcal{L}(\lambda)$, som har en uendelig model. Da har Γ modeller af alle uendelige kardinaliteter større end kardinaliteten af Γ.*

Bevis
Vi skitserer et bevis for sætningen. Lad κ være et kardinaltal større end $\overline{\overline{\Gamma}}$ og lad A være en mængde af kardinalitet κ. Vi tilføjer nu en ny mængde af konstantsymboler, $\{c_a \mid a \in A\}$, til sproget $\mathcal{L}(\lambda)$ og indfører udsagnene

$$\{\neg c_a = c_b \mid a, b, \in A, a \neq b\}.$$

Mængden $\Gamma \cup \{\neg c_a = c_b \mid a, b, \in A, a \neq b\}$ har en model. Dette vises ved at anvende kompakthedssætningen. Da Γ har en model, er det nok at vise, at Γ sammen med vilkårligt endelig mange af ulighederne i

$$\{\neg c_a = c_b \mid a, b, \in A, a \neq b\}$$

har en model. Betragt den endelige delmængde $\{\neg c_a = c_b \mid a, b, \in B, a \neq b\}$, hvor B er en endelig delmængde af A. Lad nu $\mathcal{M}$ være en uendelig model af Γ. Til ethvert element, b, i B kan vi vælge et element, m_b, i domænet $\mathcal{M}$ af $\mathcal{M}$. Til forskellige elementer fra B vælges forskellige elementer i $\mathcal{M}$. Vi får så en model for $\Gamma \cup \{\neg c_a = c_b \mid a, b, \in A, a \neq b\}$ ved at fastholde interpretationen af Γ i $\mathcal{M}$ og at interpretere c_b som b_m. Altså har $\Gamma \cup \{\neg c_a = c_b \mid a, b, \in A, a \neq b\}$ en model. Denne model kan indrettes, så dens kardinalitet netop bliver κ.
□

Löwenheim-Skolems sætning har mange interessante konsekvenser. Eksempelvis giver sætningen umiddelbart, at Peano-aritmetikken, PA, har modeller af vilkårlige store kardinaliteter. Der findes ikke kun tællelige ikke-standard modeller, men ikke-standard modeller af alle uendelige kardinaliteter.

Mere chokerende er det imidlertid, at man ikke kan karakterisere ret mange egenskaber ved forskellige grader af uendelighed i første ordens logik. Vi har allerede talt om stigende størrelser af uendelige kardinaltal, $\aleph_0, \aleph_1, \aleph_2, \ldots$. Det er muligt at formalisere hele mængdelæren i første ordens logik. For eksempel giver Zermelo-Fraenkels aksiomsystem, ZF, en fin aksiomatisering af mængdelæren, som spiller en stor rolle i moderne matematik. Men selvom det er muligt at definere og beskrive de uendelige kardinaltal i ZF, vil ZF ifølge Löwenheim-Skolems sætning have en tællelig model (hvis ZF er konsistent). Det betyder imidlertid, at i en sådan model vil de meget store uendelige kardinaltal blive interpreteret som højest tællelige mængder. Vi kan udtrykke det ved at sige, at i første ordens logik vil vi kun kunne udtrykke visse simple "kombinatoriske" træk ved store uendeligheder.

Kategorisitet

Vi siger, at en første ordens teori T er *kategorisk*, såfremt T har en model, og alle T's modeller er isomorfe. Hvis T er kategorisk, vil alle dens modeller stort set være notoriske varianter af hinanden. Den karakteriserer således sit domæne entydigt. Da PA har ikke-standard modeller, følger det, at PA ikke er kategorisk. De naturlige tal kan således ikke karakteriseres entydigt i første ordens logik. Det er ikke engang sådan, at alle tællelige modeller er isomorfe.

Löwenheim-Skolems sætning viser, at ingen teori, som har en uendelig model, vil være kategorisk. Men man kunne indføre et lidt snævre kategorisitetsbegreb. Vi siger, at en teori er *kategorisk i kardinalitet* κ, såfremt den har en model med kardinalitet κ, og alle modeller for teorien af kardinalitet κ er isomorfe.

Vi ved allerede, at PA ikke er kategorisk i $\aleph_0$. PA er dog heller ikke kategorisk i nogen anden kardinalitet. Det er imidlertid muligt at give interessante eksempler på teorier, som er kategorisk i bestemte kardinaliteter. Teorien for total tæt ordning uden endepunkter (afsnit 4.4.2 i kapitel 4) er kategorisk i $\aleph_0$. Tilsvarende er teorien for Boole-algebraer uden atomer kategorisk i $\aleph_0$. Et atom i en Boole-algebra er et element, a, forskelligt fra nul, hvorom det gælder, at der ikke findes noget andet element, x, så $0 < x < a$.

Det er straks vanskeligere at finde eksempler på "naturlige" teorier, som er kategorisk i kardinaltal større end $\aleph_0$. Et eksempel er imidlertid teorien for algebraisk afsluttede legemer med karakteristik 0. Algebraisk afsluttethed betyder, at alle polynomier af grad større end eller lig med 1 har rødder, og karakteristik 0 betyder, at adderes 1 til sig selv, vil det aldrig blive 0 $(1+1+1+\cdots+1\neq 0$, ligegyldigt hvor mange gange der adderes). Vi skal ikke give aksiomerne for disse legemer her, men blot nævne, at de komplekse tal er et eksempel på et algebraisk afsluttet legeme af karakteristik 0. Teorien for algebraisk afsluttede legemer med karakteristik 0 er kategorisk i alle kardinaltal større end $\aleph_0$. Det betyder blandt andet, at det ikke er muligt i første ordens logik at skelne de komplekse tal fra vilkårlige andre algebraisk afsluttede legemer med karakteristik 0.

Man kunne nu forestille sig, at der fandtes teorier, som var kategorisk i visse kardinaltal større end $\aleph_0$, men ikke i andre. Dette er imidlertid ikke muligt. Logikeren M. Morley viste i 1995, at en teori vil være kategorisk i alle kardinaltal større end $\aleph_0$, såfremt den er kategorisk i blot et kardinaltal større end $\aleph_0$.

Der er en dyb sammenhæng mellem kategorisitet og syntaktisk fuldstændighed. Det forholder sig nemlig sådan, at enhver konsistent teori, som ikke har nogen endelig model, men som er kategorisk i et uendeligt kardinaltal, er fuldstændig. Af denne sætning følger det, at teorien for tæt ordning uden første og sidste element, men i øvrigt også teorien for algebraisk afsluttede legemer med karakteristik 0, er fuldstændige teorier. Det kan man umiddelbart undre sig over, idet vi tidligere har vist Gödels første ufuldstændighedssætning, som siger, at alle teorier af en vis kompleksitet (eksempelvis teorier som omfatter Robinson-aritmetikken Q) vil være syntaktisk ufuldstændige. Situationen er imidlertid den, at de to nævnte teorier ikke har den fornødne kompleksitet. Det er ikke muligt i dem at introducere Gödel-nummerering.

5.6.6 Lindströms sætning

Logikkens opgave er at studere gyldigheden af vore argumenter. I logikken forsøger man at udvikle formelle modeller, der præciserer bestemte former for logisk argumentation. Den klassiske udsagnslogik er således et system, som giver mulighed for at formalisere visse former for slutninger, som i al væsentlighed vedrører udsagn, der er bygget op ved anvendelse af ordene "ikke", "og", "eller", "hvis ... så ...", "... hvis, og kun hvis ...". Tilsvarende er første ordens logik en udvidelse, hvor vi ydermere formaliserer brugen af kvantorerne "for alle ..." og "der findes ...", og det er muligt at fortsætte med højere ordens formaliseringer. I modallogikker, som vi skal stifte bekendskab med i næste kapitel, inddrager man også formaliseringer af udtryk som "det er nødvendigt, at ...", "en person ved, at ...", "... vil gælde i al fremtid". Fælles for alle disse logikker gælder det, at man indfører en klasse af formelle sætninger – de velformede formler – og en relation mellem formler, som udtrykker følgerelationen, eksempelvis den semantiske følgerelation

$$A_1, A_2, \ldots, A_n \models K.$$

Man tilstræber så, at klassen af formler og følgerelationen opfylder en række betingelser, som gør formalismen anvendelig til at modellere bestemte logiske forhold. Med udgangspunkt i disse generelle overvejelser over logisk modellering giver det mening at definere et abstrakt logisk system på følgende måde:

Definition 63

Et *logisk system* $\mathcal{L}$ består af en funktion L og en relation $\models_{\mathcal{L}}$. L tilordner til enhver signatur λ en mængde $L(\lambda)$, som kaldes mængden af velformede formler i $\mathcal{L}$. $\models_{\mathcal{L}}$ er en relation mellem strukturer af signatur λ og formler i $L(\lambda)$, som udtrykker, at en formel A, $A \in L(\lambda)$, gælder i en struktur $\mathcal{M}$. L og $\models_{\mathcal{L}}$ skal opfylde følgende betingelser:

1. Hvis $\lambda \subseteq \lambda'$, så gælder $L(\lambda) \subseteq L(\lambda')$.

2. Hvis $\mathcal{M} \models_{\mathcal{L}} A$ og $\mathcal{M}$ er isomorfe med $\mathcal{N}$, så gælder også $\mathcal{N} \models_{\mathcal{L}} A$.

3. Hvis $\lambda \subseteq \lambda'$, $A \in L(\lambda)$ og $\mathcal{M}$ er en λ'-struktur, så gælder

$$\mathcal{M} \models_{\mathcal{L}} A \Leftrightarrow \mathcal{M} \mid_{\lambda} \models_{\mathcal{L}} A.$$

$\mathcal{M} \mid_{\lambda}$ er reduktionen af λ'-strukturen $\mathcal{M}$ til en λ-struktur.

Det er klart, at de logiske systemer, vi allerede har indført, er abstrakte logiske systemer i den betydning, vi lige har indført. De modallogiske systemer, som bliver indført i næste kapitel, tilfredsstiller også definitionen. Lad nu $\mathcal{L}$ være et logisk system og λ en signatur. En formel A fra $L(\lambda)$ er *sand* i en λ-struktur $\mathcal{M}$, såfremt

$$\mathcal{M} \models_{\mathcal{L}} A.$$

A kaldes $\mathcal{L}$-*valid*, såfremt A er sand i alle λ-strukturer. I dette tilfælde skriver vi

$$\models_{\mathcal{L}} A.$$

Lad endvidere Γ være en mængde af formler. Vi siger, at A *følger af* Γ, såfremt

$$\mathcal{M} \models_{\mathcal{L}} A$$

når

$$\mathcal{M} \models_{\mathcal{L}} B$$

for alle $B \in \Gamma$. Når dette gælder, skriver vi

$$\Gamma \models_{\mathcal{L}} A.$$

Den *abstrakte mening* af en formel A relativt til en signatur kan vi identificere med klassen af de strukturer, som tilfredsstiller A. Vi skriver

$$Mod_{\mathcal{L}}^{\lambda}(A) = \{\mathcal{M} \mid \mathcal{M} \models_{\mathcal{L}} A\}.$$

Lad $\mathcal{L}$ og $\mathcal{L}'$ være logiske systemer og λ en signatur. To sætninger A og B, hvor $A \in L(\lambda)$ og $B \in L'(\lambda)$, siges at være *logisk ækvivalente*, såfremt

$$Mod_{\mathcal{L}}^{\lambda}(A) = Mod_{\mathcal{L}'}^{\lambda}(B).$$

5.6 (†) Metateori

Det logiske system $\mathcal{L}'$ kaldes *logisk stærkere end* $\mathcal{L}$, såfremt der til enhver signatur λ og enhver formel $A \in \mathcal{L}$ findes en formel $B \in \mathcal{L}'$, så A og B er logisk ækvivalente. I dette tilfælde skriver vi

$$\mathcal{L} \leq \mathcal{L}'.$$

$\mathcal{L}$ og $\mathcal{L}'$ kaldes logisk ækvivalente, såfremt $\mathcal{L} \leq \mathcal{L}'$ og $\mathcal{L}' \leq \mathcal{L}$, og vi skriver

$$\mathcal{L} \equiv \mathcal{L}'.$$

Med disse definitioner har vi fået indført mange logiske begreber (sandhed, logisk følge, ækvivalens etc.) i en abstrakt ramme. Det er imidlertid ikke muligt at vise ret meget om disse begreber, så længe $\mathcal{L}$ ikke har yderligere struktur. Vi kan udstyre $\mathcal{L}$ med struktur på mange måder, eksempelvis kan $\mathcal{L}$ indrettes så det bliver identisk med nogle af de logikker, vi i øvrigt diskuterer (klassisk udsagnslogik, første ordens logik, diverse modallogikker etc.). De sædvanlige boolske konnektiver kan introduceres i $\mathcal{L}$ ved at overføre de tidligere semantiske definitioner i kapitel 2 til denne abstrakte ramme.

Definition 64

Lad $\mathcal{L}$ være et logisk system. $\mathcal{L}$ indeholder de sædvanlige udsagnslogiske konnektiver, såfremt følgende gælder:

Negation. *Til enhver signatur λ og enhver formel $A \in L(\lambda)$ findes der en formel $B \in L(\lambda)$, så*

$$\mathcal{M} \models_{\mathcal{L}} B \Leftrightarrow \mathcal{M} \not\models_{\mathcal{L}} A$$

for alle λ-strukturer $\mathcal{M}$.

Konjunktion. *Til enhver signatur λ og vilkårlige formler $A, B \in L(\lambda)$ findes der en formel $C \in L(\lambda)$, så*

$$\mathcal{M} \models_{\mathcal{L}} C \Leftrightarrow \mathcal{M} \models_{\mathcal{L}} A \text{ og } \mathcal{M} \models_{\mathcal{L}} B$$

for alle λ-strukturer $\mathcal{M}$.

Disjunktion. *Til enhver signatur λ og vilkårlige formler $A, B \in L(\lambda)$ findes der en formel $C \in L(\lambda)$, så*

$$\mathcal{M} \models_{\mathcal{L}} C \Leftrightarrow \mathcal{M} \models_{\mathcal{L}} A \text{ eller } \mathcal{M} \models_{\mathcal{L}} B$$

for alle λ-strukturer $\mathcal{M}$.

Implikation. *Til enhver signatur λ og vilkårlige formler $A, B \in L(\lambda)$ findes der en formel $C \in L(\lambda)$, så*

$$\mathcal{M} \models_{\mathcal{L}} C \Leftrightarrow \mathcal{M} \models_{\mathcal{L}} A \text{ medfører } \mathcal{M} \models_{\mathcal{L}} B$$

for alle λ-strukturer $\mathcal{M}$.

Biimplikation. Til enhver signatur λ og vilkårlige formler $A, B \in L(\lambda)$ findes der en formel $C \in L(\lambda)$, så

$$\mathcal{M} \models_{\mathcal{L}} C \Leftrightarrow \mathcal{M} \models_{\mathcal{L}} A, \text{ hvis, og kun hvis, } \mathcal{M} \models_{\mathcal{L}} B$$

for alle λ-strukturer $\mathcal{M}$.

Hvis det logiske system $\mathcal{L}$ indeholder de udsagnslogiske konnektiver, skriver vi $BOOLE(\mathcal{L})$.

Lad λ være en signatur og $\mathcal{M}$ en λ-struktur. En delmængde N af M er lukket med hensyn til signaturen λ, såfremt alle konstanter i $\mathcal{M}$ svarende til konstantsymboler i λ ligger i N, og N er lukket over for alle funktioner i $\mathcal{M}$ svarende til funktionssymboler i λ. Hvis N således er lukket, vil N, udstyret med restriktionerne af $\mathcal{M}$'s funktioner til N, være en delstruktur af $\mathcal{M}$. Denne delstruktur betegnes $\mathcal{M} \lceil N$. Vi kan nu definere, hvad det vil sige, at et logisk system $\mathcal{L}$ *tillader relativisering*. Intuitivt betyder dette, at man i $\mathcal{L}$ kan begrænse domænet i en interpretation til et deldomæne.

Definition 65
Det logiske system $\mathcal{L}$ tillader relativisering, såfremt der for alle signaturer λ, formler $A \in L(\lambda)$ og prædikatssymboler P af aritet 1, hvor P ikke forekommer i λ, findes en formel $B \in L(\lambda(P))$, så

$$(\mathcal{M}, P^M) \models_{\mathcal{L}} B \Leftrightarrow \mathcal{M} \lceil N \models_{\mathcal{L}} A$$

for alle λ-strukturer $\mathcal{M}$ og alle λ-lukkede delmængder P^M af M. Hvis $\mathcal{L}$ tillader relativisering, så kaldes formlen B relativiseringen af A, og vi indfører betegnelsen A^P for B. I dette tilfælde skriver vi også $REL(\mathcal{L})$.

Antag, at $\mathcal{M}$ er en λ-struktur, og at λ indeholder funktionssymboler og konstantsymboler. De tilsvarende $\mathcal{M}$-funktioner og $\mathcal{M}$-konstanter kan elimineres ved at identificere dem med deres grafer. Lad eksempelvis f være en funktion af en fri variabel på M. f's graf er relationen R_f defineret ved

$$R_f(x, y) \Leftrightarrow f(x) = y$$

for alle $x, y, \in M$. Tilsvarende, hvis c_M er en konstant i M, så er c_M's graf relationen R_c defineret ved

$$R_{c_M}(x) \Leftrightarrow x = c_M$$

for alle $x \in M$. Lad λ være en signatur. Hvis alle elementer i λ, som svarer til funktionssymboler og individualkonstanter, erstattes med elementer, som svarer til relationssymboler for graferne til disse funktionssymboler og konstanter, så får vi en ny signatur λ^{REL}, som ikke indeholder elementer svarende til funktions- og konstantsymboler. Hvis $\mathcal{M}$ er en λ-struktur, så betegner $\mathcal{M}^{REL}$ den λ^{REL}-struktur, der fremkommer af $\mathcal{M}$ ved at erstatte alle funktions- og konstantsymboler med deres grafer.

5.6 (†) Metateori

Definition 66
Det logiske system $\mathcal{L}$ tillader erstatning af funktions- og konstantsymboler, såfremt der for vilkårlig signatur λ gælder: For alle formler $A \in L(\lambda)$ findes der en formel $B \in L(\lambda^{REL})$, så

$$\mathcal{M} \models_{\mathcal{L}} A \Leftrightarrow \mathcal{M}^{REL} \models_{\mathcal{L}} B$$

for alle λ-strukturer $\mathcal{M}$. Hvis $\mathcal{L}$ tillader erstatning af funktions- og konstantsymboler, så skriver vi $RES(\mathcal{L})$.

Definition 67
Et logisk system $\mathcal{L}$, som indeholder de sædvanlige udsagnslogiske konnektiver og tillader relativisering og erstatning af funktioner og konstanter, kaldes regulær.

Det er klart, at første ordens logik – og i øvrigt alle sædvanlige udvidelser af første ordens logik, eksempelvis højere ordens logik, men også kvantoriseret modallogik – er regulær. Vi kan nu også give abstrakte formuleringer af den nedadgående Löwenheim-Skolems sætning, som siger, at alle første ordens mængder af formler af kardinalitet mindre end $\aleph_0$, der har en uendelig model, har en uendelig model af kardinalitet $\aleph_0$.

Definition 68
Det logiske system $\mathcal{L}$ opfylder Löwenheim-Skolem-egenskaben, såfremt det gælder. Hvis en formel $A \in L(\lambda)$ har en model, dvs. $Mod_{\mathcal{L}}^{\lambda}(A) \neq 0$, så har A en model af kardinalitet mindre end eller lig med $\aleph_0$. I dette tilfælde skriver vi $LS(\mathcal{L})$.

Tilsvarende kan vi også indføre en abstrakt udgave af kompakthedssætningen.

Definition 69
Det logiske system $\mathcal{L}$ opfylder kompakthedsegenskaben, såfremt der gælder følgende for alle signaturer λ og mængder af formler $\Gamma \subseteq L(\lambda)$: Hvis alle endelige delmængder $\Delta \subseteq \Gamma$ har en model, dvs. $Mod_{\mathcal{L}}^{\lambda}(\Delta) \neq 0$, så har Γ en model. I dette tilfælde skrives $KOMP(\mathcal{L})$.

Det er nu muligt at give en præcis formulering af Lindströms sætning, som intuitivt siger, at første ordens prædikatslogik er den eneste regulære logik $\mathcal{L}$, som tilfredsstiller $LS(\mathcal{L})$ og $KOMP(\mathcal{L})$.

Sætning 5.9
Lindströms sætning. Lad $\mathcal{L}_1$ betegne det abstrakte logiske system svarende til første ordens prædikatslogik og lad $\mathcal{L}$ være et logisk system stærkere end $\mathcal{L}_1$, dvs. $\mathcal{L}_1 \leq \mathcal{L}$, som opfylder Löwenheim-Skolem-egenskaben – $LS(\mathcal{L})$ –

og kompakthedsegenskaben – $KOMP(\mathcal{L})$. Da er $\mathcal{L}$ og $\mathcal{L}_1$ logisk ækvivalente, dvs.

$$\mathcal{L} \equiv \mathcal{L}_1.$$

Mange filosoffer har fremhævet første ordens prædikatslogik som den *egentlige* logik. Stærkere logiske systemer vil, hævder mange, føre til ikkelogiske egenskaber, som altid vil være problematiske i grundlagssammenhænge. Lindströms sætning viser, at første ordens prædikatslogik faktisk har en særstatus. Man kan sige om egenskaberne *BOOLE*, *REL* og *RES*, at de er nødvendige, hvis en logik skal kunne udtrykke egenskaber ved strukturer af bestemte signaturer. Det er derfor rimeligt at forlange, at logiske systemer skal være regulære. Hvis et logisk system derudover også har Löwenheim-Skolem-egenskaben og kompakthedsegenskaben, så vil den være logisk ækvivalent med første ordens prædikatslogik. I denne forstand indtager første ordens prædikatslogik en særstatus. Alle andre regulære logikker vil have træk, som bryder væsentligt med Löwenheim-Skolem-egenskaben og kompakthedsegenskaben. Eksempelvis tilfredsstiller den fulde anden ordens logik ikke kompakthedsegenskaben. Det betyder blandt andet, at den konstruktion af ikke-standard modeller for *PA*, vi før introducerede, ikke kan gennemføres i anden ordens logik. Faktisk er *PA* kategorisk i anden ordens logik, hvilket vil sige, at alle modeller for Peano-aksiomerne i anden ordens udgave er isomorfe. Dette blev vist (for en lidt anden udgave af aksiomerne) af den tyske matematiker Richard Dedekind (1831-1916) i den berømte lille bog *Was sind und was sollen die Zahlen?* fra 1888.

Litteratur

[Bell & Machover 77].

Bartlett, Steven J. (red.). *Reflexivity—A Source-Book in Self-Reference*. North-Holland: Amsterdam, 1992.

Barwise, Jon og Etchemendy, John. *The Liar*. SCLI Publications, 1988.

Dedekind, R. *Was sind und was sollen die Zahlen?*. Brunswick: Vieweg, 1888. Oversat til engelsk af W. W. Beman, *The Nature and Meaning of Numbers* i Dedekind, R., *Essays on the Theory of Numbers*. Chicago: Open Court; genoptrykt New York: Dover Publications, 1963.

Erickson, Glenn W. og Fossa, John A. *Dictionary of Paradox*. University Press of America, 1998.

Etchemendy, Jon. *The Concept of Logical Consequence*. Cambridge: Cambridge University Press, 1990.

Finsler, Paul. "Formal Proofs and Undecidability", i van Heijenoort, Jan (red.). *From Frege to Gödel. A Source Book in Mathematical Logic, 1879-1931*. Harvard University Press, 1967.

Glymour, Clark. *Thinking Things Through*. MIT Press, 1992.

Gödel, Kurt. *Collected Works*, Vol. I., Solomon Feferman (red.). Oxford: Oxford University Press, 1986.

Hartnack, Justus. *Erkendelsens grundlag: paradokser indenfor logikkens og matematikkens filosofi*. C. A. Reitzel, 1993.

van Heijenoort, Jan (red.). *From Frege to Gödel. A Source Book in Mathematical Logic, 1879-1931*. Harvard University Press, 1967.

Hofstadter, Douglas R. *Gödel, Escher, Bach: An Eternal Golden Braid*. New York: Basic Books Inc. Publishers, 1979.

Kleene, Stephen Cole. *Introduction to Meta-mathematics*. North-Holland, Amsterdam, 1952.

Kripke, Saul. "Outline of a Theory of Truth," *Journal of Philosophy*, **LXXII**: 690-716, 1975.

(†) Lindström, Per. *Aspects of Incompleteness*. Springer Verlag, 1997.

Montague, Richard. *Formal Philosophy – Selected Papers of Richard Montague*, Richmond C. Thomason (red.). Yale University Press, 1974.

Nagel, Ernest og Newman, James R. *Gödel's Proof*. New York: New York University Press, 1958.

Priest, Graham. "The Structure of the Paradoxes of Self-reference", *Mind* **103**: 25-34, 1994

Quine, Willard v. O. *The Ways of Paradox and Other Essays*. Harvard University Press, 1966.

Quine, Willard v. O. "Paradox", *Scientific American* **20**: 84-96, 1962.

Ryle, Gilbert. "Heterologicality", *Analysis* **11**: 61-69, 1950.

(†) Smullyan, Raymond M. *Gödels Incompleteness Theorems*. Oxford: Oxford University Press, 1992.

Sainsbury, R. M. *Paradoxes*. Cambridge University Press, 1995.

Tarski, Alfred. *Logic, Semantics and Meta-mathematics.* Oxford: Oxford University Press, 1956.

(†) Troelstra, A. S. (red.). *Meta-mathematical Investigations of Intuitionistic Arithmetic and Analysis*, Lecture Notes in Mathematics, **344**. Springer Verlag, 1973.

Del II
Andre logikker

6 Aletisk logik

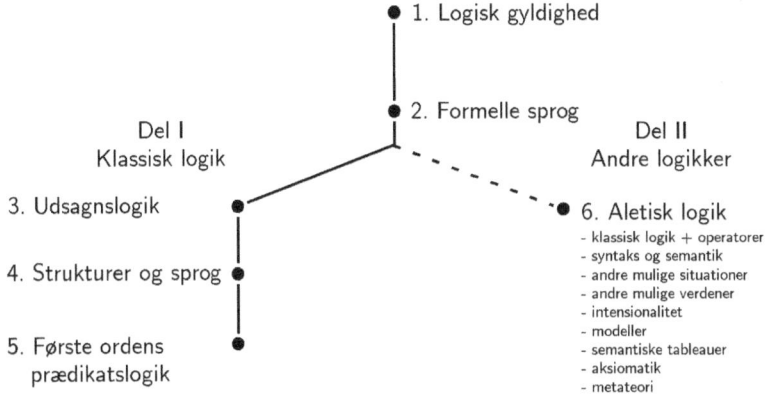

Mange udsagns sandhed og dermed mange argumenters gyldighed er baseret på andre situationer end den aktuelle situation og de sandhedstilskrivninger, man kan foretage dér. Dette kommer sig af, at vort naturlige sprog indeholder de *aletiske* begreber om "mulighed" og "nødvendighed", hvor andre mulige situationer skal overvejes for at fastlægge de udsagns sandhedsværdi, hvori mulighed og nødvendighed indgår. For at indfange dette udvides den klassiske logik med logiske konnektiver eller såkaldte *operatorer*, der udtrykker mulighed og nødvendighed. Dette giver den aletiske logik. I dette kapitel diskuteres den aletiske udsagnslogiks semantik, bevisteori og vigtige metateoretiske elementer. Afslutningsvis diskuteres nogle af de vanskeligheder, der knytter sig til kvantifikation og de aletiske operatorer.

Udsagn kan være sande på mange forskellige måder. De kan være nødvendigt sande, sande relativt til bestemte tidspunkter, sande overbevisninger for visse personer etc. Man siger, at udsagn kan have mange forskellige *modaliteter*. Modallogik er en paraplybetegnelse for de forskelligartede logikker, som beskæftiger sig med udsagns sandhed og argumenters gyldighed under forskellige modaliteter. Figur 6.1 nævner nogle af de klassiske modallogikker.

Modallogik

Aletisk logik   Temporal logik   Epistemisk logik   Deontisk logik   ...

Figur 6.1 Modallogik som paraplybetegnelse

I klassisk logik behøver vi ikke at konsultere andre mulige situationer end den aktuelle for at afgøre, om et udsagn er sandt eller falsk. Logikker, der udelukkende forholder sig til den aktuelle situation i tilskrivningen af sandhedsværdier, blev i kapitel 2 omtalt som ekstensionelle logikker. Intensionelle logikker er de logikker, hvori andre mulige situationer, tider, vidensmæssige alternativer etc. skal konsulteres for at afgøre udsagns sandhedsværdi. Det betyder, at sandhedstilskrivningen nu er indeksikal på andre omstændigheder end den aktuelle. Modallogikken bliver således en intensionel logik.

Fra kapitel 2 stiftede vi kort bekendtskab med følgende to udsagnstyper:

1. Det er muligt for intelligente væsener at eksistere andre steder i verdensrummet.

2. Mennesker vil nødvendigvis dø.

Hvis vi lader '$\Diamond$' stå for "Det er muligt at ...", mens vi lader '$\Box$' stå for "Det er nødvendigt at ...", kan vi gengive de to ovenfor nævnte udsagn som

$$\Diamond A \quad \text{og} \quad \Box B,$$

hvor

A: Intelligente væsener eksisterer andre steder i verdensrummet.

B: Mennesker vil dø.

$\Diamond$ og $\Box$ er også en slags logiske konnektiver, også kaldet *operatorer*, der virker på velformede formler.

Hvorledes skal disse to udsagns sandhedsværdi afgøres? I overensstemmelse med den klassiske logik kunne man forsøge sig med en sandhedstabel:

1   2

Hvis A er sand, er A også mulig; hvis B er falsk, så kan B ikke være nødvendig sand. På den anden side gælder det, at blot fordi A faktisk er falsk, så siger dette intet om, hvorvidt A er mulig; for nødvendighed gælder på samme vis, at hvis B er sand, så er det ikke tilstrækkeligt til at afgøre, om B er nødvendig sand. Således er tilskrivningen af sandhedsværdier til $\Diamond A$ og $\Box B$ underbestemt ud fra den aktuelle situation. Med andre ord, så er det påkrævet, at vi ved mere om henholdsvis A og B for at kunne afgøre deres sandhedsværdi.[1]

Betragt igen udsagn 1 og 2. Det kan godt være, at der ikke findes intelligente væsener andre steder i verdensrummet, men der er dog planeter og fjerne stjerner, som ligner Jorden så meget, at der uden problemer kunne leve mennesker der. Af ukendte grunde er der dog ikke opstået liv der. Hvis dette er rigtigt, kan vi hævde

at der ikke findes intelligent liv andre steder i verdensrummet, men samtidigt

at muligheden for intelligent liv er til stede.

Altså, at A er falsk, hvorimod $\Diamond A$ er sand. Dette antyder, at vi kan argumentere for sandheden af $\Diamond A$ i den aktuelle situation, hvis vi kan beskrive (forestille os, argumentere for) en mulig situation, hvor A er sand, selvom A er falsk i den aktuelle situation. Lad os betegne situationer med $w, v, u, \ldots$ Lad w være den aktuelle situation. De intuitive betragtninger ovenfor antyder følgende kriterium for sandheden af $\Diamond A$:

i. $\Diamond A$ *er sand i w, såfremt der findes en situation v, som er rimelig givet w, hvori A er sand.*

Tilsvarende kan vi for udsagn 2 sige, at hvis mennesker nødvendigvis vil dø, så er situationen sådan, at lever et menneske i en bestemt aktuel situation, så vil der komme en senere situation, hvor dette menneske vil dø. Der kan ikke findes en situation, hvor mennesket er udødeligt. Dette antyder følgende kriterium for sandheden af $\Box B$ i den aktuelle situation w:

ii. $\Box B$ *er sand i w, såfremt der for alle andre situationer v, som er rimelige givet w, gælder, at B er sand i v.*

Der består et dualt forhold mellem mulighed og nødvendighed. Thi hvis (i) ikke gælder, dvs. $\Diamond A$ er falsk i w, så må der for alle v, som er rimelige,

---

[1] Det forklarer også, hvorfor vi kalder udsagn, hvori der er forekomst af mulighed og nødvendighed, for *aletiske* udsagn, fra det græske *alétheia*, "sandhed". Mulighed og nødvendighed udtaler sig hver for sig om specifikke måder eller modaliteter, hvormed givne udsagn er sande eller falske.

givet w, gælde, at A er falsk i v. Men dette betyder netop, at for alle v, som er rimelige givet w, gælder, at $\neg A$ er sand i v. Altså ifølge (ii) gælder $\Box \neg A$. Dette giver følgende ækvivalens:

$$\neg \Diamond A \leftrightarrow \Box \neg A. \qquad (6.1)$$

Tilsvarende kan vi argumentere for

$$\neg \Box A \leftrightarrow \Diamond \neg A. \qquad (6.2)$$

Vi kalder (6.1) og (6.2) *reglerne for operatorskift* svarende til reglerne for kvantorskift (4.19) og (4.20) side 145.

Udskifter vi A med $\neg A$ i (6.1) og (6.2) får vi henholdsvis

$$\neg \Diamond \neg A \leftrightarrow \Box \neg \neg A$$

og

$$\neg \Box \neg A \leftrightarrow \Diamond \neg \neg A.$$

Men $\neg \neg A \leftrightarrow A$. Derfor gælder

$$\Box A \leftrightarrow \neg \Diamond \neg A \qquad (6.3)$$

og

$$\Diamond A \leftrightarrow \neg \Box \neg A. \qquad (6.4)$$

Vi kan også definere et yderligere konnektiv basereret på $\Box$-operatoren kombineret med den materielle implikation $\rightarrow$:

Det er nødvendigt, at A implicerer B

– skrives som $A \blacktriangleright B$. Der gælder

$$A \blacktriangleright B \leftrightarrow \Box(A \rightarrow B) \qquad (6.5)$$

hvor $A \blacktriangleright B$ betegnes den *strikte implikation*.

Givet (6.4) og (6.5) kan henholdsvis $\Diamond$ og $\blacktriangleright$ defineres som $\neg \Box \neg$ og $\Box (\ldots \rightarrow \ldots)$. I den syntaktiske og semantiske fremstilling umiddelbart nedenfor er de inkluderet eksplicit, men senere i dette kapitel vil vi gøre brug af deres definitoriske karakter i lyset af (6.4) og (6.5).

Opgaven består nu i at fastlægge syntaksen for det udsagnslogiske sprog, hvori de aletiske modaliteter optræder, dets semantik samt såvel semantiske som bevisteoretiske procedurer for undersøgelse af gyldighed.

6.1 Syntaks

Det formelle sprog for aletisk modallogik fremkommer af det udsagnslogiske sprog ved at tilføje konnektiverne ▶, □ og ◊. Dette sprog betegnes $\mathcal{L}(\Box, \Diamond, \blacktriangleright)$. Det defineres på samme måde som det udsagnslogiske sprog.

Definition 70
Mængden af velformede formler i $\mathcal{L}(\Box, \Diamond, \blacktriangleright)$ består af netop de symbolstrenge, som genereres af reglerne:

1. Hvis A er et propositionssymbol, så er A en velformet formel.

2. Hvis A er en velformet formel, så er $\neg A, \Box A, \Diamond A$ velformede formler.

3. Hvis A og B er velformede formler, så er $(A \wedge B), (A \vee B), (A \rightarrow B), (A \leftrightarrow B)$ og $(A \blacktriangleright B)$ velformede fomler.

6.2 Semantik

I kapitel 2 fik vi en semantik fastlagt for den klassiske udsagnslogik. Ydermere blev der givet et løfte om, at denne grundlæggende semantik ville kunne udvides til situationer og modeller, hvor ikke kun sandhedstilskrivninger til udsagn i den aktuelle situation ville kunne foretages. Det er også tilfældet, for generelt set blev sandhedstilskrivningen φ defineret som en funktion, der til en situation v og et vilkårligt atomisk udsagn **p** tildelte en sandhedsværdi

$$(v, \mathbf{p}) \longmapsto \varphi(v, \mathbf{p}) \in \{\top, \bot\}.$$

Herfra kunne den klassiske model uden videre fikseres som en sandhedstilskrivning φ i den aktuelle situation w for vilkårlige **p**;

$$(w, \mathbf{p}) \longmapsto \varphi(w, \mathbf{p}) \in \{\top, \bot\}.$$

Da w ikke varierer i den klassiske logik, kan vi igen helt udelade w, og φ tilskriver således blot sandhedsværdier til atomiske formler uden angivelse af situationer

$$\mathbf{p} \longmapsto \varphi(\mathbf{p}).$$

Denne definition 7 fra side 26 er så generel, at vi kan udvide den på passende vis til også at gælde semantikker, hvor andre mulige situationer skal overvejes, hvilket de aletiske operatorer som bekendt nu kræver.

I kriterierne (i) og (ii) for tilskrivning af sandhedsværdi til $\Diamond A$ og $\Box B$ kræves det, at v skal være *rimelig* for w. Der består altså en vis relation mellem w og v i den forstand, at de alternative situationer ikke kan være fuldstændig vilkårlige. Vi udtrykker dette ved at kræve, at der er en relation R mellem mulige situationer. Denne relation kaldes *tilgængelighedsrelationen*.

Lad nu $\mathcal{W}$ betegne mængden af alle mulige situationer. Lad v og u være elementer i $\mathcal{W}$. $R(v, u)$ læses som "situation u er tilgængelig fra v." Dette er det formelle udtryk for, at u er tilgængelig fra v. De intuitive krav til (i) og (ii) kan nu skrives mere formelt på følgende måde:

i'. $\Diamond A$ er sand i w, såfremt der findes en situation $v \in \mathcal{W}$, $R(w, v)$, og A er sand i v.

ii'. $\Box B$ er sand i w, såfremt der for alle andre situationer $v \in \mathcal{W}$ gælder, at hvis $R(w, v)$, så er B sand i v.

På dette grundlag kan vi nu definere en model for aletisk udsagnslogik som bestående af en mængde $\mathcal{W}$ af mulige situationer, en tilgængelighedsrelation R og en sandhedstilskrivning φ:

Definition 71
En model $\mathbb{M} = \langle \mathcal{W}, R, \varphi \rangle$ *består af:*

1. En ikke-tom mængde af mulige situationer $\mathcal{W}$.

2. Tilgængelighedsrelation R *på* $\mathcal{W}$.

3. En sandhedstilskrivning, φ, der tildeler sandhedsværdier til de atomiske udsagn i de forskellige situationer v fra $\mathcal{W}$:

$$(v, \mathbf{p}) \longmapsto \varphi(v, \mathbf{p}) \in \{\top, \bot\}.$$

Givet en model $\mathbb{M}$ defineres sandhedværdier til sammensatte udsagn på sædvanlig vis. Med

$$\mathbb{M} \models_v A$$

betegner vi, at udsagnet A er sandt i den mulige situation v. For vilkårlige udsagn i $\mathcal{L}(\Box, \Diamond, \blacktriangleright)$ defineres sandhed i en situation på følgende måde:

Definition 72
Lad v være en situation i en model $\mathbb{M} = \langle \mathcal{W}, R, \varphi \rangle$ *og lad A være en velformet formel fra* $\mathcal{L}(\Box, \Diamond, \blacktriangleright)$. *Sandhedsbetingelserne defineres herefter ved de følgende regler:*

1. Hvis A er et atomisk udsagn, så gælder $\mathbb{M} \models_v A$ *såfremt* $\varphi(v, A) = \top$.

2. $\mathbb{M} \models_v \neg A$, *hvis, og kun hvis,* $\mathbb{M} \not\models_v A$.

3. $\mathbb{M} \models_v A \wedge B$, *hvis, og kun hvis,* $\mathbb{M} \models_v A$ *og* $\models_v B$.

6.2 Semantik

4. $M \models_v A \vee B$, hvis, og kun hvis, $M \models_v A$ eller $M \models_v B$.

5. $M \models_v A \to B$, hvis, og kun hvis, $M \not\models_v A$ eller $M \models_v B$.

6. $M \models_v A \leftrightarrow B$, hvis, og kun hvis, $M \models_v A$ netop, når $M \models_v B$.

7. $M \models_v \Box A$, hvis, og kun hvis, for alle situationer $u \in \mathcal{W}$ således, at $R(v, u)$, så gælder $M \models_u A$.

8. $M \models_v \Diamond A$, hvis, og kun hvis, der findes en situation $u \in \mathcal{W}$, så $R(v, u)$ og $M \models_u A$.

9. $M \models_v A \blacktriangleright B$, hvis, og kun hvis, for alle situationer $u \in \mathcal{W}$ således, at $R(v, u)$, $M \not\models_u A$ eller $M \models_u B$.

Lad $M = \langle \mathcal{W}, R, \varphi \rangle$ være en model, strukturen $\mathcal{F} = \langle \mathcal{W}, R \rangle$ kaldes en *model-ramme* eller blot en *ramme*. En model består således af en ramme sammen med en tilskrivning af sandhedsværdier til atomiske udsagn i rammen. Modeller benævnes derfor også på denne måde

$$M = (\mathcal{F}, \varphi),$$

hvor $\mathcal{F}$ er en ramme og φ en sandhedstilskrivning i $\mathcal{F}$. Vi definerer logisk gyldighed i henholdsvis modeller og rammer.

Definition 73
Lad $M = \langle \mathcal{W}, R, \varphi \rangle$ være en model, $\mathcal{F} = \langle \mathcal{W}, R \rangle$ en ramme og $\mathcal{K}$ en klasse af rammer. Lad endvidere A være en velformet formel:

1. A er valid i modellen M, såfremt det for alle $v \in \mathcal{W}$ gælder $M \models_v A$, hvilket blot skrives

$$M \models A.$$

Hvis det for alle udsagn $B \in \Gamma$ gælder $M \models B$, siges M at være en model for Γ, hvilket skrives

$$M \models \Gamma.$$

2. A er valid i rammen $\mathcal{F} = \langle \mathcal{W}, R \rangle$, såfremt det for alle sandhedstilskrivninger $\varphi : \mathcal{W} \times \mathcal{L} \longrightarrow \{\top, \bot\}$ gælder, at A er sand i modellen $M = (\mathcal{F}, \varphi)$, dvs. $M \models A$. Dette skrives

$$\mathcal{F} \models A.$$

Hvis det for alle udsagn $B \in \Gamma$ gælder, at $\mathcal{F} \models B$, siges Γ at være sand i $\mathcal{F}$, hvilket skrives

$$\mathcal{F} \models \Gamma.$$

3. *A er valid i klassen $\mathcal{K}$ af rammer, såfremt det for alle rammer $\mathcal{F} \in \mathcal{K}$ gælder $\mathcal{F} \models A$, hvilket skrives*

$$\mathcal{K} \models A.$$

Hvis det for alle udsagn $B \in \Gamma$ gælder, at $\mathcal{K} \models B$, siges Γ at være sand i klassen $\mathcal{K}$, hvilket skrives

$$\mathcal{K} \models \Gamma.$$

I klassisk udsagnslogik indførte vi den semantiske følgerelation

$$\Gamma \models A$$

ved at kræve, at A altid ville være sand, når alle udsagnene i Γ var sande. I modallogik vil logisk sandhed – dvs. relationen $\models$ – være relativ til en klasse $\mathcal{K}$ af rammer. Vi indfører derfor logisk følge relativt til en klasse $\mathcal{K}$ af rammer.

Definition 74
Lad $\mathcal{K}$ være en klasse af rammer, Γ en mængde af udsagn fra $\mathcal{L}(\Box, \Diamond, \blacktriangleright)$ og A et udsagn fra $\mathcal{L}(\Box, \Diamond, \blacktriangleright)$. $\Gamma \models_\mathcal{K} A$ betyder, at A følger logisk fra Γ, og defineres ved

$$\Gamma \models_\mathcal{K} A, \text{ hvis, og kun hvis, } \mathcal{K} \models \Gamma \text{ medfører } \mathcal{K} \models A.$$

Når det er klart fra sammenhængen, hvilken klasse $\mathcal{K}$ af rammer der er tale om, undertrykker vi indekset $\mathcal{K}$ i $\models_\mathcal{K}$ og skriver $\Gamma \models A$ i stedet for $\Gamma \models_\mathcal{K} A$.

I det følgende vil det blive vist, at forskellige klassiske modallogikker kan karakteriseres ved bestemte klasser af rammer. Til dette formål indfører vi en formel definition af en *normal* modallogik.

Definition 75
Lad $\mathcal{K}$ være en klasse af rammer. Den normal modallogik

$$\mathrm{K}(\mathcal{K}) = \langle \mathcal{L}(\Box, \Diamond, \blacktriangleright), \models_\mathcal{K} \rangle$$

svarende til klassen $\mathcal{K}$ defineres som sproget $\mathcal{L}(\Box, \Diamond, \blacktriangleright)$ sammen med den logiske følgerelation $\models_\mathcal{K}$ relativt til $\mathcal{K}$. Mængden af de formler, der er logisk sande (valide) i $K(\mathcal{K})$, betegnes $L(\mathcal{K})$, i.e.

$$L(\mathcal{K}) = \{A \mid \mathcal{K} \models A\}.$$

Denne notation giver en systematisk måde at betegne logikker på. I et senere afsnit skal vi også indføre en notationsform, som er almindelig i litteraturen.

6.3 Mulig verdens semantik

Ofte vælger man i den aletiske logik at tale om *mulige verdener* i stedet for mulige situationer, og semantikken, vi lige har defineret, kaldes derfor *mulige verdens semantik*. Idéen om at introducere mulige verdener stammer oprindeligt fra matematikeren, filosoffen og logikeren G.W.F. Leibniz (1646-1716), der havde det standpunkt, at den verden, vi faktisk lever i, er den bedste af alle mulige verdener. Leibniz sondrede mellem på den ene side *faktuelle sandheder*, der kun holder i den verden, vi faktisk lever i, og på den anden side *rationelle sandheder*, der holder i alle verdener, som Gud kunne have skabt. Rationelle sandheder ligger således ikke langt fra en idé om nødvendig sandhed som sandhed i alle mulige verdener.

Sidenhen, og helt op til den dag i dag, har begrebet om andre mulige verdener givet anledning til en del filosofisk diskussion. Findes disse andre verdener som aktuelle eller parallelle verdener på linie med den aktuelle verden? Er disse verdener blot potentielle verdener, som fra tid til anden kan aktualiseres, når der er behov for det?

Logikeren og filosoffen David Lewis [Lewis 84] forsvarer en overordentlig ekstrem version af den realistiske opfattelse, hvor mulige verdener er konkrete totaliteter, entiteter lavet af det samme stof som den aktuelle verden og bestående af personer, planeter, sole, stjerner, julegæs og aspargeskartofler, hestekøretøjer, overlydsfly etc. Mange er af den opfattelse, at Lewis' superrealistiske idé om mulige verdener giver anledning til en ganske ekstravagant ontologi.

En mildere realisme, og for mange mere acceptabel udlægning af mulige verdener, finder man hos logikeren og filosoffen Saul Kripke [Kripke 72]. Udgangspunktet for Kripkes diskussion af de mulige verdener er imidlertid nærmere semantisk end metafysisk, selvom hans udlægning af mulige verdener i sidste instans har metafysiske konsekvenser. Kripke sondrer indledningsvis mellem følgende kategorier af sandheder, som han mener, mange filosoffer igennem tiden har sammenblandet:

1. *Analytiske a priori* henholdsvis *syntetiske a posteriori* sandheder.

2. *Nødvendige* henholdsvis *kontingente* sandheder.

Analytiske a priori sandheder er udsagn, hvis sandhed kan erkendes alene på baggrund af de i udsagnet indgående ords betydning og uden at konsultere erfaringen eller empirien. Syntetiske a posteriori domme er udsagn, hvis sandhed ikke kan erkendes uafhængigt af erfaringen. Pointen, som mange ifølge Kripke ikke har taget til efterretning, er den, at analytiske a priori domme eller syntetiske a posteriori domme er sandheder af en *epistemisk* karakter. Sagt på en anden måde, a priori og a posteriori er begreber, som tilhører den epistemiske kategori, der udtaler sig om måden, hvorpå vi erkender et givent udsagns sandhedsværdi. Over for dem står de sandheder, der er nødvendige eller kontingente. Hvis noget er falsk, så er det selvfølgelig ikke nødvendigt sandt. Hvis noget omvendt er sandt, så kan vi spørge, om det kunne have været anderledes? Er det muligt, at verden kunne have været på en anden måde end den reelt er? Hvis dette ikke er tilfældet, så er den kendsgerning, som det pågældende udsagn udtaler sig om, en nødvendig kendsgerning, mens hvis det er muligt, at verden kunne være anderledes, så er den kendsgerning, som udsagnet udtaler sig om, en kontingent kendsgerning. Med andre ord vedrører nødvendighed og mulighed måder, hvorpå verden er eller ikke er, kunne være eller ikke kunne være. De er ikke epistemiske begreber, men begreber, der tilhører den *metafysiske* kategori.

Når vi anvender begreberne mulighed og nødvendighed, så udtaler vi os om metafysik og ikke om erkendelsesteori eller blot semantik, hvorfor vi forpligter os ontologisk eller metafysisk, når vi anvender disse begreber. Når det vedrører den aletiske udsagnslogik, er denne metafysiske forpligtelse ikke en synderlig kompliceret antagelse. Men når det drejer sig om den første ordens kvantificerede aletiske logik, så giver præcis denne metafysiske forpligtelse anledning til vanskeligheder, som vi senere skal se nærmere på i afsnit 6.9. Det er også derfor, at vi har valgt gennemgående at tale om *situationer* fremfor mulige verdener, eftersom der ikke til situationer hører samme metafysiske eller ontologiske forpligtelse.

Fra et rent logisk synspunkt kan man således, et stykke af vejen, forholde sig ganske agnostisk til denne filosofiske debat. Hvis man vil, kan man sige, at mulige verdener blot er andre mulige tilstandsformer af den aktuelle verden, hvad den aktuelle verden så i øvrigt måtte være. Endnu svagere kan man også som logiker blot henholde sig til, at mulige verdener er konceptuelle konstruktioner, der er ganske anvendelige i formuleringen af semantikken for aletisk logik og andre intensionelle logikker som epistemisk logik, temporal logik etc. Med talen om situationer tilslutter vi os denne sidste mulighed.

Lad os se nærmere på tilgængelighedsrelationen R. Eftersom den aletiske logik i al væsentlighed udtaler sig om udsagns sandhedsværdier i andre mulige verdener, må det være her, at den for alvor spiller en rolle. Der kan gælde en lang række forskelligartede relationer mellem objekter i et givent domæne afhængig af domænets karakter. Når objekterne i domænet nu er mulige verdener, så er følgende relation oplagt:

Enhver mulig verden v er tilgængelig for sig selv,

hvilket kan skrives som

$$\forall v R(v, v) \qquad \text{(Refleksiv)}$$

og som beløber sig til den *refleksive* tilgængelighedsrelation (figur 6.2).

6.3 Mulig verdens semantik

Figur 6.2 Den refleksive tilgængelighedsrelation på en mulig verden.

En anden relation, som man med rimelighed kan antage, men dog ikke nødvendigsvis bør antage, er, at

Hvis en mulig verden u er tilgængelig fra v, så er v også tilgængelig fra u,

hvilket kan skrives som

$$\forall v \forall u [R(v,u) \rightarrow R(u,v)]. \qquad \text{(Symmetri)}$$

Hvis en sådan relation består mellem de arbitrære mulige verdener v og u, så har vi den *symmetriske* tilgængelighedsrelation (figur 6.3).

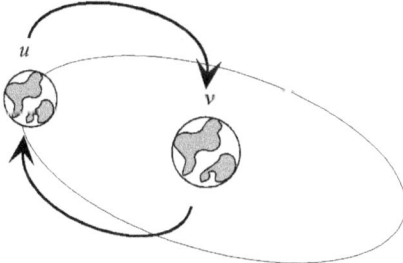

Figur 6.3 Den symmetriske tilgængelighedsrelation mellem mulige verdener.

Man kunne også antage følgende relation mellem tre mulige verdener:

Hvis en mulig verden u er tilgængelig fra v, og s er tilgængelig fra u, så er s også tilgængelig fra v,

hvilket også formelt kan skrives som

$$\forall v \forall u \forall s [(R(v,u) \land R(u,s)) \rightarrow R(v,s)]. \qquad \text{(Transitiv)}$$

En sådan relation mellem de mulige verdener v, u og s er den *transitive* tilgængelighedsrelation (figur 6.4).

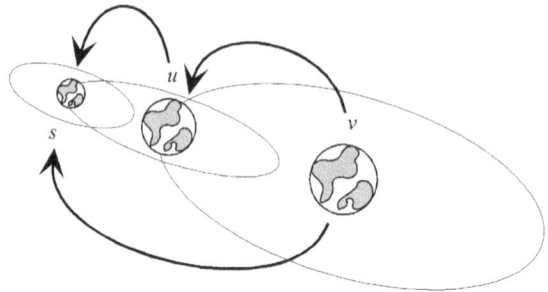

Figur 6.4 Den transitive tilgængelighedsrelation mellem mulige verdener.

Der findes et utal af andre relationer mellem mulige verdener, som man med rimelighed kunne argumentere for. For eksempel kunne man sige, at relationen R skulle være *forbundet* på en sådan måde, at

$$\forall v \forall u[(v \neq u) \rightarrow (R(v,u) \vee R(u,v))].$$ (Forbundet)

Ofte antages forbundethed i forbindelse med visse modeller for tid (se ydermere kapitel 7). Derudover kunne man også argumentere for, at relationen skulle være *universel* forstået på den måde, at

$$\forall v \forall u[R(v,u)].$$ (Universel)

Det vil med andre ord betyde, at man fra enhver mulig verden v har adgang til alle mulige andre verdener u.

Afslutningsvis kunne man antage, at relationen er *euklidisk*, forstået som at

$$\forall v \forall u \forall s[(R(v,u) \wedge R(v,s)) \rightarrow R(u,s)],$$ (Euklidisk)

eller eksempelvis *seriel*

$$\forall v \exists u[R(v,u)].$$ (Seriel)

Hvorfor er alle disse relationer mellem mulige verdener overhovedet interessante? De er interessante, fordi de egenskaber af de ovenfor nævnte, der nedarves i tilgængelighedsrelationen R, betinger, hvad der er logisk gyldigt, når det kommer til argumenter, hvori der indgår udsagn styret af de aletiske modaliteter mulighed og nødvendighed.

6.4 Modale tableauer

I de følgende afsnit vil vi antage, medmindre andet angives, at tilgængelighedsrelationen R i de modeller, vi betragter, altid er refleksiv. Det betyder, at alle mulige verdener altid er tilgængelige for sig selv.

6.4 Modale tableauer

Lad os indledningsvis undersøge, under hvilke omstændigheder forskellige konkrete velformede formler vil være sande i en given model. Det kan vi gøre ved at forsøge at falsificere udsagnene.

Betragt udsagnet $\Box A \to A$, hvor A er en vilkårlig formel. Ifølge definition 72 vil dette udsagn være falsk i en mulig verden v, såfremt $\Box A$ er sand i v og A falsk i v. Men $\Box A$ sand i v, kræver, at A er sand i alle mulige verdener u, hvor $R(v, u)$. Nu er R imidlertid refleksiv. Derfor må A være sand i v. Men det strider imod, at A skal være falsk i v. Derfor en modstrid. $\Box A \to A$ kan ikke falsificeres i nogen model, hvor R er refleksiv. $\Box A \to A$ er sand i klassen af alle refleksive rammer. Dette argument er gengivet i følgende figur:

$$v: \quad \Box \quad A \quad \to \quad A$$
$$ \quad \top \quad \underline{\top} \quad \bot \quad \underline{\bot}$$

Betragt nu udsagnet $A \to \Box \Diamond A$, hvor A er en vilkårlig formel. Vi prøver at falsificere det. Dvs. vi antager, at der er en mulig verden v, hvori det er falsk. Det skriver vi sådan:

$$v: \quad A \quad \to \quad \Box \quad \Diamond \quad A$$
$$ \bot$$

Men det kræver, at A skal være sand i v og $\Box \Diamond A$ falsk i v. Derfor skriver vi:

$$v: \quad A \quad \to \quad \Box \quad \Diamond \quad A$$
$$ \quad \top \quad \bot \quad \bot$$

Hvis $\Box \Diamond A$ skal være falsk i v, så må der findes en mulig verden u, som er tilgængelig fra v, dvs. så $R(v, u)$, hvori $\Diamond A$ er falsk. Det skrives således

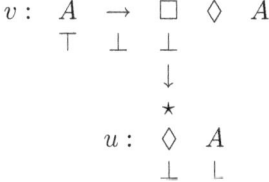

Vi har sat en stjerne $\star$ over $\Diamond A$ for at fremhæve, at hvis $\Diamond A$ skal være falsk i u, så skal A være falsk i alle mulige verdener, som er tilgængelige fra u, dvs. alle s, hvor $R(u, s)$. Da vi har antaget, at R er refleksiv, kan vi slutte, at A skal være falsk i u. Derfor skriver vi

$$v: \quad A \quad \to \quad \Box \quad \Diamond \quad A$$
$$ \quad \top \quad \bot \quad \bot$$
$$ \downarrow$$
$$ \star$$
$$u: \quad \Diamond \quad A$$
$$ \quad \bot \quad \bot$$

Pilen ↓ angiver, at $R(v,u)$ gælder.

Udsagnet kan nu ikke analyseres yderligere. Det betyder, at vi har en model med to forskellige mulige verdener, $\mathcal{W} = \{v,u\}$ samt en refleksiv tilgængelighedsrelation R, hvor der gælder $R(v,u)$, idet sandhedstilskrivningen φ er som angivet i diagrammet:

$$\begin{array}{c|c} \varphi & A \\ \hline v & \top \\ u & \bot \end{array}$$

Udsagnet $A \to \Box\Diamond A$ kan således falsificeres i en model, hvor vi kun kræver af R, at den er refleksiv. Kræver vi imidlertid yderligere, at R er symmetrisk, så vil $R(u,v)$ også gælde. Men da $\Diamond A$ er falsk i u, så skal A være falsk i alle verdener, som er tilgængelige fra u (dette krav har vi angivet med ⋆ i figuren ovenfor), dvs. i v. Men vi har allerede krævet, at A er sand i v. Derfor en modstrid, hvilket angives i figuren nedenfor.

$$\begin{array}{c} v: \quad A \quad \to \quad \Box \quad \Diamond \quad A \\ \top \quad \quad \bot \quad \bot \quad \quad \bot \\ \updownarrow \\ \star \\ u: \quad \Diamond \quad A \\ \bot \quad \bot \end{array}$$

Dobbeltpilen ↕ angiver, at både $R(v,u)$ og $R(u,v)$ gælder. $A \to \Box\Diamond A$ er således sand i klassen af alle rammer, som er både refleksive og symmetriske.

Betragt nu udsagnet $\Box A \to \Box\Box A$. Et forsøg på at falsificere det giver anledning til følgende figur:

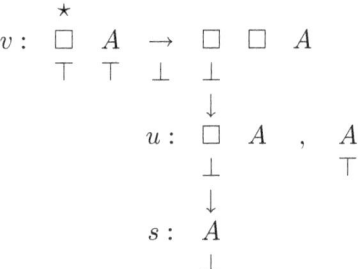

Hvis der nævnes flere udsagn i en mulig verden (som i u ovenfor), adskilles de med ','-er. Denne figur udtømmer analysemulighederne. Vi har derfor fundet en falsificerende model, hvor $\mathcal{W} = \{v,u,s\}$ og R – foruden at være

6.4 Modale tableauer 281

refleksiv – opfylder $R(v,u)$ og $R(u,s)$. Sandhedstilskrivningen er som følger

$$\begin{array}{c|c} \varphi & A \\ \hline v & \top \\ u & \top \\ s & \bot \end{array}$$

Hvis vi imidlertid kræver, at R er transitiv, får vi $R(v,s)$, idet både $R(v,u)$ og $R(u,s)$ gælder. Dette illustreres ved at indsætte en $\downarrow$ som i følgende figur

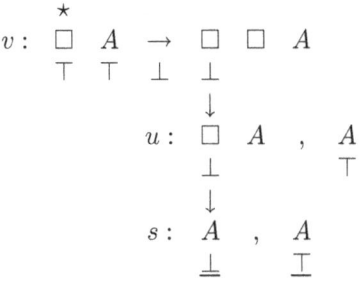

Da s nu er tilgængelig for v, skal A være sand i s (jfr. $\star$ over $\Box A$ i v). Derfor er der tilføjet et sandt A i sidste linie. Men dette giver en modstrid. Udsagnet $\Box A \rightarrow \Box\Box A$ kan ikke falsificeres i en model, hvor R er transitiv. Det er således sandt i klassen af alle rammer, som er både refleksive og transitive.

Som et sidste eksempel, betragt udsagnet $\Diamond A \rightarrow \Box\Diamond A$, hvor A er atomisk. Et forsøg på at falsificere dette udsagn giver figuren

$$\begin{array}{rccccc}
v: & \Diamond & A & \rightarrow & \Box & \Diamond & A \\
 & \top & & & \bot & \bot \\
 & \swarrow & & & & \downarrow \\
 & & & & & \star \\
s: & A & & u: & \Diamond & A \\
 & \top & & & \bot & \bot
\end{array}$$

hvilket giver en falsificerende model

$$\mathcal{W} = \{v, u, s\},$$

hvor

$$\begin{array}{c|c} \varphi & A \\ \hline v & \bot \\ u & \bot \\ s & \top \end{array}$$

Hvis R imidlertid er både refleksiv, symmetrisk og transitiv får vi en kontradiktion. Thi i dette tilfælde kan figuren udvides til:

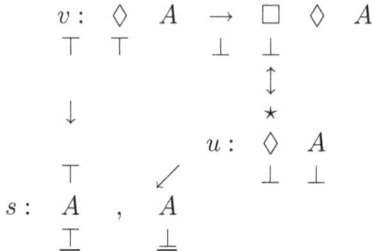

Udsagnet $\Diamond A \to \Box \Diamond A$ er således sandt i klassen af rammer, hvor R er en ækvivalensrelation.

De forskellige eksempler viser, hvordan et semantisk tableau skal konstrueres, når der indgår udsagn, som indeholder de aletiske modaliteter $\Diamond$ og $\Box$. På side 52ff blev det demonstreret, hvorledes sandhedstabeller og træstrukturer kunne kombineres til en slags forgreningsregler. Eksempelvis gjaldt der for implikationen følgende forgreningsforhold med hensyn til, hvornår implikationen er sand henholdsvis falsk:

Sådanne forgreningsregler kan også formuleres for de to aletiske modaliteter. Der er to regler for hver aletisk konnektiv; én der gør udsagnet sandt med det givne konnektiv som hovedkonnektiv, og én der gør udsagnet falsk. Reglerne for $\Box$ er:

$$(\top\Box) \qquad v: \overset{\star}{\underset{\top}{\Box \ A}}$$

Dette betyder, at A skal være sand i alle mulige verdener, som er tilgængelige fra v.

$$(\bot\Box) \qquad \begin{array}{c} v: \ \Box \ A \\ \bot \\ \downarrow \\ u: \ A \\ \bot \end{array}$$

6.4 Modale tableauer

Der indføres en ny mulig verden u, hvor $R(v,u)$.

Reglerne for $\Diamond$ er følgende:

$$(\top\Diamond) \quad \begin{array}{rl} v: & \Diamond \quad A \\ & \top \\ & \downarrow \\ w: & A \\ & \top \end{array}$$

Der indføres en ny mulig verden u, hvor $R(v,u)$.

$$(\bot\Diamond) \quad \begin{array}{rl} & \star \\ v: & \Diamond \quad A \\ & \bot \end{array}$$

Dette betyder, at A skal være falsk i alle mulige verdener, som er tilgængelige fra v.

På samme måde som i den klassiske udsagnslogik er der to regler for hvert konnektiv. Men i den klassiske udsagnslogik konstruerer man semantiske tableauer, som udelukkende vedrører én mulig verden (eller situation). I modallogikken er det som bekendt nødvendigt at betragte flere mulige verdener. Reglerne for $(\bot\Box)$ og $(\top\Diamond)$ kræver, at der introduceres en ny mulig verden, og reglerne $(\top\Box)$ og $(\bot\Diamond)$ kræver, at udsagnet A fordeles ud på de tilgængelige mulige verdener som henholdsvis sand og falsk. Et modallogisk tableau har derfor forgreninger, som både skyldes udsagnslogiske forgreninger og indførelsen af nye verdener. Det er derfor nødvendigt med et vist bogholderi, når man konstruerer tableauer. Vi skal diskutere en metode til at holde styr på konstruktionerne.

Antag, at vi skal konstruere et semantisk tableau for et modallogisk udsagn A. Det betyder, at vi skal finde en model $\mathbb{M}$ og en verden v fra denne model, hvor $\mathbb{M} \models_v A$. Denne første verden v betegner vi 0. Den første nye verden tilgængelig fra 0, som vi indfører, betegner vi 00. Den næste betegnes 01, den næste 02 etc. Hvis der således i alt blev indført n nye mulige verdener ud fra 0, ville de have betegnelserne

$$00, 01, 02, 03, \ldots, 0(n-1)$$

hvilket svarer til følgende struktur:

$$\begin{array}{c} 0 \\ \downarrow \\ 00 \quad 01 \quad 02 \quad 03 \quad \ldots \quad 0(n-1) \end{array}$$

Hvis vi eksempelvis skal indføre en første ny mulig verden ud fra 02, så betegnes den 020. Den næste betegnes 021, derefter 022, etc. Dette giver strukturen:

$$0$$
$$\downarrow$$
$$00 \quad 01 \quad 02 \quad 03 \quad \ldots \quad 0(n-1)$$
$$\downarrow$$
$$020 \quad 021 \quad 022 \quad \ldots$$

Med denne indeksering kan vi betragte forgreningsreglerne for de logiske konnektiver og herefter de aletiske modaliteter i udsagnslogikken. Alle de klassiske forgreningsregler for de logiske konnektiver gælder for de non-modale udsagn blot præfikset et verdensindeks: Eksempelvis kan ↔-reglen gengives ved

$$\alpha : A \leftrightarrow B \quad \checkmark$$
$$\diagdown$$
$$\alpha : A, B \quad \alpha : \neg A, \neg B$$

hvor α er en endelig følge af naturlige tal startende med 0. Tilsvarende for de øvrige konnektiver.

Lad os først betragte $\Box$-reglen:

$\Box$-regel

$$\alpha : \overset{\star}{\Box} A \quad \checkmark$$

$\Box$-reglen kræver, at A skal tilføjes alle verdener, som er tilgængelige fra α. Herefter formulerer vi reglen for $\neg \Box$ på følgende måde:

$\neg\Box$-regel

$$\alpha : \neg \Box A \quad \checkmark$$
$$\downarrow$$
$$\alpha k : \neg A$$

hvor k er det mindste tal, som endnu ikke er indført ud fra α. Pilen angiver, at $R(\alpha, \alpha k)$. Hvis R opfylder specielle relationer, indsættes pile i diagrammet, så disse relationer er opfyldte.

Vi formulerer reglen for $\Diamond$ på følgende måde:

$\Diamond$-regel

$$\alpha : \Diamond A \quad \checkmark$$
$$\downarrow$$
$$\alpha k : A$$

hvor k igen er det mindste tal, som endnu ikke er indført ud fra α.
For $\neg\Diamond$ gælder slutteligt reglen:

$$\neg\Diamond\text{-regel}$$

$$\alpha : \neg\overset{\star}{\Diamond} A \quad \checkmark$$

Reglen kræver, at $\neg A$ tilføjes til alle verdener, som er tilgængelige fra α.

Disse regler gælder for alle normal modallogikker. De forskellige modallogikker eller modallogiske *systemer* adskiller sig fra hverandre ved de krav, der stilles til tilgængelighedsrelationen.

6.5 Eksempler

Vi betragter først

$$\models \Box(A \to B) \to (\Box A \to \Box B) \qquad (6.6)$$

og viser, at (6.6) ikke kan falsificeres i *nogen* model:

$$0: \quad \neg[\Box(A \to B) \to (\Box A \to \Box B)]$$
$$|$$
$$0: \quad \overset{\star}{\Box}(A \to B), \neg(\Box A \to \Box B)$$
$$|$$
$$0: \quad \overset{\star}{\Box}(A \to B), \overset{\star}{\Box} A, \qquad \neg\Box B$$
$$\downarrow$$
$$00: A \to B, A, \quad \neg B$$
$$\diagup \qquad \diagdown$$
$$00: \neg\underline{A}, \underline{A}, B \qquad 00: \underline{B}, A, \neg\underline{B}$$

Der stilles kun krav om, at $\mathcal{W} \neq \emptyset$ og $R \neq \emptyset$.

Hernæst betragter vi

$$\models \Box A \to A \qquad (6.7)$$

og viser, at (6.7) ikke kan falsificeres i *refleksive* rammer:

$$0: \quad \neg \quad (\Box A \to A)$$
$$|$$
$$0: \quad \overset{\star}{\Box} \quad A, \neg\underline{A}, \underline{A}$$

A tilføjes i sidste linie, fordi $R(0,0)$ og $\overset{\star}{\Box} A$ er i linien.

Vi demonstrerer nu, at

$$\models A \to \Box\Diamond A \qquad (6.8)$$

ikke kan falsificeres i *symmetriske* rammer:

$$0: \quad \neg \quad (A \to \Box\Diamond A)$$
$$|$$
$$(a) \quad 0: \quad \underline{A}, \quad \neg\Box\Diamond A, \quad \neg\underline{A}$$
$$\updownarrow$$
$$00: \quad \neg\overset{\star}{\Diamond} A$$

$\neg A$ tilføjes i linie (a) på grund af $\neg\overset{\star}{\Diamond} A$. Pilen er en dobbeltpil, fordi R er symmetrisk.

Vi betrager herefter

$$\models \Box A \to \Box\Box A \qquad (6.9)$$

og viser, at (6.9) ikke kan falsificeres i *transitive* rammer.

$$0: \quad \neg \quad (\Box A \to \Box\Box A)$$
$$|$$
$$0: \quad \overset{\star}{\Box} A, \quad \neg\Box\Box A$$
$$\downarrow$$
$$00: A, \quad \neg \Box A$$
$$\downarrow$$
$$000: \quad \underline{A}, \neg\underline{A}$$

Givet transitiviteten af R er 000 tilgængelig fra 0.

Det demonstreres nu, at

$$\models \Box A \to \Diamond A \qquad (6.10)$$

ikke kan falsificeres i *serielle* rammer:

$$0: \quad \neg \quad (\Box A \to \Diamond A)$$
$$|$$
$$0: \quad \overset{\star}{\Box} A, \quad \neg\overset{\star}{\Diamond} A$$
$$\downarrow$$
$$00: \quad \underline{A}, \neg\underline{A}$$

Den mulige verden 00 findes, fordi R er seriel. A og $\neg A$ skal begge være med i 00 på grund af $\overset{\star}{\Box} A$ og $\neg\overset{\star}{\Diamond} A$.

Afslutningsvis kan

$$\models \Diamond A \to \Box\Diamond A \qquad (6.11)$$

ikke falsificeres i *euklidiske* rammer:

$$0: \quad \neg \quad (\Diamond A \to \Box\Diamond A)$$
$$|$$
$$0: \quad \Diamond A, \quad \neg\Box\Diamond A$$
$$\downarrow \qquad\qquad \downarrow$$
$$00: \quad \underline{A}, \neg\underline{A} \quad \leftrightarrow \quad 01: \neg\overset{\star}{\Diamond} A$$

Pilen mellem 0 og 01 skyldes, at R er euklidisk. $\neg A$ placeres i 00 på grund af $\neg \overset{\star}{\Diamond} A$ i 01.

Opgaver

Undersøg ved konstruktion af modal-semantiske tableauer, om følgerne givet nedenfor er gyldige:

1. $\Diamond p \models \Diamond(\neg p \to q)$.

2. $\Diamond \Box \neg p \models \neg p$.

3. $\Diamond p \wedge \Diamond q \models \Diamond(p \wedge q)$.

4. $\Box(p \vee q) \models \Box p \vee \Box q$.

5. $\models \Diamond \Diamond p \blacktriangleright \Diamond p$.

6. $\models \Diamond(p \wedge q) \blacktriangleright \Diamond p$

7. $\models (p \blacktriangleright q) \blacktriangleright (\neg \Diamond q \blacktriangleright \neg \Diamond p)$.

8. $\models (p \blacktriangleright q) \blacktriangleright (p \to q)$.

9. $\models (p \blacktriangleright q) \blacktriangleright (\Box p \blacktriangleright q)$.

10. $\models \Box p \blacktriangleright \Box \Box p$.

6.6 Nogle vigtige modallogikker

Det blev vist i sidste afsnit, at $\Box(A \to B) \to (\Box A \to \Box B)$ gælder i alle rammer. Tilsvarende vil alle udsagnslogiske tautologier være sande i alle rammer. Dette betyder, at kan et udsagn fra $\mathcal{L}(\Box, \Diamond, \blacktriangleright)$ vises udelukkende ved anvendelse af klassiske udsagnslogiske metoder, så vil det være sandt i enhver normal modallogik $\mathrm{K}(\mathcal{K})$. Enhver modallogik, $\mathrm{K}(\mathcal{K})$, respekterer slutningsreglerne for klassisk udsagnslogik. Endvidere vil enhver normal modallogik respektere nødvendighedsreglen (N), som i semantisk form siger, at hvis et udsagn A er sandt i en klasse, $\mathcal{K}$, af rammer, så er $\Box A$ også sandt i denne klasse:

$$\frac{\mathcal{K} \models A}{\mathcal{K} \models \Box A} \tag{N}$$

Vi indfører nu nogle centrale modalsystemer, som vil blive diskuteret lidt mere udførligt. Til dette formål definerer vi en række klasser af rammer:

D : $\mathcal{D}$ betegner klassen af alle serielle rammer.

T : $\mathcal{T}$ betegner klassen af alle refleksive rammer.

B : $\mathcal{B}$ betegner klassen af alle refleksive og symmetriske rammer.

S4 : $\mathcal{S}4$ betegner klassen af alle refleksive og transitive rammer.

S5 : $\mathcal{S}5$ betegner klassen af alle refleksive, symmetriske og transitive rammer.

Definition 76
Vi kan herfra definere nogle klassiske modallogikker eller modallogiske systemer, der anvendes i mange forskelligartede intensionelle logikker.
Nogle klassiske modallogikker:

K *betegner logikken* $K(\mathcal{U})$, *hvor* $\mathcal{U}$ *er klassen af alle rammer.*

D *betegner logikken* $K(\mathcal{D})$.

T *betegner logikken* $K(\mathcal{T})$.

B *betegner logikken* $K(\mathcal{B})$.

S4 *betegner logikken* $K(\mathcal{S}4)$.

S5 *betegner logikken* $K(\mathcal{S}5)$.

Det indses let, at der gælder følgende inklusioner mellem de indførte klasser af rammer:

$$\mathbf{S5} \subset \left\{ \begin{array}{c} \mathbf{B} \\ \mathbf{S4} \end{array} \right\} \subset \mathbf{T} \subset \mathbf{D} \subset \mathbf{K}$$

Det betyder for de forskellige logikker, at **S5** bliver den stærkeste i den forstand, at der vil være udsagn, som er logisk valide i **S5**, men ikke i de øvrige logikker. Det skyldes naturligvis, at klassen $\mathcal{S}5$ er mindre omfattende end de øvrige klasser. Styrkeforholdet mellem logikkerne fremgår af følgende tabel 6.1.

Der eksisterer en nær sammenhæng mellem kravene til tilgængelighedsrelationen R og bestemte udsagn fra $\mathcal{L}(\Box, \Diamond, \blacktriangleright)$, hvilket fremgår af den følgende sætning:

Sætning 6.1
Lad $\mathcal{F} = (\mathcal{W}, R)$ *være en vilkårlig ramme. Der gælder da:*

(i) $\mathcal{F} \models \Box A \to \Diamond A$, *hvis, og kun hvis, R er seriel, i.e.*

$$\forall v \exists u R(v, u).$$

6.6 Nogle vigtige modallogikker

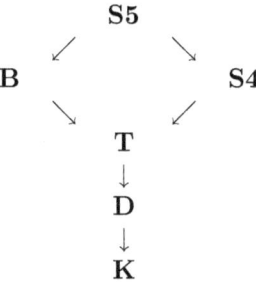

Tabel 6.1 Styrkeforholdet mellem de modallogiske systemer **K, D, T, B, S4, S5**

(ii) $\mathcal{F} \models \Box A \to A$, *hvis, og kun hvis, R er refleksiv, i.e.*

$$\forall v R(v, v).$$

(iii) $\mathcal{F} \models A \to \Box \Diamond A$, *hvis, og kun hvis, R er symmetrisk, i.e.*

$$\forall v \forall u (R(v, u) \to R(u, v)).$$

(iv) $\mathcal{F} \models \Box A \to \Box\Box A$, *hvis, og kun hvis, R er transitiv, i.e.*

$$\forall v \forall u \forall w (R(v, u) \land R(u, w) \to R(v, w)).$$

(v) $\mathcal{F} \models \Diamond A \to \Box \Diamond A$, *hvis, og kun hvis, R er euklidisk, i.e.*

$$\forall v \forall u \forall w (R(v, u) \land R(v, w) \to R(u, w)).$$

Bevis
Eksemplerne i forrige afsnit viser hvis-delen af sætningen, idet de viser, at formlerne i (i) til (v) ikke kan falsificeres i $\mathcal{F}$, når R opfylder de respektive krav. Vi skal derfor vise, at tilfredsstiller en ramme $\mathcal{F} = (\mathcal{W}, R)$ en af formlerne i (i) til (v), så opfylder R den tilsvarende egenskab.
 (i) Antag, at $\mathcal{F} \models \Box A \to \Diamond A$. Det betyder, at for alle modeller $\mathbb{M} = (\mathcal{F}, \varphi)$ og alle verdener $v \in \mathcal{W}$ gælder

$$\mathbb{M} \models_v \Box A \to \Diamond A.$$

Lad nu A være et atomisk udsagn og lad φ være en sandhedstilskrivning, hvor

$$\varphi(u, A) = \top$$

for alle u, hvor $R(v, u)$. Dette medfører, at

$$\mathbb{M} \models_v \Box A$$

og derfor
$$\mathbb{M} \models_v \Diamond A,$$

idet $\mathbb{M} \models_v \Box A \to \Diamond A$. Men det betyder, at der findes et u, så $R(v,u)$ og $\mathbb{M} \models_u A$. Altså gælder $\exists u R(v,u)$ for alle v, hvilket vil sige $\forall v \exists u R(v,u)$.

(v) Antag nu, at $\mathcal{F} \models \Diamond A \to \Box \Diamond A$, og lad A være et atomisk udsagn. Det betyder, at for alle modeller $\mathbb{M} = (\mathcal{F}, \varphi)$ og alle verdener $v \in \mathcal{W}$ gælder

$$\mathbb{M} \models_v \Diamond A \to \Box \Diamond A.$$

Antag yderligere, at u og s er to andre verdener i $\mathcal{W}$, at $R(v,u)$ og $R(v,s)$ gælder, og at $\varphi(s,A) = \top$, men $\varphi(t,A) = \bot$ for alle andre t i $\mathcal{W}$. Da $\varphi(s,A) = \top$ og $R(v,s)$ gælder

$$\mathbb{M} \models_v \Diamond A,$$

og derfor også
$$\mathbb{M} \models_v \Box \Diamond A.$$

Da $R(v,u)$ gælder også $\mathbb{M} \models_u \Diamond A$. Der må derfor findes en mulig verden t, hvor $R(u,t)$ og $\varphi(t,A) = \top$. Men ifølge definitionen af φ er s den eneste verden, hvor $\varphi(s,A) = \top$. Altså $R(u,s)$.

De manglende tilfælde, (ii) - (iv), vises på tilsvarende måde. □

Givet sætning 6.1 kan de forskellige modallogiske systemer karakteriseres ved visse udsagn. Det forholder sig sådan, at der mellem **S5** og **K** findes et utal af logiske systemer ud over **D, T, B** og **S4**. Faktisk svarer $\Diamond(p \land q)$ ▶ $\Diamond p$ fra **opgave 6** ovenfor til det karakteristiske udsagn for systemet **S2**, mens $(p$ ▶ $q)$ ▶ $(\neg \Diamond q$ ▶ $\neg \Diamond p)$ svarer til det karakteristiske udsagn for systemet **S3**. Derudover har systemet **S1** følgende karakteristiske udsagn: $[p \land (p$ ▶ $q)]$ ▶ q. Det giver anledning til, at vi kan tilføje flere systemer til tabel 6.1, der afbilder styrkeforholdet de forskellige systemer imellem. Og der er flere endnu ... [2]

Den tætte sammenhæng mellem udsagn fra $\mathcal{L}(\Box, \Diamond, ▶)$ og simple egenskaber ved R er imidlertid ikke så universel, som sætning 6.1 kunne antyde. To eksempler på dette er udsagnene:

W $\Box(\Box A \to A) \to \Box A$.

M $\Box \Diamond A \to \Diamond \Box A$.

W vil være valid i en ramme $\mathcal{F} = (\mathcal{W}, R)$, hvis, og kun hvis, R er transitiv, og der ikke findes nogen uendelig følge

$$v_0, v_1, \ldots, v_n, \ldots$$

---
[2] Det seneste tal er omkring 150 kendte modalsystemer.

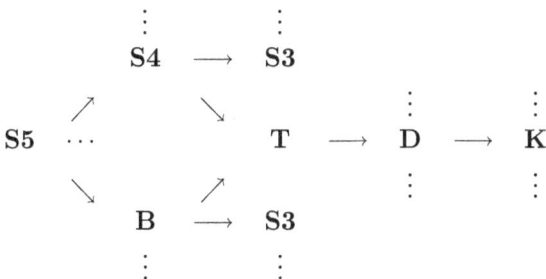

Tabel 6.2 Flere modallogiske systemer og flere styrkeforhold mellem **K, T, B, S4, S5.**

hvor $R(v_i, v_{j+1})$ for alle $i \geq 0$. Denne egenskab ved R kan kun defineres ved en uendelig mængde af første ordens formler. Klassen af rammer, som validerer **M**, kan ikke defineres ved nogen mængde af første ordensformler. Beviserne for disse påstande er vanskelige, hvorfor de ikke gives her.[3]

De forskellige modallogiske systemer og de egenskaber, der er nedarvet i den tilhørende tilgængelighedsrelation, er opsummeret i tabel 6.3.

6.7 Bevisteori for modallogik

Der findes både sekventkalkuler og naturlige deduktionssystemer for visse modallogikker. Reglerne for disse systemer er specifikke for de forskellige logikker og ofte ret besværlige at anvende. Det er således mere hensigtsmæssigt at karakterisere de forskellige modallogiske systemer ved hjælp af karakteristiske aksiomer inden for en Hilbert-stil formalisering.

En Hilbert-stil aksiomatisering af den klassiske udsagnslogik findes på side 108. Denne formalisering er baseret på aksiomsskemaerne $A_1, A_2, \ldots, A_{10}$ sammen med slutningsreglen MP. En Hilbert-stil aksiomatisering af en modallogik fremkommer ved at udskifte $\mathcal{L}$ med $\mathcal{L}(\Box, \Diamond, \blacktriangleright)$, fastholde aksiomerne $A_1, A_2, \ldots, A_{10}$ og reglen MP samt tilføje yderligere aksiomer og regler. Der er mange muligheder for at formulere nye modallogiske systemer. Men vi skal holde os til *normale modallogikker*, som her defineres på en bevisteoretisk måde.

Definition 77

$\vdash_S$ *betegner følgerelationen defineret på sædvanlig vis ud fra aksiomssystemet bestående af følgende aksiomsskemaer og slutningsregler:*

1. Aksiomerne fra klassisk udsagnslogik

$$A_1, A_2, \ldots, A_{10}.$$

---
[3] For relevante henvisninger se [Goldblat 02].

		seriel	reflek.	sym.	trans.	euklid.
K						
KD	D	✓				
KT	T		✓			
KB				✓		
K4					✓	
K5						✓
KDB		✓		✓		
KD4		✓			✓	
KD5		✓				✓
K45					✓	✓
KD45		✓			✓	✓
KB4				✓	✓	
				✓		✓
KTB	B		✓	✓		
KT4	S4		✓		✓	
KT5	S5		✓			✓
				✓	✓	✓
		✓			✓	✓
		✓		✓		✓

Tabel 6.3 Modallogiske systemer og relationsegenskaber.

2. *Nogle særlige modallogiske aksiomer*

$$S_1, S_2, \ldots, S_k,$$

hvor $S_i \in \mathcal{L}(\Box, \Diamond, \blacktriangleright)$, $1 \leq i \neq k$.

3. *Slutningsreglerne:*

$$\frac{A, A \to B}{B} \quad (MP)$$

$$\frac{\vdash_S A}{\vdash_S \Box A} \quad (N)$$

Modallogikken

$$\mathcal{S} = \langle \mathcal{L}(\Box, \Diamond, \blacktriangleright), \vdash_S \rangle$$

består af sproget $\mathcal{L}(\Box, \Diamond, \blacktriangleright), \vdash_S)$ sammen med den bevisteoretiske følgerelation $\vdash_S$.

Mængden af udsagn, som kan bevises i $\mathcal{S}$, kaldes teoremer i $\mathcal{S}$ og betegnes

$$L(\mathcal{S}) = \{A \mid \vdash_S A\}.$$

Det er klart, hvordan man, i stil med den klassiske udsagnslogik, skal definere $\Gamma \vdash_S A$. Det overlades til læseren.

6.7 Bevisteori for modallogik

Definition 78

Modallogikken **K** er logikken $\mathcal{S}(K)$, hvor aksiomsskemaet

$$\Box(A \to B) \to (\Box A \to \Box B) \qquad (K)$$

er eneste modallogiske aksiom.

K er således den klassiske udsagnslogik udvidet med aksiomet K og reglen N.

Definition 79

En modallogik $\mathcal{S}$ kaldes normal, hvis den indeholder **K**, dvs. $\mathcal{S}$ opfylder definition 6.7, og K er et af skemaerne $S_1, S_2, \ldots, S_k$.

K er altså den mindste normale logik. Vi gav tidligere en semantisk definition af normale modallogikker, nemlig præcis de logikker, som kunne karakteriseres ved hjælp af klasser af rammer. Det vil fremgå af fuldstændighedsresultaterne nedenfor, at der er overensstemmelse mellem de to definitioner for de logikker, vi skal diskutere.

Det er vanskeligt at lave Hilbert-stil beviser. Vi diskuterer nogle resultater, som man kan anvende i sine egne beviser.

Sætning 6.2

Hvis $\mathcal{S}$ er en normal modallogik, da gælder følgende slutningsregler:

1. Hvis $\vdash_\mathcal{S} A \to B$, så $\vdash_\mathcal{S} \Box A \to \Box B$ og $\vdash_\mathcal{S} \Diamond A \to \Diamond B$.

2. Hvis $\vdash_\mathcal{S} A \leftrightarrow B$, så $\vdash_\mathcal{S} \Box A \leftrightarrow \Box B$ og $\vdash_\mathcal{S} \Diamond A \leftrightarrow \Diamond B$.

3. For alle $n \geq 0$: Hvis $\vdash_\mathcal{S} A_0 \wedge \ldots \wedge A_{n-1} \to B$, så

$$\vdash_\mathcal{S} \Box A_0 \wedge \ldots \wedge \Box A_{n-1} \to \Box B.$$

4. Hvis $\Gamma \vdash_\mathcal{S} A$, så $\{\Box B \mid B \in \Gamma\} \vdash_\mathcal{S} \Box A$.

Bevis

$\Box$-delen af regel (1) vises således:

$$\begin{array}{lll}
(1) & & \vdash_\mathcal{S} A \to B \\
(2):(N) & & \vdash_\mathcal{S} \Box(A \to B) \\
(3):(K) & & \vdash_\mathcal{S} \Box(A \to B) \to (\Box A \to \Box B) \\
(4):(MP) & & \Box A \to \Box B
\end{array}$$

$\Diamond$-delen vises således, idet $\Diamond$ kan defineres som $\neg\Box\neg$:

$$\begin{array}{ll}
(1) & \vdash_\mathcal{S} A \to B \\
(2) & \vdash_\mathcal{S} \neg B \to \neg A \\
(3) & \vdash_\mathcal{S} \Box\neg B \to \Box\neg A \\
(4) & \vdash_\mathcal{S} \neg\Box\neg A \to \neg\Box\neg B
\end{array}$$

I linie (2) har vi anvendt reglen om kontraposition, som gælder udsagnslogisk. I Hilbert-stil beviser i modallogik vil vi således tillade os at anvende resultater, som vi ved gælder i ren udsagnslogik. De øvrige regler bevises på tilsvarende måde.

□

Sætning 6.3
Hvis $\mathcal{S}$ er en normal modallogik, da gælder følgende:

1. $\vdash_\mathcal{S} \Box A \land \Box B \leftrightarrow \Box(A \land B)$.

2. $\vdash_\mathcal{S} \Diamond A \lor \Diamond B \leftrightarrow \Diamond(A \lor B)$.

3. $\vdash_\mathcal{S} \Box A \lor \Box B \rightarrow \Box(A \lor B)$.

4. $\vdash_\mathcal{S} \Diamond(A \land B) \rightarrow \Diamond A \land \Diamond B$.

5. $\vdash_\mathcal{S} \Diamond \neg A \leftrightarrow \neg \Box A$.

Bevis
$\leftarrow$-delen af (1) vises således:

$(1) : \mathsf{A}_1 \quad A \land B \rightarrow A$
$(2) : \mathsf{R} \quad \Box(A \land B) \rightarrow \Box A$
$(3) : \mathsf{A}_2 \quad A \land B \rightarrow B$
$(4) : \mathsf{R} \quad \Box(A \land B) \rightarrow \Box B$
$(5) : \mathsf{A}_3 \quad (\Box(A \land B) \rightarrow \Box A) \rightarrow$
$\qquad\qquad\qquad [(\Box(A \land B) \rightarrow \Box B) \rightarrow (\Box(A \land B) \rightarrow \Box A \land \Box B)]$
$(6) : MP \quad (\Box(A \land B) \rightarrow \Box B) \rightarrow (\Box(A \land B) \rightarrow \Box A \land \Box B)$
$(7) : MP \quad \Box(A \land B) \rightarrow \Box A \land \Box B$

R står for den tidligere viste regel.
Her følger så $\rightarrow$-delen:

$(1) \qquad \vdash A \rightarrow (B \rightarrow A \land B)$
$(2) : \mathsf{R} \quad \vdash \Box A \rightarrow \Box(B \rightarrow A \land B)$
$(3) : \mathsf{R} \quad \vdash \Box A \rightarrow (\Box B \rightarrow \Box(A \land B))$
$(4) \qquad \vdash \Box A \land \Box B \rightarrow \Box(A \land B)$

Udsagnet i (1) kan vises rent udsagnslogisk. I (2) og (3) er den tidligere viste regel anvendt. (4) er en udsagnslogisk omformulering.
Beviserne for de øvrige relationer i sætningen overlades til læseren.

□

Endnu en vigtig regel er formuleret i næste sætning, hvor beviset dog udelades.

6.8 (†) Metateori: Kanoniske modeller og fuldstændighed   295

Sætning 6.4
Lad $\mathcal{S}$ være en normal modallogik. Da gælder følgende slutningsregel:

Hvis $\Gamma \vdash_{\mathcal{S}} A$ så gælder $\{\Box B \mid B \in \Gamma\} \vdash_{\mathcal{S}} \Box A$.

Foruden **K** har vi indført nogle andre vigtige normale modallogikker, nemlig systemerne **D, T, B, S4** og **S5**. Disse systemer defineres nu bevisteoretisk. Ækvivalensen mellem disse og de tidligere indførte systemer fremgår af fuldstændighedssætningerne i næste afsnit.

6.8 (†) Metateori: Kanoniske modeller og fuldstændighed

Som optakt til diskussion af kanoniske modeller og fuldstændighed indfører vi begrebet $\mathcal{S}$-*maksimal* mængde af udsagn og viser nogle vigtige egenskaber ved disse mængder.

Lad $\mathcal{S} = \langle \mathcal{L}(\Box, \Diamond, \blacktriangleright), \vdash_{\mathcal{S}} \rangle$ være en vilkårlig syntaktisk defineret normal modallogik.

Definition 80
En mængde af udsagn Γ kaldes $\mathcal{S}$-maksimal, såfremt der gælder:

1. *Γ er konsistent,*

2. *$A \in \Gamma$ eller $\neg A \in \Gamma$ for alle $A \in \mathcal{L}(\Box, \Diamond, \blacktriangleright)$.*

Det er ikke vanskeligt at vise, at enhver konsistent mængde, Γ, af udsagn kan udvides til en $\mathcal{S}$-maksimal mængde. Lad

$$A_0, A_1, A_2, \ldots$$

være en nummerering af alle udsagn i $\mathcal{L}(\Box, \Diamond, \blacktriangleright)$. Vi definerer induktivt en følge af mængder på denne måde:

$$\Delta_0 = \Gamma$$
$$\vdots$$
$$\Delta_{n+1} = \begin{cases} \Delta_n \cup \{A_n\} & \text{hvis } \Delta_n \vdash_{\mathcal{S}} A_n \\ \Delta_n \cup \{\neg A_n\} & \text{ellers.} \end{cases}$$
$$\vdots$$
$$\Delta = \bigcup_{n \leq 0}$$

Det følger af definitionen, at Δ indeholder Γ, hvorefter det er ikke vanskeligt at vise, at Δ er konsistent, og at det for et vilkårligt udsagn A gælder, at $A \in \Delta$ eller $\neg A \in \Delta$. Δ er således en $\mathcal{S}$-maksimal udvidelse af Γ. Dermed gælder følgende sætning, som vi dog undlader at bevise:

Sætning 6.5
Lindenbaums lemma. *Enhver S-konsistent mængde af udsagn er indeholdt i en S-maksimal mængde.*

S-maksimale mængder har en række vigtige egenskaber. Vi angiver nogle af dem.

Sætning 6.6
Lad Γ være S-maksimal mængde. Da gælder følgende:

1. $\Gamma \vdash_S A$ medfører $A \in \Gamma$.

2. *Hvis $A \notin \Gamma$ så er $\Gamma \cup \{A\}$ inkonsistent.*

3. $\neg A \in \Gamma$ *hvis, og kun hvis, $A \notin \Gamma$.*

4. $L(S) \subseteq \Gamma$.

5. $A \wedge B \in \Gamma$, *hvis, og kun hvis, $A \in \Gamma$ og $B \in \Gamma$.*

6. $A \vee B \in \Gamma$, *hvis, og kun hvis, $A \in \Gamma$ eller $B \in \Gamma$.*

7. $A \to B \in \Gamma$, *hvis, og kun hvis, $A \notin \Gamma$ eller $B \in \Gamma$.*

8. $A \leftrightarrow B \in \Gamma$, *hvis, og kun hvis, $A \in \Gamma$ medfører $B \in \Gamma$, og $B \in \Gamma$ medfører $A \in \Gamma$.*

Bevis
Overlades som opgave til læseren.

□

Sætning 6.7
Lad S være en normal modallogik. Da gælder følgende:

1. $\Gamma \vdash_S A$, *hvis, og kun hvis, A tilhører alle S-maksimale mængder, som indeholder Γ.*

2. $\vdash_S A$, *hvis, og kun hvis, A tilhører alle S-maksimale mængder.*

Bevis
Hvis $\Gamma \vdash_S A$, så gælder også $\Delta \vdash_S A$, hvor Δ er en S-maksimal udvidelse af Γ. Men så er $A \in \Delta$ ifølge sætning 6.6, 1.

Antag omvendt, at $\Gamma \nvdash_S A$. Da er $\Gamma \cup \{\neg A\}$ konsistent, hvorfor der findes en S-maksimal udvidelse Δ af $\Gamma \cup \{\neg A\}$. Δ indeholder Γ, men ikke A. Dermed er (1) vist.

Beviset for (2) overlades til læseren.

□

6.8 (†) Metateori: Kanoniske modeller og fuldstændighed

Lad $\mathcal{S}$ være en normal modallogik. Vi indfører nu en *kanonisk model*, $\mathbb{M}_\mathcal{S}$, for $\mathcal{S}$, som har den egenskab, at et udsagn A er beviseligt i $\mathcal{S}$, hvis, og kun hvis, A er sand i $\mathbb{M}_\mathcal{S}$. Først indfører vi den *kanoniske ramme*, $\mathcal{F}_\mathcal{S}$.

Definition 81
Den kanoniske ramme, $\mathcal{F}_\mathcal{S} = (\mathcal{W}_\mathcal{S}, R_\mathcal{S})$, svarende til den normale logik $\mathcal{S}$ defineres på følgende måde:
$\mathcal{W}_\mathcal{S}$ *er mængden af alle $\mathcal{S}$-maksimale mængder, dvs.*

$$\mathcal{W}_\mathcal{S} = \{v \mid v \ er \ \mathcal{S}\text{-}maksimal\}.$$

Tilgængelighedsrelationen, $R_\mathcal{S}$, defineres ved

$$R_\mathcal{S}(v, u), \ hvis, \ og \ kun \ hvis, \ \{A \mid \Box A \in v\} \subseteq u.$$

Det fremgår af følgende sætning, at $R_\mathcal{S}$ også kunne karakteriseres på et par andre måder.

Sætning 6.8
Lad $R_\mathcal{S}$ være tilgængelighedsrelationen i den kanoniske ramme $\mathcal{F}_\mathcal{S}$. Da gælder:

$$R_\mathcal{S}(v, u) \quad \Leftrightarrow \quad \{\neg \Box A \mid A \notin u\} \subseteq v$$
$$\Leftrightarrow \quad \{\Diamond A \mid A \in u\} \subseteq v$$

Bevis
Antag, at $R_\mathcal{S}(v, u)$ gælder. Dvs. at

$$R_\mathcal{S}(v, u) \text{ hvis, og kun hvis } \{A \mid \Box A \in v\} \subseteq u.$$

Vi viser først, at $\{\neg \Box A \mid A \notin u\} \subseteq v$ holder. Antag, at $A \notin u$. Da v er $\mathcal{S}$-maksimal, er enten $\Box A \in v$ eller $\neg \Box A \in v$. Hvis $\Box A \in v$, så er $A \in u$, idet $R_\mathcal{S}(v, u)$ gælder. Men det strider mod antagelsen, at $A \notin u$. Altså $\neg \Box A$.

$\{\Diamond A \mid A \in u\} \subseteq v$ vises således. Da $\Diamond A$ betyder $\neg \Box \neg A$, skal vi vise $\{\neg \Box \neg A \mid A \in u\} \subseteq v$. Antag derfor, at $A \in u$. Men så er $\neg A \notin u$, idet u er $\mathcal{S}$-maksimal. Derfor er $\neg \Box \neg A \in v$ ifølge den netop viste relation.

□

Den kanoniske model svarende til $\mathcal{S}$ defineres nu på følgende måde:

Definition 82
Den kanoniske model, $\mathbb{M}_\mathcal{S} = (\mathcal{F}_\mathcal{S}, \varphi_\mathcal{S})$, består af den kanoniske ramme og sandhedstilskrivningen, $\varphi_\mathcal{S}$, defineret ved

$$\varphi_\mathcal{S}(v, \mathbf{p}) = \top, \ hvis, \ og \ kun \ hvis, \ \mathbf{p} \in v$$

hvor $\mathbf{p}$ er et atomisk udsagn, og $v \in \mathcal{W}_\mathcal{S}$.

Vi har allerede bevist, at der for konsistente normale logikker findes maksimale mængder. Derfor findes $\mathcal{F}_\mathcal{S}$ og $\mathbb{M}_\mathcal{S}$ for enhver konsistent normal logik $\mathcal{S}$. Den kanoniske model har mange vigtige egenskaber.

Sætning 6.9
Lad $\mathbb{M}_\mathcal{S}$ være den kanoniske model for en konsistent, normal logik $\mathcal{S}$. For alle $v \in \mathcal{W}_\mathcal{S}$ og alle udsagn A, gælder

$$\Box A \in v, \text{ hvis, og kun hvis, } A \in u \text{ for alle } v \in \mathcal{W}_\mathcal{S}$$

hvor $R_\mathcal{S}(v,u)$.

Bevis
Antag, at $\Box A \in v$, og lad u være tilgængelig for v. Det betyder, at $\{B \mid \Box B \in v\} \subseteq w$. Men $\Box A \in \{B \mid \Box B \in v\}$, og derfor $\Box A \in \mathcal{W}$.
Antag omvendt, at det for alle $u \in \mathcal{W}_\mathcal{S}$ gælder

$$R_\mathcal{S}(v,u) \Rightarrow A \in u,$$

hvilket vil sige
$$\{B \mid \Box B \in v\} \subseteq u \Rightarrow A \in u.$$

A tilhører således alle $\mathcal{S}$-maksimale mængder, som indeholder $\{B \mid \Box B \in v\}$. Derfor gælder
$$\{B \mid \Box B \in v\} \vdash_\mathcal{S} A$$

og dermed også, ifølge sætning 6.4,
$$\{\Box B \mid \Box B \in v\} \vdash_\mathcal{S} \Box A$$

hvoraf følger
$$v \vdash_\mathcal{S} \Box A.$$

Men da v er $\mathcal{S}$-maksimal, gælder $\Box A \in v$.

□

Sætning 6.10
Lad $\mathbb{M}_\mathcal{S}$ være den kanoniske model for en konsistent, normal logik $\mathcal{S}$, $v \in \mathcal{W}_\mathcal{S}$, og A et vilkårligt udsagn. Da gælder

$$\mathbb{M}_\mathcal{S} \models_v A, \text{ hvis, og kun hvis, } A \in v.$$

Bevis
Sætningen bevises ved induktion efter A's opbygning. Hvis A er et atomisk udsagn, da gælder

$$\mathbb{M}_\mathcal{S} \models_v A \iff \varphi_\mathcal{S}(v,A) = \top$$
$$\iff A \in v$$

6.8 (†) Metateori: Kanoniske modeller og fuldstændighed

ifølge definitionen af den kanoniske model.
Antag, at A er et udsagn af formen $\Box B$, og at sætningen gælder for B.
Da gælder

$$\mathbb{M}_S \models_v \Box B \quad \Leftrightarrow \quad \mathbb{M}_S \models_v B \text{ for alle } u, \text{ hvor } R_S(v,u)$$
$$\Leftrightarrow \quad B \in u \text{ for alle } u, \text{ hvor } R_S(v,u)$$
$$\Leftrightarrow \quad \Box B \in u \text{ for alle } u, \text{ hvor } R_S(v,u)$$

Den sidste biimplikation følger af sætning 6.9.

□

Vi kan nu vise, at alle konsistente, normale modallogikker er bestemt af deres kanoniske modeller.

Sætning 6.11
Lad S være en konsistent, normal modallogik. Da gælder for alle udsagn A

$$\mathcal{M}_S \models_v A, \text{ hvis, og kun hvis, } \vdash_S A.$$

Bevis
$\vdash_S A$ gælder, hvis, og kun hvis, A tilhører alle S-maksimale mængder. Men da de mulige verdener i den kanoniske model netop er de S-maksimale mængder, betyder det, at

$$\mathcal{M}_S \models_v A$$

gælder for alle mulige verdener i $\mathcal{W}$.

□

Denne sætning medfører, at logikken S er fuldstændig med hensyn til rammen $\mathcal{F}_S$

$$\mathcal{F}_S \models A \Rightarrow \vdash_S A.$$

S behøver imidlertid ikke at være sund med hensyn til $\mathcal{F}_S$, thi der findes modallogikker, som ikke kan karakteriseres ved nogen klasse af rammer.

De normale modallogikker, som vi kar indført, dvs. $\mathbf{K}, \mathbf{D}, \mathbf{T}, \mathbf{B}, \mathbf{S4}$ og $\mathbf{S5}$, kan imidlertid karakteriseres ved deres kanoniske modeller. Af dette følger også, at disse logikker kan karakteriseres ud fra klasserne $\mathcal{U}, \mathcal{D}, \mathcal{T}, \mathcal{B}, \mathcal{S}4$ og $\mathcal{S}5$. Som led i at vise dette beviser vi følgende sætning:

Sætning 6.12
Lad S være en konsistent, normal modallogik og lad $\mathcal{F}_S$ være den kanoniske ramme. Da gælder:

1. Hvis $\vdash_S \Box A \to \Diamond A$, så er $R_\mathcal{F}$ seriel.

2. Hvis $\vdash_S \Box A \to A$, så er $R_\mathcal{F}$ refleksiv.

3. Hvis $\vdash_S A \to \Box \Diamond A$, så er $R_\mathcal{F}$ symmetrisk.

4. Hvis $\vdash_\mathcal{S} \Box A \to \Box\Box A$, så er $R_\mathcal{F}$ transitiv.

5. Hvis $\vdash_\mathcal{S} \Diamond A \to \Box\Diamond A$, så er $R_\mathcal{F}$ euklidisk.

Bevis
Vi viser kun to af påstandene 1 og 5. De øvrige går efter samme melodi.

1. Antag, at $\vdash_\mathcal{S} \Box A \to \Diamond A$. Da gælder $\mathcal{F}_\mathcal{S} \models \Box A \to \Diamond A$. Vælg en mulig verden v. Vi har så
$$\mathbb{M}_\mathcal{S} \models_v \Box A \to \Diamond A.$$

Men så gælder enten $\models_v \Box A$ eller $\models_v \Diamond A$. Hvis $\models_v \Box A$, må der findes en verden u, så $R_\mathcal{S}(v,u)$ og $\models_u A$. Hvis derimod $\models_v \Diamond A$, så findes der en verden u, hvor $R_\mathcal{S}(v,u)$ og $\models_u A$. Altså, for en vilkårlig verden v vil der altid findes en verden u, så $R_\mathcal{S}(v,u)$.

5. Antag, at $\vdash_\mathcal{S} \Diamond A \to \Box\Diamond A$, og at $R_\mathcal{S}(v,t)$ og $R_\mathcal{S}(v,u)$. Vi skal vise $R_\mathcal{S}(t,u)$. Ifølge definitionen af $R_\mathcal{S}$ og sætning 6.8 gælder

$$R_\mathcal{S}(v,t) \Leftrightarrow \{B \mid \Box B \in v\} \subseteq t$$
$$\Leftrightarrow \{\Diamond B \mid B \in t\} \subseteq v$$

og tilsvarende for $R_\mathcal{S}(v,u)$. Vi skal derfor vise

$$\{\Diamond B \mid B \in u\} \subseteq t$$

under antagelse af $\{\Diamond B \mid B \in t\} \subseteq v$ og $\{\Diamond B \mid B \in u\} \subseteq v$. Men der gælder

$$B \in u \Rightarrow \Diamond B \in v$$
$$\Rightarrow \Box\Diamond B \in v$$
$$\Rightarrow \Box B \in v$$

Den første implikation følger af $\{\Diamond B \mid B \in u\} \subseteq v$, den anden af $\vdash_\mathcal{S} \Diamond A \to \Box\Diamond A$, og den sidste af $\{B \mid \Box B \in v\} \subseteq t$. Hermed er (5) vist.

□

Man kan uden større vanskeligheder vise følgende korrollar ud fra sætning 6.8. Beviset efterlades herfor som en øvelse for læseren.

Korrollar 7.13

Modallogikkerne **K**, **D**, **T**, **B**, **S4** *og* **S5** *er bestemt ved de respektive klasser af rammer* $\mathcal{K}, \mathcal{D}, \mathcal{T}, \mathcal{B}, \mathcal{S}4$ *og* $\mathcal{S}5$.

6.9 Kvantifikation og aletiske modaliteter

Vi vil ikke give en syntaktisk og semantisk redegørelse for den modallogiske udgave af første ordens prædikatslogik, som vi har gjort det for udsagnslogikken. Vi vil blot afslutningsvis diskutere visse problemer, der knytter sig til de aletiske modaliteter og prædikatslogikken af første orden.

Første ordens prædikatslogik og aletiske modaliteter er ikke en ukompliceret affære, hverken referenceteoretisk eller metafysisk set. Den netop afdøde logiker og filosof Willard v. O. Quine (1908-2000) har påpeget, at eksempelvis kvantifikation inden for rækkevidden af en aletisk operator skaber problemer. Betragt først argumentet:

1. $9 = $ antallet af planeter i vort solsystem.

2. $\Box(9 > 7)$.

3. $\therefore \Box$(antallet af planeter i vort solsystem > 7).

Både (1) og (2) er sande, men (3) er imidlertid falsk. På den anden side følger (3) fra (1) og (2) givet identitetssubstitution. Det er selvfølgelig paradoksalt nok, at vi kan forbryde os mod den grundlæggende definition af gyldighed igennem identitetssubstitution. Det som imidlertid bekymrer Quine er, hvorvidt det overhovedet er meningsfuldt at kvantificere ind i modale kontekster. Vi kan ikke fra (2) bevæge os til

$$\exists x \Box (x > 7) \qquad (6.12)$$

som man ellers vil forvente, idet '9' refererer til et objekt i (2). Udsagn (6.12) lader til at sige, at der findes et objekt, der nødvendigvis er større end 7, men hvilket objekt kan det være? Umiddelbart ville man sige, at det er 9 i overensstemmelse med (2), men på den anden side kan det ikke være 9, som præmis (1) foreslår, siden (3) er falsk. Således kan man ikke give mening til idéen om et objekt, der har egenskaben at være nødvendigvis større end 7, og af tilsvarende årsager kan man heller ikke give mening til noget som helst udsagn, i hvilket en givet variabel er bundet inden for rækkevidden af en modal operator. Det er Quines pointe.

Quines indvending er substantiel, idet muligheden for en lødig første ordens aletisk logik synes at være problematisk med et sådant eksempel. Logikerne Arthur Smullyan og Frederick Fitch har argumenteret for, at eksemplet ovenfor hviler på en rækkevidde fejl. Smullyan har pointeret, at (3), der indeholder en bestemt beskrivelse, enten kan fortolkes som

$$\exists x[F(x) \land \forall y(F(y) \to x = y) \land \Box(x > 7)] \qquad (6.13)$$

eller som

$$\Box[\exists x F(x) \land \forall y(F(y) \to x = y) \land (x > 7)]. \qquad (6.14)$$

Udsagnet (6.14) er en påstand om nødvendighed *de dicto* (det vil sige om udsagnet), og det er falsk, men det følger ikke af (1) og (2) givet identitetssubstitution. Omvendt, fortolker man (3) som (6.13), er det en påstand om nødvendighed *de re* (det vil sige om tingen), hvilket faktisk følger fra (1) og (2), og det er sandt, i hvert fald hvis man spørger Smullyan.

Kripke løser problemet på en anden måde. Han siger, at der er forskel mellem på den ene side at spørge, om det er nødvendigt, at 9 er større end 7, og på den anden side at spørge, om det er nødvendigt, at antallet af planeter er større end 7. Forskellen består i, at mens det er et kontingent faktum, at antallet af planeter i vort solsystem er større end 7, så er det nødvendigt, at tallet '9' refererer til 9. Med andre ord, '9' er en *rigid designator*, der refererer til det samme objekt i alle mulige verdener, mens 'antallet af planeter i vores solsystem' er en *non-rigid designator*, der kan skifte reference afhængigt af, hvilken mulig verden man er i.

Der er et andet problem, der gør sig gældende i den aletiske logik og i det hele taget i kvantoriseret modallogik. Lad os henholde os til k-vantificeret **S5** og antage, at en mulig verden v tildeles et objektdomæne $\mathbb{D}_v$. Vi kan spørge, om alle mulige verdener har samme domæne, eller om forskellige mulige verdener kan have forskellige objektdomæner? Det synes ganske plausibelt, at forskellige mulige verdener kan have forskellige objektdomæner, for det vil betyde, at visse objekter som faktisk eksisterer ikke nødvendigvis behøvede at eksistere, og der kunne have været objekter, som faktisk ikke eksisterer. Med andre ord, så kan vi sondre mellem to distinkte versioner af **S5**;

en version, **S5C**, hvor domænerne er konstante, og

en version, **S5V**, med variable domæner.

Vi kan nu spørge, om sandheden af $\exists x A$ i en verden v kræver,

1. at A er sand i v for et eller andet objekt i $\mathbb{D}_v$ eller,

2. at A er sand i domænet $\mathbb{D}$, hvor $\mathbb{D} = \bigcup_{v \in \mathcal{W}} \mathbb{D}_v$?

Antager vi den første mulighed, så har vi det, der kaldes *aktualitetsfortolkningen* af kvantorerne. Antager vi den anden mulighed, har vi det, der kaldes *mulighedsfortolkningen* af kvantorerne. I **S5C** er der ikke noget valg, for her gælder det, at $\mathbb{D} = \mathbb{D}_v$, men i **S5V** gør det en forskel, om vi anvender aktualitets- eller mulighedsfortolkningen: Er kravet, at ethvert prædikat eller relationsudtryk af n-aritet, lad os kalde det F, kræver en n-sekvens af objekter, der tilfredsstiller F for så vidt, at ethvert element i sekvensen tilhører $\mathbb{D}_v$? Med andre ord skal vi stille et krav om, at prædikater og relationsudtryk implicerer eksistens?

6.9 Kvantifikation og aletiske modaliteter

Dette spørgsmål bliver tydeligt i forbindelse med de såkaldte *Barcan-formler*, hvor én af de universelle Barcan-formler er

$$\forall x \Box F(x) \vdash \Box \forall x F(x). \tag{6.15}$$

Den universelle Barcan-formel siger således, at hvis alt nødvendigvis har egenskaben F, så er det nødvendigt, at alt har egenskaben F. Indvendingen vil atter være den, at (6.15) ikke tager højde for ikke-aktualiserede mulige objekter. Med andre ord, selvom det faktisk måtte være tilfældet, at alt hvad der faktisk eksisterer har egenskaben F, så er der vel ikke noget i vejen for, at der er noget, som faktisk ikke eksisterer, men som på den anden side, hvis det havde eksisteret, ikke ville være F. Vælger vi således **S5C**, hvor objektdomænet er konstant, så vil (6.15) være tilfældet i alle verdener, der indeholder de samme genstande. Men vælger vi **S5V**, så behøver alle verdener ikke at indeholde de samme objekter, hvorfor (6.15) ikke vil være tilfældet.

Ofte formuleres Barcan-formlerne også *eksistentielt* som i

$$\Diamond \exists x F(x) \vdash \exists x \Diamond F(x) \tag{6.16}$$

eller den omvendte eksistentielle Barcan-formel

$$\exists x \Diamond F(x) \vdash \Diamond \exists x F(x). \tag{6.17}$$

I **S5C** vil både (6.16) og (6.17) være gyldige, men i **S5V** med aktualitetsfortolkningen af kvantorerne kan det vises, at både (6.16) og (6.17) ikke er gyldige. På den anden side, hvis vi nu kræver, at prædikater og relationsudtryk implicerer eksistens, så kan man vise, at instanser af (6.17) er gyldige. Dertil kommer i **S5V** med mulighedsfortolkningen af kvantorerne, at både (6.16) og (6.17) er gyldige! Med andre ord, så bliver den aletiske logik og dens slutninger her afhængige af, hvad vore metafysiske forestillinger om verden, dens mulige og aktuelle objekter, deres essentielle træk etc. dikterer os. For denne betragtning bliver studiet af aletisk logik studiet af metafysik.

Litteratur

[Bull & Segerberg 84], [Gabbay et al. 84], [Kripke 72], [Lewis 84].

Benthem, Johan van. *Modal Logic and Classical Logic*. Naples: Bibliopolis, 1983.

Bradley, Raymond og Norm Schwartz. *Possible Worlds: An Introduction to Logic and Its Philosophy*. Hackett Pub. Co., 1979.

(†) Chagrov, Alexander og Michael Zakharyaschev. *Modal Logic*. Oxford: Oxford University Press, 1997.

Chellas, Brian F. *Modal Logic: An Introduction*. Cambridge University Press, 1980.

Hughes, G.E., og M.J. Cresswell. *A Companion to Modal Logic*. Methuen, 1984.

Konyndyk, Kenneth, Jr. *Introductory Modal Logic*. University of Notre Dame Press, 1989.

Lemmon, Edward. *The "Lemmon Notes": An Introduction to Modal Logic*. Basil Blackwell, 1977.

Lewis, C.I. og C. Langford. *Symbolic Logic*. Dover Publications; Original 1932.

Lewis, David. *On the Plurality of Worlds*. Blackwell Publishers, 1986.

Mints, Grigori. *A Short Introduction to Modal Logic*. University of Chicago Press, 1992.

Popkorn, Sally. *First Steps in Modal Logic*. Cambridge University Press, 1995.

Troelstra, A. S. og H. Schwichtenberg. *Basic Proof Theory*, 2. udgave. Cambridge Tracts in Theoretical Computer Science. Cambridge: Cambridge University Press.

7 Temporal og epistemisk logik

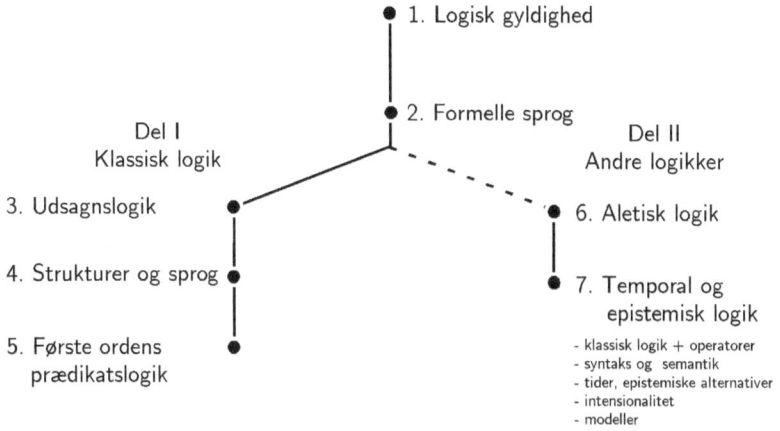

En anden form for intensionel logik kan man opnå ved at studere udsagns sandhed og dermed argumenters gyldighed relativt til tider eller personer. Igen tillader det naturlige sprog os at argumentere ved hjælp af konnektiver eller operatorer som "det vil altid være tilfældet at ..." og "det har været tilfældet at ...", "Mimi ved at ...", "Bjarke tror at ..." etc. Vi vil skitsere den grundlæggende syntaks og semantik for henholdsvis den temporale og den epistemiske udsagnslogik.

Udgangspunktet for såvel temporal som epistemisk logik er at fastlægge semantikken. Hvor vore intuitioner om aletiske modaliteter vedrører gyldigheden af forskellige logiske principper og om relationerne mellem mulige verdener, er vores temporale og epistemiske intuitioner baseret på henholdsvis vores opfattelse af tidens struktur og vores opfattelse af menneskets kognitive egenskaber og kapaciteter. Mens den aletiske logik har været genstand for meget intensive studier i nyere tid, så er såvel den temporale som den epistemiske logik mere uudforskede områder, selvom de senere år har budt på en rivende udvikling og øget indsigt i disse, viser det sig, ganske komplicerede logikker. For denne korte fremstilling vil det betyde, at fokus er koncentreret omkring en redegørelse for den grundlæggende syntaks og semantik for den udsagnslogiske del af den temporale og epistemiske logik og ikke bevisprocedurer etc.

7.1 Temporal logik

Det naturlige sprog lader os formulere udsagn af typen:

1. Rachél har altid dyrket karate.

2. Rachél har engang dyrket karate.

3. Rachél vil altid dyrke karate fremover.

4. Rachél vil på et tidspunkt dyrke karate.

Disse fire udsagn udtaler sig hver for sig om noget, der enten altid har foregået op til nu og muligvis vil fortsætte, noget der har foregået engang i fortiden, noget der altid vil foregå fremover, eller noget der i hvert fald én gang vil foregå i fremtiden. I den temporale udsagnslogik indfører man, som i den aletiske logik, konnektiver, der udtaler sig om, hvornår noget har været eller vil blive tilfældet, hvor A er en vilkårlig velformet formel i $\mathcal{L}$. Disse konnektiver kaldes *temporale operatorer*:

GA: Det vil altid være tilfældet, at A.

HA: Det har altid været tilfældet, at A.

FA: Det vil på et tidspunkt i fremtiden være tilfældet, at A.

PA: Det har på et tidspunkt i fortiden været tilfældet, at A.

Herefter kan udsagnene om Rachél og hendes tidsmæssige forhold til karatesporten udtrykkes som

(1) HA (2) PA (3) GA (4) FA

hvor
A: Rachél dyrker karate. (7.1)

Det formelle sprog for temporal udsagnslogik fremkommer af det udsagnslogiske sprog ved at tilføje konnektiverne G, H, F og P. Dette sprog betegnes $\mathcal{L}(G, H, F, P)$. Det defineres på samme måde som det udsagnslogiske sprog.

7.1 Temporal logik

Definition 83
Mængden af velformede formler i $\mathcal{L}(\mathsf{G},\mathsf{H},\mathsf{F},\mathsf{P})$ består af netop de symbolstrenge, som genereres af reglerne:

1. Hvis A er et propositionssymbol, så er A en velformet formel.

2. Hvis A er en velformet formel, så er $\neg A$, $\mathsf{G}A$, $\mathsf{H}A$, $\mathsf{F}A$ og $\mathsf{P}A$ velformede formler.

3. Hvis A og B er velformede formler, så er $(A \land B), (A \lor B), (A \to B)$ og $(A \leftrightarrow B)$ og velformede fomler.

De temporale operatorer tillader yderligere, at vi formulerer andre tempora som eksempelvis

1. A: Rachél dyrker karate.

2. $\mathsf{PP}A$: Rachél havde dyrket karate.

3. $\mathsf{FP}A$: Rachél ville have dyrket karate.

4. $\mathsf{PF}A$: Rachél ville dyrke karate.

Efter denne syntaktiske karakteristik kan semantikken fastlægges for $\mathcal{L}(\mathsf{G},\mathsf{H},\mathsf{F},\mathsf{P})$. Forsøger vi os med klassiske sandhedstabeller for (7.1) styret respektivt af de fire temporale operatorer G, H, F og P, får vi følgende resultat:

A	$\mathsf{G}A$		A	$\mathsf{H}A$		A	$\mathsf{F}A$		A	$\mathsf{P}A$
$\top$	?		$\top$	?		$\top$	?		$\top$	?
$\bot$	?		$\bot$	?		$\bot$	?		$\bot$	?

      1   2   3   4

Betragt sandhedstabel 1: Når vi med A forstår A som sand til tidspunkt t, så siger dette intet om, hvorvidt Rachél altid vil dyrke karate i fremtiden, blot fordi Rachél dyrker karate til t. Hvis A omvendt er falsk til t, kan A godt gå hen og blive sand fra tidspunkt $t+1$ og frem, lige så vel som A kan forblive falsk fra t og frem. For et yderligere eksempel betragt sandhedstabel 4: Blot fordi Rachél dyrker karate til t, så siger dette ikke noget om, at hun på tidspunkt $t - k$ var udøver af karatesporten. Sagt på en anden måde, hvis A er sand til t, fortæller dette intet om A's sandhedsværdi en gang i fortiden, og hvis A er falsk til t, kan A godt have været såvel sand som falsk en gang i fortiden. Tilsvarende for sandhedstabel 2 og 3. Med andre ord, er det slet ikke muligt at bidrage med nogle sandhedsværdier til $\mathsf{G}A,\mathsf{H}A,\mathsf{F}A$ og $\mathsf{P}A$ for en klassisk betragtning.

Som det gjaldt i den aletiske logik, hvor mulighed og nødvendighed udgjorde hinandens dualer, så har G og H dualoperatorer i F og P givet negationen:
$$G A \leftrightarrow \neg F \neg A \tag{7.2}$$

og
$$H A \leftrightarrow \neg P \neg A. \tag{7.3}$$

Hvis A er sand for fremtiden, så vil der naturligvis ikke komme et tidspunkt i fremtiden, hvor $\neg A$ og vice versa, hvilket er indholdet af (7.2). Tilsvarende for (7.3); hvis A alle dage var sand i fortiden, så var der ikke et tidspunkt i fortiden, hvor $\neg A$ og vice versa.

Semantikken for den temporale udsagnslogik minder om den semantik, der blev givet for den aletiske udsagnslogik, der igen var en udvidelse af den semantik, der gjorde sig gældende for den klassiske udsagnslogik. Mængden af mulige verdener eller situationer $\mathcal{W}$ bliver nu en mængde af tidspunkter $\mathfrak{T}$.

Vi kan herfra definere en model $\mathbb{M}$ for den temporale udsagnslogik:

Definition 84
En model $\mathbb{M} = \langle \mathfrak{T}, <, \varphi \rangle$ *består af:*

1. *En ikke-tom mængde af tidspunkter* $\mathfrak{T}$.

2. *'Tidligere-senere'-relationen* $<$ *på* $\mathfrak{T}$.

3. *En sandhedstilskrivning* φ, *der tildeler sandhedsværdier til de atomiske udsagn, til de forskellige tidspunkter t fra* $\mathfrak{T}$:

$$(t, \mathbf{p}) \longmapsto \varphi(t, \mathbf{p}) \in \{\top, \bot\}.$$

Vi kan således opfatte $\mathfrak{T}$ sammen med $<$ som en *tidsakse*. Tidsaksen svarer til strukturen $\mathcal{E} = \langle \mathfrak{T}, < \rangle$, der igen kaldes en *temporal model-ramme*, eller blot en *temporal ramme*.

Sandhedsbetingelserne kan så defineres, som vi allerede har set det tidligere, men hvor sandheden af en given velformet formel nu er relativeret til et tidspunkt:

Definition 85
Lad t være et tidspunkt i model $\mathbb{M} = \langle \mathfrak{T}, <, \varphi \rangle$ *og lad A være en velformet formel fra* $\mathcal{L}(\mathsf{G}, \mathsf{H}, \mathsf{F}, \mathsf{P})$. *Sandhedsbetingelserne defineres ved følgende regler:*

1. *Hvis A er et atomisk udsagn, så gælder* $\mathbb{M} \models_t A$ *såfremt* $\varphi(t, A) = \top$.

2. $\mathbb{M} \models_t \neg A$, *hvis, og kun hvis,* $\mathbb{M} \not\models_t A$.

7.1 Temporal logik 309

3. $\mathbb{M} \models_t A \wedge B$, hvis, og kun hvis, $\mathbb{M} \models_t A$ og $\mathbb{M} \models_t B$.

4. $\mathbb{M} \models_t A \vee B$, hvis, og kun hvis, $\mathbb{M} \models_t A$ eller $\mathbb{M} \models_t B$.

5. $\mathbb{M} \models_t A \rightarrow B$, hvis, og kun hvis, $\mathbb{M} \not\models_t A$ eller $\mathbb{M} \models_t B$.

6. $\mathbb{M} \models_t A \leftrightarrow B$, hvis, og kun hvis, $\mathbb{M} \models_t A$ netop, når $\mathbb{M} \models_t B$.

7. $\mathbb{M} \models_t \mathsf{G}A$, hvis, og kun hvis, for alle $t' \in \mathfrak{T}$ således, at $t < t'$ gælder $\mathbb{M} \models_{t'} A$.

8. $\mathbb{M} \models_t \mathsf{F}A$, hvis, og kun hvis, for mindst et $t' \in \mathfrak{T}$ således, at $t < t'$ gælder $\mathbb{M} \models_{t'} A$.

9. $\mathbb{M} \models_t \mathsf{H}A$, hvis, og kun hvis, for alle $t' \in \mathfrak{T}$ således, at $t' < t$ gælder $\mathbb{M} \models_{t'} A$.

10. $\mathbb{M} \models_t \mathsf{P}A$, hvis, og kun hvis, for mindst et $t' \in \mathfrak{T}$ således, at $t' < t$ gælder $\mathbb{M} \models_{t'} A$.

Vi kunne også vælge at indføre en femte temporal operator, som man kunne kalde 'nu', og skrive $\mathsf{N}A$ for udsagnet "A er sand nu". Introduktionen af en sådan operator er ikke påkrævet, men hvis den introduceres, så kræver det, på samme måde som i den aletiske logik, at vi fikserer et bestemt tidspunkt, t_0, som det nuværende tidspunkt, ligesom en verden kunne fikseres som den aktuelle i den aletiske logik, hvorefter

$$\mathbb{M} \models_t \mathsf{N}A, \text{ hvis, og kun hvis, } \mathbb{M} \models_{t_0} A.$$

Uden et sådant fastlagt tidspunkt t_0 ville vi ikke kunne referere tilbage til det tidspunkt, hvor ytringen af A blev foretaget.

Det interessante semantiske spørgsmål bliver herefter, hvilke krav der skal stilles til 'tidligere-senere'-relationen < på $\mathfrak{T}$. Kravene hertil er betinget af vor opfattelse af tidsaksen $\mathcal{E}$ og de forhold, som vi mener består mellem tidspunkterne på denne akse. Lad os betragte dette spørgsmål i lyset af, hvilke aksiomer det er plausibelt at henholde sig til, når det gælder tid, og herefter udrede, hvilke relationelle egenskaber disse aksiomer giver anledning til.

På den ene side er det oplagt, at de temporale aksiomer, der svarer til det karakteristiske aksiom for system **K** i den aletiske logik, må gælde for temporallogikken, eftersom vi tidligere fandt, at system **K** ingen krav stiller til tilgængelighedsrelationen og dermed heller ikke 'tidligere-senere'-relationen:

$$\mathsf{G}(A \rightarrow B) \rightarrow (\mathsf{G}A \rightarrow \mathsf{G}B) \qquad \mathsf{H}(A \rightarrow B) \rightarrow (\mathsf{H}A \rightarrow \mathsf{H}B). \qquad (7.4)$$

På den anden side giver det næppe mening at lade det karakteristiske aksiom for **T**, fortolket temporalt

$$\mathsf{G}A \to A \tag{7.5}$$

samt

$$\mathsf{H}A \to A \tag{7.6}$$

der igen er ækvivalente med

$$A \to \mathsf{F}A \quad \text{henholdsvis} \quad A \to \mathsf{P}A \tag{7.7}$$

være aksiomer i den temporale logik. Det ville kræve, at 'tidligere-senere'-relationen er refleksiv, eller med andre ord, at ethvert tidspunkt er tidligere end sig selv, hvilket er absurd. Derfor henholder man sig til, at 'tidligere-senere'-relationen er *irrefleksiv*. Andre plausible aksiomer i forbindelse med tidsopfattelsen inkluderer

$$A \to \mathsf{HF}A \tag{7.8}$$

og

$$A \to \mathsf{GP}A, \tag{7.9}$$

der for (7.8)'s vedkommende siger, at hvad der er tilfældet nu, er noget, der altid i fortiden ville komme til at ske, mens (7.9) siger, at hvad der er tilfældet nu, vil altid være noget, der er sket eller forbipasseret i fremtiden. Hverken (7.8) eller (7.9) stiller krav til 'tidligere-senere'-relationen. Det gør imidlertid følgende to aksiomer

$$\mathsf{P}A \to \mathsf{H}((\mathsf{F}A \vee A) \vee \mathsf{P}A) \tag{7.10}$$

og

$$\mathsf{F}A \to \mathsf{G}((\mathsf{P}A \vee A) \vee \mathsf{F}A), \tag{7.11}$$

idet de begge kræver, at 'tidligere-senere'-relationen er *forbundet*, forstået på den måde, at

$$\forall t \forall t'[t \neq t' \to (t' < t \vee t < t')]$$

(som vi tidligere har set det i forbindelse med relationsegenskaberne i kapitlerne 4 og 6). Betragt situationen beskrevet i figur 7.1 og lad os konstruere et modeksempel til (7.11), hvis 'tidligere-senere'-relationen ikke er forbundet.

Lad $\mathbb{M} \models_{t_3} A$ og $\mathbb{M} \not\models_t A$ for alle andre t. Det er tilstrækkeligt til at generere et modeksempel til (7.11), idet $\mathsf{F}A$ er sand til tidspunkt t_1, eftersom A er sand til t_3. Men

$$\mathsf{G}((\mathsf{P}A \vee A) \vee \mathsf{F}A)$$

er falsk til tidspunkt t_1, fordi

$$(\mathsf{P}A \vee A) \vee \mathsf{F}A$$

7.1 Temporal logik

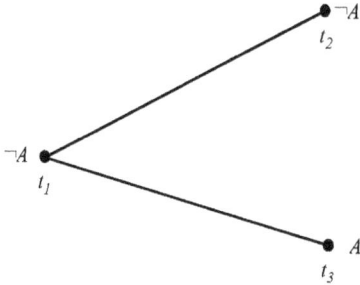

Figur 7.1 Modeksemplet til aksiom 7.11.

er falsk til t_2. Sidstnævnte er tilfældet, idet hverken $t_2 < t_3, t_3 < t_2$ eller $t_2 = t_3$ som eksempelvis forbundethed ville implicere. Tidspunktet t_3 udgør således det eneste tidspunkt, hvor A er sand. Det betyder, at hverken FA, PA eller A er sande til tidspunkt t_2. Det har den interessante konsekvens, at plausibiliteten af (7.10) og (7.11) udelukker en opfattelse af tid, hvor tiden er *forgrenet*. Typisk vil vi omvendt antage, at tiden er forgrenet, idet vi aldrig kan anticipere hele fremtiden, og således kan morgendagen altid byde på nye hændelsesforløb, som vi ikke kan foregribe i dag.

Afslutningsvis, så kræver aksiomerne

$$P A \to G P A \tag{7.12}$$

og

$$F A \to H F A, \tag{7.13}$$

at 'tidligere-senere'-relationen er *transitiv*, hvilket man også ofte vil forvente sig af tid. Med et modeksempel konstrueret på en måde, der ligner det, der viser, hvorledes 'tidligere-senere'-relationen skal være forbundet for at sikre gyldigheden af aksiomerne (7.10) og (7.11), kan det vises, at 'tidligere-senere'-relationen skal være transitiv for gyldigheden af (7.12) og (7.13).

De aksiomer, vi har set på indtil videre, kræver, at 'tidligere-senere'-relationen, <, er

1. irrefleksiv
2. transitiv
3. forbundet

hvilket igen er det samme som at sige, at tiden er *lineært ordnet* af 'tidligere-senere'-relationen. Det betyder, at vi kan repræsentere tiden med de *hele tal*

$$\ldots, -n, \ldots, -3, -2, -1, 0, 1, 2, 3, \ldots, n, \ldots$$

hvor tiden ingen begyndelse har, ingen ende har og kan opdeles *diskret*. På den anden side giver det ikke altid mening at opdele tiden diskret, for vi kan i princippet og til enhver tid opdele tidsenheder i mindre tidsenheder; timer i minutter, minutter i sekunder, sekunder i nano-sekunder og så fremdeles til finere og finere tidsstrukturer. En sådan opdeling byder, at tiden er *tæt* udtrykt som

$$\forall t \forall t'[t < t' \to \exists t''(t < t'' < t')] \quad (7.14)$$

eller, at der mellem to forskellige tidspunkter t og t', hvor t er tidligere t', vil være et tredje tidspunkt t'', der ligger mellem t og t'. Det kan de hele tal imidlertid ikke repræsentere, så derfor vil repræsentationen af tiden som tæt i stedet være de *rationelle tal*, som også indeholder de hele tal. Med en tæt opfattelse af tidsaksen kan man så eksempelvis validere det temporale aksiom, der svarer til det karakterisktiske **S4**-aksiom

$$\mathsf{F}A \to \mathsf{FF}A.$$

Kompleksiteten af den temporale logik og dens semantik forøges drastisk temmelig hurtigt. Det kommer sig af, at vi kan vælge at repræsentere tiden enten diskret eller som et kontinuum, og dertil kommer, at vi ofte har med udsagn at gøre, der implicerer en forgrenet tidsopfattelse – eksempelvis udsagn, der vedrører *fremtidige kontingente* forhold.

Allerede Aristoteles bekymrede sig om, hvorvidt udsagn af typen

Athen vil vinde søslaget i morgen

er sande eller falske. Aristoteles pointerede, at hvis bivalenspricippet holder, så er alle udsagn enten sande eller falske, inklusive "Athen vil vinde søslaget i morgen". Hvis udsagnet er sandt 'nu', er det allerede bestemt eller determineret, at Athen vil vinde søslaget *i morgen*. På den anden side, hvis udsagnet er falsk 'nu', er det også allerede determineret, at Athen ikke vil vinde søslaget i morgen. Hvis dette imidlertid er korrekt, uanset udfaldet så, er udfaldet allerede determineret. Eftersom der ikke er noget specielt ved det oprindelige udsagn, ser det ydermere ud til at følge, at alt, hvad der sker, må ske med nødvendighed! På den anden side, hvis vi er udstyret med fri vilje, så må det være falsk, at alt sker med nødvendighed! Problemet om fremtidige kontingente forhold vedrører herefter tre generelle filosofiske spørgsmål:

1. Spørgsmålet om, hvorvidt bivalensprincippet er universelt gyldigt.

2. Spørgsmålet om forholdet mellem fri vilje og determinisme i menneskelige anliggender.

7.1 Temporal logik

3. Spørgsmålet om (guddommelig) "for-viden" om verdens udvikling.[1]

En måde at løse problemet på er at modificere den klassiske logiks semantik, således at det bliver en *trivalent* logik, hvor bivalensprincippet ikke er gyldigt for fremtidige kontingente udsagn. Den polske logiker Jan Lukasiewicz (1878-1956) foreslår en sådan løsning, således at mængden af sandhedsværdier har tre valenser og sandhedstilskrivningen

$$(t, \mathbf{p}) \longmapsto \varphi(t, \mathbf{p}) \in \{\top, \mathsf{u}, \bot\}$$

hvor 'u' står for 'uafgjort', hvilket er den værdi, der skal tilskrives fremtidige kontingente udsagn. Det betyder eksempelvis, at sandhedstabellen for negationen kommer til at se således ud

Negation

$$\{\top, \mathsf{u}, \bot\}$$

A	$\neg A$
$\top$	$\bot$
u	u
$\bot$	$\top$

mens konjunktionen har følgende sandhedstabel:

Konjunktion

$$\{\top, \mathsf{u}, \bot\}$$

A	B	$A \wedge B$
$\top$	$\bot$	$\bot$
$\bot$	$\top$	$\bot$
$\top$	$\top$	$\top$
$\bot$	$\bot$	$\bot$
u	$\bot$	$\bot$
u	$\top$	u
$\top$	u	u
$\bot$	u	$\bot$
u	u	u

Det skal bemærkes, at at Lukasiewicz' trivalente logik stadig er baseret på en lineær tidsopfattelse, hvor udsagn i lineær tid kan mangle en egentlig sandhedsværdi.

---

[1] Vi har allerede i kapitel 2 stiftet bekendskab med dette spørgsmål i forbindelse med formaliseringsopgaverne i $\mathcal{L}_{PROP}$, se side 37.

Der findes en anden indfaldsvinkel, der giver et tilsvarende resultat, nemlig at benytte sig af en forgrenet tidsopfattelse. Mange andre udsagn har nemlig en karakter, der ligner den, der gør sig gældende for søslaget:

Hvis det var tilfældet, at jeg var taget af sted, så ville jeg have fundet de vises sten på et tidspunkt.

Her er der ikke tale om en standard materiel implikation, men om et *kontrafaktisk* eller *subjunktivt konditionale*, der udtaler sig om den hypotetiske eller mulige situation, hvor jeg havde valgt at tage af sted, hvilket jeg nødvendigvis ikke reelt valgte at gøre.

Dertil kommer, at i denne mulige situation, dér ville jeg have fundet de vises sten på et tidspunkt i fremtiden. Med andre ord, så er der tale om både *aletiske og temporale modaliteter* i udsagnet, og sandhedsbetingelserne vil således afhænge både af andre mulige situationer og af andre tidspunkter.

Logikker, der blander aletiske og temporale operatorer, giver anledning til forgrenede tidsopfattelser, som vi kort så på i forbindelse med modeksemplerne til aksiom (7.10) og (7.11) ovenfor. Mange forskelligartede semantiske strukturer kan defineres, men lad os som et simpelt eksempel henholde os til en mængde af mulige verdener $\mathcal{W}$, hvor hver mulig verden har den *samme* fikserede tidsakse. På denne måde kan vi tale om sandheden af et givent udsagn A til tiden t i en mulig verden v. Det betyder, at vi ud over $\mathcal{W}$ også skal have $\mathcal{T}$ som en mængde af tidspunkter, en tilgængelighedsrelation R_t til en tid t over mulige verdener og en 'tidligere-senere'-relation $<$ over $\mathcal{T}$. Med denne konstruktion kan vi så eksempelvis definere:

1. $\mathbb{M} \models_{v,t} \Box A$, hvis, og kun hvis, for alle $u \in \mathcal{W}$ således, at $R_t(v,u)$ gælder $\mathbb{M} \models_{u,t} A$.

2. $\mathbb{M} \models_{v,t} \mathsf{G} A$, hvis, og kun hvis, for alle $t' \in \mathcal{T}$ således, at $t < t'$ gælder $\mathbb{M} \models_{v,t'} A$.

Betingelse (1) siger, at den velformede formel $\Box A$ er sand i en mulig verden v til tiden t, hvis, og kun hvis, A er sand i alle mulige verdener u, der er tilgængelige fra v til tiden t, mens (2) siger, at den velformede formel $\mathsf{G} A$ er sand i en mulig verden v til tiden t, hvis, og kun hvis, A er sand for alle fremtidige tidspunkter t' i den mulige verden v. Man kunne hertil vælge at lade den tidsindeksikale tilgængelighedsrelation R_t definerere på en sådan måde, at den holder, hvis, og kun hvis, de mulige verdener v og u har samme historie op til tidspunktet t. Det forgrenede verdensbillede ser herefter ud som i figur 7.2, hvor den optrukne pil repræsenterer verdens aktuelle historie.

Forgrenet tid i den kombinerede aletiske og temporale logik er en kompliceret affære, som vi ikke vil forfølge yderligere her. Oprindeligt blev

7.1 Temporal logik

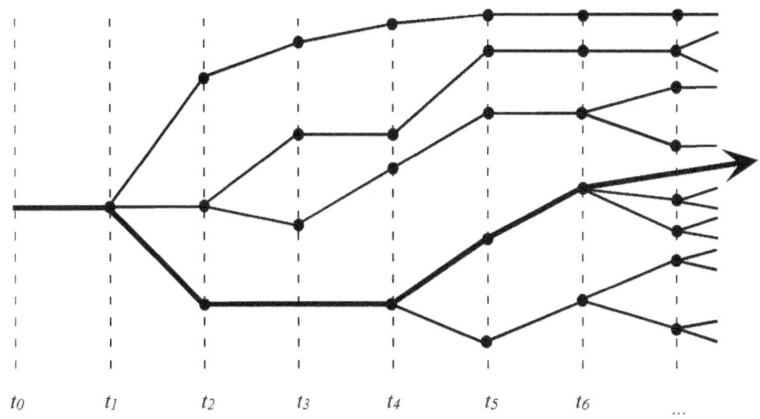

Figur 7.2 Den forgrenede tidsopfattelse.

idéen om at kombinere aletiske og temporale operatorer udviklet af den engelske logiker og filosof A.N. Prior (1914-1969) i et forsøg på at løse problemerne knyttet til fremtidige kontingente udsagn. Siden har mange logikere, deriblandt de danske logikere og dataloger Peter Øhrstrøm, Per Hasle[2] og Torben Bräuner bidraget med værdifulde resultater, der giver yderligere indblik i den logiske form af, og blotlæggelse af semantikken for, komplicerede kombinerede aletiske og temporale udsagn

Litteratur

[Braüner et al. 98a], [Braüner et al. 98b], [Burgess 84]
i [Gabbay et al. 84], vol. II., [Øhrstrøm & Hasle 95].

Benthem, Johan van. *The Logic of Time. Second, Revised Edition.* Kluwer Academic Publishers, 1991.

Gabbay, Dov M., og Mark Reynolds. *Temporal Logic: Mathematical Foundations and Computational Aspects.* Oxford University Press, 1994.

Gamut, L. T. F. *Logic, Language and Meaning: Volume 2: Intensional Logic and Logical Grammar.* Chicago: University of Chicago Press, 1991.

Goldblatt, Robert. *Logics of Time and Computation.* University of Chicago Press, 1982.

---
[2] Torben Bräuner, Per Hasle og Peter Øhrstrøm er redaktører af genudgivelsen af A.N. Priors værker. Se http://www.hum.auc.dk/prior.

McArthur, R.P. *Tense Logic.* D. Reidel, 1976.

Prior, Arthur. *Papers on Time and Tense.* Oxford University Press, 1968.

Prior, Arthur. *Past, Present, and Future.* Oxford University Press, 1978.

Prior, Arthur. *Time and Modality.* Oxford University Press, 1957.

Prior, Arthur og Kit Fine. *Worlds, Times, and Selves.* University of Massachusetts Press, 1977.

Rescher, Nicholas og Alasdair Urquhart. *Temporal Logic.* Springer-Verlag, 1971.

7.2 Epistemisk logik

I 1950'erne pointerede logikeren og filosoffen Georg von Wright, at de kognitive eller epistemiske begreber om verifikation og falsifikation er relateret til hinanden på samme måde, som de aletiske begreber om nødvendighed og umulighed er det. Dertil kommer, at de to begrebspar opfører sig på logisk analoge måder. Dette er ikke så overraskende endda, eftersom meningen med de aletiske modaliteter ofte forklares på epistemisk vis, givet idéen om tilgængelighedsrelationen mellem mulige situationer eller mulige verdener, der igen specificeres af, hvad man som person med rimelighed kan forestille sig er tilgængelige situationer eller verdener.

Von Wrigths observation igangsatte ikke desto mindre et helt nyt forskningsprogram i begyndelsen af 1960'erne med filosoffen og logikeren Jaakko Hintikka i spidsen (i øvrigt elev af von Wright). Programmet gik ud på at afdække den logiske form af udsagn, hvori der er forekomst af *epistemiske*[3] operatorer eller konnektiver som

$$\text{agent } \Xi \text{ ved } A \quad [4]$$

eller *doxastiske*[5] operatorer som

$$\text{agent } \Xi \text{ tror } A$$

hvor A er en vilkårlig velformet formel i $\mathcal{L}$. Her er to eksempler:

1. Mimi ved, at $\sqrt{4} + \sqrt{9} = 5$.
2. Mimi tror, at $\sqrt{4} + \sqrt{9} = 4$.

Lader vi Ξ stå for Mimi, K for vidensoperatoren og

$$A : \sqrt{4} + \sqrt{9} = 5$$

og tilsvarende B for tro eller overbevisning og

$$C : \sqrt{4} + \sqrt{9} = 4$$

så kan 1 og 2 formaliseres som

$$K_\Xi A \quad \text{og} \quad B_\Xi C$$

---
[3] Afledt af det græske *episteme*, der kan oversættes med 'viden'.
[4] 'Agent' står for person.
[5] Afledt af det græske *doxa*, der kan oversættes med 'tro' eller 'overbevisning'.

med følgende klassiske sandhedstabel:

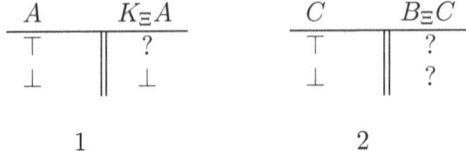

1 2

Viden og tro/overbevisning giver tillige anledning til spørgsmålstegn i sandhedstilskrivningen klassisk set. Det eneste man kan sige er, at viden har et sandhedskrav bundet til sig – det er et intrinsisk træk ved viden, at det, man ved noget om, må være sandt – som en nødvendig, men ikke tilstrækkelig betingelse for viden, og i det specifikke tilfælde er det sandt, at $\sqrt{4} + \sqrt{9} = 5$. Siden viden typisk anses for en slags sand overbevisning, så må det være tilfældet, at hvis A er falsk, så er tillige $K_\Xi A$ falsk. På den anden side, hvis A er sand, så siger dette intet om $K_\Xi A$. Værre er det endnu med tro/overbevisning selv. For det første er der ikke noget i vejen for, at en given agent tror noget falsk. Det er eksempelvis falsk, at $\sqrt{4} + \sqrt{9} = 4$, men derfor kan Mimi jo sagtens tro det alligevel. Omvendt, selv hvis udsagnet var $\sqrt{4} + \sqrt{9} = 5$, så fikserer det på ingen måde sandhedsværdien for $B_\Xi C$. Tro eller overbevisning har ikke typisk et sandhedskrav knyttet til sig. "Typisk" idet man godt kan definere *rationel* overbevisning eller *sikkerhed* på en sådan måde, at de har et tilnærmelsesvist sandhedskrav knyttet til sig, eller der er en rimelig sandsynlighed for, at disse overbevisninger er sande.

Som for den temporale logik består problemet atter i at fastlægge semantikken for den epistemiske og doxastiske operator. Oprindeligt arbejdede Hintikka med såkaldte *modelmængder* frem for mulige verdener, men set i lyset af den mulige verdens semantik formulerede Hintikka følgende formelle fortolkning

$K_\Xi C$: I alle mulige verdener kompatible med, hvad Ξ ved, er det tilfældet, at C,

$B_\Xi C$: I alle mulige verdener kompatible med, hvad Ξ tror, er det tilfældet, at C,

hvor C igen er en vilkårlig velformet formel. Tilføjes operatorerne K_Ξ og B_Ξ til udsagnslogikken, opnås $\mathcal{L}(K_\Xi, B_\Xi)$. Man kalder undertiden også viden og overbevisning om udsagn for *propositionelle attituder*, eftersom viden og tro er attituder, man kan have over for propositioner.

Hintikkas grundlæggende semantiske antagelse er den, at tilskrivningen af enhver propositional attitude, hvad enten denne er epistemisk eller doxastisk (eller en hel tredje type), kræver en passende opdeling eller *partitionering* af mængden af de epistemiske henholdsvis doxastiske mulige verdener afhængig af, om den pågældende verden er kompatibel med den givne

7.2 Epistemisk logik

attitude eller ej. En model for den epistemiske udsagnslogik udgøres igen af en mængde mulige verdener $\mathcal{W}$, der repræsenterer epistemiske alternativer, en tilgængelighedsrelation R og en sandhedstilskrivning φ. De epistemiske alternativer til en given mulig verden specificeres af en mængde betingelser, der atter stiller krav til tilgængelighedsrelationen mellem mulige alternativer. Eksempelvis har Hintikka følgende betingelse:

(**C.K**): Hvis $K_\Xi A$ er sand i en mulig verden v, og u er et epistemisk alternativ til v, så er A sand i u. [Hintikka 62]

Antager man således, at den epistemiske tilgængelighedsrelation er *refleksiv*, er aksiomet

$$K_\Xi A \to A \qquad (7.15)$$

ud over selvfølgelig det karakteristiske aksiom for **K**, gyldigt for K-operatoren på samme måde som $\Box A \to A$ er gyldigt i den aletiske udsagnslogik. Hvis tilgængelighedsrelationen ydermere er *symmetrisk*, opnår man

$$A \to K_\Xi \neg K_\Xi \neg A \qquad (7.16)$$

som gyldigt aksiom svarende til det karakteristiske aksiom for system **B** i den aletiske logik, idet den duale operator til $K_\Xi A$ defineres som $\neg K_\Xi \neg A$. B-aksiomet antages stort set aldrig at være et plausiblt aksiom for viden, eftersom sandheden af en vilkårlig velformet formel ikke behøver implicere noget om, at en given agent har et epistemisk forhold til denne formel.

Hvis tilgængelighedsrelationen er *transitiv*, opnår man

$$K_\Xi A \to K_\Xi K_\Xi A \qquad (7.17)$$

eller den såkaldte KK-tese (også undertiden kaldet aksiomet for *positiv introspektion*), der siger, at hvis en agent Ξ ved noget, så ved han, at han ved det. Dette svarer i sagens natur til det karakteristiske aksiom for **S4**. Man kunne også kræve, at den epistemiske tilgængelighedsrelation er både refleksiv, symmetrisk og transitiv, hvormed man som gyldigt aksiom har

$$\neg K_\Xi A \to K_\Xi \neg K_\Xi A \qquad (7.18)$$

der siger, at hvis en agent Ξ ikke ved A, så ved han, at han ikke ved A. Det sidstnævnte aksiom kaldes også undertiden *visdomsaksiomet* (eller aksiomet for *negativ introspektion*) og udgør det karakteristiske aksiom for **S5** fortolket epistemisk. Det vil sige, at de aletiske systemer nu udgør en slags skala for, hvor stærk viden kan være med hensyn til gyldighed.

Moderne epistemisk logik fortsætter på en lignende måde. Logikeren Joseph Halpern [Halpern 95] foreslår en mulig verdens semantik for singulære agenter med en KB-struktur bestående af et par $KB = <\mathcal{W}, \mathcal{W}'>$, hvor $\mathcal{W}$ er en ikke tom mængde af sandhedstilskrivninger, $\mathcal{W} \subseteq \mathcal{W}'$ og

Aksiom	Formel	Navn
D	$K_\Xi A \to \neg K_\Xi \neg A$	KONSISTENS
T	$K_\Xi A \to A$	SANDHED
K	$K_\Xi(A \to C) \to (K_\Xi A \to K_\Xi C)$.	AFSLUTTET
4	$K_\Xi A \to K_\Xi K_\Xi A$	KK-TESEN
5	$\neg K_\Xi A \to K_\Xi \neg K_\Xi A$	VISDOM
.2	$\neg K_\Xi \neg K_\Xi A \to K_\Xi \neg K_\Xi \neg A$.	.2
.3	$K_\Xi(K_\Xi A \to K_\Xi C) \vee K_\Xi(K_\Xi C \to K_\Xi A)$	.3
.4	$A \to (\neg K_\Xi \neg K_\Xi A \to K_\Xi A)$	.4

Tabel 7.1 Vidensaksiomer.

$\mathcal{W}' \neq \emptyset$. Intuitivt set skal $\mathcal{W}$ opfattes som mængden af verdener, der er konsistent med den pågældende agents øvrige information, mens $\mathcal{W}'$ skal opfattes som mængden af verdener, som agenten anser for mest sandsynlige. Dette giver med andre ord en stærk doxastisk operator som rationel overbevisning. Givet denne KB-struktur er det muligt at definere, hvad der menes med, at en given velformet formel er sand i en situation eller verden (KB, v) således, at $v \in \mathcal{W}$. For propositionssymbolerne p_1, p_2, p_3, ... defineres $(KB, v) \models p_i, i \in \mathbb{N}$, hvis p_i er sand under sandhedstilskrivningen i v. De øvrige velformede formler konstrueret ved de logiske konnektiver følger den traditionelle procedure for tilskrivning af sandhedsbetingelser. Viden defineres relativt til sandhed i alle verdener i $\mathcal{W}$, mens tro eller overbevisning identificeres med sandhed i alle verdener i $\mathcal{W}'$:

1. $(KB, v) \models K_\Xi A$, hvis, og kun hvis, $(KB, u) \models A$ for alle $u \in \mathcal{W}$.

2. $(KB, v) \models B_\Xi A$, hvis, og kun hvis, $(KB, u) \models A$ for alle $u \in \mathcal{W}'$.

Ved at variere kravene til tilgængelighedsrelationen er det igen muligt at opnå forskellige begreber om viden og overbevisning. Oftet argumenteres der eksempelvis for, at viden er **S4**-stærk, sågar til tider **S5**-stærk og alt derimellem inklusive **S4.2-S4.4**, mens overbevisning typisk antages at være mellem **KD-KD4-KD45**-stærk (Tabel 7.1).

Navnene for de pågældende epistemiske aksiomer er oplagte. Viden kan således være

KONSISTENT i den forstand, at hvis Ξ ved A, så ved Ξ ikke også $\neg A$.

SAND i den forstand, at hvis Ξ ved A, så er A sand.

AFSLUTTET over for den materielle implikation.

KK i den forstand, at hvis Ξ ved A, så ved Ξ, at hun ved A.

7.2 Epistemisk logik

VISDOM i den forstand, at hvis Ξ ikke ved A, så ved Ξ, at hun ikke ved A.

Aksiomerne .2-.4 er mere eksotiske og antages ofte kun med et særligt formål for øje. I denne forbindelse har Halpern følgende instruktive kommentar:

> My own feeling is that there is no unique right notion of knowledge; the appropriate notion is application dependent. ([Halpern 95]), p. 483.

En af de filosofiske indvendinger, man ofte præsenteres for, er den epistemiske logiks manglende relation til mere generelle erkendelsesteoretiske spørgsmål. Tag eksempelvis følgende definition af viden, som der blandt filosoffer er konsensus om, overordnet set, er gældende for det propositionelle vidensbegreb:

Definition 86
Agent Ξ ved A, hvis, og kun hvis,

1. Ξ tror A

2. A er sand

3. Ξ er retfærdiggjort i overbevisningen om, at A er sand.

De tre komponenter i definitionen har ikke alle nydt lige stor opmærksomhed. I denne standard tre-delte definition af viden antages overbevisning som en psykologisk primitiv eller dispositionel psykologisk tilstand, der eksisterer både når den manifesterer sig og ikke manifesterer sig – det er blot en betingelse, der knytter agenten til det, som han i sidste instans siges at vide noget om. Selvom viden kræver, at agenten tror A, så er tilfredsstillelsen af denne betingelse 1 alene ikke tilstrækkelig til at sikre viden om A, siden det at tro A er konsistent med, at A er falsk. Det forklarer tillige, hvorfor man aldrig lader B-operatoren tilfredsstille aksiom T ovenfor, men blot lader operatoren tilfredsstille konsistens eller aksiom D, der implicerer konsistens mellem overbevisninger.[6] Hvad det også forklarer, er betingelse 2. Standardanalysen af viden foreslår således, at en nødvendig betingelse for viden om A er, at A er sand – det sandhedskrav til viden, som blev omtalt indledningsvist.[7]

---

[6] Det kan selvfølgelig ydermere indgående diskuteres, om vores overbevisninger altid er konsistente. På den anden side, hvis overbevisning defineres som rationel overbevisning eller sikkerhed, virker det meget rimeligt, at der skal være konsistens mellem sådanne overbevisninger.

[7] Begrebet om sandhed er ikke et uproblematisk begreb. I filosofien opererer man med flere forskellige slags sandhedsteorier fra korresponds-, over koherens-, til redundansteorier og pragmatiske teorier for sandhed. De har imidlertid ikke direkte logisk relevans her.

Betingelse 3 er den betingelse, der i epistemologien eller erkendelsesteorien har udgjort den mest problematiske betingelse siden Platon, og den betingelse de fleste erkendelsesteoretikere har bekymret sig om, eftersom den virker svær at specificere. I definition 86 ovenfor kræver enhver videnspåberåbelse, at tilfredstillelsen af overbevisnings- eller trosbetingelsen 1 på "adækvat" vis er forbundet med sandhedsbetingelsen 2. Betingelse 1 og 2 er tilsammen utilstrækkelige til at sikre viden, siden sande overbevisninger kan være resultat af gisninger, tilfældige slutninger, evidens indsamlet under obskure omstændigheder etc.[8] Betingelse 3 udsiger, at kun hvis der kan gives et argument, hvorigennem det beskrives, hvorfor de to betingelser på passende vis er forbundet, kan man sige, at agent Ξ har viden om A. Det er her problemet ligger vedrørende den tredje betingelse, for hvad skal vi mere præcist forstå ved et argument, der knytter de to øvrige betingelser sammen? Erkendelsesteoretikere har givet mange forskellige bud herpå, og det er til stadighed et åbent spørgsmål.

Eftersom epistemisk logik er logikken for viden og tro eller overbevisning, skulle man synes, at den kunne bidrage til en løsning af dette problem vedrørende den tredje betingelse om retfærdiggørelse. Det gør den imidlertid ikke – eller i hvert fald er der mange logikere med interesse for epistemisk logik, der ikke mener, at den bør gøre det:

> The search for the correct analysis of knowledge, while certainly of extreme importance and interest to *epistemology*, seems not significantly to affect the object of epistemic logic, *i.e.* the question of validity of certain epistemic-logical principles. [Lenzen 78], p. 34.

På den anden side så forfølger Hintikka oprindeligt idéen om, at den epistemiske logik på væsentlig vis skal forsøge at bidrage til løsningen af større erkendelsesteoretiske problemer. Ifølge Hintikka er de epistemiske aksiomer betingelser, der beskriver en form for generel rationalitet. De udsagn, der kan bevises at være falske, givet anvendelsen af de epistemiske aksiomer, er ikke inkonsistente, forstået på den måde, at deres sandhed er logisk umulig, men nærmere "uforsvarlige". Uforsvarlighed defineres som agentens dovenskab eller manglende kapacitet til i fortiden, nutiden eller fremtiden at tage de logiske konsekvenser af, hvad han ved:

> In order to see this, suppose that a man says to you, "I know that p but I don't know whether q" and suppose that p can be shown to entail logically q by means of some argument which he would be willing to accept. Then you can point out to him that what he says he does not know is already implicit in what he claims he knows.

---

[8]Sådanne overbevisninger skal i sagens natur ikke tælle som viden, siden betingelserne 1 og 2 kun på utilfredsstillende eller inadækvat vis, er forbundet med hinanden, givet de usikre metoder, igennem hvilke man er nået frem til tilfældigvis sande overbevisninger.

7.2 Epistemisk logik

If your argument is valid, it is irrational for our man to persist in saying that he does not know whether q is the case. ([Hintikka 62]), p. 31.

Begrebet om epistemisk forsvarlighed giver et billede af den kognitive status, som de epistemiske aksiomer har ifølge Hintikka. Et epistemisk udsagn, for hvilket dets negation er uforsvarlig, kaldes et *selvberoende* udsagn. *Selvberoende udsagn svarer til logisk gyldige udsagn, hvorfor et selvberoende udsagn er rationelt uforsvarligt at benægte*. Så epistemiske aksiomer beskriver en form for generel rationalitet.

Det er lidt mere uigennemsigtigt, hvad moderne epistemisk logik vil sige, ud over hvad Lenzen allerede har påpeget ovenfor om den manglende relevans af de klassiske erkendelsesteoretiske spørgsmål for den epistemiske logik. Det hænger sammen med, at moderne epistemisk logik har en række datalogiske anvendelser. Såvel lødigheden som plausibiliteten af forskellige epistemiske aksiomer er nu betinget af, om det giver beregningsmæssige fordele.

På den anden side er der to aspekter, som den moderne epistemiske logik har taget til efterretning, men som man ikke finder i den klassiske epistemiske logik modus Hintikka og Lenzen.

1. Agenten Ξ spiller faktisk ingen rolle i den epistemiske logik, der er udviklet af Hintikka, Lenzen og andre, ud over at være et indeks på den epistemiske tilgængelighedsrelation. Der er imidlertid ikke meget epistemisk opførsel i at være indeks forstået på den måde, at det, vi er interesserede i at få at vide, er, hvordan agenten Ξ opnår sin viden – eller nærmere, hvordan agenten skal opføre sig – for at opnå den epistemiske styrke, som de epistemiske aksiomer beskriver. Dertil er det ikke tilfredstillende at få at vide, at agenten blot er et indeks på tilgængelighedsrelationen, for der er igen ikke noget epistemisk interessant i at være et indeks. Ydermere er den definition, som Hintikka og Lenzen bidrager med, cirkulær, hvis man ikke udøver en vis barmhjertighed over for den formelle fortolkning af viden og tro / overbevisning: De epistemiske alternativer er defineret ved, at de tilfredsstiller visse betingelser som (**C.K.**) ovenfor og andre relationelle forskrifter. Hvad der afgrænser mængden af levedygtige alternativer er, om de tilfredsstiller de kriterier, der udgør viden. Det betyder, at de epistemiske eller doxastiske attituder er definerede relativt til mængden af tilgængelige mulige verdener, men samtidig er tilgængelighedsrelationen defineret relativt til, hvad de epistemiske eller doxastiske attituder viser sig at indeholde! Det er tæt på at være cirkulært.

2. Viden er noget, vi opnår i tid. Derfor forudsætter en adækvat modellering af vidnstillegnelse, at det temporale aspekt også indgår i

modellen. Med andre ord temporal og epistemisk logik skal blandes på tilsvarende måde, som vi så det med temporal og aletisk logik i forbindelse med fremtidige kontingente udsagn.

Fagin, Halpern, Moses og Vardi har i [Fagin et al. 95] givet en vidensmodel for multi-agent-systemer, der begynder at udbedre de to svagheder, som den klassiske epistemiske logik udviser. I multi-agent-systemer kan agenterne være alt fra robotter på et samlebånd til poker-spillere. Enhver agent i et givent system er i en bestemt *lokal* tilstand til enhver given tid, hvor den lokale tilstand inkluderer al den information, der er til agentens rådighed modulus 'nu'. Hele systemet er i en bestemt *global* tilstand bestemt af de indgående agenters lokale tilstande sammen med den yderligere information, som i øvrigt måtte være relevant, og som ikke indgår som en del af agenternes lokale tilstande. Mængden af lokale tilstande, som de indgående agenter er i til et givent tidspunkt, kaldes for en *tupel*, mens den yderligere information kaldes for et *miljø*. Et sådant system er en dynamisk entitet givet de lokale og globale tilstande til bestemte tider. For at modellere denne dynamik defineres en *kørsel* over dette system. En kørsel er defineret som en funktion fra tidsindekser til globale tilstande. På denne måde kan en kørsel opfattes som en beskrivelse af systemets dynamik. Begrebet om *punkter* spiller en væsentlig rolle som par, der består af en kørsel og et tidspunkt. Så for ethvert givent tidspunkt er systemet i en global tilstand som funktion af det bestemte tidspunkt. Men siden den globale tilstand er defineret som tuplen af lokale tilstande, kan den enkelte agents lokale tilstand udledes på det punkt. Formelt kan systemet således defineres som en samling kørsler snarere end agenter, hvor det der modelleres er systemets mulige opførsler. Det antages ofte, at systemet er *synkront* på den måde, at alle de involverede agenter ved, hvad klokken er i overensstemmelse med det "globale ur".

Et sådant system kan opfattes som en Kripke-struktur med en ækvivalensrelation over punkter. Den epistemiske tilgængelighedsrelation er bestemt af mulige punkter: Et punkt er muligt fra et nuværende punkt, hvis agenten er i samme lokale tilstand på begge punkter. Viden bestemmes herefter af agenternes lokale tilstande. Sandhed af en velformet formel defineres nu relativt til et punkt. Dette træk åbner for muligheden af at introducere temporale operatorer foruden den epistemiske operator. Mere specifikt gælder det, at man kan introducere en universel fremtidsoperator ('□' i notationen fra [Fagin et al. 95]), hvor en velformet formel er sand modulus for det nuværende punkt og for alle fremtidige punkter; man kan introducere en singulær fremtidsoperator ('◊'), der definerer sandheden af en velformet formel for et fremtidigt punkt. Derudover defineres også to yderligere operatorer; den ene kaldet 'næste gang'-operatoren ('○'), der siger, at en given velformet formel er sand i næste punkt, mens 'indtil'-operatoren (' _U_ '), der for to argumenter A og B siger, at $A U B$ er sand, hvis A er sand, indtil B er sand. Ingen fortidsoperatorer er defineret, og i øvrigt er tidsopfattelsen lineær og ikke forgrenet.

I multi-agent-systemer antages det også undertiden, at agenterne har visse epistemiske egenskaber – eksempelvis hvad [Fagin et al. 95] kalder *perfekt hukommelse*. Idéen er den, at de pågældende agenter, der indgår i det dynamiske system, kan genkalde sig alle de tidligere lokale tilstande, de har været i op til et givent tidspunkt. Med andre ord kodificerer agentens nuværende tilstand alt det, som er sket for den givne kørsel. Det betyder, at moderne epistemisk logik er begyndt at bekymre sig om den opførsel, som de givne agenter udviser eller kan udvise.

Det er selvfølgelig, som det bør være. Siden det er en agent, der opnår viden, er det en naturlig konsekvens, at hvorvidt agenten opnår viden eller ej, er betinget af – eller intimt forbundet med – de forskrifter, der er for agenternes epistemiske eller metodologiske opførsel relativt til den tid, i løbet af hvilken viden tilegnes. Det er en af de primære indsigter, hvorfra vi har opbygget *modal operatorteori* (MOT), [Hendricks & Pedersen 00d], [Hendricks 01] og [Hendricks & Pedersen 01]. modal operatorteori er en form for modallogik, i hvilken både aletiske, temporale og epistemiske operatorer kan defineres i én og samme grundlæggende formelle ramme med en forgrenet tidsopfattelse. Hos eksempelvis [Hendricks 01] er modal operatorteori blevet anvendt til at studere vidensudvikling og styrke i tid. Se også mere på den modale operator teoris hjemmeside http://www.mot.ruc.dk.[9]

Litteratur

[Fagin et al. 95], [Halpern 95], [Hendricks 01], [Hendricks & Pedersen 00d], [Hendricks & Pedersen 01], [Hendricks et al. 03], [Hintikka 62], [Lenzen 78].

Halpern, J.Y. "Reasoning about knowledge: a survey," i *Handbook of Logic in Artificial Intelligence and Logic Programming*, Vol. 4, Gabbay, D., Hogger, C. J. og Robinson, J. A. (red.). Oxford University Press, 1995.

Hintikka, Jaakko og Merrill. *The Logic of Epistemology and the Epistemology of Logic: Selected Essays*. Kluwer Academic Publishers, 1988.

Meyer, John-Jules Ch. og van der Hoek, Wiebe. *Epistemic Logic for AI and Computer Science*, Cambridge Tracts in Theoretical Computer Science, 1995.

---

[9] Man kan finde mere information om filosofisk logik, herunder aletisk, temporal og epistemisk logik, på hjemmesiden for ΦLOG —The Danish Network for Philosophical Logic and its Applications: http://www.philog.ruc.dk.

Schlesinger, George N. *The Range of Epistemic Logic*. Aberdeen University Press, 1985.

Sowa, John F. *Knowledge Representation: Logical, Philosophical, and Computational Foundations*. Pacific Grove, California: Brooks/Cole, 2000.

A Sandhedstabeller for de logiske konnektiver

Negation

A	$\neg A$
$\top$	$\bot$
$\bot$	$\top$

Konjunktion

A	B	$A \wedge B$
$\top$	$\top$	$\top$
$\top$	$\bot$	$\bot$
$\bot$	$\top$	$\bot$
$\bot$	$\bot$	$\bot$

Disjunktion

A	B	$A \vee B$
$\top$	$\top$	$\top$
$\top$	$\bot$	$\top$
$\bot$	$\top$	$\top$
$\bot$	$\bot$	$\bot$

Materiel implikation

A	B	$A \to B$
$\top$	$\top$	$\top$
$\top$	$\bot$	$\bot$
$\bot$	$\top$	$\top$
$\bot$	$\bot$	$\top$

Biimplikation

A	B	$A \leftrightarrow B$
$\top$	$\top$	$\top$
$\top$	$\bot$	$\bot$
$\bot$	$\top$	$\bot$
$\bot$	$\bot$	$\top$

Eksklusiv disjunktion (†)

A	B	$A \veebar B$
$\top$	$\top$	$\bot$
$\top$	$\bot$	$\top$
$\bot$	$\top$	$\top$
$\bot$	$\bot$	$\bot$

Sandhedstabeller for de logiske konnektiver

Gensidig
afvisning
(†)

A	B	$A \downarrow B$
$\top$	$\top$	$\bot$
$\top$	$\bot$	$\bot$
$\bot$	$\top$	$\bot$
$\bot$	$\bot$	$\top$

Sheffers
streg
(†)

A	B	$A \wr B$
$\top$	$\top$	$\bot$
$\top$	$\bot$	$\top$
$\bot$	$\top$	$\top$
$\bot$	$\bot$	$\top$

B Forgreningsregler for semantiske tableauer

B.1 Klassisk logik

Negation

$\neg\neg A$ ✓
|
A

Konjunktion

∧-regel

$A \wedge B$ ✓
|
A
B

¬∧-regel

$\neg(A \wedge B)$ ✓
╱╲
$\neg A \quad \neg B$

Disjunktion

∨-regel

$A \vee B$ ✓
╱╲
$A \quad B$

¬∨-regel

$\neg(A \vee B)$ ✓
|
$\neg A$
$\neg B$

Materiel implikation

→-regel

$A \rightarrow B$ ✓
╱╲
$\neg A \quad B$

¬→-regel

$\neg(A \rightarrow B)$ ✓
|
A
$\neg B$

Forgreningsregler for semantiske tableauer

Biimplikation

$\leftrightarrow$-regel

$A \leftrightarrow B$ ✓
$A \quad \neg A$
$B \quad \neg B$

$\neg \leftrightarrow$-regel

$A \leftrightarrow B$ ✓
$A \quad \neg A$
$\neg B \quad B$

Universalkvantor

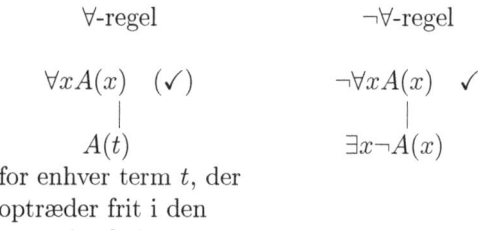

$\forall$-regel

$\forall x A(x)$ (✓)
$|$
$A(t)$
for enhver term t, der
optræder frit i den
gren, der forlænges.

$\neg\forall$-regel

$\neg\forall x A(x)$ ✓
$|$
$\exists x \neg A(x)$

Eksistenskvantor

$\exists$-regel

$\exists x A(x)$ ✓
$|$
$A(a)$
for en ny konstant
a, der ikke allerede
optræder i den gren,
.der forlænges.

$\neg\exists$-regel

$\neg\exists x A(x)$ ✓
$|$
$\forall x \neg A(x)$

B.2 Aletisk logik

$\Box$-regel

$\alpha : \overset{\star}{\Box} A$ ✓

$\neg\Box$-regel

$\alpha : \neg\Box A$ ✓
$\downarrow$
$\alpha k : \neg A$

B.2 Aletisk logik

◊-regel

$\alpha : \Diamond A$ ✓
$\downarrow$
$\alpha k : A$

¬◊-regel

$\alpha : \neg \overset{\star}{\Diamond} A$ ✓

C Bevissystemer og slutningsregler

C.1 Klassisk logik

C.1.1 Gentzens sekventkalkule

$$\Gamma, A \leadsto \Delta, A \qquad (Ax)$$

$$\frac{\Gamma, \neg A \leadsto \Delta}{\Gamma \leadsto \Delta, A} \quad (\neg \leadsto) \qquad \frac{\Gamma \leadsto \Delta, \neg A}{\Gamma, A \leadsto \Delta} \quad (\leadsto \neg)$$

$$\frac{\Gamma, A \wedge B \leadsto \Delta}{\Gamma, A, B \leadsto \Delta} \quad (\wedge \leadsto) \qquad \frac{\Gamma \leadsto \Delta, A \wedge B}{\Gamma \leadsto \Delta, A \mid \Gamma \leadsto \Delta, B} \quad (\leadsto \wedge)$$

$$\frac{\Gamma, A \vee B \leadsto \Delta}{\Gamma, A \leadsto \Delta \mid \Gamma, B \leadsto \Delta} \quad (\vee \leadsto) \qquad \frac{\Gamma \leadsto \Delta, A \vee B}{\Gamma \leadsto \Delta, A, B} \quad (\leadsto \vee)$$

$$\frac{\Gamma \leadsto \Delta, A \rightarrow B}{\Gamma, A \leadsto \Delta, B} \quad (\leadsto \rightarrow) \qquad \frac{\Gamma, A \rightarrow B \leadsto \Delta}{\Gamma, B \leadsto \Delta \mid \Gamma \leadsto \Delta, A} \quad (\rightarrow \leadsto)$$

$$\frac{\Gamma \leadsto \Delta, A \leftrightarrow B}{\Gamma, A, \neg B \leadsto \Delta \mid \Gamma, \neg A, B \leadsto \Delta} \quad (\leadsto \leftrightarrow)$$

$$\frac{\Gamma, A \leftrightarrow B \leadsto \Delta}{\Gamma, A, B \leadsto \Delta \mid \Gamma, \neg A, \neg B \leadsto \Delta} \quad (\leftrightarrow \leadsto)$$

$$\frac{\Gamma, \forall x A(x) \leadsto \Delta}{\Gamma, A(t) \leadsto \Delta} \quad (\forall \leadsto) \qquad \frac{\Gamma \leadsto \Delta, \forall x A(x)}{\Gamma \leadsto \Delta, A(v)} \quad (\leadsto \forall)$$

$$\frac{\Gamma, \exists x A(x) \leadsto \Delta}{\Gamma, A(v) \leadsto \Delta} \quad (\exists \leadsto) \qquad \frac{\Gamma \leadsto \Delta, \exists x A(x)}{\Gamma \leadsto \Delta, A(v)} \quad (\leadsto \exists)$$

C.1.2 Naturlig deduktion med kontekst

$$\leadsto s = s$$

$$s_1 = t_1, ..., s_n = t_n \leadsto F(s_1, ..., s_n) = F(t_1, ..., t_n).$$

$$s_1 = t_1, ..., s_n = t_n \leadsto R(s_1, ..., s_n) \to R(t_1, ..., t_n).$$

$$\Gamma, A \vdash A \qquad (Ax)$$

$$\neg I \ \frac{\Gamma, A \vdash \lambda}{\Gamma \vdash \neg A} \qquad \neg E \ \frac{\Gamma \vdash A \quad \Delta \vdash \neg A}{\Gamma, \Delta \vdash \lambda}$$

$$DN \ \frac{\Gamma \vdash \neg\neg A}{\Gamma \vdash A}$$

$$\wedge I \ \frac{\Gamma \vdash A \quad \Delta \vdash B}{\Gamma, \Delta \vdash A \wedge B} \qquad \wedge E \ \frac{\Gamma \vdash A \wedge B}{\Gamma \vdash A} \quad \frac{\Gamma \vdash A \wedge B}{\Gamma \vdash B}$$

$$\vee I \ \frac{\Gamma \vdash A}{\Gamma \vdash A \vee B} \quad \frac{\Gamma \vdash B}{\Gamma \vdash A \vee B} \qquad \vee E \ \frac{\Gamma \vdash A \vee B \quad \Delta, A \vdash C \quad \Theta, B \vdash C}{\Gamma, \Delta, \Theta \vdash C}$$

$$\to I \ \frac{\Gamma, A \vdash B}{\Gamma \vdash A \to B} \qquad \to E \ \frac{\Gamma \vdash A \to B \quad \Delta \vdash B}{\Gamma, \Delta \vdash B}$$

$$def. \leftrightarrow \qquad A \leftrightarrow B =_{def} (A \to B) \wedge (B \to A)$$

$$\exists I \ \frac{\Gamma \vdash A(y)}{\Gamma \vdash \exists x A(x)} \qquad \exists E \ \frac{\Gamma \vdash \exists x A(x) \quad \Delta, A(v) \vdash C}{\Gamma, \Delta \vdash C}$$

$$\forall I \ \frac{\Gamma \vdash A(v)}{\Gamma \vdash \forall x A(x)} \qquad \forall E \ \frac{\Gamma \vdash \forall x A(x)}{\Gamma \vdash A(y)}$$

$$= I \ \vdash v = v \qquad = E \ \frac{\Gamma \vdash At \quad \Delta \vdash t = s}{\Gamma, \Delta \vdash As}$$

$$\frac{\Gamma \vdash At \quad \Delta \vdash s = t}{\Gamma, \Delta \vdash As}$$

C.1.3 Naturlig deduktion uden kontekst

$$\frac{[A]\ \vdots\ \lambda}{\neg A}\ (\neg I) \qquad \frac{A \quad \neg A}{\lambda}\ (\neg E)$$

$$\frac{\neg\neg A}{A}\ (DN)$$

$$\frac{A \quad B}{A \wedge B}\ (\wedge I) \qquad \frac{A \wedge B}{A}\ (\wedge E) \qquad \frac{A \wedge B}{B}\ (\wedge E)$$

$$\frac{A}{A \vee B}$$

$$\frac{B}{A \vee B}\ (\vee I) \qquad \frac{A \vee B \quad \begin{array}{c}[A]\\ \vdots\\ C\end{array} \quad \begin{array}{c}[B]\\ \vdots\\ C\end{array}}{C}\ (\vee E)$$

$$\frac{\begin{array}{c}[A]\\ \vdots\\ B\end{array}}{A \to B}\ (\to I) \qquad \frac{A \quad A \to B}{B}\ (\to E)$$

$$\frac{\begin{array}{cc}[A] & [B]\\ \vdots & \vdots\\ B & A\end{array}}{A \leftrightarrow B}\ (\leftrightarrow I)$$

$$\frac{A \quad A \leftrightarrow B}{B} \qquad \frac{B \quad A \leftrightarrow B}{A} \qquad (\leftrightarrow E)$$

$$\frac{A(y)}{\forall x A(x)}\ (\forall I) \qquad \frac{\forall x A(x)}{A(y)}\ (\forall E)$$

$$\frac{A(y)}{\exists x A(x)}\ (\exists I) \qquad \frac{\exists x A(x) \quad \begin{array}{c}[A(y)]\\ \vdots\\ C\end{array}}{C}\ (\exists E)$$

C.2 Aletisk logik

C.2.1 Hilbert-stil

$\vdash_S$ betegner den bevisteoretiske følgerelation defineret på sædvanlig vis ud fra aksiomssystemet bestående af følgende aksiomsskemaer og slutningsregler:[1]

1. Aksiomerne fra klassisk udsagnslogik

$$A_1, A_2, \ldots, A_{10}.$$

2. Nogle særlige modallogiske aksiomer (i al væsentlighed K, D, T, B, $S4$ og $S5$)

$$S_1, S_2, \ldots, S_k$$

hvor $S_i \in \mathcal{L}(\Box, \Diamond, \blacktriangleright)$, $1 \leq i \neq k$.

3. Slutningsreglerne:

$$\frac{A, A \rightarrow B}{B} \quad (MP)$$

$$\frac{\vdash_S A}{\vdash_S \Box A} \quad (N)$$

Modallogikken

$$\mathcal{S} = \langle \mathcal{L}(\Box, \Diamond, \blacktriangleright), \vdash_S \rangle$$

består af sproget $\mathcal{L}(\Box, \Diamond, \blacktriangleright), \vdash_S)$ sammen med følgerelationen $\vdash_S$.

Mængden af udsagn, som kan bevises i $\mathcal{S}$, kaldes teoremer i $\mathcal{S}$ og betegnes

$$L(\mathcal{S}) = \{A \mid \vdash_S A\}.$$

---

[1] Eftersom vi ikke anbefaler at anvende Hilbert-stil bevisteori for den klassiske udsagnslogik og første ordens prædikatslogik, undlader vi i dette bilag at gengive dem og henviser til respektivt side 108 og side 223.

D Formalisering

D.1 Udsagnslogik

ikke A	$\neg B$
A og B	$A \wedge B$
A men B	$A \wedge B$
A dog B	$A \wedge B$
A eller B	$A \vee B$
hvis A så B	$A \to B$
A medmindre B	$\neg B \to A$
B kun hvis A	$B \to A$
givet B så A	$B \to A$
A i fald B	$B \to A$
A forudsat B	$B \to A$
A er nødvendig for B	$B \to A$
A på trods af B	$B \to A$
A for så vidt B	$B \to A$
A er tilstrækkelig for B	$A \to B$
A hvis, og kun hvis B	$A \leftrightarrow B$
A når som helst B	$A \leftrightarrow B$

D.2 Første ordens prædikatslogik

for alle, F	$\forall x F(x)$
mindst én F	$\exists x F(x)$
mindst to F	$\exists x_1 \exists x_2 [F(x_1) \land F(x_2) \land \neg(x_1 = x_2)]$
højest én F	$\neg \exists x_1 \exists x_2 [F(x_1) \land F(x_2) \land \neg(x_1 = x_2)]$
højest to F	$\neg \exists x_1 \exists x_2 \exists x_3 \begin{bmatrix} F(x_1) \land F(x_2) \land F(x_3) \land \\ (\neg(x_1 = x_2) \land \\ (\neg(x_2 = x_3) \land \neg(x_1 = x_3))) \end{bmatrix}$
præcis én F	$\exists x [F(x) \land \forall y (F(y) \to y = x)]$
præcis to F	$\exists x_1 \exists x_2 \begin{bmatrix} F(x_1) \land F(x_2) \land \neg(x_1 = x_2) \land \\ \forall y (F(y) \to y = x_1 \lor y = x_2) \end{bmatrix}$
bestemt beskrivelse	$\exists x [F(x) \land \forall y (F(y) \to y = x)]$ (husk primær eller sekundær forekomst)

D.3 Det græske alfabet

α	A	alpha
β	B	beta
γ	Γ	gamma
δ	Δ	delta
ε	E	epsilon
ζ	Z	zeta
η	H	eta
θ	Θ	theta
ι	I	iota
κ	K	kappa
λ	λ	lambda
μ	M	mu
ν	N	nu
ξ	Ξ	xi
o	O	omicron
π	Π	pi
ρ	P	rho
σ	Σ	sigma
τ	T	tau
υ	Y	upsilon
ϕ	Φ	phi
χ	X	chi
ψ	Ψ	psi
ω	Ω	omega

E Aksiomer

Nedenfor er opstillet vigtige aksiomer for den klassiske udsagnslogik og første ordens prædikatslogik, aletisk, temporal og epistemisk udsagnslogik.

Klassisk logik (udsagnslogik og første ordens prædikatslogik)

A_1: $(A \wedge B) \rightarrow A$.

A_2: $(A \wedge B) \rightarrow B$.

A_3: $(C \rightarrow A) \rightarrow [(C \rightarrow B) \rightarrow (C \rightarrow (A \wedge B))]$.

A_4: $(A \rightarrow C) \rightarrow [(B \rightarrow C) \rightarrow ((A \vee B) \rightarrow C)]$.

A_5: $A \rightarrow A \vee B$.

A_6: $B \rightarrow A \vee B$.

A_7: $A \rightarrow (B \rightarrow A)$.

A_8: $[A \rightarrow (B \rightarrow C)] \rightarrow [(A \rightarrow B) \rightarrow (A \rightarrow C)]$.

A_9: $(A \rightarrow B) \rightarrow [(A \rightarrow \neg B) \rightarrow \neg A]$.

A_{10}: $\neg\neg A \rightarrow A$.

A_I: $\forall x(Ax) \rightarrow A(t)$.

A_{II}: $A(t) \rightarrow \exists x(Ax)$.

A_{III}: $\forall x(x = x)$.

A_{IV}: $\forall x \forall y[x = y \rightarrow t(x) = t(y)]$.

A_V: $\forall x \forall y[x = y \rightarrow [A(x) = A(y)]$.

Aletisk logik (udsagnslogik)

K: $\Box(A \rightarrow B) \rightarrow (\Box A \rightarrow \Box B)$.

D: $\Box A \rightarrow \Diamond A$.

T: $\Box A \rightarrow A$.

B: $A \to \Box \Diamond A$.

$S4$: $\Box A \to \Box \Box A$.

$S5$: $\Diamond A \to \Box \Diamond A$.

Temporal logik (udsagnslogik)

$\mathsf{G}(A \to B) \to (\mathsf{G}A \to \mathsf{G}B)$.

$\mathsf{H}(A \to B) \to (\mathsf{H}A \to \mathsf{H}B)$.

$A \to \mathsf{HF}A$.

$A \to \mathsf{GP}A$.

$\mathsf{P}A \to \mathsf{H}((\mathsf{F}A \vee A) \vee \mathsf{P}A)$.

$\mathsf{F}A \to \mathsf{G}((\mathsf{P}A \vee A) \vee \mathsf{F}A)$.

$\mathsf{P}A \to \mathsf{GP}A$.

$\mathsf{F}A \to \mathsf{HF}A$.

Epistemisk logik (udsagnslogik)

K: $K_\Xi(A \to C) \to (K_\Xi A \to K_\Xi C)$.

D: $K_\Xi A \to \neg K_\Xi \neg A$.

T: $K_\Xi A \to A$.

$S4$: $K_\Xi A \to K_\Xi K_\Xi A$.

$S5$: $\neg K_\Xi A \to K_\Xi \neg K_\Xi A$.

$(.2$: $\neg K_\Xi \neg K_\Xi A \to K_\Xi \neg K_\Xi \neg A.)$.

$(.3$: $K_\Xi(K_\Xi A \to K_\Xi C) \vee K_\Xi(K_\Xi C \to K_\Xi A))$.

$(.4$: $A \to (\neg K_\Xi \neg K_\Xi A \to K_\Xi A))$.

F Logik på www

LORIweb: Logic and Rational Interaction — Webportal for the research community:
http://www.loriweb.org

MOT —The Online Companion to Modal Operator Theory –A Program in Philosophy:
http://www.mot.ruc.dk

ΦLOG —The Danish Network for Philosophical Logic and its Applications. På denne side findes et utal af links til logik på www:
http://www.philog.ruc.dk

MATHNET —The Danish Network for the History and Philosophy of Mathematics:
http://www.mathnet.ruc.dk

Episteme Links —Logic:
http://www.epistemelinks.com/Main/MainTopi.aspx

Logic Site by R. B. Jones:
http://www.rbjones.com/rbjpub/logic/

Logic Tutor; Tutorials and Exercises:
http://www.wwnorton.com/college/phil/logic3

Logic Links for Logicians:
http://poincare.mathematik.uni-tuebingen.de/~logik/logiclinks.html

The Stanford Encyclopedia of Philosophy:
http://plato.stanford.edu/contents.html

Christian Gottschall's Gateway to Logic:
http://logik.phl.univie.ac.at/%7Echris/formular%2Duk.html

Bertrand Russell Archives:
http://www.mcmaster.ca/russdocs/russell.htm

The Logic Daemon:
http://logic.tamu.edu/

A Survey of Venn Diagrams:
http://www.combinatorics.org/

Association of Symbolic Logic:
http://www.aslonline.org

The Logic Primer:
http://logic.tamu.edu/Primer/

Paul Wong's Logic Resources:
http://arp.anu.edu.au/~wongas/

The Internet Encyclopedia of Philosophy:
http://www.iep.utm.edu/

Linear Logic: SRI International Computer Science Laboratory:
http://www.csl.sri.com/

G Logikprogrammer

Der findes en del computer-logikprogrammer udviklet til både **Mac, PC, Linux** og **online**:

Barwise, J. og Etchemendy, J. (1992). Tarski's World 4.0, *The Language of First Order Logic*, CSLI Publications, Stanford University:
Mac, PC
http://ggww2.stanford.edu/NGUS/Openproof/Logic-software

Barwise, J. og Etchemendy, J. (1992). Turings World, CSLI Publications, Stanford University:
Mac
http://ggww2.stanford.edu/NGUS/Openproof/Logic-software

Barwise, J. og Etchemendy, J. (1994). Hyperproof, CSLI Publications, Stanford University:
Mac, PC, Linux
http://ggww2.stanford.edu/NGUS/Openproof/Logic-software

Barwise, J., Etchemendy, J. (1996). Logic, Language and Proof, CSLI Publications, Stanford University:
Mac, PC
http://ggww2.stanford.edu/NGUS/Openproof/Logic-software

Christian Gottschall's Gateway to Logic:
http://logik.phl.univie.ac.at/%7Echris/formular%2Duk.html

The Coq Proof Assistant:
Linux
http://coq.inria.fr/

MINLOG: Minimal Logic Theorem Prover:
Linux
http://users.cecs.anu.edu.au/~jks/minlog.html

MetaMath:
Online
http://www1.shore.net/~ndm/java/mm.html

Logic Toolbox, Java Applets:
Online
http://philosophy.lander.edu/~jsaetti/Welcome.html

Logic Calculator:
Online
http://www.ee.umd.edu/~yavuz/logiccalc.html

The Logic Cafe:
Online
http://www.thelogiccafe.net/PLI/

John Halleck's Logic Tools:
Online
http://www.cc.utah.edu/~nahaj/logic/

H Atter andre logikker

Ud over de logikker, som vi allerede har stiftet bekendtskab med, findes der et utal af andre logikker. Nedenfor er en alfabetisk ordnet fortegnelse over nogle af disse logikker med tilhørende litteraturhenvisninger.

Deontisk logik. Logikker for påbud og vurderinger, dvs. for normer og normative systemer.

Åqvist, Lennart. "Deontic Logic," i [Gabbay et al. 84], vol. II.

Forrester, James. *Being Good and Being Logical: Philosophical Groundwork for a New Deontic Logic.* M.E. Sharpe, 1996.

Hilpinen, R. (red.). *Deontic Logic: Introductory and Systematic Readings.* Reidel, 1971.

Hilpinen, R. (red.). *New Studies in Deontic Logic.* Reidel, 1981.

Rescher, Nicholas. *The Logic of Commands.* Routledge & Kegan Paul, 1966.

Ross, Alf. *Directives and Norms.* Humanities Press, 1968.

Wright, Georg Henrik von. *An Essay on Deontic Logic and the General Theory of Action.* North-Holland, 1968.

Wright, Georg Henrik von. *Norm and Action: A Logical Inquiry.* Kegan Paul, 1963.

Erotetisk logik. Logikker, der vedrører spørgsmål og svar. Hvornår besvarer en proposition et spørgsmål? Hvad er der galt med et spørgsmål, der forudsætter en falsk proposition? Har spørgsmål en sandhedsværdi? Hvad er den mest effektive strategi, hvormed man kan stille spørgsmål og få svar fra en database?

Åqvist, L.E. *A New Approach to the Logical Theory of Questions,* Part I. Filosofiska Foreningen, 1965.

Belnap, N.D. og T.B. Steel. *The Logic of Questions and Answers.* Yale University Press, 1976.

Harrah, David. "Erotetic Logics," i K. Lambert (red.), *The Logical Way of Doing Things*. Yale University Press, 1969: 3-21.

Harrah, David. "The Logic of Questions," i [Gabbay et al. 84], vol. II.

Harrah, David. "A System for Erotetic Sentences," i A.R. Anderson et al. (red.), *The Logical Enterprise*.

Hintikka, Jaakko. *The Semantics of Questions and the Questions of Semantics*. North-Holland, 1976.

Kubinski, Tadeusz. *An Outline of the Logical Theory of Questions*. Akademie-Verlag, 1980.

Lehnert, W. *The Process of Question Answering*. Wiley, 1978.

MacMillan, C.J.B. *A Logical Theory of Teaching: Erotetics and Intentionality*. Kluwer Academic Publishers, 1988.

Wisniewski, Andrzej. *The Posing of Questions: Logical Foundations of Erotetic Inferences*. Kluwer Academic Publishers, 1995.

"**Free**" **logik**. Klassisk logik uden eksistensantagelser. Mens kvantorer som bekendt hævder eksistens, så kan singulære termini til tider faktisk referere til ingen eller ligefrem ikke-eksisterende objekter. Logiske sandheder skal således være sande for såvel domæner med som uden elementer. Et af motiverne for disse "frie" logikker er at eliminere visse metafysiske implikationer af den klassiske logik.

Bencivenga, Ermanno, "Free Logics," i [Gabbay et al. 84], vol. III.

Lambert, Karel (red.). *Philosophical Applications of Free Logics*. Oxford University Press, 1991.

Schock, R. *Logics Without Existence Assumptions*. Stockholm: Almqvist og Wiksell, 1968.

"**Fuzzy logik**". Logik, i hvilken den underliggende mængdelære er "fuzzy". I fuzzy mængdelære er elementrelationen ikke en binær relation (element i/ikke i, en given mængde), men en kontinuær kvantitet mellem 0 og 1. Fuzzy logik indfører en tilsvarende graduering af sandhedsværdier.

Bandemer, Hans, og Siegfried, Gottwald. *Fuzzy Sets, Fuzzy Logic, Fuzzy Methods with Applications*. Wiley, 1996.

Gupta, Madan M. og Takeshi, Yamakawa (red.). *Fuzzy Logic in Knowledge-Based Systems, Decision and Control*. Elsevier Science Publishers, 1988.

Mamdari, E.H. og Efstathiou, J. "Fuzzy Logic," *Proceedings of the 1982 ACM Symposium on Expert Systems*, 1982.

McNeill, Daniel og Paul Freiberger. *Fuzzy Logic*. Simon and Schuster, 1993.

Nguyen, Hung T. og Elbert A. Walker. *A First Course in Fuzzy Logic*. CPC Press, 1996.

Zadeh, L.A. "Fuzzy Logic and Approximate Reasoning," *Synthese*, **30**(1975): 407-28.

Højere ordens logik. Prædikatslogik, hvori kvantorerne binder prædikatsvariable, og hvor prædikater kan tage andre prædikater som argumenter.

Benthem, Johan van og Kees Doets, "Higher-Order Logic," i [Gabbay et al. 84], vol I: 275-329.

Boolos, George, "On Second Order Logic," *Journal of Philosophy*, **72**(1975): 509-27.

Hickman, Larry. *Modern Theories of Higher Level Predicates: Second Intentions in the Neuzeit*. Philosophia Verlag, 1980.

Lambek, J., og P.J. Scott. *Introduction to Higher-Order Categorical Logic*. Cambridge University Press, 1986.

Leblanc, Hughes, "Alternatives to Standard First-Order Semantics," i [Gabbay et al. 84], vol. I: 189-274.

Shapiro, Stewart. *Foundations without Foundationalism: A Case for Second-Order Logic*. Oxford University Press, 1991.

Ikke-monoton logik. Logik i hvilken mængden af slutninger bestemt af en given mængde præmisser ikke nødvendigvis forøges, men kan indskrænkes, når nye velformede formler tilføjes mængden af præmisser.

Brewka, G. *Nonmonotonic Reasoning: From Theoretical Foundations to Efficient Computation*. Cambridge University Press, 1990.

Davis, M. "The Mathematics of Non-Monotonic Reasoning," *Artificial Intelligence*, **13**(1980): 73-80.

Gabbay, Dov M., et al. *Handbook of Logic in Artificial Intelligence*, Vol. 3: *Nonmonotonic Reasoning and Uncertain Reasoning*. Oxford University Press, 1994.

Ginsberg, Matthew L. (red.) *Readings in Nonmonotonic Reasoning.* Morgan Kaufmann Pub. Inc., 1987.

Rankin, Terry L. "When is Reasoning Nonmonotonic?" i James H. Fetzer (red.), *Aspects of Artificial Intelligence,* Kluwer Academic Publishers, 1988: 289-308.

Intensionel logik. Logikker, der indeholder apparatur, i hvilket man kan bestemme, hvornår to betydninger af udtryk er identiske, og der i øvrigt kan analysere slutninger baseret på betydningsindhold.

Anderson, Anthony C. "General Intensional Logic," i [Gabbay et al. 84], vol. II.

Benthem, Johan van. *A Manual of Intensional Logic. Second ed., revised and expanded.* University of Chicago Press, 1985.

Slater, B.H. *Intensional Logic: An Essay in Analytical Metaphysics.* Avebury, 1994.

Zalta, Edward N. *Intensional Logic and the Metaphysics of Intensionality.* MIT Press, 1988.

Intuitionistisk logik. Logik, i hvilken hverken $\vdash A \vee \neg A$ eller $\vdash \neg\neg A \to A$ kan bevises. Disjunktioner $\vdash A \vee B$ kan accepteres som teoremer, hvis, og kun hvis, hver af disjunkterne kan bevises separat, i.e. hvis $\vdash A$ eller $\vdash B$. Desuden argumenterer intuitionismen også for anvendelsen af konstruktive metoder i matematikken og logikken.

Dalen, Dirk van. *Logic and Structure.* Springer Verlag, 1995.

Dalen, Dirk van. "Intuitionistic Logic," i [Gabbay et al. 84], vol. III: 225-339.

Dummett, M. *Elements of Intuitionism.* Oxford University Press, 1977.

Dummett, M. "The Philosophical Basis of Intuitionistic Logic," i H.E. Rose og J.C. Sheperdson (red.), *Logic Colloquium 1973,* North-Holland, 1973: 5-40; gengivet i M. Dummetts *Truth and Other Enigmas.* Duckworth, 1978: 215-47.

Heyting, A. *Intuitionism, An Introduction.* North-Holland, 1956.

Beeson, Michael J. *Foundations of Constructive Mathematics.* Freeman Cooper and Co., 1980.

Bridges, Douglas og Fred Richman. *Varieties of Constructive Mathematics.* Cambridge University Press, 1987.

Goodstein, R.L. *Constructive Formalism*. University College, Leicester, 1951.

Heyting A. (red.) *Constructivity in Mathematics: Proceedings of the Colloquium Held at Amsterdam, 1957*. North-Holland, 1959.

Troelstra, A.S. og D. van Dalen. *Constructivism in Mathematics*. North-Holland, 1988.

Multivalent logik. Logikker, hvor der er flere sandhedsværdier end "sand" og "falsk". Disse logikker er blandt andet motiveret af løgnerparadokset, fremtidige kontingente udsagn og af forsøg på at håndtere uvidenhed og "fuzzy-hed".

Ackermann, R. *Introduction to Many-Valued Logics*. Routledge & Kegan Paul, 1967.

Dunn, J.H. og G. Epstein (red.) *Modern Uses of Multiple-Valued Logics*. D. Reidel Pub. Co., 1975.

Malinowski, Grzegorz. *Many-Valued Logics*. Oxford University Press, 1994.

Rescher, Nicholas. *Many-Valued Logics*. McGraw-Hill, 1969.

Rine, D. (red) *Computer Science and Multiple-Valued Logics: Theory and Applications*. Amsterdam, 1977.

Rosser, J.B. og A.R. Turquette. *Many-Valued Logics*. North-Holland, 1952.

Urquhart, Alisdair. "Many-Valued Logic," i [Gabbay et al. 84], vol. III.

Zinoviev, A. *Philosophical Problems of Many-Valued Logic*. Reidel, 1963.

Konditional logik. Logikker, der vedrører sandheden af konditionale udsagn, især subjunktiv form og logikken for kontrafaktiske konditionaler.

Nute, Donald. "Conditional Logic," i [Gabbay et al. 84], vol. II.

Nute, Donald. *Topics in Conditional Logic*. D. Reidel, 1980.

Lewis, David. *Counterfactuals*. Blackwell Publishers, 1973.

Kvantum logik. For at gengive kvantemekanisk usikkerhed og ubestemthed tilføjer kvantumlogikker en tredje valens "ubestemt". Metateorien afviser således *tertium non datur*. Ikke desto mindre gælder det, at for ethvert p er $p \lor \neg p$ logisk gyldig i kvantum logiske systemer. Det udelukkede tredjes princip er sand i teorien, men falsk i metateorien. Eftersom begge disjunkter i en sand disjunktion kan være falske i kvantum logikker opfører disjunktionen og konjunktionen sig asymmetrisk, hvilket betyder, at distributionslovene generelt fejler. Motivationen for kvantum logikker er et forsøg på at indfange de mærkelige træk, der karakteriserer kvantemekanikken. I kvantum logikker viser disse mærkelige træk sig på udsagnslogisk niveau, idet de logiske konnektiver skal omdefineres.

Dalla Chiara, Maria-Luisa. "Quantum Logic," i [Gabbay et al. 84], vol. III.

Hooker, C.A. (red.) *The Logico-algebraic Approach to Quantum Mechanics.* D. Reidel Pub. Co., [1975]-1979.

Jauch, J.M. og C. Piron. "What is Quantum Logic?," i Quanta, University of Chicago Press, 1969.

Mittelstaedt, P. *Quantum Logic.* D. Reidel, 1978.

Mittelstaedt, P. og W. Stachow. "The Principle of Excluded Middle in Quantum Logic," *Journal of Philosophical Logic*, **7**(1978): 181-208.

Stachow, W. "Completeness of Quantum Logic", *Journal of Philosophical Logic*, **5**(1976): 237-280.

van Fraassen, Bas. "The Labyrinth of Quantum Logics," i R. Cohen et al. (red.), *Logical and Epistemological Studies in Contemporary Physics*, D. Reidel, 1974: 224-54.

Para-konsistent logik. Logikker, i hvilke det generelt er falsk, at af en kontradiktion følger hvad som helst, i.e. logikker, der afviser *ex falso quidlibet*. Kontradiktoriske udsagn som $A \land \neg A$ er både sande og falske i modsætning til blot falske, som det gælder klassisk. Med andre ord, så gælder det udelukkede tredjes princip (*tertium non datur*), men princippet om non-kontradiktion afvises. Man kan "leve" med para-konsistente logikker, hvis man "sværger til" at acceptere alle sandheder, men ikke samtidig insisterer på at afvise falskheder. Para-konsistente logikker hævder ikke, at alle paradokser kan "løses", og argumenterer for, at de skal anerkendes som kontradiktioner.

Priest, Graham. "Contradiction, Belief, and Rationality," *Proceedings of the Aristotelian Society*, **86**(1986): 99-116.

Priest, Graham. *In Contradiction: A Study of the Transconsistent.* Kluwer Academic Publishers, 1987.

Priest, Graham, R. Routley og J. Norman. *Paraconsistent Logics.* Philosophia Verlag, 1986.

Priest, Graham, R. Routley og J. Norman (red.) *Paraconsistent Logic: Essays on the Inconsistent.* Philosophia Verlag, 1987.

Priest, Graham, "When Inconsistency is Inescapable: A Survey of Paraconsistent Logics," *South African Journal of Philosophy*, **7**(May 1988): 83-89.

Rekursionsteori. Den meget systematiske undersøgelse af algoritmers egenskaber og formåen kaldes beregnings- eller rekursionsteori og udgør i dag en vigtig bestanddel af moderne matematisk logik, datalogi, kognitiv lingvistik og kognitiv psykologi.

[Bell & Machover 77], [Lyndon 65].

Boolos, G.S. og Jeffrey, R.D. *Computability and Logic.* Cambridge: Cambridge University Press, 1989.

Epstein, R.L. og Carnielli, W.A. *Computability—Computable Functions, Logic, and the Foundations of Mathematics.* Pacific Grove, CA: Wadsworth and Brooks, Cole Advanced Books and Software, 1989.

Cutland, N. J. *Computability— An Introduction to Recursive Function Theory.* Cambridge: Cambridge University Press, 1980.

Odifreddie, P. *Classical Recursion Theory.* Dordrecht: North-Holland Publishing Company

(†) Rogers, H. *Theory of Recursive Functions.* Cambridge: MIT Press, 1987.

Relevans logik. Logikker, i hvilke "A implicerer B", kun hvis A er relevant for B. Disse logikker er et forsøg på at undgå paradokserne om materiel implikation (PMI): A skal under ingen omstændigheder implicere B, blot fordi A er falsk, eller fordi B er sand. Fordelen ved relevans logik er, at implikationer i det naturlige sprog oversættes bedre, men ulempen er den, at implikationen mister sin sandhedsfunktionalitet.

Anderson, Alan Ross og Nuel D. Belnap, Jr. *Entailment: The Logic of Relevance and Necessity.* Princeton University Press, Vol. 1, 1975, Vol. 2 (med J. Michael Dunn), 1993.

Diaz, M. Richard. *Topics in the Logic of Relevance*. Philosophia Verlag, 1981.

Dunn, J. Michael. "Relevance Logic and Entailment," i [Gabbay et al. 84], vol. III.

Norman, Jean og Richard Sylvan (red.). *Directions in Relevant Logic*. Kluwer Academic Publishers, 1989.

Read, Stephen. *Relevant Logic: A Philosophical Examination of the Basis of Inference*. Basil Blackwell, 1989.

Routley, Richard, et al. *Relevant Logics and Their Rivals*. Ridgeview Pub. Co., 1987.

Stoisk logik. En logik, der er udviklet af oldtidens stoikere; i denne logik blev temporale operatorer for første gang introduceret.

Frede, Michael. *Die Stoische Logik*. Vandenhoeck & Ruprecht, 1974.

Mates, Benson. *Stoic Logic*. University of California Press, 1953.

Ikke-standard logikker generelt.

Agazzi, Evandro. *Modern Logic: A Survey*. D. Reidel Pub. Co., 1981.

Benthem, Johan van. "Modal Logic as Second-Order Logic," Mathematisch Instituut (Amsterdam), Report 77-04, 1977.

Cleave, John P. *A Study of Logics*. Oxford: Oxford University Press, 1992.

Cocchiarella, Nino B. "Philosophical Perspectives on Quantification in Tense and Modal Logic," i [Gabbay et al. 84], vol II.

Copi, Irving M. og James A. Gould (red.) *Contemporary Philosophical Logic*. St. Martin's Press, 1978.

Gabbay, Dov M. og Franz Guenther (red.) *Handbook of Philosophical Logic*. 4 vols. Kluwer Academic Publishers, 1983-89.

Gallin, D. *Intensional and Higher-Order Modal Logic*. North-Holland, 1975.

Genesereth, Michael R. og Nils J. Nilsson. *Logical Foundations of Artificial Intelligence*. Morgan Kaufmann Publishers, 1987.

Haack, Susan. *Deviant Logics*. Cambridge: Cambridge University Press, 1974.

Haack, Susan. *The Philosophy of Logics*. Cambridge: Cambridge University Press, 1981.

Lambek, J. og P. J. Scott. *Introduction to Higher Order Categorical Logic*. Cambridge: Cambridge University Press, 1986.

Leblanc, Hughes. "Free Intuitionistic Logic: A Formal Sketch," i J. Agassi og R. Cohen (red.), *Scientific Philosophy Today*. D. Reidel, 1982: 133-45.

McCulloch, Warren S. *Embodiments of Mind*. MIT Press, 1965.

Rasiowa, H. *An Algebraic Approach to Non-Classical Logics*. North-Holland, 1974.

Thomason, Richmond H. "Combinations of Tense and Modality," i [Gabbay et al. 84], vol II.

Turner, Raymond. *Logics for Artificial Intelligence*. Ellis Horwood Ltd., 1984.

Litteratur

[Berkeley 88] Berkeley, G. (1988). *Principles of Human Knowledge/Three Dialogues*. New York: Penguin Books (først publiceret 1710/1713).

[Bell & Machover 77] Bell, J. og Machover, M. (1977). *A Course in Mathematical Logic*. North-Holland Publishing Company.

[Braüner et al. 98a] Braüner, T., Hasle, P.F., og Øhrstrøm, P. (1998). "Determinism and the Origins of Temporal Logic," *Proceedings of the Second International Conference on Temporal Logic*, Applied Logic Series. Dordrecht: Kluwer Academic Publishers, 1998.

[Braüner et al. 98b] Braüner, T., Hasle, P.F., og Øhrstrøm, P. (1998). "Ockhamistic Logics and the True Futures of Counterfactual Moments," *Time'98— Proceedings of the Fifth International Workshop on Temporal Representation and Reasoning*, IEEE Press: 132-139.

[Bull & Segerberg 84] Bull, R. og Segerberg, K. (1984). "Basic Modal Logic," i [Gabbay et al. 84]: 1-88.

[Burgess 84] Burgess, J.P. (1984). "Basic Tense Logic," i [Gabbay et al. 84]: 89-133.

[Fagin et al. 95] Fagin, R., Halpern, J.Y., Moses, Y. og Vardi, M.Y. (1995). *Reasoning about Knowledge*. Cambridge: MIT. Press.

[Forbes 94] Forbes, G. (1994). *Modern Logic—A Text in Elementary Symbolic Logic*. New York: Oxford University Press.

[Gabbay et al. 84] Gabbay, D. og Guenthner F. (1984). *Handbook of Philosophical Logic*, vol. I-IV, vol. II: *Extensions of Classical Logic*. Dordrecht: D. Reidel Publishing Company.

[Gentzen 69] Gentzen, G. (1939). "Investigations into Logical Deduction," i Szabo, M, (red.) *The Collected Papers of Gerhard Gentzen.* North-Holland, 1969: 68-131.

[Goldblat 92] Goldblat, R. (1992). *Logics of Time and Computation.* CSLI Publications.

[Halmos 63] Halmos, P. (1963). *Lectures on Boolean Algebra.* Van Norstrand Mathematical Studies 1. Princeton: Van Norstrand.

[Halpern 95] Halpern, J.Y. (1995). "Should Knowledge Entail Belief?," *Journal of Philosophical Logic* **25**: 483-494.

[Hendricks 01] Hendricks, V.F. (2001). *The Convergence of Scientific Knowledge—a view from the limit.* Studia Logica Library: Trends in Logic, Kluwer Academic Publishers.

[Hendricks & Pedersen 00d] Hendricks, V.F. og Pedersen, S.A. (2000). *The Companion to Modal Operator Theory— A Program in Philosophy Online.* Department of Philosophy and Science Studies, University of Roskilde, Denmark: http://www.mot.ruc.dk.

[Hendricks & Pedersen 01] Hendricks, V.F. og Pedersen, S.A. (2001). *Operators in Philosophy of Science,* under færdiggørelse.

[Hendricks et al. 00] Hendricks, V.F., Pedersen, S.A. og Jørgensen, K.F. (red.), (2000). *Proof Theory—History and Philosophical Significance.* Synthese Library Series, vol. **292**. Kluwer Academic Publishers.

[Hendricks et al. 01] Hendricks, V.F., Pedersen, S.A. og Jørgensen, K.F. (red.), (2001). *Probability Theory— Philosophy, Recent History and Relations to Science.* Synthese Library Series, vol. **297**. Kluwer Academic Publishers.

[Hendricks et al. 03] Hendricks, V.F., Pedersen, S.A. og Jørgensen, K.F. (red.), (2003). *Knowledge—Logical Foundations and Applications,* med bidrag fra J. Hintikka, W. van der Hoek, W. Lenzen, H. Rott, K. Segerberg, J. Sowa, R. Stalnaker, M. Vardi og R. Wojcicki. Under udarbejdelse.

[Henkin & Tarski 71]	Henkin, J.D. og Tarski, A. (1971). *Cylindric Algebras*, Part I. North-Holland Publishing Company.
[Hintikka 62]	Hintikka, J. (1962). *Knowledge and Belief: An Introduction to the Logic of the Two Notions*. Cornell: Cornell University Press.
[Kidde 98]	Kidde, R.T. (1998). *Søde Sally Sukkertop og andre ækle æventyr I*. Modtryk.
[Kripke 63]	Kripke, S. (1963). "Semantical Considerations on Modal Logic," *Acta Philosophica Fennica* **16**: 83-94.
[Kripke 72]	Kripke, S. (1972). *Naming and Necessity*. Cambridge: Harvard University Press.
[Leblanc & Wisdom 76]	Leblanc, H. og Wisdom, W. (1976). *Deductive Logic*. Allyn and Bacon, Inc.
[Lemmon 78]	Lemmon, E.J. (1978). *Beginning Logic*. Hackett.
[Lenzen 78]	Lenzen, W. (1978). *Recent Work in Epistemic Logic*, Acta Philosophica Fennica **30**: 1-219.
[Lewis 84]	Lewis, D. (1984). *On the Plurality of Worlds*. Blackwell Publishers.
[Lyndon 65]	Lyndon, R. (1965). *Lecture Notes on Logic*. Van Norstrand Mathematical Studies 5. Princeton: Van Norstrand.
[Quine 55]	Quine, W.v.O. (1955). "Quantifiers and Propositional Attitudes," gengivet i *The Ways of Paradox and other Essays* (1966). New York: Harvard University Press: 185-197.
[Putnam 75b]	Putnam, H. (1975). "The Meaning of 'Meaning'," i *Mind, Language and Reality, Philosophical Papers vol. 2*. Cambridge: Cambridge University Press.
[Read & Wright 96]	Read, S. og Wright, C. (1996). *Formal Logic, Part I-III*. University of St. Andrews, Department of Logic and Metaphysics.
[Scott 70]	Scott, D. (1970). "Advice on Modal Logic," i *Philosophical Problems in Logic*, Lambert, K. (red.). Dordrecht: D. Reidel Publishing Company: 143-173.

[Øhrstrøm & Hasle 95] Øhrstrøm, P. og Hasle, P.F. (1995). *Temporal Logic. From Ancient Ideas to Artificial Intelligence.* Kluwer Academic Publishers.

Stikord

$+$, 163
$-$, 182
$=$, 131
A^P, 260
$A_1, \ldots, A_n$, 7
BA, 182
$BOOLE$, 260
BR, 184
$B_\Xi A$, 318
$Bev(y)$, 251
$Bevis(x,y)$, 248
Cn, 179
Con, 252
Dom, 158
Ext, 125
$F_1, F_2, F_3, \ldots, F_\beta$, 131
$GITTER$, 180
I, 175
Im, 158
$KOMP(\mathcal{L})$, 261
$K_\Xi A$, 318
L, 258
$L(\mathcal{K})$, 274
$L(\mathcal{S})$, 292
$L(\lambda)$, 258
$LS(\mathcal{L})$, 261
$M/\sim$, 168
Mod, 258
PA, 243
$PA(\Theta)$, 244
$PA(\varrho)$, 244
$PROP$, 22
Q, 248
Q_i, 136
R, 272
REL, 260
$RES(\mathcal{L})$, 261
R_+, 165
$R_1, R_2, R_3, \ldots, R_\alpha$, 131
$R_\mathcal{F}$, 299
$R_\mathcal{S}$, 297

R_c, 260
R_f, 260
R_t, 314
S_N, 244
$Sand(x)$, 249
$Sand_n(x)$, 250
T, 143, 179, 248
$T_\mathfrak{F}$, 189
V, 6, 236
ZF, 255
$[m]$, 168
$\mathbb{D}$, 125
$\mathbb{M}$, 26, 143
$\mathbb{M} \models A$, 27
$\mathbb{M}_\mathcal{S}$, 297
$\mathbb{N}$, 158
$\mathbb{N}_k$, 159
$\mathbb{R}$, 165
$\mathbb{Z}$, 170
$\mathbb{Z}_7$, 170
Δ, 62
Δ^*, 119
$\Diamond$, 268
Γ, 62
Γ^*, 119
Λ, 247
$\Leftrightarrow$, 23
Φ, 164
$\Rightarrow$, 23
Ξ, 317
$\aleph_0$, 236
α, 284
β, 131
B, 288
D, 288
KP, 235
K, 288
S4, 288
S5C, 302
S5V, 302
S5, 288

Stikord

T, 288
Z, 237
$\bigcap$, 156
$\bigcup$, 156
$\triangle$, 116
▶, 270
$\perp$, 25
$\mathcal{BA}$, 185
$\mathcal{B}$, 288
$\mathcal{D}$, 125, 287
$\mathcal{E}$, 308
$\mathcal{F}$, 273
$\mathcal{F_S}$, 297
$\mathcal{H}$, 166
$\mathcal{K}$, 273
$\mathcal{L}$, 22, 180
$\mathcal{L}(\lambda)$, 254
$\mathcal{L}_{FOL}$, 131
$\mathcal{L}_n$, 250
$\mathcal{M}$, 162
$\mathcal{N}$, 161, 243
$\mathcal{N}(\varrho)$, 244
$\mathcal{N}(\varrho, \mathcal{A})$, 246
$\mathcal{P}(\mathcal{M})$, 156
$\mathcal{S}$, 292
$\mathcal{S}4$, 288
$\mathcal{S}5$, 288
$\mathcal{T}$, 288
$\mathcal{U}$, 288
$\mathcal{V}$, 186
$\mathcal{W}$, 25
$\mathcal{Z}$, 170
$\cap$, 7
$\cdot$, 163
$\checkmark$, 50
$\circ$, 158
$\complement$, 160
$\cup$, 6
$\curlywedge$, 9
$\bigvee$, 65
$\bigwedge$, 65
δ_j, 131
$\downarrow$, 32
$\equiv$, 30
η, 247
$\exists$, 11, 132
$\forall$, 11, 132

0, 1, 2, ..., 170
$\mathfrak{F}$, 189
$\mathfrak{L}$, 186
$\mathfrak{T}$, 308
$\mathfrak{U}$, 109
$\mathfrak{U}_{FOL}$, 223
mod, 166
γ_i, 131
∞, 171
ι, 150
κ, 254
λ, 254
λ^{REL}, 260
λ', 258
$\lceil$, 164
$\leftrightarrow$, 3, 22
$\neg$, 3, 22
log, 165
$\longmapsto$, 25, 130
✠, 41
P, 22
p, 22
$|_\lambda$, 258
$\models$, 8
$\models_v A$, 25
$\neq$, 134, 148
$\not\models$, 8
$\not\models_v A$, 25
$\nvdash$, 8
$\odot$, 185
$\ominus$, 185
$\otimes$, 185
$\overline{\mathcal{V}}$, 186
$\overline{\overline{I}}$, 175
$\overline{\overline{X}}$, 236
$\overline{n}$, 244
ϕ, 166
π, 240
π_n, 173
$\prod$, 157
ψ, 166
$\rightarrow$, 3, 22
$\rightsquigarrow$, 62
AT, 132
M, 168
N, 309
P, 309

T, 132
u, 313
⊓, 180
⊔, 180
□, 268
★, 279
⊆, 5
τ, 175
τM, 176
∴, 1
∼, 167
×, 157
⊤, 25
K($\mathcal{B}$), 288
K($\mathcal{D}$), 288
K($\mathcal{K}$), 274
K($\mathcal{S}4$), 288
K($\mathcal{S}5$), 288
K($\mathcal{T}$), 288
K($\mathcal{U}$), 288
N, 287
T, 54
⌜γ⌝, 248
$\underline{m}$, 176
v, 209
⊨$_\mathcal{K}$, 274
⊨$_\mathcal{L}$, 258
⊨$_v$, 272
φ, 25
φ_t, 308
ϱ_N, 244
⊢, 8
⊢$_G$, 114
⊢$_{NK}$, 114
⊢$_N$, 114
⊢$_S$, 291
⊢$_\mathfrak{U}$, 114
∨, 3, 22
$\underline{\vee}$, 30
∧, 3, 22
$\wr$, 33
$a, b, c, \ldots$, 131
arg, 131, 160
e, 240
$f, g, \ldots$, 157
f^{-1}, 159
g, 247

$g(\Lambda)$, 247
$g(\eta)$, 247
$g(\gamma)$, 247
l_m^a, 173
nat, 168
$sub(x, y)$, 248
$t_1, t_2, t_3, \ldots$, 132
$t_{s_1,\ldots,s_n}^{x_1,\ldots,x_n}$, 135
t_s^x, 134
v, 25
vff, 132
vff_0, 134
w, 27, 269
$x_1, x_2, x_3, \ldots$, 131
†, 15

a posteriori, 275
a priori, 275
afbildning, Se funktion
afgørbarhed, 11
afslutning
    logisk, 179
    semantisk, 239
afvisning, gensidig, Se sandhedstabel
agent, 317
aksiom, 65, 108, 179
aksiomatik, 108, 179, 223
    aksiom, 109
    aksiomsskema, 109
    første ordens prædikatslogik, $\mathfrak{U}_{FOL}$, 223
    aksiomer, A$_I$-A$_V$, 223
    slutningsregler,
        MP, UG, EG, 223
    substitution, 223
    vff, 223
    Hilbert-stil, $\mathfrak{U}$, 8, 109
    aksiomsskemaer, A$_1$-A$_{10}$, 109
    bevis, 110
    slutningsregel, MP, 110
    Hilbert-stil, $\mathfrak{U}_{FOL}$, 223
    Hilbert-stil, aletisk logik, 291
    teorem, 109
aksiomatisérbar, 179
    endelig, 179
    ikke endelig, 179

Stikord

aksiomsskema, 109, 179
aksiomssystem, 109, 179
alétheia, 269
alfabet, 22
algebra, 10, 179
    Boole, 10, 182
    atom, 256
    $\mathcal{BA} = \langle S, \leq, \sqcap, \sqcup, -, \top, \bot \rangle$, 185
    BA, 182, 254
    kategorisk i $\aleph_0$, 256
    og klassisk udsagnslogik, 185
    ring, BR, 184
    cylinder, 189
    Lindenbaum, 190
    første ordens prædikatslogik, 189
algebraisk afsluttede legemer, 256
alternativ, epistemisk, 13, 318
'altså', 1
    'derfor', 'siden', ..., 35
    ∴, 1
annullering, 79, *Se også* bortfald
antecedens, *Se* Gentzen, G.
antecedent, *Se* konnektiv, logisk
argument, 1
    gyldighed, definition af, 7
    gyldigt, 1, 7
    konklusion, 1
    præmisser, 1
Aristoteles, 224, 312
aritet, 129
n-aritet, 129
aritmetik, 234
    Peano, PA, 243, 254
    Robinson, Q, 248, 257
arsenik, 10
attitude, propositional, 318

Barcan-formel, *Se* logik, aletisk
Barwise, J., 71
beregningsteori, *Se* rekursionsteori
Berkeley, G., 210
bestemt beskrivelse, 150
    operator, ι, 150
    primær forekomst, 152
    sekundær forekomst, 152

$Bev(y)$, 251
bevis, 8
    aksiomatik, 8, 108, 223, 291
    direkte, 79
    følgerelation, $\vdash$, 8
    indirekte, 83
    naturlig deduktion, 8, 67, 70, 104, 221
    naturlig deduktion (kontekst), 71
    sekventkalkule, 8, 60, 202, 208
    teorem, 91
$Bevis(x,y)$, 248
bevisprædikat, 251
    $Bev(y) \ (Bev(x,y))$, 251
bijektion, *Se* funktion
billede, 157
bivalensprincippet, 13, 312
Blixen, K., 153
blok-tableau, 61, 202
Boole, G., 182
Boole-algebra, *Se* algebra
Boole-ring, *Se* algebra
bortfald (annullering), 79
Bräuner, T., 315

Cantors paradoks, *Se* paradoks
Carnap, R., 155
Church, A., 11
(**C. K**), 319
computerlingvistik, 1, 121

Das Kontinuum, 238
datalogi, 1, 121, 238
De Morgan, A., 85
Dedekind, R., 262
deduktionssætning, 12, *Se også* metateori
delformel, 22
designator, 302
    non-rigid, 302
    rigid, 302
determinisme, 312
diagonalisering, 241
diagonaliseringslemma, 249
domæne, 125
$\mathbb{D}$, 125
domme, 275

a posteriori, 275
a priori, 275
analytiske, 275
kontingente, 275
nødvendige, 275
syntetiske, 275
doxa, 317

eigen-variabel, 209, Se også prototypisk eksempel
eksistenskvantor, ∃, 11, 132, 302
aktualitetsfortolkning, 302
mulighedsfortolkning, 302
rækkevidde, 133
unikhedskvantor, 150
ekstension, 125
ekstensionalitet, 12, 27
ekstensionalitetsprincip, 27
epimorfi, 166
   naturlig, nat, 168
episteme, 317
epistemisk forsvarlighed, 323
epistemisk uforsvarlighed, 322
epistemologi, 275, 276
essentialisme, 303
ex falso quidlibet, 49

falsifikation, 155, 317
fed skrift, 14
filter, 189
   egentligt, 189
$\mathcal{F}$, 189
Fitch, F., 301
"for-viden", 313
Forbes, G., 71
forekomst, Se også bestemt beskrivelse
   primær, 152
   sekundær, 152
forgrenet tid, Se logik, temporal
formalisering, 4, Se også logisk form
   i $\mathcal{L}_{FOL}$, 144
   bestemt beskrivelse, 150, Se også bestemt beskrivelse
      højest, 148
      mindst, 148
   oversættelsesnøgle, 145
   præcis, 149

struktur, 147
i $\mathcal{L}$, 33
oversættelsesnøgle, 34
formel, lukket, Se sætning
formelle sprog, 22
   alfabet, 22
   grundsymboler, 22
   $\mathcal{L}$, 22
   $\mathcal{L}(\leq, \sqcap, \sqcup, -)$, 183
   $\mathcal{L}(\leq, \sqcap, \sqcup, -, \top, \bot)$, 184
   $\mathcal{L}(\sqcap, \sqcup, -)$, 182
   $\mathcal{L}(+, \cdot, 0, 1)$, 184
   $\mathcal{L}_{FOL}$, 131
   $\mathcal{L}(\leq)$, 180
   $\mathcal{L}(\leq, \sqcap, \sqcup)$, 180
   $\mathcal{L}(\sqcap, \sqcup)$, 182
   $\mathcal{L}(\Box, \Diamond, \blacktriangleright)$, 271
   $\mathcal{L}(\mathsf{G}, \mathsf{H}, \mathsf{F}, \mathsf{P})$, 306
   $\mathcal{L}_{FOL}^{\tau}$, 176
   $\mathcal{L}_{FOL}^{\tau M}$, 176
   $\mathcal{L}(K_\Xi, B_\Xi)$, 318
   $\mathcal{L}(+, \cdot, S, 0)$, 243
fortolkning, Se interpretation, semantisk, 141, Se også model og interpretation, Se semantik, interpretation, 142
Frege, G., 234
fri vilje, 312
fuldstændighed, 9, Se også metateori
funktion, 130, 157
   bijektiv, 159
   injektiv, 159
   invers funktion, f^{-1}, 159
   komposition, ∘, 158
   partiel, 158
   surjektiv, 159
følge, 8
   bevisteoretisk, 8
   $\vdash_G$, 114
   $\vdash_N$, 114
   $\vdash_{NK}$, 114
   $\vdash_S$, 291
   $\vdash_\mathfrak{U}$, 114
   semantisk, 8
følger, navngivne, 99

DEM, 99
MPT, 99
MTP, 99
MTT, 99
PMI, 99
første ordens prædikatslogik, *Se* prædikatslogik, første ordens

Gateway, 71
Gentzen, G., 66
  naturlig deduktion, 70, 104, 221
  sekventkalkule, 66
    aksiom, 65
    aletisk, 291
    ⤳ ∀, 203
    ∀ ⤳, 203
    ⤳ ∧, 63
    ∧ ⤳, 63
    antecedens, 63
    ⤳, 62
    bevis, 66
    ⤳↔, 64
    ↔⤳, 64
    ⤳ ∃, 205
    ∃ ⤳, 204
    gyldighed, logisk, 66
    identitet, =, 205
    ⤳→, 64
    →⤳, 64
    ⤳ ¬, 65
    ¬ ⤳, 65
    ⤳ ∨, 64
    ∨ ⤳, 64
    sekvent, 62
    succedens, 63
    snit-eliminationsteorem, 100
geometri, 234
gitterteori, 180
  GITTER, 180, 254
Gödel, K., 11, 246, 251
Gödel-nummer, *Se* Gödel-tal
Gödel-nummerering, 248
Gödel-tal, $g(\gamma)$, $\ulcorner\gamma\urcorner$, 248
Gödels ufuldstændighedssætninger, 12, *Se også* metateori
graf, 260

gren, *Se* tableau, semantiske
Grundgesetze der Aritmetik, I-II, 235
grundsymboler, *Se* formelle sprog

Halpern, J., 319, 321
harmoni, 167
Hasle, P., 315
Hempel, C.G., 155
Herbrand, J., 114
Hilbert, D., 109
Hintikka, J., 317
homomorfi, 164
homomorfisætning, 169
hovedkonnektiv, 34, 36
hukommelse, perfekt, 325
HyperProof, 71

identifikation, trans-verdens, 301
imprædikativ definition, 238
imprædikativitet, 238
individualformel, 192
individualkonstant, 131
induktion, 113
  bevis, 113
  definition, 113
  induktionsantagelse, 113
  induktionsbasis, 113
  induktionsskridt, 113
induktionsaksiom, 243
induktionsprincip, 113
induktionsproblem, 208
initialsegment, 159
injektion, *Se* funktion, 173
inkonsistens, 40, 57
"inkonsistente mægtigheder", 235
"intelim", 72
intensionalitet, 13
interpretation, 141, *Se også* fortolkning og model, *Se* semantik
  åben formel, 142
  sætning, 142
interpretation, semantisk, *Se* semantik
intuitionisme, 26
invers funktion, *Se* funktion
IQ, 29

isomorfi, 167

kanonisk model, *Se* logik, aletisk
kanonisk ramme, *Se* logik, aletisk
kant, 54
karakteristik, 184
kardinalitet, *Se* mængde
kardinaltal, 236, 254
   κ, 254
kardinaltal, endelige, 236
kardinaltal, uendelige, 236
   $\aleph_0$, 236, 254
   $\aleph_1$, 236, 254
kategorisitet, 256
   i kardinalitet κ, 256
KK-tese, 319
knudepunkt, 54, *Se også* tableau, semantiske
kognitionspsykologi, 1
kompakthed, 12, *Se også* metateori
komplekse tal, 256
komposition, *Se* funktion
kompositionalitet, *Se* kompositionalitetsprincip
kompositionalitetsprincip, 25
komprehension, 235
komprehensionsprincip, 235
   KP, 235
   Z, 237
konditionale, kontrafaktisk, *Se* konditionale, subjunktivt
konditionale, subjunktivt, 314
konfirmationsteori, 155
konklusion, *Se* argument
konnektiv, logisk, 3, 22
   adækvat mængde, 32
   eksistenskvantor, $\exists$, 11
   universalkvantor, $\forall$, 11
   biimplikation, $\leftrightarrow$, 3
   disjunktion, $\vee$, 3
   gensidig afvisning, $\downarrow$, 32
   konjunktion, $\wedge$, 3
   materiel implikation, $\to$, 3
      antecedens, 29
      konsekvens, 29
      kontraposition, 30
   negation, $\neg$, 3
   rækkevidde, 34, 36

Sheffers streg, $\mid$, 33
konnektiv, natursprogligt, 30
konsekvens, 7
konsekvent, *Se* konnektiv, logisk
konsistens, 41, 57, 252
   Con, 252
konsistenstræ, 57, *Se også* tableau, semantiske
konstruktivisme, 13, 238, 350
kontingente udsagn, *Se* udsagn
kontingente udsagn, fremtidige, 312
kontinuumshypotese, 254
kontradiktion, 9, *Se* udsagn
kontraposition, 30, 155
"koordinatsæt", 174
Kripke, S., 250, 275, 302
kunstig intelligens, 1
kvotientstruktur, 168

Leibniz' princip, 234
Leibniz, G. W. F., 234, 275
Lemmon, E.J., 71
Lewis, D., 275
Lindenbaums lemma, *Se* logik, aletisk
Lindströms sætning, 12, *Se også* metateori
Linux, 71
literal, *Se* udsagnslogik
Löbs beviselighedsbetingelser, 251
logaritme, 165
logik, 1
   aletisk, 267
   ekstensionel, 12, 268
   epistemisk, 317
   intensionel, 13, 268
   klassisk
      første ordens prædikatslogik, 124
      udsagnslogik, 21
   kompositionel, 12
   modal, 267
   monoton, 58
   syllogismelæren, 224
   temporal, 305
logik, aletisk, 12, 268
   bevisteori (Hilbert-stil), 291
   følgerelation, $\vdash_S$, 291

klassiske aksiomer, $A_1, A_2, \ldots, A_{10}$, 291
modallogiske aksiomer, $S_1, S_2, \ldots, S_k$, 292
MP, 292
N, 292
normal modallogik, 293
$S = \langle \mathcal{L}(\Box, \Diamond, \blacktriangleright), \vdash_S \rangle$, 292
teoremer, $L(S)$, 292
kvantifikation, 301
Barcan-formel, 303
kvantorfortolkning, 302
S5C, 302
S5V, 302
Lindenbaums lemma, 296
metateori, 295
modallogikker (modalsystemer), 287
K, D, T, B, S4, S5, 288
og tilgængelighedsrelationen, 291
styrkeforhold, 288
mulighed, $\Diamond$, 268
og mulige verdener, 269
nødvendighed, $\Box$, 268
og mulige verdener, 269
operatorskift, regler for, 270
semantik, udsagnslogik, 271
model, $\mathbb{M} = \langle \mathcal{W}, R, \varphi \rangle$, 272
model, kanonisk, $\mathbb{M}_S$, 297
mulige verdener, 275
nødvendighedsregel, (N), 287
normal modallogik, $K(\mathcal{K}), L(\mathcal{K})$, 274
ramme, $\mathcal{F} = \langle \mathcal{W}, R \rangle$, 273
ramme, kanonisk, $\mathcal{F}_S$, 297
rammer, $\mathcal{D}, \mathcal{T}, \mathcal{B}, \mathcal{S}4, \mathcal{S}5$, 287
rammer, klasse af, $\mathcal{K}$, 273
rammer, klassen af alle, $\mathcal{U}$, 288
situationer, 271
tableauer, modale, 278
tilgængelighedsrelation, R, 272, 276, Se også tilgængelighedsrelation
Γ, S-maksimal, 295

strikt implikation, $\blacktriangleright$, 270
syntaks, udsagnslogik, 271
sprog, $\mathcal{L}(\Box, \Diamond, \blacktriangleright)$, 271
udsagnslogik, fuldstændighed, 299
udsagnslogik, sundhed, 299
logik, aristotelisk, 229
logik, bivalent, 13, 26
logik, deontisk, 12, 347
logik, doxastisk, Se logik, epistemisk'
logik, epistemisk, 12, 305, 317
agent, Ξ, 317
aksiomer, 320
.2, 320
.3, 320
.4, 320
4, 320
5, 320
D, 320
K, 320
T, 320
alternativer
doxastiske, 318
epistemiske, 318
kørsel, 324
miljø, 324
moderne, 324
multi-agent-system, 324
og epistemologi, 323
og metodologi, 323, 325
og modal operatorteori, 325
og rationalitet, 322
og tid, 323
punkt, 324
selvberoende udsagn, 323
sprog, $\mathcal{L}(K_\Xi, B_\Xi)$, 318
standarddefinition af viden, 321
tilgængelighedsrelation, 318
tilstand
global, 324
lokal, 324
tro/overbevisning
og sandhed, 318
tro/overbevisning, B_Ξ, 317
tupel, 324

validitet, 323
viden
    og sandhed, 318
    viden, K_Ξ, 317
logik, erotetisk, 347
logik, "free", 348
logik, fuzzy, 26, 348
logik, højere ordens, 234, 349
logik, ikke-monoton, 58, 349
logik, ikke-standard, 354
logik, induktiv, 26
logik, intensionel, 268, 350
logik, intuitionistisk, 13, 350
logik, klassisk, 11
logik, konditional, 314, 351
logik, kvantum, 352
logik, matematisk, 121
logik, modal, 12
logik, multivalent, 26, 351
logik, para-konsistent, 91, 352
logik, relevans, 93, 353
logik, stoisk, 354
logik, temporal, 12, 305, 306
    diskret tid, 312
    forgrenet tid, 311, 314
    kontinuum, tid, 312
    nutid, N, 309
    partikulær fremtid, F, 306
    partikulær fortid, P, 306
    semantik, udsagnslogik, 307
        model, 308
        ramme, $\mathcal{E}$, 308
        tidligere-senere relation, <, 308, 309
        tidsakse, 308
        tidspunkt, 308
    aksiomer, 309
    syntaks, udsagnslogik, 306
        sprog, $\mathcal{L}(G, H, F, P)$, 306
    trivalent logik, 313
        falsk, $\perp$, 313
        sand, $\top$, 313
        uafgjort, u, 313
    tæt tid, 312
    universel fremtid, G, 306
    universel fortid, H, 306
logik, trivalent, 26, 313

logisk ækvivalens, $\equiv$, 30
logisk form, 2, 33
logisk positivisme, 155
logisk system $\mathcal{L}$, 257
    $Mod^\lambda_\mathcal{L}(A)$, 258
    $BOOLE(\mathcal{L})$, 260
    $KOMP(\mathcal{L})$, 261
    L, 257
    $L(\lambda)$, 257
    $\mathcal{L}$-valid, 258
    λ, 257
    λ^{REL}, 260
    logisk styrke, 259
    $\leq$, 259
    logisk ækvivalens
    $\equiv$, 259
    $LS(\mathcal{L})$, 261
    $\models_\mathcal{L}$, 257
    regulær, 261
    relativisering
        $REL(\mathcal{L}), (A^P)$, 260
        $RES(\mathcal{L})$, 261
løgnerparadoks, Se paradoks
"løgnersætning", 246
Lövenheim-Skolems sætning, 12, Se
    også metateori
Löwenheim, L., 255
Łukasiewicz, J., 313

Mac (Apple), 71
MacLogic, 71
matematik, 234
matematisk
    anti-realisme, 238
    realisme, 238
matematisk grundlagsforskning, 238
MATHNET
    http://www.mathnet.ruc.dk, 343
mening, Se logisk system $\mathcal{L}$, $Mod^\lambda_\mathcal{L}(A)$
metafysik, 275, 303
metateori, 9
    afgørbarhed, 121
    deduktion, 12
    fuldstændighed, 9

Stikord

Gödels ufuldstændighedssætninger, 12, 251
  sætning, anden, 252
  sætning, første, 251, 254
kompakthed, 12, 242
$KOMP(\mathcal{L})$, 261
Lindströms sætning, 12, 257
Lövenheim-Skolems sætning, 12, 254
$LS(\mathcal{L})$, 261
sundhed, 9
Tarskis sætning, 12, 240, 246
  partiel sandhedsdefinition i T, $Sand_n(x)$, 250
  sandhedsdefinition i T, $Sand(x)$, 249
metodologi, 323
Milton, J., 155
Mints' formel, 104
Mints, G., 104
modal operatorteori, MOT, 325
  http://www.mot.ruc.dk, 13, 325
modalitet, 12, 267
modallogik, Se logik, modal
modalsystemer, 288, Se også logik, aletisk
  B, 288
  D, 288
  K, 288
  og tilgængelighedsrelation, 291
  S4, 288
  S5, 288
  styrke, 288
  T, 288
modeksempel, 44
modeksempelsmængde, 44
model, Se også semantik, 143
  (-ler) elementær ækivalente, 246
  aletisk logik, 272
  endelig, 143
  epistemisk logik, 319
  første ordens prædikatslogik, 141
  interpretation, 141
  temporal logik, 308
  udsagnslogik, 25
  uendelig, 144, 254
model, ikke-standard, 244, 254
$\mathcal{N}(\varrho)$, 245
$\mathcal{N}(\varrho, A)$, 246
modelmængde, 318
modelteori, 140, 178
modsigelse, 9
modstrid, 9
Modus (Ponendo) Ponens, 5
Modus (Tollendo) Tollens, 4
Modus Ponendo Tollens, 7
Modus Tollendo Ponens, 6
monomorfi, 166
monotonicitet, 58
Morley, M., 257
MOT, Se modal operatorteori
mulig verden, 275, Se også semantik, Se også logik, aletisk
  bedste af alle, 275
  i aletisk logik, 275
  identifikation, trans-verdens, 302
  mængden af alle, W, 272
  modallogikker (modalsystemer), 291
  objektdomæne, 302
    konstant, 302
    variabelt, 302
  og Barcan formel, 302
  og doxastisk alternativ, 318
  og eksistens
    variabelt, 302
  og epistemisk alternativ, 318
  og forgrenet tid, 314
  og kvantifikation, 301
  og metafysik, 303
  og mulighed, 276
  og nødvendighed, 276
  partition, 318
  realisme, 275
  superrealisme, 275
  tableau, modale, 284
  tilgængelighedsrelation, R, 272
multimængde, 62
mængde, 156
  (-r) ækvipotente, 159

alsluttet overfor, 163
cartesisk produkt, ×, 157
definitionsmængde, *Dom*, 158
endelig, 159
indeks-, I, 175
kardinalitet, 160, 236
ko-endelig, 159
komplement, $\complement$, 160
mængden af (-r), V, 236
potensmængde, $\mathcal{P}(M)$, 156
tællelig, (numerabel), 160
uendelig, 159
værdimængde, Im, 158
mængdelære, 156, 234, 255
Zermelo-Fraenkel, ZF, 255
målformel, 87

naturlig deduktion, 8, *Se også* bevis, 67, 70, 104, 221
$(\forall E)$, 221
$(\forall I)$, 221
$(\wedge E)$, 104
$(\wedge I)$, 104
$(\leftrightarrow E)$, 105
$(\leftrightarrow I)$, 105
DN, 104
$(\exists E)$, 221
$(\exists I)$, 221
$(= I_1)$, 222
$(= I_2)$, 222
$(= I_3)$, 222
$(\rightarrow E)$, 104
$(\rightarrow I)$, 104
$(\neg E)$, 104
$(\neg I)$, 104
$(\vee E)$, 104
$(\vee I)$, 104
naturlig deduktion (kontekst), 71, 208
aksiom, (Ax), 75
bevis
  'kant', 76
bevisførelse, 79
  direkte, 79
  indirekte, 83
bortfald (annullering), 79
citation, 100, 219
(DN), 73

$(def. \leftrightarrow)$, 75
eliminationsregel, 72
$(\forall E)$, 210
$(\vee E)$, 74
$(\exists E)$, 213
$(= E)$, 217
$(\wedge E)$, 73
$(\rightarrow E)$, 75
$(\neg E)$, 73
følge-introduktion, SI(S), 96
gentagelsesregel, G, 77
heuristik, 102
indryksformat, 71
introduktionsregel, 72
$(\forall I)$, 209
$(\vee I)$, 74
$(\exists I)$, 211
$(= I)$, 217
$(\wedge I)$, 73
$(\rightarrow I)$, 74
$(\neg I)$, 72
linieformat, 71
mellemudledning, 81
prototypisk eksempel, 209
  specialantagelse, 209
snit, 100
substitutionsinstans, 96
teorem-introduktion, TI(S), 96
negativ introspektion, aksiom, 319, *Se også* visdomshedsaksiom
Nobels litteraturpris, 152
nødvendighed, 302
  de dicto, 302
  de re, 302
normalform, prenex, 136
nødvendighedsregel, (N), 287

"objekt-økonom", 193
online, 71
ontologi, 276
OpenProof, 71
operator
  aletisk
    $\Diamond, \Box$, 268
  doxastisk
    B_Ξ, 318
  epistemisk

K_Ξ, 318
temporal
G, H, F, P, 306
oppositionskvadrat, logisk, 226
overbevisning, 318, Se også logik,
  epistemisk
  rationel eller sikkerhed, 318
  sand, 318

paradoks, 155
  Cantors, 235
  løgner-, 239
  materiel implikation, PMI, 91
  ravne-, 155
  Richards, 240
  Russells, 156, 234
parametrisk variabel, 209, Se også
  prototypisk eksempel
partiel funktion, Se funktion
PC, 71
Peano, G., 243
Peirce, C. S., 104, 234
Peirces formel, 104
ΦLOG
  http://www.phi log.ruc.dk,
  343
Poincaré, H., 238
positiv introspektion, aksiom, 319,
  Se også KK-tese
prædikatslogik, første ordens
  kvantorskift, regler for, 146
  semantik, Se semantik
  syntaks, 11, 131
    $a, b, c, ...$, 131
    (∀..), 132
    atomiske formler, AT, 132
    delformel, 133
    (∃..), 132
    $F_1, ..., F_\beta$, 131
    literal, 132
    prenex normalform, 136
    rækkevidde, ∀, ∃, 133
    $R_1, ..., R_\alpha$, 131
    sætning, 134
    substitutionsfrihed, 135
    $t_1, t_2, t_3, ...$, 132
    variabel, fri, bunden, 133

velformede formler, vff,
  132
$x_1, x_2, x_3, ...$, 131
åben formel, 134
teori, 143
Principia Mathematica, I-III, 237,
  251
Prior, A. N., 315
produktstruktur, 171
præmis, 1
projektion, 172
propositionssymbol, 22
prototypisk eksempel, 209
v, 209

Quine, W. v. O., 301

ramme, Se logik, aletisk
rationalitet, 322
ravneparadoks, Se paradoks
Read, S., 71
Red Hat Linux, 71
referenceteori, 151, 301
regler
  De Morgan, 85
  kvantorskift, 146
  operatorskift, 270
regulær, Se logisk system $\mathcal{L}$
Reichenbach, H., 155
rekursionsteori, 121, 353
relation, 144
  antisymmetrisk, 140
  asymmetrisk, 201
  euklidisk, 202
  forbundet, 221
  intransitiv, 140
  irrefleksiv, 201
  kongruens-, 167
  non-symmetrisk, 139
  refleksiv, 139
  rettet, 202
  seriel, 201
  symmetrisk, 139
  transitiv, 139
  ækvivalens-, 140
repræsentation, 248
repræsentationssætning, Stones,
  182

restriktion, 164
Richard, J., 240
Richards paradoks, *Se* paradoks
Robinson, A., 248
Russell, B., 152, 251
Russells paradoks, *Se* paradoks

sandhed, 24, *Se også* semantik
    faktuel, 275
    rationel, 275
    "sandhedshuller", 26
sandhedstabel, 28, 44
    biimplikation, ↔, 29
    disjunktion (eksklusiv), $\underline{\vee}$, 28
    disjunktion (inklusiv), ∨, 28
    gensidig afvisning, ↓, 32
    konjunktion, ∧, 28
    "kort" metode, 47
    materiel implikation, →, 29
    kontraposition, 30
    negation, ¬, 28
    Sheffers streg, ≀, 33
sandhedstabeller, 8, 44
sandhedstilskrivning, 25, *Se også* semantik
    φ, 25
    partiel, 26
    total, 26
sandsynlighedsteori, 26
sekvens, 62
sekvent, *Se* Gentzen, G.
sekventkalkule, 8, *Se også* bevis, 60, 202, *Se også* Gentzen, G.
selvmodsigelse, 9
selvreference, 238, 239, 241
semantik, 8, 23, 276
    ekstension, 178
    følgerelation, ⊨, 8, 178, 179
    interpretation, 25, 140, 178
    model, 8, 25, 140, 143, 178
        M, 25, 178
    mulig verdens, 275
    falsk, ⊥, 25
    sand, ⊤, 25
    sandhedsbetingelser, 27
    "sandhedshuller", 26
    sandhedstabel, *Se* sandhedstabel

sandhedstilskrivning, φ, 25
situation, 8
v, 25
w, 27
struktur, 11
tilfredsstillelse, 178
Sheffers streg, *Se* sandhedstabel
signatur, 179, 254
λ, 254
sikkerhed, *Se* overbevisning
situation, *Se* semantik
Skolem, T., 255
slutningsskema, 2
    De Morgan, DEM, 85
    materiel implikation, paradoks, PMI, 91
    Modus (Ponendo) Ponens, MP, 5
    Modus (Tollendo) Tollens, MTT, 4
    Modus Ponendo Tollens, MPT, 7
    Modus Tollendo Ponens, MTP, 6
Smullyan, A., 301
snit-elimination, 100
snit-regel, 100, 204
specialantagelse, *Se* naturlig deduktion (kontekst)
specialisering, 204, 210, *Se også* naturlig deduktion (kontekst), (∀E)
sprog, 4
    epistemisk udsagnslogik, $\mathcal{L}(K_\Xi, B_\Xi)$, 318
    første ordens prædikatslogik, $\mathcal{L}_{FOL}$, 11, 131
    $\mathcal{L}_{FOL}^{\tau}$, 176
    $\mathcal{L}_{FOL}^{\tau M}$, 176
    meta-, 12, 23, 239
    naturlige, 30
    objekt-, 11, 23, 239
    udsagnslogik, $\mathcal{L}$, 4, 22
    aletisk udsagnslogik, $\mathcal{L}(\Box, \Diamond, \blacktriangleright)$, 271
    temporal udsagnslogik, $\mathcal{L}(\mathsf{G}, \mathsf{H}, \mathsf{F}, \mathsf{P})$, 306

strikt implikation, Se logik, aletisk
struktur, 125, 160
  (-er) ensartede, 162
  algebra, 161
  $\mathcal{D}$, 160
  delstruktur, 163
  ægte, 164
  domæne, $\mathbb{D}$, 160
  matematisk struktur $\mathcal{D}$ = $\langle \mathbb{D}, R_1, \ldots, R_\alpha, f_1, \ldots, f_\beta \rangle$, 160
  funktion, $f_1, \ldots, f_\beta$, 160
  Kripke-, 324
  kvotient-, 168
  produkt-, 171
    injektion, l_m^a, 173
    projektion, π_n, 173
  relation, $R_1, \ldots, R_\alpha$, 160
  relations-, 161
  type, 162
substitution
  co-referentialitet, 301
  ensartet, 96
substitutionsfri(t), 135
substitutionsinstans, 96
succedens, Se Gentzen, G.
sundhed, 9, Se også metateori
surjektion, Se funktion
syllogismelæren, 224, Se også logik
  begrebsfigur, 228
  domme, 225
    (A), (E), (I), (O), 225
    kvalitet, 225
    kvantitet, 225
    kopula, 225
    logiske forhold, 225
      kontradiktoriske, 225
      kontrære, 225
      subalterne, 225
      subkontrære, 225
  oppositionskvadrat, 226
  prædikatsbegreb, 225
  sprog, 224
  subjektsbegreb, 225
  syllogismer, kategoriske, 227
    mellembegreb, 228
    overbegreb, 227
    oversætning, 227
    underbegreb, 227
    undersætning, 227
syntaks, 4, 22, 131, 271, 306, 318
sætning, Se prædikatslogik, første ordens

tableau, semantiske, 8, 53, 57
  forgreningsregel, 50
  biimplikation, $\leftrightarrow, \neg \leftrightarrow$, 52
  disjunktion, $\vee, \neg\vee$, 51
  $\exists$-kvantor, $\exists, \neg\exists$, 193
  identitet, =, 193
  individualformel, 192
  konjunktion, $\wedge, \neg\wedge$, 51
  materiel implikation, $\rightarrow, \neg \rightarrow$, 51
  negation, $\neg$, 50
  $\forall$-kvantor, $\forall, \neg\forall$, 192
  gren, 54
  lukket, 55
  åben, 55
  knudepunkt, 54
  modale, 278
    α, 284
    $\Box$-regel, 284
    $\Diamond$-regel, 284
    forgreningsregel, klassisk, 284
    $\neg\Box$-regel, 284
    $\neg\Diamond$-regel, 285
    og modale systemer, 288
  $\star$, 279
  træ, T, 54
talfølge, 171
Tarski's World, 154
Tarski, A., 143, 239
Tarskis sætning, 12, Se også metateori
tempora, 307
teorem, 91, 109
teoremer, navngivne, 98
  adjunktion, 98
  associativitet, 98
  De Morgan, 98
  det udelukkende tredje (tertium non datur), 98
  distributivitet, 98

dobbelt-negation, 98
eksportation, 98
ex falso quidlibet, 98
idempotens, 98
identitet, 98
kommutativitet, 98
komposition, 98
kontraposition, 98
non-kontradiktion, 98
transitivitet, 98
transposition, 98
teori, 143, *Se også* prædikatslogik,
    første ordens, 179, 254
bevisprædikat i T, $Bev(y)$, 251
egentlig, 189
kategorisk, 256
konsistens af T, Con, 252
partiel sandhedsdefinition i T,
    $Sand_n(x)$, 250
sandhedsdefinition i T,
    $Sand(x)$, 249
T, 143, 179, 248, 254
T_{FOL}, 223
tertium non datur, 49, 83
tid, 311
    diskret, 312
    forgrenet, 312, 325
    og fremtidige kontingente
        udsagn, 312
    kontinuum, 312
    lineær, 311, 325, *Se også* logik,
        temporal
    som hele tal, 311
    som rationelle tal, 312
    'tæt', 312
'tidligere-senere'-relation, <
    forbundet, 310
    irrefleksiv, 310
    lineær ordning, 311
    transitiv, 311
tidsakse, 308, *Se også* logik, temporal
tilfredsstillelse, 178
tilgængelighedsrelation, *Se også*
    mulig verden, 276
    euklidisk, 278
    forbundet, 278

R, 272
refleksiv, 276
seriel, 278
symmetrisk, 277
transitiv, 277
universel, 278
trivalens, *Se* logik, trivalent
tro, *Se* overbevisning
træ, T, 54, *Se også* tableau, semantiske
træ-strukturer, 50
Turing's World, 121
Turing, A. M., 121
Turing-makine, 121
type, *Se* struktur
typeteori, 237
    forgrenet, 237
    forsimplet, 238
    type, 237

udsagn, 4, 45
    atomiske, 4, 22
    fremtidige kontingente, 312
    komplekse, 4, 22
    kontingent, 10, 45
    kontradiktion, 45
    λ, 9
    kontrafaktisk, 314
    selvberoende, 323
    tautologi, 9, 45
udsagnslogik
    fuldstændighed, 118
    semantik, *Se* semantik
    sundhed, 116
    syntaks, 22
        $A, B, C, \ldots$, 23
        delformel, 22
        $\neg, \land, \lor, \rightarrow, \leftrightarrow$, 22
        literal, 23
        P, 22
        p, 22
        $p, q, r, \ldots$, 23
        $(,)$, 22
        $p_1, p_2, p_3, \ldots$, 22
        velformede formler, $PROP$,
            22
udvalgsaksiom, 172
unikhedskvantor, 150

universalkvantor, ∀, 11, 132
    rækkevidde, 133

valens, 26
valens, multi-, 26
variabel, 133
    bunden, 133
    fri, 133
velformede formler, 22
    $PROP$, 22
    vff, 132
Venn, J., 229
Venn-diagram, 229
verifikation, 155, 317
viden
    standarddefinition af, 321
    styrke af, 319
visdomsaksiom, 319
von Wright, G., 317

Weyl, H., 238
Whitehead, A. N., 237, 251
Wright, C., 71

Zermelo, E., 237
Zermelos aksiom, **Z**, 237
ækvipotens, *Se* mængde
Øhrstrøm, P., 315

www.ingramcontent.com/pod-product-compliance
Lightning Source LLC
Chambersburg PA
CBHW031612160426
43196CB00006B/99